Clemens zur Hausen

Der Beitrag der „Europarteien"
zur Demokratisierung der
Europäischen Union

I0027981

Clemens zur Hausen

Der Beitrag der „Europarteien" zur Demokratisierung der Europäischen Union

Tectum Verlag

Clemens zur Hausen

Der Beitrag der „Europarteien" zur Demokratisierung
der Europäischen Union
Zugl.: Bonn, Univ. Diss. 2008
ISBN: 978-3-8288-9746-5
Umschlagabbildung: Fotografie des Autors
© Tectum Verlag Marburg, 2008

Besuchen Sie uns im Internet
www.tectum-verlag.de

Bibliografische Informationen der Deutschen Nationalbibliothek
Die Deutsche Nationalbibliothek verzeichnet diese Publikation in der
Deutschen Nationalbibliografie; detaillierte bibliografische Angaben sind
im Internet über http://dnb.ddb.de abrufbar.

Meinen Eltern

Danksagung

Viele Menschen haben an der Entstehung dieser Arbeit mitgewirkt. Zunächst möchte ich Herrn Dr. Peter Zervakis danken, der mich auf die Thematik der europäischen politischen Parteien („Europarteien") aufmerksam gemacht und mein Interesse daran geweckt hat. Außerdem bin ich natürlich meinem Doktorvater, Herrn Prof. Dr. Frank Decker, für die Betreuung der Arbeit und die Erstellung des Erstgutachtens zu Dank verpflichtet, ebenso wie Herrn Hon. Prof. Dr. Gerd Langguth, der die Zweitkorrektur übernommen hat. Besonders bedanken möchte ich mich bei meinen Interviewpartnern, die mir nicht nur hilfreiche *Ein*blicke in die Arbeit der europäischen Parteien und der Parlamentsfraktionen geben konnten, sondern auch interessante *Aus*blicke auf die Zukunft der Europarteien gewagt haben. Durch diese Hinweise aus der Praxis habe ich viele neue Eindrücke gewinnen können.

Jeder, der schon einmal eine wissenschaftliche Arbeit größeren Umfangs geschrieben hat, weiß, dass während einer solchen Arbeit immer wieder Schwierigkeiten aller Art auftauchen, und wie wichtig dann die Unterstützung aus dem Umfeld ist. Zu guter Letzt bedanke ich mich daher bei den Verwandten und Freunden, die mir in der Zeit der Promotion zur Seite gestanden haben, sei es durch Korrekturlesen, durch konstruktive Diskussionen und Anregungen, durch Hilfe beim Layout, oder einfach durch die Ermutigung und die Ablenkung, die einem immer wieder neue Motivation gibt.

Gliederung

I. Einleitung

> *The federal and democratic Union (…) must be a vital community, one in which*
> *the citizens feel at home. So the European parties (…) have an indispendsable role*
> *which only they can fulfil. It is a role which is essential if a broad consensus is to be*
> *created, and if the effectiveness of the European institutions themselves is to be guaranteed.*[1]

Europa hat nach den Erweiterungen vom 1. Mai 2004 bzw. vom 1. Januar
2007 ein nie gekanntes Maß an Einigung erreicht. Neben der „quantitativen
Einigung" Europas durch die Erweiterung sollte auch qualitativ ein neuer
Grad der Einigung erreicht werden – die Vertiefung durch den Verfassungs-Vertrag. Die Dynamik dieser beiden Prozesse hat dazu geführt, dass
die Europäische Integration auf verstärktes Interesse, aber auch auf wachsende Kritik in der Bevölkerung stößt. Nachdem die Menschen in Frankreich und den Niederlanden in Volksabstimmungen den Verfassungs-
Vertrag abgelehnt haben, haben sich die Europäische Union (EU) und ihre
Mitgliedstaaten eine „Denkpause" verordnet und schließlich mit dem Vertrag von Lissabon einige institutionelle Reformen umgesetzt, die auch der
Verfassungs-Vertrag vorgesehen hatte. Die gescheiterten Referenden haben
jedoch nicht nur eine Verfassungskrise ausgelöst, sondern offenbaren auch
eine „Vertrauens-, Akzeptanz- und Legitimationskrise von bisher unbe-
kannter Dimension".[2] Politiker und Wissenschaftler attestierten der EU
schon vor diesem Rückschlag oftmals ein „Demokratie-Defizit", das es abzubauen gelte. Diese Kritik hat sich nach dem Scheitern des Verfassungs-
Vertrages verstärkt: Die EU sei in ihrer jetzigen Verfassung nicht in der Lage, weitere Länder aufzunehmen und müsse sich erst selbst institutionell
reformieren – darüber hinaus müsse die EU bürgernäher werden. Schließlich ist es, trotz der Einigung von Lissabon, mehr denn je „entscheidend,
dass die demokratischen Grundlagen der Union schritthaltend mit der

---

[1] Gemeinsame Stellungnahme der drei damaligen europäischen Parteivorsitzen-
den Wilfried MARTENS (EVP), Guy SPITAELS (Sozialisten) und Willy DE CLERCQ
(Liberale) vom 12. Dezember 1990, abgedruckt in Thomas JANSEN: The European
People´s Party: Origins and Developments, Houndmills 1998, S. 16.

[2] Michael BAUER/Almut METZ/Sarah SEEGER: Der Plan D der Europäischen Kommission und die Reflexionsphase zur Verfassung und Zukunft der Europäischen
Union, CAP Aktuell Nr. 3, November 2005, abrufbar unter www.cap.lmu.de/
download/2005/CAP-Aktuell-2005-03.pdf, S. 1.

Union ausgebaut werden."[3] Auch in der sogenannten Berliner Erklärung vom März 2007 fordern die Staats- und Regierungschefs, die „politische Gestalt Europas immer wieder zeitgemäß zu erneuern. Deshalb sind wir heute, 50 Jahre nach der Unterzeichnung der Römischen Verträge, in dem Ziel geeint, die Europäische Union bis zu den Wahlen zum Europäischen Parlament 2009 auf eine erneuerte gemeinsame Grundlage zu stellen."[4]

Der Beitrag der Kommission zur europäischen Denkpause, der sogenannte „Plan D" (das „D" steht für Demokratie, Dialog und Diskussion) vom Oktober 2005, sieht dementsprechend als eine mögliche Lösung der Probleme vor, „die Union demokratischer zu machen, eine europäische Öffentlichkeit zu schaffen und einen neuen Konsens über die künftige Marschroute der Union herbeizuführen."[5] Eine demokratischere Struktur und mehr Bürgernähe wurden schon oft beschworen, um die EU zukunftsfähig zu machen. Bereits in der sogenannten Laeken-Erklärung vom Dezember 2001 forderten die Staats- und Regierungschefs, dass die EU insgesamt transparenter, demokratischer und bürgernäher werden müsse: „Die Bürger finden, dass alles viel zu sehr über ihren Kopf hinweg geregelt wird, und wünschen eine bessere demokratische Kontrolle. (...) Wie können dem Bürger, vor allem der Jugend, das europäische Projekt und die europäischen Organe näher gebracht werden? Wie sind das politische Leben und der europäische politische Raum in einer erweiterten Union zu strukturieren?"[6]

Doch obwohl der Plan D und die Laeken-Erklärung mehr Demokratie auf europäischer Ebene und die Entstehung einer gemeinsamen Öffentlichkeit fordern, fehlt in ihren jeweiligen Vorschlägen und Anregungen eine klassische Säule der Demokratie: *Politische Parteien*. Die Laeken-Erklärung erwähnt zwar die Rolle des Europäischen Parlaments (EP), der Europawah-

---

[3]   BVerfGE 89, 155f.

[4]   Erklärung zum 50. Jahrestag der Unterzeichnung der Römischen Verträge vom 27. März 2007, abrufbar unter www.eu2007.de/de/About_the_EU/Constitutio nal_Treaty/BerlinerErklaerung.html.

[5]   So Margot WALLSTRÖM, Kommissarin für Kommunikation, zitiert nach der Pressemitteilung IP/05/1272 vom 13. Oktober 2005, online abrufbar unter http:// europa.eu/rapid/pressReleases Action.do?reference=IP/05/1272& format=HT ML&aged=0&language=DE&guiLanguage=en.

[6]   Laeken-Erklärung vom 15. Dezember 2001, abrufbar unter http://europa.eu. int/constitution/ futurum/documents/offtext/doc151201_de.htm.

len und der nationalen Parlamente, der Plan D sieht unter anderem ein um-
fangreiches Besuchsprogramm der Kommissionsmitglieder in den Mitgliedstaaten und in den nationalen Parlamenten vor, außerdem die Unterstützung von europäischen Bürgerprojekten sowie die Förderung der
Transparenz von Ratssitzungen. So gilt, dass „many important political
initiatives related to the future evolution of the Union ignore political parties and appear to prefer the legitimacy afforded to the Union´s political
processes by the involvement of civil society at the European Union."[7] Parteien sind jedoch entscheidende Akteure in einem demokratischen System:
„There is hardly a serious student of democracy who does not seem to
believe that political parties provide by far the most important linkage
between the citizens and the political process and that (...) competition
between these parties provides the most reliable democratic mechanism for
ensuring the democratic accountability of rulers (...)."[8] Parteien prägen die
Entscheidungs- und Willensbildungsprozesse in den Mitgliedstaaten, die
Entwicklung von Demokratie in den europäischen Staaten ist eng verknüpft mit der Entwicklung von politischen Parteien. Moderne demokratische Gesellschaften sind sogar – so die überwiegende Auffassung – ohne
ein System konkurrierender Parteien nicht funktionsfähig.[9] Daher ist es für
die Entwicklung der europäischen Demokratie unabdingbar, die Möglichkeiten von Parteien auf europäischer Ebene (den sogenannten „Europartei-
en"), zu dieser Entwicklung beizutragen, näher zu untersuchen.

Länderübergreifende Parteienzusammenarbeit gibt es in der EU schon lange. Seit 1979 wurde diese Zusammenarbeit stärker institutionalisiert – dies
weckte Hoffnungen auf eine stärkere Stellung des Europäischen Parlaments
und auf bessere Partizipationsmöglichkeiten der Bevölkerung bei europäischen Entscheidungsprozessen. Diese anfängliche Begeisterung ließ in der

---

7   Stephen DAY/Jo SHAW: The Evolution of Europe´s Transnational Political Parties
    in the Era of European Citizenship, in: Tanja A. BÖRZEL/Rachel A. CICHOWSKI
    (Hrsg.): The State of the European Union, Oxford 2003, S. 149–169 (S. 151).

8   Philippe C. SCHMITTER: Intermediaries in the Consolidation of neo-Democracies:
    The Role of Parties, Associations and Movements, European University Institute,
    Working Paper Nr. 130, Barcelona 1997, S. 2.

9   Vgl. Richard STÖSS: Parteienstaat oder Parteiendemokratie, in: Oscar W.
    GABRIEL/Oskar NIEDERMAYER/Richard STÖSS (Hrsg.): Parteiendemokratie in
    Deutschland, 2. Auflage, Bonn 2001, S., S. 13–35 (S. 15).

Folgezeit allerdings spürbar nach. Die Europarteien haben zwar in Maastricht mit Artikel 191 EGV (dem sogenannten „Parteienartikel") einen eigenen Artikel erhalten, dennoch scheinen sie als Akteur noch nicht ausreichend erst genommen zu werden, so dass sie bei der Frage nach der künftigen Gestaltung der europäischen Integration weder in den Vorschlägen des Europäischen Rats noch in denen der EU-Kommission erwähnt werden.

In der vorliegenden Arbeit geht es um mögliche Beiträge der Europarteien zum Abbau des Demokratie-Defizits. Die Untersuchung ist in erster Linie eine politikwissenschaftliche Arbeit, doch die Natur des Forschungsgegenstandes erfordert auch einige soziologische und rechtswissenschaftliche Überlegungen. Insbesondere die Fragen nach europäischer Öffentlichkeit und europäischer Identität berühren klassische Felder der Soziologie. Die Ausführungen zum Rechtsstatus der EU sowie die parteienrechtlichen Abschnitte tangieren hingegen Bereiche des öffentlichen Rechts. Da die Europawissenschaft ohnehin eine interdisziplinäre Forschung sein sollte, sind diese „Ausflüge" gerechtfertigt.[10] Durch die Überlappungen mit der Soziologie und der Rechtswissenschaft (Verfassungs- und Parteienrecht) stützt sich die vorliegende Arbeit auf Literatur aus mehreren Disziplinen.

Dabei ist die **Quellenlage** ambivalent zu beurteilen: Zum Thema „Demokratie-Defizit" gibt es eine schier unendliche Menge an Literatur. Dabei fällt jedoch ins Auge, wie unterschiedlich der Begriff verstanden wird – dies macht eine eigene Bewertung unumgänglich. Die in dieser Arbeit vorgenommene Aufteilung in „institutionelles" und „sozio-strukturelles" Demokratie-Defizit lehnt sich an Marcus Höreths Arbeit „Die Europäische Union im Legitimitätstrilemma" an. Auch politische Parteien sind generell Gegenstand vielfältiger wissenschaftlicher Untersuchungen, die Literatur zu Entwicklung, Organisation und Funktionen politischer Parteien ist reichhaltig und kaum noch zu überblicken. Hingegen werden die Europarteien in der Wissenschaft immer noch vergleichsweise stiefmütterlich behandelt, sie haben bisher relativ geringe Beachtung erfahren.[11] Dies mag damit zusam-

---

[10] Vgl. Markus JACHTENFUCHS/Beate KOHLER-KOCH: Regieren in der Europäischen Union. Fragestellungen für eine interdisziplinäre Europaforschung, in: Politische Vierteljahresschrift 37/1996, S. 537–556.

[11] So lautet auch der Tenor der wenigen Autoren, die sich mit dem Thema beschäftigt haben und auf deren Werke in dieser Arbeit eingegangen wird.

menhängen, dass sie bis zur Parteienverordnung von 2003/2004 praktisch im „vorrechtlichen Raum" agierten[12] und lange nicht als selbständige Akteure wahrgenommen wurden, sondern vielmehr als Arenen oder Foren zwischenparteilicher Zusammenarbeit. Zwar erfuhren die europäischen Parteien in ihrer Gründungsphase und der Zeit der ersten Direktwahl des Parlaments 1979 einige Aufmerksamkeit, hier ist aus politikwissenschaftlicher Sicht vor allem Oskar Niedermayers Arbeit „Europäische Parteien? Zur grenzüberschreitenden Interaktion politischer Parteien im Rahmen der Europäischen Gemeinschaft" von 1983 zu nennen. In den folgenden Jahrzehnten erschienen jedoch meist nur kurze Aufsätze und Einzelstudien, die oft aus den Federn von Parteifunktionären stammten, wie beispielsweise die Monographie des damaligen EVP-Generalsekretärs Thomas Jansen, „Die Entstehung einer europäischen Partei" von 1996.

Auch wenn die Bedeutung der Europarteien in jüngster Zeit offenbar häufiger erkannt wird, beschränken sich viele politikwissenschaftliche Autoren auf einen historischen Abriss von der Entstehung der Parteizusammenschlüsse bis heute. Andere Untersuchungen (aus dem deutschsprachigen Raum vor allem die Werke von Hagen Monath, Gunter Jasmut, Georg Deinzer und Tryantafyllia Papadopoulou) bewegen sich im Grenzbereich zwischen einer juristischen und einer politikwissenschaftlichen Betrachtungsweise, in ihnen wird meist der Frage nachgegangen, welche rechtliche Stellung diese Parteien haben und welche Rolle der Parteienartikel spielt. In der englischsprachigen Literatur gibt es einige Sammelbände, die sich dem Phänomen der „Europarties" ausführlicher widmen, wie beispielsweise den von Karl Magnus Johansson und Peter Zervakis herausgegebenen Band „European Political Parties between Cooperation and Integration" von 2002. Dort werden neben historischen und juristischen Gesichtspunkten auch Bedeutung und Rolle der Europarteien analysiert. Die Herausgeber bemängeln in ihrem Vorwort, dass „this development has been underestimated in previous research."[13] Zudem sind die Aufsätze von Simon Hix zu nennen, der sich mit den Europarteien auseinandersetzt und (gemein-

---

12 Vgl. Gunter JASMUT: Die politischen Parteien und die europäische Integration, Frankfurt 1995, S. 21.

13 Karl M. JOHANSSON/Peter ZERVAKIS: Preface, in: dies. (Hrsg.): European Political Parties between Cooperation and Integration, Baden-Baden 2002, S. 5–10 (S. 7).

sam mit anderen Autoren) mehrere empirische Studien zur Fraktionsdisziplin im Europäischen Parlament durchgeführt hat.

Bis heute ist jedoch kaum untersucht, ob und inwieweit europäische Partei-
en einen Beitrag zum Abbau des Demokratie-Defizits leisten können. Auch
heute, zehn Jahre nach dem Erscheinen der Monographie von Thomas Jansen, kann der EVP-Vorsitzende Wilfried Martens im Vorwort zur zweiten
Auflage des Werkes behaupten:

> „Far too little attention has been devoted by political scientists and writers to
> the phenomenon of transnational political parties and how they develop. (...)
> Political scientists and historians will find here a wide, still largely unex-
> plored, field which merits their eager attention."[14]

Die Tatsache, dass die Europarteien ein vergleichsweise wenig beachtetes
Kapitel der europäischen Einigung geblieben sind, steht in eklatantem Gegensatz zu der Bedeutung, die Parteien für die Gestaltung der Demokratie
in den Nationalstaaten haben. Die vorliegende Arbeit stützt sich daher neben der wissenschaftlichen Literatur auch auf Informationen der Europarteien, die diese auf ihren Homepages bieten, und auf Interviews mit Parteivertretern (aus den Europarteien und den Fraktionen im Europäischen
Parlament), durch die wertvolle Einblicke in die praktische Arbeit, die
Selbsteinschätzung und die Probleme der Europarteien gewonnen werden
konnten.

Der **Untersuchungsgang** lässt sich grob in drei Teile unterteilen: Vor jeder
Diskussion muss Klarheit über die zu untersuchenden Begriffe herrschen.
Um den Beitrag der Europarteien zum Abbau des Demokratie-Defizits
analysieren zu können, muss zunächst der Begriff des Demokratie-Defizits
geklärt werden (Kapitel II.). Da die Europawissenschaft uneinig ist, ob und
inwieweit es auf europäischer Ebene überhaupt Demokratie geben kann,
wird zunächst auf die verschiedenen Legitimationsquellen europäischer
Herrschaft eingegangen (II.1.), bevor eine Aufteilung des komplexen Begriffs des Demokratie-Defizits erfolgt. Das institutionelle (II.2.) und das sozio-strukturelle Defizit (II.3.) werden dann näher beleuchtet. Im Anschluss
wird der zweite elementare Begriff dieser Arbeit, der Begriff der „Europäischen Partei" bzw. der „Europartei" vorgestellt (Kapitel III.). Da auch hier

---

[14]   Wilfried Martens im Vorwort zu Thomas Jansen: The European People´s Party.
       Origins and Development, 2nd edition, Brüssel 2006.

eine prägnante Definition schwierig ist,[15] wird versucht, diesen neuartigen
Parteien über ihre historische Entwicklung (III.2.) und über ihre Funktionen
(III.4.) näherzukommen. Ziel ist es, die folgende Hypothese zu bestätigen:
Die „Europarteien" können trotz gewisser Einschränkungen tatsächlich als
neuartige „Parteien" bezeichnet werden – die Bezeichnung als „Parteifamilien" ist zwar nicht falsch, wird den Entwicklungen, die die Europarteien
genommen haben, aber nicht mehr gerecht.

Nach der Klärung der Begriffe beinhalten die Kapitel IV. und V. den wesentlichen analytischen Teil der Arbeit: Hier wird untersucht, ob und inwieweit die Europarteien einen Beitrag zum Abbau des Demokratie-
Defizits leisten können. In Kapitel IV. werden kurz- bis mittelfristige Möglichkeiten und Reformideen präsentiert. Können die europäischen Institutionen durch die Beteiligung von Europarteien demokratischer werden
(IV. 1. bis 3.)? Da das institutionelle Demokratie-Defizit oft als Parlaments-
Defizit bezeichnet wird, steht hier die Analyse des Parteiensystems im
Europäischen Parlament (EP) im Mittelpunkt – in wie weit ist ein europäisches Parteiensystem (das durch Fraktionsdisziplin und ideologische Gegensätze gekennzeichnet ist) bereits Realität, und wie könnte es durch die
Europarteien gestärkt werden? Es wird die Annahme vertreten, dass das
Parteiensystem bereits stärker ausgeprägt ist als oft wahrgenommen wird,
und dass sowohl die Fraktionsdisziplin als auch die ideologischen Gegensätze größer geworden sind als noch vor einigen Jahren. Neben dem Parlament werden aber auch die anderen europäischen Institutionen auf ihre
Reformfähigkeit durch den Einfluss von Europarteien untersucht. Im
zweiten Teil dieses Kapitels werden mögliche Beiträge der Europarteien
zur Verringerung des sozio-strukturellen Demokratie-Defizits analysiert.
Dabei geht es um Beiträge zur Willensbildung der Bevölkerung (IV.4.) und
zur Enstehung einer europäischen Öffentlichkeit (IV.5.). Gleichzeitig ist
aber auch kritisch zu fragen, ob die Europarteien in ihrer jetzigen „Verfassung" diese Aufgaben überhaupt leisten können, welche organisatorischen
Voraussetzungen nötig sind, damit die Europarteien diese Rolle in Zukunft
ausüben können und welche Hindernisse sie dabei überwinden müssen

---

15   Selbst Standardwerke über „klassische" Parteien enthalten nicht immer eine De-
      finition des Begriffs, sondern nähern sich ihm durch die Beschreibung typischer
      Funktionen oder Kriterien.

(IV.6.). Es soll gezeigt werden, dass – einige näher zu beschreibende Reformen vorausgesetzt – die Europarteien in der Lage sein können, zu einem „Bindeglied" zwischen Bevölkerung und den europäischen Institutionen zu werden.

In Kapitel V. werden dann langfristige Demokratisierungsstrategien untersucht: Ist die Demokratisierung der EU durch eine Parlamentarisierung (V.1.), durch die Einführung post-parlamentarischer (V.2.) oder präsidentieller Elemente (V.3.) wünschenswert, und welche Aufgabe müssten die Europarteien in diesen Szenarien übernehmen (V.4.)? Die in der Literatur zum Teil vertretene These, dass die Entwicklung zu einem parlamentarischen oder präsidentiellen System wegen der zu schwachen Parteien unmöglich sei, soll kritisch hinterfragt werden: Die rasche Entwicklung der Parteien in den letzten Jahren zeigt, dass diese – so die Hypothese – trotz gewisser Schwierigkeiten zumindest mittelfristig stark genug werden können, ein solches „klassisches" Regierungssystem zu tragen. Aus Sicht der europäischen Parteien ist dabei ein präsidentielles System grundsätzlich wünschenswerter, weil es weniger große Herausforderungen an die Homogenität und die innere Struktur der Parteien stellt.

Kapitel VI. beleuchtet schließlich zwei wichtige Einflüsse der jüngsten Vergangenheit auf die Entwicklung der Europarteien: Die Integration der neuen Mitgliedsparteien aus Mittelosteuropa, die die Europarteien vor neue Herausforderungen gestellt hat – und weiterhin stellt (VI.1.), sowie die Parteienverordnung, die 2004 in Kraft trat (VI.2.) und die den Europarteien erstmals eine klare rechtliche Grundlage bietet. Bei beiden Aspekten ist neben der Analyse der Ereignisse insbesondere die Frage nach den Auswirkungen auf die Europarteien interessant. Zu Kapitel VI.1. wird die Hypothese aufgestellt, dass die Integration der neuen Mitgliedsparteien bislang ohne größere Probleme gelungen ist und dass trotz der großen Anzahl neuer Mitgliedsparteien die Homogenität der einzelnen Europarteien nicht oder nur unwesentlich zurückgegangen ist. Gleichzeitig ist jedoch zu beobachten, dass europaskeptische Positionen an Einfluss (insbesondere im Europäischen Parlament) gewinnen, dass also anti-demokratische Kräfte das (demokratisch gewählte) Parlament als Bühne nutzen. Mit der Analyse der Parteienverordnung in Kapitel VI.2. soll die These überprüft werden, dass die *bestehenden* Europarteien durch die Verordnung sowohl im Verhältnis

zu den Parlaments-Fraktionen als auch im Verhältnis zu den Mitgliedsparteien unabhängiger werden, und dass durch die Gründung *neuer* Parteien
die Entwicklung der Europarteien zu einem Vermittler zwischen Bevölkerung und Institutionen gefördert werden kann.

Im letzten Kapitel (VII.) stehen neben der Zusammenfassung der Erkenntnisse eine eher essayistische Schlussbetrachtung und ein Ausblick auf die
Zukunft im Mittelpunkt.

II. Das Demokratie-Defizit

1. Der Begriff

> *„Gibt es wirklich ein europäisches Demokratie-Defizit?*
> *So selbstverständlich ist das nicht, dass man kein Wort mehr zu verlieren brauchte (…).*
> *Und wenn es das Defizit gibt, wie ist es zu beheben? Lässt es sich überhaupt beheben?"*[16]

Wenn man sich mit dem Begriff des „Demokratie-Defizits" beschäftigt, fällt zunächst die Unübersichtlichkeit der Diskussion auf. Viele Autoren sprechen zwar von dem Phänomen, doch sie meinen oftmals nicht das Gleiche. Der Begriff ist zum Schlagwort geworden, mit unterschiedlichsten Verwendungsmöglichkeiten.[17] Anders ausgedrückt: „The alliteration 'democratic deficit' is so widely used and abused when discussing the European Union (EU) that it is now almost meaningless."[18] Dennoch ist die Diskussion um die demokratische Legitimation der EU für diese Arbeit von entscheidender Bedeutung, deshalb soll dem Begriff des Demokratie-Defizits hier zunächst aus historischer Perspektive nachgegangen werden, im Anschluss werden einige theoretische Grundlagen zur Demokratie- und Legitimationsproblematik untersucht und analysiert.

a) Historische Entwicklung

Die Diskussion um das demokratische Defizit der EU ist noch nicht sonderlich alt. Zu Beginn der europäischen Einigung standen nicht demokratische Überlegungen im Mittelpunkt, sondern der Wunsch nach einer politi-

---

16 Peter Graf KIELMANSEGG: Integration und Demokratie, in: Markus JACHTEN-FUCHS/Beate KOHLER-KOCH (Hrsg.): Europäische Integration, 2. Auflage, Opladen 2003, S. 49–76 (S. 53f).

17 Vgl. Frank DECKER: Demokratie und Demokratisierung jenseits des Nationalstaates. Das Beispiel der Europäischen Union, in: ZPol 2/2000, S. 585–629 (S. 586); Winfried STEFFANI: Das Demokratie-Dilemma der Europäischen Union, in: Winfried STEFFANI/Uwe THAYSEN (Hrsg.): Demokratie in Europa – Zur Rolle der Parlamente, Sonderband der Zeitschrift für Parlamentsfragen, Opladen 1995, S. 33–49 (S. 34).

18 Simon HIX: Elections, Parties and Institutional Design: A Comparative Perspective on European Union Democracy, in: West European Politics 3/1998, S. 19–52 (S. 19).

schen Stabilisierung und nach wirtschaftlichem Wiederaufbau.[19] Die Institutionen der EG sind damals bewusst ohne unmittelbare demokratische Rückkopplung angelegt worden, vielmehr wurde für die Integration auf den Einigungswillen von Technokraten und Eliten vertraut.[20] Die Frage nach der Legitimität der europäischen Integration stellte sich trotz dieses „von Anfang an bestehenden formalen Demokratie-Defizits europäischer Politik"[21] lange Zeit nicht. Die völkerrechtlichen Verträge sowie die Legitimation über die Mitgliedstaaten und die nationalen Parlamente erschienen für die zunächst vor allem funktionale Integration (Stichwort *funktionaler Zweckverband*, dazu unten ausführlich) ausreichend, die guten Gründe für die europäische Einigung (als gemeinsame Reaktion auf die Bedrohung aus dem Osten sowie zur Stärkung der Volkswirtschaften) überlagerten bzw. ersetzten den Wunsch nach deutlicherer demokratischer Legitimation.[22] Die Frage nach der Legitimität der Europäischen Gemeinschaft „ergab sich nicht. Das Motiv des Friedens für die Einigungsbestrebungen war von solcher Evidenz, dass es keiner Rechtfertigung bedurfte."[23] Und „solange die EG als ‚Wohlfahrtsproduzent' funktionierte, brauchten sich die Europapolitiker um das Einverständnis ihrer Bevölkerungen nicht zu sorgen"[24], zumal ja alle Entscheidungen auf einem Konsens der mitgliedstaatlichen Regierungen beruhten. Mit der Einheitlichen Europäischen Akte von 1986, mit der Öffnung nach Osten und mit dem Maastrichter Vertrag von 1992 sowie der immer stärker werdenden Globalisierung rückte die Frage nach der Legitimation europäischen Handelns jedoch immer stärker ins Blickfeld der Öffentlichkeit:

> „Es mag sein, dass Großbritannien und Dänemark, in der alten Zwölfergemeinschaft die beiden Länder mit der größten Distanz zu Brüssel, die Länder, die die Europadiskussion immer schon kritischer, kontroverser, jedenfalls

---

[19] Vgl. Helen WALLACE: Die Dynamik des EU-Institutionengefüges, in: Markus JACHTENFUCHS/Beate KOHLER-KOCH (Hrsg.): Europäische Integration, 2. Auflage, Opladen 2003, S. 255–285 (S. 259).

[20] Vgl. Marcus HÖRETH: Die Europäische Union im Legitimationstrilemma, Baden-Baden 1999, S. 29.

[21] Vgl. HÖRETH: Legitimationstrilemma, a.a.O., S. 31.

[22] Vgl. KIELMANSEGG: Integration und Demokratie, a.a.O., S. 49.

[23] Frank RONGE: Legitimität durch Subsidiarität, Baden-Baden 1998, S. 22.

[24] Frank DECKER: Demokratie und Demokratisierung, a.a.O., S. 594.

intensiver geführt haben als die anderen Mitgliedstaaten, dabei gewisse Anstöße gegeben haben. Auch die stetige Erweiterung der Gemeinschaft mag in die gleiche Richtung wirken. Denn sie hat zur Folge, dass es immer mehr Mitgliedstaaten gibt, deren Mitgliedschaft ihre Wurzeln nicht mehr in den Gründungsideen, im Gründungsethos der Nachkriegszeit hat, sondern in einem fast ausschließlich ökonomischen Kalkül. Das könnte die Europadiskussion der Zukunft nachhaltig prägen. Vor allem aber ist es der fortschreitende Integrationsprozess selbst, der der Legitimitätsfrage eine andere Bedeutung geben wird."[25]

Je größer die Bedeutung der EU, je gewichtiger die Souveränitätsverschiebungen und je einflussreicher die Auswirkungen der europäischen Entscheidungen auf die nationale Politik wurden, desto intensiver wurde die Frage aufgeworfen, ob die Union hinreichend demokratisch legitimiert sei. Das bisherige Vorgehen nach der Methode Jean Monnets, wonach die Einbeziehung wirtschaftlicher und sozialer Interessen und ihrer Vertreter in den Integrationsprozess Vorrang hat vor den „normalen" parlamentarisch-demokratischen Prozessen, stieß an seine Grenzen.[26] Jacques Delors erkannte 1993: „(…) wir zahlen den Preis für das aufgestaute Defizit an Erklärung und an tiefergehenden Debatten über Sinn und Zweck der Gemeinschaft."[27] Seit Ende der 80er-Jahre, als nach der Europäischen Akte immer mehr Kompetenzen auf die Union übertragen und viele Politikfelder vergemeinschaftet wurden, wurde die EG bzw. EU von vielen Europaforschern als nicht mehr ausreichend legitimiert angesehen. Immer mehr Bereiche vormals nationaler Souveränität wurden nun auf europäischer Ebene entschieden. Spätestens nach dem ablehnenden Maastricht-Referendum in Dänemark 1992, der äußerst knappen Zustimmung in Frankreich und der Kritik des Bundesverfassungsgerichts am Maastrichter Vertrag[28], wurde von ganz unterschiedlichen Seiten der Begriff des „Demokratie-Defizits" aufgeworfen und eine Demokratisierung der Europäischen Union gefordert. Es kann seitdem nicht mehr als selbstverständlich gelten, dass die Menschen in Europa dem Weg, den die europäische Integration nimmt,

---

25   KIELMANSEGG: Integration und Demokratie, a.a.O., S. 50.

26   Vgl. WALLACE: Die Dynamik des EU-Institutionengefüges, a.a.O., S. 281.

27   Jacques DELORS: Entwicklungsperspektiven der Europäischen Gemeinschaft, in: APuZ B1/93, S. 3–9 (S. 3).

28   Vgl. BVerfGE 89, 155.

ohne weiteres zustimmen, die stillschweigende Zustimmung der Bevölkerung (der sogenannte „permissive consensus"[29]) ist zumindest geschwächt.

b) Theoretische Grundlagen

Die Debatte um das Demokratie-Defizit ist vor allem deshalb unübersichtlich, weil von unterschiedlichen Grundvoraussetzungen ausgegangen wird. Auf die Diskussion, was überhaupt „Demokratie" genau bedeutet, soll hier nicht im Detail eingegangen werden. In einer Untersuchung von 1997 wurden über 500 Arten und Definitionen von Demokratie gezählt.[30] Obwohl das 20. Jahrhundert als „Demokratisches Jahrhundert" gilt, ist der Demokratie-Begriff selbst immer schwieriger zu definieren.[31] Statt hier aus der „Fülle gleichermaßen unbefriedigender Definitionsversuche"[32] einen Ansatz auszuwählen, soll in dieser Arbeit Demokratie etymologisch nach Abraham Lincoln kurz als „government of the people, by the people, for the people" definiert werden: In der Demokratie geht die Herrschaft aus dem Volk hervor, sie wird durch das Volk und in seinem Interesse ausgeübt. Dies ist der „noch immer fruchtbarste[...] Zugang" zum Demokratie-Begriff.[33]

---

[29] Das Modell des „permissive consensus" besagt, dass die Bürger den Politikern bei der Entwicklung der europäischen Integration praktisch „freie Hand" gelassen haben, weil es von den politischen Eliten keinen Widerspruch zur Integration gab und eine große Mehrheit der Bevölkerung deren Überzeugung von der Nützlichkeit der Integration übernahm. Vgl. dazu Karlheinz REIF: Ein Ende des „Permissive Consensus"? Zum Wandel europapolitischer Einstellungen in der öffentlichen Meinung der EG-Mitgliedstaaten, in: Rudolf HRBEK (Hrsg.): Der Vertrag von Maastricht in der wissenschaftlichen Kontroverse, Baden-Baden 1993, S. 23–40.

[30] Vgl. David COLLIER/Steven LEVITSKY: Democracy with adjectives: conceptual innovations in comparative research, in: World Politics 49 (3), 1997, S. 430–451.

[31] Vgl. Peter MAIR: Popular Democracy and the European Union Polity. European Governance Papers C-05-03, abrufbar unter www.connex-network.org/euro gov/pdf/egp-connex-C-05-03.pdf, S. 5/6.

[32] Bernd GUGGENBERGER: Demokratie/Demokratietheorie, in: Dieter NOHLEN (Hrsg.): Wörterbuch Staat und Politik, 3. Auflage 1995, S. 80–90 (S. 81).

[33] Vgl. GUGGENBERGER: Demokratie/Demokratietheorie, a.a.O., S. 81. Ausführlich zum Begriff Demokratie das Buch von Manfred G. SCHMIDT: Demokratietheorien. Eine Einführung, 1995.

Ein weiteres Problem ist die Tatsache, dass bei der Diskussion um das Demokratie-Defizit oft die Legitimitäts-Problematik vernachlässigt wird: „(…)
the question of legitimacy of the European Union has not received adequate
treatment, principally because it has always been conflated with the issue of
the democratic deficit of the Community."[34] Die formale Erfüllung demokratischer Prinzipien in einem politischen System reicht nämlich nicht automatisch aus, um legitimes Regieren zu gewährleisten.[35] Grundsätzlich
stellt sich die Frage, wie sich das Handeln der EU überhaupt legitimieren
lässt. Die wissenschaftlichen Diskussionen um den Begriff der Legitimität
(einem wichtigen, doch zugleich je nach Standpunkt „polemischen" oder
„problematischen" Begriff, an dem sich „die Geister scheiden"[36]) sowie um
die Legitimationsgrundlage von Herrschaft jenseits des Nationalstaats können hier nicht in aller Ausführlichkeit dargestellt werden.[37] Für die folgenden Überlegungen soll deswegen – wie beim Demokratiebegriff – eine Ar-
beitsdefinition ausreichen. Unter Legitimation versteht man danach grundsätzlich die Rechtfertigung des Staates, seiner Herrschaftsgewalt und seiner
Handlungen; unter Legitimität versteht man auch deren Ergebnis, also das
Gerechtfertigtsein.[38]

---

[34]   Joseph H.H. WEILER: After Maastricht: Community Legitimacy in Post-1992
        Europe, in: William ADAMS (Hrsg.): Singular Europe. Economy and Polity of the
        European Community after 1992, Michigan 1992, S. 11–41 (S. 12).

[35]   Vgl. HÖRETH: Legitimationstrilemma, a.a.O., S. 66.

[36]   Vgl. die Zitate bei RONGE: Legitimität durch Subsidiarität, a.a.O., S. 15, mit
        Nachweisen, sowie HÖRETH: Legitimationstrilemma, a.a.O., S. 13.

[37]   Vgl. zu den Theorien von Legitimität Wolfgang Fach/Ulrich DEGEN: Zum „wis-
        senschaftlichen" Stellenwert der Legitimitätsdiskussion, in: Dies. (Hrsg.): Politi-
        sche Legitimität, Frankfurt am Main 1978, S. 7–24 und den Aufsatz von Wilhelm
        HENNIS: Legitimität. Zu einer Kategorie der bürgerlichen Gesellschaft, in: Peter
        Graf KIELMANSEGG (Hrsg.): Legitimationsprobleme politischer Systeme (PVS-
        Sonderheft 7), Opladen 1976 (S. 9–38). Zur Legitimation von Herrschaft jenseits
        des Nationalstaates vgl. David BEETHAM/Christopher LORD: Legitimacy and
        the European Union, London/New York 1998; Markus JACHTENFUCHS/Beate
        KOHLER-KOCH: Regieren und Institutionenbildung, in: JACHTENFUCHS/KOHLER-
        KOCH: Europäische Integration, a.a.O., S. 11–46.

[38]   So auch RONGE: Legitimität durch Subsidiarität, a.a.O., S. 15; ähnlich die Legiti-
        mitäts-Definition von Winfried STEFFANI: Für ihn bedeutet Legitimität „die An-
        erkennung von politischen Institutionen und Handlungen in ihrem sozialen
        Geltungsanspruch als rechtens", vgl. STEFFANI: Parlamentarische und präsidenti-
        elle Demokratie, strukturelle Aspekte westlicher Demokratien, Opladen 1979,
        S. 113.

Bei der Frage, ob das Handeln der europäischen Institutionen legitimations*bedürftig* ist, gibt es in der wissenschaftlichen Debatte keine Einigkeit.
Wer die Legitimationsbedürftigkeit grundsätzlich bejaht, kann hinsichtlich
der Legitimations*fähigkeit* zu unterschiedlichen Ergebnissen gelangen. Deswegen werden hier einige theoretische Überlegungen vorgestellt, verglichen und bewertet.

Allgemein kann man sagen, dass sich Regieren jenseits von Staatlichkeit
generell – und somit auch die europäische Politik – durch drei Quellen legitimieren lässt: indirekt über die jeweiligen Mitgliedstaaten, durch „Output-Legitimität" und durch „Input-Legitimität".[39]

i.   Die Legitimation über die Mitgliedstaaten (Intergouvernementalismus)

Versteht man die europäische Integration so wie das Bundesverfassungsge-
richt in seinem Maastricht-Urteil[40], dann ist die EU ein „Staatenverbund zur
Verwirklichung einer immer engeren Union der – staatlich organisierten –
Völker Europas" (S. 156), der „von den Mitgliedstaaten getragen wird und
deren nationale Identität achtet" (S. 181). Wenn dieser Staatenverbund ho-
heitliche Aufgaben wahrnimmt, sind es „zuvörderst die Staatsvölker der
Mitgliedstaaten, die dies über die nationalen Parlamente demokratisch zu
legitimieren haben. Mithin erfolgt demokratische Legitimation durch die
Rückkopplung des Handelns europäischer Organe an die Parlamente der
Mitgliedstaaten" (S. 155). Das bedeutet: Die Legitimation europäischen
Handelns geht von den Mitgliedstaaten aus, da der EU die „verfassungs-
politische Fähigkeit, aus sich heraus Demokratie zu bilden"[41], fehlt. Demokratie ist, nach der Lesart des BVerfG, an den Nationalstaat gekoppelt. Die
Staaten als Herren der Verträge begründen die Legitimität der Unionsge-
walt, sie kontrollieren die Integration und entscheiden über deren Fort-
gang. Die Legitimität beruht zum einen auf den von den nationalen Parlamenten ratifizierten Gründungsverträgen und Vertragsänderungen, zum

---

[39]   Vgl. Heidrun ABROMEIT: Wozu braucht man Demokratie? Die postnationale
      Herausforderung der Demokratietheorie, Opladen 2002, S. 15 ff.; HÖRETH: Legi-
      timationstrilemma, a.a.O., S. 93 f..

[40]   BVerfGE 89, 155.

[41]   Josef ISENSEE: Europa – die politische Erfindung eines Erdteils, in: Ders. (Hrsg.):
      Europa als politische Idee und rechtliche Form, 2. Auflage, Berlin 1994, S. 103–
      138 (S. 134).

anderen auf den Entscheidungen der nationalen Vertreter im Ministerrat. Diese Einschätzung wird auf integrations-theoretischer Ebene von den Vertretern des Intergouvernementalismus geteilt.[42] Auch für sie sind die Nationalstaaten die entscheidenden politischen Akteure, die der EU eine Entwicklung zu einer quasi-autonomen Rechtsordnung gestattet haben. Auf institutioneller Ebene betonen auch sie die starke Rolle des Ministerrats sowie die Notwendigkeit, jedes europäische Handeln an die Parlamente der Mitgliedstaaten rückzukoppeln. „Würde der Einigungsprozess ausnahmslos unter intergouvernementalen Vorzeichen ablaufen, stünden die Reichweite der Integration wie auch die Entscheidungsinhalte selbst weiterhin unter dem Zustimmungsvorbehalt der Mitgliedstaaten."[43] Wenn man der intergouvernementalistischen Auffassung folgt, kann man das Handeln der EU selbst nicht als demokratisch defizitär ansehen: Da die Union kaum mehr darstellt als eine sektoral begrenzte Wirtschafts- und Handelsgemeinschaft, wird das von anderen behauptete Demokratie-Defizit der Union als Scheinproblem betrachtet.[44] Das Demokratieprinzip bleibt – wie in der Einschätzung des BVerfG – national basiert, die Frage nach der demokratischen Legitimität europäischen Handelns stellt sich nicht.

ii.   Die „output-Legitimation" (Neo-Funktionalismus)

Output-Legitimation bedeutet, dass Entscheidungen dann legitim sind, „wenn und weil sie auf wirksame Weise das allgemeine Wohl im jeweiligen Gemeinwesen fördern."[45] Demokratie als „government of the people, by the people, and for the people" beinhaltet als dritte Kategorie die Herrschaft *für* das Volk. Diese leitet Legitimität von der Fähigkeit zur effektiven

---

42   Vgl. Marcel KAUFMANN: Europäische Integration und Demokratieprinzip, Baden-Baden 1997, S. 222, mit weiteren Nachweisen.

43   DECKER: Demokratie und Demokratisierung, a.a.O., S. 601.

44   So z.B. Andrew MORAVCSIK: In Defense of the „Democratic Deficit": Reassessing Legitimacy in the European Union, in: Journal of Common Market Studies 40, 2002, S. 603–624 (S. 606). Vgl. dazu Cordula JANOWSKI: Demokratie in der EU gemäß der Europäischen Verfassung: parlamentarisch, post-parlamentarisch oder beides?, in: ZPol 15/3, 2005, S. 793–824 (S. 797)

45   Fritz W. SCHARPF: Regieren in Europa – Effektiv und demokratisch? Frankfurt-Main 1999, S. 16. Unter „Input-Legitimität" versteht SCHARPF, dass Entscheidungen dann legitim sind, wenn und weil sie den Willen des Volkes widerspiegeln, also die Herrschaft durch das Volk.

Problemlösung her. (Die Herrschaft *durch* das Volk wird dementsprechend als „input-Legitimation" bezeichnet.) So verstanden bedeutet Volksherrschaft „kaum, dass das Volk wirklich die Macht in die Hand nehmen sollte, sondern die Erfüllung der Wünsche und Bedürfnisse des Volkes."[46] Wer auf die output-Legitimation abzielt, begreift die EU in erster Linie als technokratisches, leistungsorientiertes Gebilde, das zur Lösung von Problemen dient, die auf nationaler Ebene nicht mehr gelöst werden können. In der Konzeption der „output-Legitimation" finden und realisieren unabhängige Experten gute und gemeinwohl-dienliche Lösungen für Probleme, abgekoppelt von der „klassischen" Politik, im Dienste eines gemeinsamen Interesses.[47] Demokratische Kontrolle der Experten ist nach dieser Auffassung jedenfalls entbehrlich (da diese einem „complex system of immanent control" unterliegen), schlimmstenfalls sogar schädlich.[48] Im Nationalstaat können sich output- und input-Legitimität ergänzen, Demokratie ist hier Herrschaft für das Volk *und* durch das Volk. Insbesondere Fritz Scharpf vertritt die These, dass auf europäischer Ebene etwas anderes als output-Legitimität nur schwer zu erreichen sei, weil sie geringere Anforderungen stelle als die input-Legitimität (dazu gleich 2.3.). Voraussetzung für die Herstellung von output-Legitimität sei das gemeinsame Interesse an effizienter Problemlösung, die Bildung von dauerhaften Problemlösungs-Strukturen sowie die Existenz einer politischen Einheit mit abgrenzbarer Mitgliedschaft.[49] Mit der Betonung der output-Legitimität steht Scharpf den Neo-Funktionalisten nahe, deren Leitbild eine „im Kern unpolitische Sachwaltung durch die transnationale Expertokratie der europäischen Integrationsgemeinschaften" ist.[50] Wenn man die EU versteht als ein von den Mitgliedstaaten geschaffenes Mittel, um für wirtschaftliche Fragen gemeinsame Antworten zu finden, und sie lediglich als „Zweckverband funktionel-

---

[46] Giovanni SARTORI: Demokratietheorie, Darmstadt 1992, S. 235.

[47] SCHARPF: Regieren in Europa, a.a.O., S. 24.

[48] So Giandomenico MAJONE: The European Community: An „Independent fourth branch of government"? in: Gert BRÜGGEMEIER (Hrsg.): Verfassungen für ein ziviles Europa, Baden-Baden 1994, S. 23–39 (S. 29). Schädlich ist demokratische Kontrolle nach MAJONE bei jenen Angelegenheiten, bei denen die Mechanismen der Parteienkonkurrenz um Wählerstimmen gemeinwohl-dienliche Entscheidungen zu verhindern drohen.

[49] SCHARPF: Regieren in Europa, a.a.O., S. 20.

[50] KAUFMANN: Europäische Integration und Demokratieprinzip, a.a.O., S. 334.

ler Integration"[51] begreift, dann reicht dies zur Legitimation europäischen Handelns bereits aus. Die Legitimation beruht dann auf dem Grundsatz der „Herrschaft *für* das Volk" und wird durch die Leistungen der europäischen Politik gewährleistet.[52] Abgesehen davon kann es für einen solchen Zweckverband gar kein Demokratie- oder Legitimitäts-Problem geben, weil ihm die Kompetenzen eines Staates fehlen und weil er sowohl strukturell als auch inhaltlich auf genauen Vorgaben der Mitgliedstaaten beruht.[53]

iii. Die „input-Legitimation" (Föderalismus)

Input-Legitimation betont die „Herrschaft *durch* das Volk". Regieren wird legitimiert durch einen möglichst unverfälschten Ausdruck des Willens der Bürger, durch die Zurechenbarkeit von Entscheidungen sowie durch die Verantwortlichkeit der Regierenden gegenüber der Bevölkerung.[54] Aus der input-orientierten Sicht „lässt sich das politische System der EU von den in den europapolitischen Prozess eingehenden Willensäußerungen und artikulierten Interessen der Bürgerinnen und Bürger Europas und ihrer Repräsentanten her rationalisieren", die Legitimität der EU hängt dann „in erster Linie von den Verfahren ab, nach denen Entscheidungen getroffen werden und weniger von den politischen Resultaten, die dieses Entscheidungssystem produziert."[55] Entscheidend sind also die Bürger: „In citizens vests the power, by majority, to create binding norms, to shape the political, social and economic direction of the polity. More realistically, in citizens vests the power to enable and habilitate representative institutions which will exercise governance on behalf of (…) citizens."[56] Die Bürger müssen also einen (zumindest indirekten) Einfluss auf die politischen Entscheidungen haben,

---

51   Hans Peter IPSEN: Zur Gestalt der Europäischen Gemeinschaft, in: ders.: Europäisches Gemeinschaftsrecht in Einzelstudien, Baden-Baden 1984, S. 79–96 (S. 80).

52   So zum Beispiel MAJONE: An „Independent fourth branch of government"? a.a.O., in eine ähnliche Richtung geht Robert A. DAHL: A Democratic Dilemma: System Effectiveness versus Citizen Participation, in: Political Science Quarterly, 109 Nr. 1 (1994), S. 23–34 (vor allem S. 29).

53   Vgl. zu dieser „doppelten" Legitimation HÖRETH: Legitimationstrilemma, a.a.O., S. 134.

54   Vgl. WOLF: Die neue Staatsräson, a.a.O., S. 165.

55   HÖRETH: Legitimationstrilemma, a.a.O., S. 82f.

56   Joseph H.H. WEILER: The Reformation of European Constitutionalism, in: JCMS 35/1997, S. 97–131 (S. 113).

in erster Linie geschieht dies durch regelmäßige Wahlen. Durch diese Wahlen wird demokratische Teilhabe gewährleistet, indem zwischen unterschiedlichen politischen Programmen und Inhalten ausgewählt werden kann. „Input" ist für den Nationalstaat bis heute die entscheidende Legitimationsressource, und nur die Demokratie kann diese Inputlegitimation leisten.[57] Auch auf europäischer Ebene ist das normative Leitbild bei der input-Legitimation die repräsentative Mehrheitsdemokratie: „Bei der inputorientierten Legitimation (…) erhält das Regieren durch die Zustimmung des *demos* und durch einen möglichst unverfälschten Ausdruck des Volkswillens seine Legitimität."[58]

Die Theorie der input-Legitimation impliziert somit eine gewisse „Staatlichkeit" des EU-Gefüges. Eine solche wird der EU mittlerweile von den meisten Integrationsforschern zugestanden, auch wenn die Begrifflichkeiten Unterschiede aufweisen: Die Reformen in den Verträgen von Maastricht und später Amsterdam und Nizza „müssen fast zwangsläufig zu einer weiteren Föderalisierung der Union führen. Der Weg zu einem *bundesstaatsanalogen* – wenn auch nicht nationalstaatlichen – *Mehrebenensystem* scheint damit vorgezeichnet."[59] An anderer Stelle heißt es, die EU sei mittlerweile „eine *präföderale Institution* mit einigen dezidiert föderalen Elementen, deren Ausbau die Entwicklung einer europäischen Föderation nicht ausschließt."[60] Analog benutzen in der englisch-sprachigen Literatur viele Theoretiker den Begriff des „*quasi-federal state*" und heben Gemeinsamkeiten mit anderen Bundesstaaten wie Deutschland, Kanada oder der Schweiz hervor.[61] Dieser Form des Föderalismus geht es nicht in erster Linie darum, normativ die Entwicklung zu einem europäischen Bundesstaat (womöglich nach deutschem Vorbild) zu fordern, sondern vor allem um

---

[57] HÖRETH: Legitimationstrilemma, a.a.O., S. 84f.

[58] WOLF: Die neue Staatsräson, a.a.O., S. 164f. Auf die Problematik des „europäischen demos" wird im Verlauf dieses Kapitels noch einzugehen sein.

[59] Werner WEIDENFELD/Claus GIERING: Die Europäische Union nach Amsterdam – Bilanz und Perspektive, in: Werner WEIDENFELD (Hrsg.): Amsterdam in der Analyse, Gütersloh 1998, S. 19–87 (S. 86), kursive Hervorhebung durch CzH.

[60] Ludger KÜHNHARDT: Europäische Union und föderale Idee, München 1993, S. 15, kursive Hervorhebung durch CzH.

[61] Vgl. nur Simon HIX: The Study of the European Community: The Challenge to Comparative Politics, in: West European Politics 17 (1)/1994, S. 1–30 (S. 20); ders.: Elections, Parties and Institutional Design, a.a.O., S. 24.

die analytische Operationalisierung der EU als quasi-föderales System und die dadurch ermöglichte Vergleichbarkeit. Die Konzepte der „unideologischen" Föderalismusforschung zielen also nicht automatisch auf das Endziel eines Bundesstaates als bestmögliche Entwicklung der europäischen Integration, sondern betonen die Sinnhaftigkeit und Fruchtbarkeit des analytischen Vergleichs und bergen als analytische Modelle ein erhebliches Potenzial.[62]

iv. Exkurs: Die Begriffe „sui generis" und „Föderalismus"

Die unideologische föderale Position geht damit über die bekannte „sui generis"-These[63] hinaus. Diese These verführt dazu, nicht über mögliche Entwicklungspfade und institutionelle Änderungen nachzudenken: Durch die Behauptung, man befände sich auf unbekanntem Terrain und jedes Nachdenken über Entwicklungsmöglichkeiten sei reine Spekulation, versagt man sich die Möglichkeit, nach konstruktiven Ideen für den Integrationsprozess zu suchen. „So bleibt das politikwissenschaftliche Denken auf dem (…) Stand des ‚es ist, wie es ist, und es läuft, wie es läuft' stehen."[64] Man kann sich damit behelfen zu sagen, dass die EU zwar ein Gebilde sui generis (und damit grundsätzlich nicht vergleichbar) sei, dass man sich aber auf einzelne Elemente des politischen Systems der EU stützen könne und diese dann vergleichend analysieren kann – somit würde man die „Grundsatzdebatte über die Natur der EU gleichsam unterlaufen".[65] Doch auch diese

---

[62] Vgl. Markus JACHTENFUCHS: Verfassung, Parlamentarismus, Deliberation. Legitimation und politischer Konflikt in der Europäischen Union, in: Christine LANDFRIED (Hrsg.): Politik in einer entgrenzten Welt (21. wissenschaftlicher Kongress der DVPW), Köln 2001, S. 71–89 (S. 74); HÖRETH: Legitimationstrilemma, a.a.O., S. 110; ähnlich KÜHNHARDT: EU und föderale Idee, a.a.O.

[63] Auch der Begriff des „Gebildes sui generis" ist in der Wissenschaft umstritten, vgl. zu der Diskussion Heidrun ABROMEIT: Jenseits des „sui generis", in: LANDFRIED (Hrsg.): Politik in einer entgrenzten Welt, a.a.O., S. 91–98; Markus JACHTENFUCHS: Die Europäische Union – ein Gebilde sui generis? In: Klaus Dieter WOLF (Hrsg.): Projekt Europa im Übergang? Probleme, Modelle und Strategien des Regierens in der Europäischen Union, Baden-Baden 1997, S. 15–35; Klaus Dieter WOLF: Die neue Staatsräson – Zwischenstaatliche Kooperation als Demokratieproblem in der Weltgesellschaft, Baden-Baden 2000, S. 120.

[64] ABROMEIT: Jenseits des „sui generis", a.a.O., S. 91.

[65] So JACHTENFUCHS/KOHLER-KOCH: Regieren und Institutionenbildung, a.a.O., S. 18.

Konstruktion wirkt unbefriedigend. Analytisch scheint folgender Ansatz am vielversprechendsten: Die EU hat den Zustand des „sui generis" hinter sich gelassen und befindet sich auf dem Weg zur Bundes-Staatlichkeit – und kann somit politikwissenschaftlich (trotz aller Einschränkungen) mit dem politischen System des Nationalstaats verglichen werden.[66] An die EU als nicht- oder allenfalls quasi-staatliches System können zwar nicht automatisch identische Kriterien angelegt werden wie an den Nationalstaat, denn die klassischen Legitimitätstheorien sind auf Staaten ausgelegt; es ist evident, dass sie „die historische Novität des europäischen Transformationsprozesses nicht erfassen können."[67] Dies bedeutet jedoch nicht, dass die Anforderungen an die Legitimation des europäischen Handelns mit Hinweis auf die „sui-generis"-Natur über Gebühr abgesenkt werden können oder dass jede Vergleichbarkeit der EU mit Nationalstaaten von Vornherein ausgeschlossen ist, wie gelegentlich behauptet wird.[68] Vielmehr gilt es, über den Stand des „sui generis" hinauszudenken, um eine vergleichende Analyse nicht von vornherein auszuschließen.[69] Solange zudem die neuen wissenschaftlichen Entwürfe zur Erklärung der europäischen Einigung noch in den Kinderschuhen stecken,[70] bleibt der föderalistische Ansatz mit den Möglichkeiten des Vergleichs der fruchtbarste Ansatz für die Analyse der Integration. Auch für Wolfgang Wessels, dessen „Fusionsthese" eine wichtige Weiterentwicklung der Integrationstheorie bietet, stellt die EU einen „fusionierten Föderalstaat" dar, der „in historischer Perspektive als neue Phase in der Entwicklung westeuropäischer Staaten verstanden werden kann."[71] Auch hier wird deutlich, dass es nicht darum geht, der EU norma-

---

[66] So auch ABROMEIT: Jenseits des „sui generis", a.a.O., S. 92.

[67] HÖRETH: Legitimationstrilemma, a.a.O., S. 74.

[68] Zum Teil wird konstatiert, dass wegen des sui-generis-Charakters der Union alle auf den Staat bezogenen Legitimitätskriterien für die EU nicht anwendbar seien, so z.B. Thomas BANCHOFF/Mitchell SMITH (Hrsg.): Legitimacy and the European Union, London 1999, in ihrer Einführung (S. 1–23).

[69] Im Ergebnis ähnlich HÖRETH: Legitimationstrilemma, a.a.O., S. 70, der jedoch am sui-generis-Begriff festhält.

[70] Vgl. zu den unterschiedlichen neuen Ansätzen HÖRETH: Legitimationstrilemma, S. 138ff.

[71] Wolfgang WESSELS: Staat und westeuropäische Integration – Die Fusionsthese, in: Michael KREILE (Hrsg.): Die Integration Europas, PVS-Sonderheft 23 (1992), S. 36–61 (S. 40).

tiv den Weg zum klassischen Bundesstaat vorzuzeichnen. Die Besonderheit und Einmaligkeit des europäischen Mehrebensystems werden anerkannt, aber der Umfang der Entscheidungsbefugnisse der EU trägt staatsähnliche Züge.

> „Die gegenüber den traditionellen Kategorien des Staates und der Staatenverbindungen durchaus eigenständige Form der europäischen Einigung im Rahmen der Union mit ihrer in verschiedenen Bereichen unterschiedlich intensiven Zentralgewalt kann mit dem Begriff Föderalismus jedenfalls besser erfasst werden als durch die nur scheinbar aussagekräftigen Kategorien des Bundesstaates oder des Staatenbundes. Da aber bis in die Gegenwart der Föderalismusbegriff mit einem bestimmten Modell des Bundesstaates gleichgesetzt wird, muss stets eine genaue Begriffserklärung der Verwendung des Terminus Föderalismus erfolgen."[72]

Das föderale Prinzip bleibt also auch ohne die Annahme einer bundesstaatlichen Finalität ein „entwicklungsfähiges Interpretationsmodell"[73] für die EU.

v. Kritische Überlegungen zu den drei Legitimationsquellen und Folgen für die Definition des „Demokratie-Defizits"

Das Handeln der EU und die Eingriffe in das Leben der EU-Bürger können nach den eben angestellten Überlegungen gerechtfertigt werden durch die Legitimität der Mitgliedstaaten, durch den erzielten Output und durch demokratischen Input. Doch wie steht es in der europäischen Praxis um die theoretischen Quellen demokratischer Legitimation?

Die Auffassung der Intergouvernementalisten, die Mitgliedstaaten sorgten für eine ausreichende Legitimation des europäischen Handelns, muss kritisch hinterfragt werden. Schließlich sind – vor allem in den letzten Jahren – Macht und Einfluss der supranationalen Institutionen deutlich gewachsen. Die europäische Gesetzgebung nimmt immer stärker zu, und die Politik in der EU geht heute weit über eine reine Ausführung von vorher in Vertrags-

---

[72]   Roland BIEBER: Föderalismus in Europa, in: Werner WEIDENFELD (Hrsg.): Europa-Handbuch (Band 373 der Schriftenreihe der Bundeszentrale für politische Bildung), Bonn 2002, S. 361–373 (S. 362).

[73]   So Albrecht WEBER: Zur föderalen Struktur der Europäischen Union im Entwurf des Europäischen Verfassungsvertrags, in: Europarecht 6/2004, S. 841–856 (S. 856).

texten festgelegten Programmen hinaus. Dieser weitreichende Handlungsspielraum und der Bedeutungsgewinn von Kommission und Parlament
kann durch die Vertreter der Nationalstaaten im Rat und durch die nationalen Parlamente nur zum Teil begrenzt werden, schließlich ist der Rat ein
Gemeinschaftsorgan, in dem die jeweiligen Minister noch einen eigenen
Handlungsspielraum besitzen sollen. Eine allgemeine nationale Kontrolle
des Rates ist in den Verträgen nicht vorgesehen. Den nationalen Parlamenten fällt es schwer, die Minister zu kontrollieren, die hinter verschlossenen
Türen „Exekutivkartelle bilden, in denen sich die Staatsführungen ihrer
gemeinsamen Komplizenschaft versichern und sich gegenseitig dabei unterstützen, innenpolitische Zwänge abzuschütteln (...)."[74] Die Mitgliedstaaten (und ihre jeweiligen Parlamente) sind somit als Quelle politischer
Legitimation geschwächt worden. Ein weiterer Beleg für diese Schwächung
ist die Einführung von Mehrheitsentscheidungen im Rat: Vielfach wird argumentiert, es sei undemokratisch, wenn ein einzelner Staat, vertreten
durch seinen Minister, mit einem Veto eine gemeinsame Entschließung aller anderen Mitgliedstaaten blockiert. Die Einführung von Mehrheitsentscheidungen im Rat sei daher (und auch aus Effizienzgesichtspunkten) zu
begrüßen. Aus der Sicht der nationalen Entscheidungsträger ist genau dies
jedoch problematisch: „Verliert der Mitgliedstaat die Vetomöglichkeit, sind
die Einflusschancen seiner Vertreter und damit auch der parlamentarischen
Repräsentationsorgane notwendigerweise geringer. Im Extremfall sind die
demokratischen Teilhabemöglichkeiten des Mitgliedstaates und damit seines Volkes nur noch höchst abstrakt (...) vorhanden."[75] Gelegentlich wurde
das Vetorecht im Ministerrat schon als „the most legitimating element" des
gesamten Institutionengefüges der EU bezeichnet.[76] Durch die häufigere
Anwendung des Mehrheitsprinzips im Rat wird die indirekte demokratische Kontrolle durch die nationalen Parlamente geschwächt, da immer die
Möglichkeit besteht, dass der Repräsentant eines Mitgliedstaates überstimmt wird. Jeder Hoheitsakt, der gegen den Willen eines Mitgliedstaates
(bzw. seines Repräsentanten) durchgesetzt wird, ist in dem betreffenden

---

[74]   HÖRETH: Legitimationstrilemma, a.a.O., S. 51.

[75]   KAUFMANN: Europäische Integration und Demokratieprinzip, a.a.O., S. 401.

[76]   Vgl. Joseph H.H. WEILER: The transformation of Europe, in: The Yale Law Jour-
       nal 100 (1991), S. 2403–2483 (S. 2473), auch HÖRETH: Legitimationstrilemma,
       a.a.O., S. 49.

Staat jedenfalls nicht demokratisch legitimiert.[77] Natürlich werden auch in allen kleineren politischen Systemen Entscheidungen nach der Mehrheits-regel getroffen, doch stößt man hier auf den „schwierigsten Aspekt jegli-cher Demokratietheorie: Wodurch bestimmt sich die Grenze jenes Ge-meinwesens, innerhalb dessen das Mehrheitsprinzip gelten soll?"[78] Würden zum Beispiel die Österreicher ein Mehrheitsvotum des Ministerrats über den freien Alpentransit von LKWs als Ausdruck demokratischer Selbstbe-stimmung würdigen?[79] Auf diese Problematik wird im Verlauf der Arbeit noch einzugehen sein. Es bleibt festzuhalten, dass das Legitimierungs-Potenzial über die Mitgliedstaaten durch den Rückgang der nationalen Souveränität, durch den Machtzuwachs der europäischen Institutionen, durch die zunehmende europäische Gesetzgebung und durch die Einfüh-rung von Mehrheitsentscheidungen geschwächt wird. Aus Sicht der Mit-gliedstaaten gilt: Die Entwicklung in der EU „degrades them to mere re-cipients of orders in the European decision-making system."[80]

Eine zweite Quelle demokratischer Legitimität ist, wie gesehen, die output-Legitimation. Stellt man nur auf diese Quelle ab, braucht man keine weitere Legitimation für europäisches Handeln, ein Demokratie-Defizit existiert dann gar nicht, solange die EU effektiv ist. Zu Beginn der europäischen Einigung setzten führende Vertreter wie Jean Monnet auf diese „wohlwol-lende Technokratie", also darauf, dass die neugeschaffenen Institutionen vor allem durch effektive und problemlösungs-orientierte Politik Legitimi-tät erlangen könnten.[81] Doch je mehr die EU früher typischerweise in natio-naler Souveränität liegende Handlungsfelder (wie die Währungspolitik) von den Mitgliedstaaten übernimmt, desto weniger kann sie noch als ein

---

77 Vgl. HÖRETH: Legitimationstrilemma, a.a.O., S. 50.

78 Joseph H.H. WEILER: Europäisches Parlament, europäische Integration, Demo-kratie und Legitimität, in: Otto SCHMUCK/Wolfgang WESSELS (Hrsg.): Das Euro-päische Parlament im dynamischen Integrationsprozess: Auf der Suche nach ei-nem zeitgemäßen Leitbild, Bonn 1989, S. 73–94 (S. 80f.).

79 Vgl. Fritz W. SCHARPF: Konsequenzen der Globalisierung für die nationale Poli-tik, in: Politik und Gesellschaft, 2/1997, S. 184–192 (S. 187).

80 Frank DECKER: Governance beyond the nation state – Reflections on the demo-cratic deficit of the European Union, in: Journal of European Public Policy 9-2/2002, S. 256–272 (S. 259).

81 Vgl. zu dem Begriff WALLACE: Die Dynamik des EU-Institutionengefüges, a.a.O., S. 260; vgl. auch HÖRETH: Legitimationstrilemma, a.a.O., S. 30.

solcher „Zweckverband" verstanden werden. Diese „Herrschaft für das
Volk" ist auch aus anderen Gründen problematisch, etwa wenn man sich
fragt, was denn unter *guten, effektiven, gemeinwohl-dienlichen* bzw. *richtigen*
Entscheidungen zu verstehen sei und wer dies definiert. Die Kategorien des
Expertenhandelns sind vage. Bei fast jeder Entscheidung gibt es unterschiedliche (Experten-)Meinungen über das richtige Vorgehen, und was für
eine Bevölkerungsgruppe „gut" ist kann für eine andere Gruppe eine
schlechte Lösung sein. Sobald es Unklarheiten über Zweck und Ziel der
Aufgaben gibt, werden Begriffe wie *Effizienz* und *Effektivität* problematisch.[82] Vertreter der wirtschaftswissenschaftlichen Public-Choice-Theorie
kritisieren zudem, dass die Annahme des benevolenten (also gemeinwohl-
dienenden) Politikers unrealistisch sei: Politiker handelten wie alle Menschen weniger benevolent als eigennutzorientiert, deswegen sei eine Output-Legitimation grundsätzlich nicht möglich.[83] Beschlüsse können außerdem nur dann gut und gemeinwohldienlich sein, wenn sie auf ein gewisses
Maß von Akzeptanz bei der betroffenen Bevölkerung stoßen.[84] Hier spielt
dann doch – wie auf nationalstaatlicher Ebene – eine Form der Input-
Legitimation hinein, weil die Entscheidungen den Willen der Bevölkerung
widerspiegeln müssen. Jeder Output ist demnach auf die Partizipation der
Bevölkerung angewiesen. Output-Legitimation kann demzufolge jedenfalls
nicht als alleinige Legitimationsquelle europäischen Handelns dienen. Die
Politik, die die Europäische Union betreibt, reicht als Legitimationsquelle
für ihre Existenz nicht aus, nur mit Output-Argumenten kann man europäisches Regieren nicht begründen.[85] Deswegen sollte man die Rolle der
output-Legitimation nicht überbewerten: „Die beiden Seiten der Medaille –

[82] Ähnlich Sonja PUNTSCHER RIEKMANN: Demokratie im supranationalen Raum, in:
      Eugen ANTALOVSKY/Josef MELCHIOR/Sonja PUNTSCHER RIEKMANN: Integration
      durch Demokratie, Marburg 1997, S. 69–110 (vor allem S. 73).
[83] Vgl. zur Public-Choice-Theorie auch Guy Kirsch: Neue Politische Ökonomie,
      5. Auflage, Stuttgart 2004.
[84] So ABROMEIT: Wozu braucht man Demokratie? a.a.O., S. 19.
[85] Vgl. KIELMANSEGG: Integration und Demokratie, a.a.O., S. 52; HÖRETH: Legitima-
      tionstrilemma, a.a.O., S. 122. Man kann höchstens postulieren, dass in früheren
      Zeiten (als die EG noch weniger Entscheidungsbefugnisse hatte) die output-
      Legitimation ausreichte, um europäische Entscheidungen zu rechtfertigen, vgl.
      Abschnitt I.1. zur historischen Entwicklung, außerdem HÖRETH: Legitimation-
      strilemma, a.a.O., S. 87.

,Herrschaft durch das Volk und für das Volk' – lassen sich (...) nicht aus-
einanderreißen und gegenseitig ausspielen (...) Der sich selbst legitimie-
rende output jedenfalls ist, demokratietheoretisch betrachtet, eine Chimäre;
jeder output bedarf zu seiner Legitimierung des vorgängigen und/oder
nachträglichen (möglichst beides!) inputs."[86]

Die dritte Quelle von Legitimation für Regieren jenseits von Staatlichkeit,
die input-Legitimation, ist zugleich die „klassische" Legitimationsquelle für
politische Systeme: Partizipation der Bevölkerung durch Wahlen, Zustimmung der Menschen (zumindest einer Mehrheit) zu Entscheidungen, Verantwortlichkeit der Politiker gegenüber dem Wahlvolk. Die „Herrschaft
durch das Volk" wird auf europäischer Ebene in erster Linie durch das Europäische Parlament gewährleistet. Dieses ist zugleich die einzige direkt
gewählte EU-Institution: „Indeed, the European Parliament is the only
body at the European level which is able to claim legitimacy through the
democratic participation of the electorate due to the holding of direct Euro-
pean-wide elections."[87]

Bei der Frage, wie es mit der input-Legitimation auf europäischer Ebene
bestellt ist, gelangt man an den Kern der Debatte um das Demokratie-
Defizit: Es gilt zu erklären, wie die Möglichkeiten der Partizipation, die auf
nationaler Ebene durch die Souveränitätsübertragung und die Stärkung der
Gemeinschaftsorgane geschwächt wurden, auf europäischer Ebene wieder-
hergestellt werden können.[88] Dieses Verständnis des „Demokratie-Defizits"
ist mit der Vorstellung der EU als staatsähnliches Gebilde verknüpft.

In dieser Vorstellung ist Demokratie auf europäischer Ebene möglich, aber
ist sie auch gewährleistet? In der Realität der Europäischen Union ist input-
Legitimität nur unvollständig realisiert: Die schwache Stellung des Parlaments, das Fehlen einer gemeinsamen Identität (die die Bereitschaft der
unterlegenen Minderheit, Beschlüsse der Mehrheit zu akzeptieren, erhöhen
würde) und noch unterentwickelte Strukturen zur Vermittlung der euro-

---

[86]   ABROMEIT: Wozu braucht man Demokratie? a.a.O., S. 19. Zur *moralphilosophischen*
       Kontroverse über input- und output-Legitimität (Vertragstheoretiker versus Uti-
       litaristen) vgl. Klaus Dieter WOLF: Die neue Staatsräson, a.a.O., S. 165 m.w.N.

[87]   Marcus HÖRETH: The Trilemma of Legitimacy. Multilevel Governance in the EU
       and the Problem of Democracy, ZEI-Discussion-Paper 11, Bonn 1998, S. 5.

[88]   Vgl. WOLF: Die neue Staatsräson, a.a.O., S. 22.

päischen Politik (wie beispielsweise gesamteuropäische Medien und Parteien) behindern eine funktionierende input-Legitimation. Diese Probleme führen zu dem vielzitierten „Demokratie-Defizit", so wie es in dieser Arbeit verstanden werden soll.

Zusammengefasst: Wenn man nur auf die Legitimation über die Mitgliedstaaten abstellt, kann man ein demokratisches Defizit nicht konstatieren. Nach dieser Konzeption ist die EU nicht demokratiebedürftig und ihr Handeln in zunehmendem Maße weniger legitimiert. Wenn man hingegen auf die output-Legitimation abstellt, ist das europäische Handeln hinreichend legitimiert (weil gemeinwohl-fördernd), das EU-System jedoch nicht oder nur bedingt demokratiebedürftig und -fähig.[89] In dieser Arbeit wird vorausgesetzt, dass das EU-System grundsätzlich der *demokratischen* Legitimation bedarf, denn es besteht „für die seit Jahren öffentliche Herrschaft ausübenden Europäischen Gemeinschaften grundsätzlich die Notwendigkeit demokratischer Legitimation. (…) Da Gemeinschaftsgewalt ähnlich wie die staatliche Herrschaftsgewalt unmittelbar gegenüber den einzelnen ausgeübt wird, bedarf auch sie der Rückführung auf die ihr unterworfenen Gemeinschaftsangehörigen."[90] Daher wird weniger von der Legitimation über die Mitgliedstaaten oder der output-Legitimität die Rede sein, sondern in erster Linie von der input-Legitimation und ihren Schwächen auf europäischer Ebene. Es wird also eine grundsätzlich dem föderalistischen Gedanken nahestehende Sichtweise eingenommen:

> „Das Integrationsziel eines europäischen Bundesstaates, die bundesstaatlich-teleologische Deutung der europäischen Integrationsgemeinschaften, die Hoffnung auf einen von bundesstaatlichen Institutionen induzierten, revolutionären Umschlag in eine europäische (…) Staatlichkeit sind die Denkvoraussetzungen dafür, dass das supranationale Verfassungsgefüge im Auge

---

[89] Hier wird die Unterscheidung zwischen Demokratie-Defizit und Legitimations-Defizit deutlich: Solange die Bevölkerungen in den Mitgliedstaaten mit den Brüsseler Entscheidungen zufrieden sind, kann die Politik der Gemeinschaft als legitim gelten. Trotzdem besteht das Demokratie-Defizit. Man muß also zwischen Demokratie- und Legitimationsdefizit unterscheiden, auch wenn sich beide wechselseitig beeinflussen.

[90] HÖRETH: Legitimationstrilemma, a.a.O., S. 16.

des Betrachters in einem bestimmten Sinne als demokratisch defizitär erscheinen kann."[91]

In der wissenschaftlichen Diskussion um das Demokratie-Defizit werden
unterschiedliche Ansätze verfolgt. Die verschiedenen Vorstellungen lassen
sich grob unterteilen in zwei Denkansätze: Einige Autoren bemängeln die
fehlende demokratische Legitimation der EU-Organe, sie fordern die Stärkung demokratischer Verfahren bei der Entscheidungsfindung. Durch eine
Reform der Institutionen kann, so die These, das Defizit grundsätzlich behoben werden. Diese Sichtweise des Demokratie-Defizits lässt sich als *institutionell* bezeichnen, hierbei wird zugrunde gelegt, dass die EU insgesamt demokratiefähig ist. Doch es gibt vor allem in der neueren Literatur
einige Stimmen, die eine solche formale Sichtweise als zu oberflächlich kritisieren. Sie bezweifeln die generelle Demokratiefähigkeit der EU und begründen diese Skepsis mit soziokulturellen und strukturellen Besonderheiten.[92] Ein einheitliches europäisches Volk (*demos*) wird schon begriffs-
technisch als Voraussetzung für *Demo*kratie gesehen, zumindest ein gewisses Maß an Homogenität sei nötig, um der EU überhaupt Demokratiefähigkeit zusprechen zu können. Die Existenz einer Schicksalsgemeinschaft –
anders ausgedrückt einer Gemeinschaft mit ausreichendem „Gemeinsam-
keitsglauben" und einer gemeinsamen Identität – und einer europäischen
Öffentlichkeit ist also, so wird von vielen Vertretern des *sozio-strukturellen*
Defizits behauptet, eine Grundvoraussetzung für Demokratie. Diese
Schicksalsgemeinschaft kann nach dieser Auffassung nur durch eine demokratische Infrastruktur (Medien, Verbände, Parteien) wachsen und so
eine europäische Öffentlichkeit schaffen. Eine Reform der Institutionen wäre demnach nicht ausreichend, weil der EU der notwendige politisch-
soziale Unterbau fehlt, der für demokratische Legitimation notwenig ist.
Anders ausgedrückt: Neben das „government *for* and *by* the people" (also
die output- und die input-Legitimation) muss auch das „government *of* the
people" treten. Die beiden Ebenen des Demokratie-Defizits, also das insti-

---

91   KAUFMANN: Europäische Integration und Demokratieprinzip, a.a.O., S. 159.

92   Vgl. Dieter GRIMM: Mit einer Aufwertung des Europäischen Parlaments ist es
    nicht getan – Das Demokratiedefizit der EG hat strukturelle Ursachen, in: Jahr-
    buch zur Staats- und Verwaltungswissenschaft, Band 6, Baden-Baden 1993/1994,
    S. 13–18 (S. 15); HÖRETH: Legitimationstrilemma, a.a.O., S. 52ff mit weiteren
    Nachweisen.

tutionelle und das sozio-strukturelle Element, werden im Folgenden untersucht.

2. Das institutionelle Demokratie-Defizit

> *Das institutionelle Demokratiedefizit bestimmt seit dem Vertrag von Maastricht*
> *die politische wie wissenschaftlicheDebatte um die Reform der Europäischen Union[93].*

Das institutionelle Demokratie-Defizit lässt sich unterteilen: Defizite hinsichtlich der demokratischen Legitimation gibt es in allen drei wichtigen
Institutionen, also im Rat, in der Kommission und im Europäischen Parlament. Hier kommt wieder die oben erwähnte Unterscheidung zwischen
den drei Quellen der Legitimation ins Blickfeld: Legitimation über die Mitgliedstaaten (insbesondere über den Rat gewährleistet), über output (also
über die Kommission) und über input (vorrangig über das Parlament), wobei das Hauptaugenmerk auf der Problematik der input-Legitimation liegt.

a) Der Rat

Der Rat, bestehend aus den Vertretern der nationalen Regierungen, ist noch
immer das zentrale Entscheidungsorgan der EU.[94] Seine Mitglieder sind
jeweils demokratisch legitimiert, schließlich verfügt jede/r Regierungs-
chef/in und jede/r Minister/in über das Vertrauen der jeweiligen Bevölke-
rungsmehrheit: „In some way, s/he has won a national election, represents
the majority of his/her country´s voters, has the confidence of the national
parliament."[95] Es handelt sich um eine indirekte Legitimation, da der Rat
nicht aus unmittelbar, sondern aus (über die Parlamente der Mitgliedstaaten) lediglich mittelbar legitimierten Mitgliedern besteht.[96] Diese indirekte

---

[93]   Bettina THALMAIER: Möglichkeiten und Grenzen einer europäischen Identitäts-
       politik, CAP-Analyse, Ausgabe 6/2006, im Internet abrufbar unter www.cap.
       lmu.de/download/2006/CAP-Analyse-2006-06.pdf, S. 10.

[94]   Marcus HÖRETH: Das Demokratiedefizit lässt sich nicht wegreformieren. Über
       Sinn und Unsinn der europäischen Verfassungsdebatte, in: Internationale Politik
       und Gesellschaft 4/2002, S. 11–38 (S. 13).

[95]   Gianfranco PASQUINO: The Democratic Legitimation of European Institutions, in:
       The International Spectator 4/2002, S. 35–48 (S. 37).

[96]   Vgl. Hagen MONATH: Politische Parteien auf europäischer Ebene – Der Inhalt des
       Art. 138a EGV und seine Bedeutung im Rahmen der europäischen Integration,
       Bonn 1998, S. 129 mit weiteren Nachweisen.

Legitimation ist grundsätzlich nicht undemokratisch, allerdings wird sie, wie oben gesehen, zusehends schwächer. Grund dafür ist einmal die Tatsache, dass viele Entscheidungen, die jetzt der Rat fällt, früher direkter, nämlich von den jeweiligen nationalen Parlamenten, getroffen wurden. Zwar werden die einzelnen Ratsmitglieder durch ihre nationalen Parlamente kontrolliert, als Kollektiv unterliegt der Rat jedoch keinerlei Rechenschaftspflicht.[97] Das Europäische Parlament hat bereits in einem Bericht vom Februar 1988 festgestellt, dass das Demokratie-Defizit auch eine Folge der Übertragung von Zuständigkeiten der Mitgliedstaaten auf die Gemeinschaft sei, weil die Ausübung dieser Zuständigkeiten nicht durch das EP, sondern durch den Rat erfolge, obwohl die entsprechende Kompetenz vor der Übertragung bei den nationalen Parlamenten gelegen hatte.[98] Dabei kann es zu der Situation kommen, dass Entscheidungen des Rats im Widerspruch zu Gesetzen stehen, die nationale Parlamente verabschiedet haben. Aus demokratietheoretischer Sicht ebenfalls problematisch ist – wie oben gesehen – das Ende der Einstimmigkeitsregel bei Entscheidungen im Rat. Darüber hinaus verletzt die Stimmgewichtung im Rat das Prinzip „one man, one vote", weil eine deutsche oder französische Stimme im Rat deutlich mehr Menschen vertritt als beispielsweise eine irische oder finnische. Nicht zuletzt ist es unbefriedigend, dass viele Entscheidungen noch immer hinter verschlossenen Türen getroffen werden. Die Transparenz der Prozesse im Rat ist zwar seit dem Vertrag von Maastricht verbessert worden, doch gibt es noch immer viele Entscheidungen, die „im stillen Kämmerlein" beschlossen werden.

b) Die Kommission

Die EU-Kommission ist auf den ersten Blick die am wenigsten demokratisch legitimierte Institution der EU: „With its initiative monopoly, the Commission plays unquestionably a significant part in the European „ruling power", but is far removed from any electoral vote."[99] Das Parlament muss zwar der Benennung des Kommissionspräsidenten und seines (kom-

---

97   Vgl. HÖRETH: Legitimationstrilemma, a.a.O., S. 47.

98   TOUSSANT-Bericht vom 1. Februar 1988 (S. 12f.).

99   Thomas D. ZWEIFEL: Democratic Deficit? Institutions and regulation in the European Union, Switzerland, and the United States, Lanham 2002, S. 18.

pletten) Teams durch den Rat zustimmen, doch ist dies aus demokratischen Gesichtspunkten höchstens eine indirekte „Quasi-Wahl". Manche Kritiker sehen in der Kommission eine Beamtenherrschaft ohne massendemokratische Grundlage, die den Bürgern gleichsam als nicht legitimierte Obrigkeit gegenübertritt.[100] Als Hüterin der Verträge ist die Kommission berechtigt, in manchen Bereichen legislativ tätig zu werden, ohne den Rat oder das Parlament hinzuziehen zu müssen: Beispiele sind die Export-Blockade britischen Rindfleischs oder die Einleitung eines Verfahrens gegen Defizit-Sünder, die die Maastricht-Kriterien verletzen.[101] Diese Entscheidungen werden von Experten der Kommission getroffen, die sich nicht vor den Bürgern verantworten müssen und daher von diesen misstrauisch beobachtet werden können.[102]

Gegen diese Vorwürfe der fehlenden demokratischen Legitimation kann man einwenden, dass die Tätigkeit der Kommission doch immerhin zum Erfolg der europäischen Integration beigetragen hat: „Es könnte in der Vergangenheit gerade die relative Unabhängigkeit von demokratischer Kontrolle gewesen sein, die zu einer beachtlichen Effizienz und Effektivität der bei der Kommission angesiedelten Entscheidungsprozesse geführt hat, zumal die Kommission als unabhängige Sachwalterin ausschließlich auf die Verwirklichung der vertraglichen Ziele der Gemeinschaft verpflichtet ist."[103] Aus Sicht der Output-Theoretiker, die bewerten, ob die europäischen Institutionen „die Erwartungen von Klienten oder Wählern hinsichtlich der Leistungen erfüllen, zu deren Erbringung sie errichtet wurden"[104], kann die Kommission durchaus demokratische Legitimation für sich beanspruchen. Dennoch bleiben die fehlende Transparenz der Kommissions-Entscheidungen (sowie die intransparente „Bestellung" der Kommission) aus demokratietheoretischer Sicht problematisch.

---

[100] Vgl. Manfred SCHMIDT: Nationale Politikprofile und Europäische Integration, in: Oskar W. GABRIEL/Frank BRETTSCHNEIDER (Hrsg.): Die EU-Staaten im Vergleich. Strukturen, Prozesse, Politikinhalte, 2. Auflage Bonn 1994, S. 422–439 (S. 438).

[101] Diese und weitere Beispiele bei ZWEIFEL: Democratic Deficit, a.a.O., S. 18.

[102] Nach einer Umfrage des Eurobarometer vom November 2001 vertrauen nur 50% der Befragten der Kommission, während 30% ihr Misstrauen ausdrückten, vgl. ZWEIFEL: Democratic Deficit, a.a.O., S. 19.

[103] HÖRETH: Legitimationstrilemma, a.a.O., S. 44.

[104] WALLACE: Die Dynamik des EU-Institutionengefüges, a.a.O. S. 258.

c) Das Europäische Parlament

Legitimes Regieren setzt nicht zwangsläufig das Vorhandensein eines Parlaments voraus, doch in bevölkerungsreichen Staaten und bei komplexen Problemen sind Parlamente unentbehrlich.[105] Wer sich mit dem institutionellen Demokratie-Defizit beschäftigt, wird in der Literatur hauptsächlich verwiesen auf die schwache Stellung, die dem Europäischen Parlament im politischen System der Gemeinschaft zukommt.[106] Grundsätzlich hat das Parlament von allen Institutionen die höchste Legitimität, weil es durch die Direktwahl den Bevölkerungswillen unmittelbar repräsentiert. Vor allem aus der föderalistischen Sichtweise, die die fehlende Übereinstimmung der europäischen Institutionen mit den nationalstaatlichen Verfassungsgefügen betont, ist das *Demokratie*-Defizit in erster Linie ein *Parlaments*-Defizit: „Das betrifft erstens, und in diesem Zusammenhang wird der Begriff des „Demokratie-Defizits" vor allem verwendet, das immer noch spärliche Kompetenzarsenal des Europäischen Parlaments, das von einer Vergleichbarkeit mit klassischen Parlamenten noch weit entfernt ist."[107] Die Probleme bezüglich der demokratischen Legitimität erschöpfen sich aber nicht in der schwachen Stellung des Parlaments gegenüber den anderen Institutionen, sondern betreffen auch die Frage der Wahlgleichheit (Prinzip des „one man one vote") und des einheitlichen Wahlverfahrens. Diese Problemkreise werden nun genauer untersucht.

i. Zu schwache Stellung des Parlaments

Für viele Autoren liegt das Hauptmerkmal, der „Kern des institutionellen Demokratie-Defizits"[108] auf der Hand: „Der schwerwiegendste Grund für dieses Defizit besteht in der schwachen Stellung, die dem Europäischen Parlament im politischen System der Gemeinschaft zukommt. Jeder Versuch, das Defizit abzubauen, muss deshalb eine stärkere Rolle für das

---

105   Vgl. GRIMM: Mit einer Aufwertung des Europäischen Parlaments ist es nicht getan, a.a.O., S. 14.

106   So auch KAUFMANN: Europäische Integration und Demokratieprinzip, a.a.O., S. 241, mit weiteren Nachweisen.

107   Peter M. HUBER: Die Rolle des Demokratieprinzips im europäischen Integrationsprozess, in: Jahrbuch zur Staats- und Verwaltungswissenschaft, Band 6, Baden-Baden 1993/1994, S. 179–208 (S. 179).

108   HÖRETH: Legitimationstrilemma, a.a.O., S. 46.

Europäische Parlament beinhalten."[109] Denn das EP steht zwar an erster Stelle in allen EU-Verträgen, doch spiegeln diese Verträge für das Parlament „einen Rang vor, den es in Wahrheit nicht besitzt. Nach Befugnissen und Einfluss fällt es weit hinter die anderen Organe zurück."[110] Die Mitsprache-Rechte des Parlaments wurden in den letzten Jahren durch die Ausdehnung des Mitentscheidungsverfahrens ständig erweitert (zur Zeit liegt die Mitentscheidungsquote bei etwa 80%, nach dem Inkrafttreten des Vertrags von Lissabon werden es 95% sein), doch gibt es immer noch Bereiche, in denen der Rat ohne parlamentarische Beteiligung entscheiden kann.[111] Auch im gescheiterten Verfassungsvertrag und im Vertrag von Lissabon gibt es noch Politikbereiche, in denen Entscheidungen am Parlament vorbei gefällt werden können.[112] Gegen diese Vorwürfe kann man einwenden, dass auch in den meisten Mitgliedstaaten der Prozess der Gesetzgebung von der Regierung dominiert wird und manche nationalen Parlamente mehr Kontroll- als Gesetzgebungsrechte haben.[113] Im Vergleich der legislativen Rechte „schneidet das Europäische Parlament in mancherlei Hinsicht sogar besser ab als die meisten nationalen Parlamente. [...] Dort, wo es mitentscheiden kann, sind seine faktischen Einwirkungsmöglichkeiten [...] oftmals größer."[114] Doch auch wenn das Parlament zu einem „wichtigen Mitgestalter europäischer Politik mittels seiner Gesetzgebungs-

---

[109] WEILER: Parlament, Integration, Demokratie und Legitimität, a.a.O., S. 73; ähnlich HUBER: Die Rolle des Demokratieprinzips, a.a.O., S. 179.

[110] GRIMM: Mit einer Aufwertung des Europa-Parlaments ist es nicht getan, a.a.O., S. 13.

[111] Vgl. zum Beispiel www.euractiv.com/de/zukunft-eu/kernelemente-verfassungsvertrags/article-128218, außerdem Andreas MAURER/Wolfgang WESSELS: Das Europäische Parlament nach Amsterdam und Nizza: Akteur, Arena oder Alibi? Baden-Baden 2003, S. 90. Ausgenommen von der Mitentscheidung bleiben bislang Teile der Landwirtschafts-, Innen-, Handels- sowie der Sozialpolitik.

[112] Allerdings wäre das Parlament einer der größten Gewinner des Verfassungsvertrages gewesen, und wird Gewinner des Vertrages von Lissabon, auch durch die Stärkung des Budgetrechts, der Einführung des Vermittlungsausschusses und der Ausweitung der Mitwirkungsrechte bem Abschluss internationaler Abkommen. Vgl. dazu näher WEBER: Zur föderalen Struktur der EU, a.a.O., S. 851.

[113] Ausführlich dazu Winfried KLUTH: Die demokratische Legitimation der Europäischen Union: Eine Analyse der These vom Demokratiedefizit der Europäischen Union aus gemeineuropäischer Verfassungsperspektive, Berlin 1995.

[114] DECKER: Demokratie und Demokratisierung, a.a.O., S. 602.

befugnisse geworden"[115] ist, sind diese Befugnisse immer noch ausbau-
fähig, vor allem bei wichtigen Entscheidungen.

Neben den fehlenden Gesetzgebungskompetenzen mangelt es dem EP auch
in anderer Hinsicht an Einfluss: Es hat kein Recht, die Kommission (als
europäische „Regierung") zu bestellen oder abzuberufen. Dieses „wichtigste Recht einer Volksvertretung im parlamentarischen System"[116] ist für das
Parlament bisher nur indirekt gegeben, weil die Kommission der förmli-
chen Bestätigung durch das EP bedarf und von diesem zwar durch ein
Misstrauensvotum abgesetzt werden kann, dieses Misstrauensvotum aber
nicht politisch motiviert sein darf. Das Instrument des Misstrauensvotums
dient vielmehr der Sanktionierung eines rechtlichen oder moralischen
Fehlverhaltens, nicht zuletzt weil nur die gesamte Kommission, nicht aber
einzelne Mitglieder verantwortlich gemacht werden können.[117] Das Parlament kann den vorgeschlagenen Kandidaten für die Präsidentschaft nur
akzeptieren oder ablehnen, jedoch keine eigenen Vorschläge unterbreiten.
Immerhin sieht der Vertrag von Lissabon (Artikel 17, Absatz 7) vor, dass
der Europäische Rat bei seinem Vorschlag das Ergebnis der Wahlen zum
Europäischen Parlament berücksichtigen muss. Das Recht auf Anhörung
der Kommissions-Kandidaten im EP vor deren Wahl ist zudem ein Recht,
das zum Beispiel der Deutsche Bundestag bezüglich der Bundesregierung
nicht besitzt. Wie im Falle der Kommission unter Barroso zu sehen war, ist
das Instrument der Anhörung keine stumpfe Waffe: Der umstrittene Kandidat für den Posten des Justiz-Kommissars Rocco Buttiglione wurde nicht
zuletzt wegen der Ablehnung durch den zuständigen Rechtsausschuss des
Parlaments zurückgezogen. Im Ernstfall kann das EP zwar nur die Kom-

---

115   So jedenfalls Hartmut MARHOLD: Die Positionierung des Europäischen Parla-
      ments im EU-System: zwischen gesteigerter Akteursqualität und demokrati-
      schem Defizit, in: integration 3/2004, S. 234–240 (S. 235).

116   DECKER: Demokratie und Demokratisierung, a.a.O., S. 602.

117   Vgl. dazu Frank DECKER: Institutionelle Entwicklungspfade im europäischen In-
      tegrationsprozess, in: ZPol 2/2002, 611–636 (S. 623). Auch der Verfassungsent-
      wurf hatte vorgesehen, dass das Parlament nur der gesamten Kommission das
      Misstrauen aussprechen kann. Die Kommission unter Jaques SANTER ist 1999
      nicht an einem Misstrauensantrag des Parlaments gescheitert, doch ein vom
      Parlament eingesetzter Ausschuss brachte die Kommission letztlich zu Fall, auch
      wenn die Kommissare nach dem Bericht des Ausschusses im März von sich aus
      geschlossen zurücktraten.

mission als Ganzes ablehnen, daher ist dieses Rechte auch schon als „less a political than a legal procedure"[118] bezeichnet worden. Doch der Fall Buttiglione zeigt, dass das Parlament auch in diesem Bereich Macht hinzugewinnt, nicht nur gegenüber der Kommission, sondern auch gegenüber dem anderen Teil der europäischen Exekutive, also dem Rat. Abgesehen von diesem Fall ist der Einfluss des Parlaments auf den Rat jedoch weiterhin sehr gering.

Zusammengefasst muss man trotz dieser jüngeren Entwicklungen festhalten, „dass das Organ mit der stärksten Legitimation in der EU – das Europäische Parlament – am wenigsten zu sagen hat."[119] Doch selbst wenn man dem Parlament mehr Rechte zugesteht, bleibt fraglich, ob damit quasi „automatisch" das Demokratie-Defizit abgebaut wird.

ii. Wahlrechtsgleichheit

Wenn man über die demokratische Legitimation des EP spricht, ergibt sich ein weiteres Problem, das in der Literatur mit dem Begriff „Demokratie-Dilemma" gekennzeichnet wird. Problematisch aus demokratie-theoretischer Sicht ist nämlich, dass die Wahlrechtsgleichheit bei den Europawahlen nicht gegeben ist. „Im Klartext heißt das, dass eine Stärkung der Befugnisse des Europäischen Parlaments wohl erstrebenswert wäre, ohne eine gleichzeitige Egalisierung des Stimmrechts der EU-Bürger jedoch nicht zur angestrebten Verwirklichung von Demokratie in der EU führen kann."[120] Demokratie und Wahlrechtsgleichheit gehören eng zusammen, doch diese Gleichheit wird durch den Modus der Europawahlen nicht gewährleistet: Das Verhältnis der Abgeordnetenzahlen der einzelnen Mitgliedstaaten entspricht nicht den jeweiligen Einwohner- beziehungsweise Wahlberechtigtenzahlen. Die Stimmen müssen nicht nur einen gleichen *Zählwert* haben (one man one vote), sondern auch den gleichen *Erfolgswert*, jede Stimme muss also den gleichen Einfluss auf das Wahlergebnis haben. Die festgelegten 99 Sitze für Deutschland beispielsweise sind rechnerisch nicht aus-

[118] Simon HIX: Elections, Parties and Institutional Design, a.a.O., S. 25.
[119] Frank DECKER: Parlamentarisch, präsidentiell oder semi-präsidentiell? Der Verfassungskonvent ringt um die künftige Gestalt Europas, in: APuZ B1-2/2003, S. 16–23 (S. 18).
[120] Winfried STEFFANI: Das Demokratie-Dilemma der Europäischen Union, a.a.O., S. 38.

reichend. In Deutschland entfällt aktuell ein Abgeordnetensitz auf etwa 830.000 wahlberechtigte Bürger, während in Luxemburg ein Abgeordneter ungefähr 75.000 Einwohner vertritt. Juristisch gesprochen: Da die Erfolgs-wertgleichheit ein wesentliches Element des Grundsatzes der Wahlrechts-gleichheit ist, stellt die Mandatskontingentierung einen Eingriff in das Prin-zip der Gleichheit der Wahl dar.[121] Dieser Eingriff wirkt umso schwerwie-gender, je stärker die Kompetenzen des Europäischen Parlaments zuneh-men.

Neben dem unterschiedlichen Erfolgswert der Stimmen ist auch das Fehlen eines einheitlichen Wahlverfahrens problematisch: Das Wahlverfahren zum Europäischen Parlament richtet sich nach den Vorschriften der jeweiligen Mitgliedstaaten. „Das Vorhandensein verschiedener Wahlsysteme inner-halb eines Elektorats stellt aber aufgrund der jeweils differenten Gewich-tung von Stimmen und Sitzen stets einen Eingriff in den Grundsatz der Wahlrechtsgleichheit dar."[122] Es gibt z.B. Unterschiede hinsichtlich einer Hürde (Deutschland hat die 5%-Hürde, in Italien gibt es keine Hürde). Ein Deutscher darf auch im außereuropäischen Ausland wählen, wenn er seit weniger als 10 Jahren dort lebt, dies dürfen Österreicher oder Dänen in gleicher Situation nicht. Das Mindestalter für Kandidaten variiert von 18 (Deutschland) über 23 (Frankreich) bis 25 Jahren (Italien), und zumindest bis 2009 dürfen Abgeordnete aus Großbritannien und Irland gleichzeitig im Europäischen und in ihrem nationalen Parlament einen Sitz haben.[123] Die unterschiedlichen Wahlverfahren „verursachen unter demokratiepoliti-schen Gesichtspunkten mindestens soviel Schaden wie die disproportionale Sitzzuweisung (...)."[124] Alle Versuche, ein einheitliches Wahlverfahren für

---

[121] Vgl. dazu ausführlich Hagen MONATH: Politische Parteien auf europäischer Ebe-ne, a.a.O., S. 148f. Zahlen nach Jan SCHEFFLER, der für alle 25 Mitgliedstaaten die Einwohner pro Abgeordneten berechnet: One man – one vote – one value? Der schwierige Weg zu einem einheitlichen Wahlrecht für das Europäische Parla-ment, Osnabrück 2005, S. 63.

[122] MONATH: Politische Parteien auf europäischer Ebene, a.a.O., S. 149, ähnlich Peter M. HUBER: Die Rolle des Demokratieprinzips im europäischen Integrationspro-zess, a.a.O., S. 194.

[123] Alle Angaben aus dem Dossier zur Europawahl von „europa-digital", abrufbar unter www.europa-digital.de/aktuell/dossier/wahl04/myst1.shtml.

[124] DECKER: Demokratie und Demokratisierung, a.a.O., S. 604.

Europa zu etablieren, sind letztlich gescheitert.[125] Seit dem Vertrag von Amsterdam ist der Status quo sogar noch gefestigt worden, indem die Anforderungen reduziert wurden: So verlangen die Verträge nur noch, dass die Wahlen nach einem einheitlichen Verfahren in allen Mitgliedstaaten *oder* im Einklang mit den allen Mitgliedstaaten gemeinsamen Grundsätzen stattfinden sollen (Artikel 190 IV Satz 1 EGV, auch der Vertrag von Lissabon hat diese Regelung beibehalten, vgl. Artikel 223). So kann man lakonisch festhalten: „Allgemein und direkt ist das Wahlrecht seit den ersten Direktwahlen 1979, geheim versteht sich von selbst, gleich ist es nicht und wird es auch nicht werden."[126]

Für manche Autoren bleiben wegen dieser Probleme die nationalen Parlamente die entscheidende Legitimationsbasis, bis der Gleichheitsgrundsatz bei der Europawahl vollständig verwirklicht worden ist und somit die „offenste aller offenen Flanken der europäischen Demokratie" geschlossen wird.[127] Dieses Problem soll hier nicht in aller Ausführlichkeit diskutiert werden, eine gewisse Verbesserung der Situation hat sich immerhin dadurch ergeben, dass auch in Großbritannien zur Europawahl 1999 das Verhältniswahlrecht eingeführt wurde. (Zu möglichen Änderungen des Wahlverfahrens vgl. unten Kapitel IV. 2. a) Das Problem ist hinsichtlich der Einfachheit des Wahlverfahrens auch standpunkt-abhängig: Während die Europaforscher die unübersichtliche Vielfalt der nationalen Wahlrechte kritisieren und das Wahlsystem für zu komplex halten, ist der einzelne Wähler sein nationales Wahlprozedere gewohnt und schätzt womöglich sein jeweiliges traditionelles Wahlrecht.[128] Es gilt darüber hinaus zu bedenken, dass die beiden typischen Beispiele für die Ungleichheit des Erfolgswerts – nämlich Luxemburg und Deutschland (die dementsprechend in der Literatur am häufigsten plakativ gegenübergestellt werden) – aufgrund ihrer Bevölkerung Extreme innerhalb der EU darstellen. Dass Luxemburg (eben-

---

[125] Vgl. zur Historie der Vorschläge zu einem einheitlichen Wahlverfahren Dieter NOHLEN: Wie wählt Europa? Das polymorphe Wahlsystem zum Europäischen Parlament (aktualisierte Fassung des gleichnamigen Beitrags in APuZ B17/2004, S. 29–37), abrufbar unter www.ub.uni-heidelberg.de/archiv/4696.

[126] NOHLEN: Wie wählt Europa? a.a.O. im Internet.

[127] Zitat von Hans Herbert VON ARNIM: Das Europa Komplott, München/Wien 2006, S. 230. Ähnlicher Ansicht z.B. STEFFANI: Das Demokratie-Dilemma der EU, a.a.O.

[128] Vgl. NOHLEN: Wie wählt Europa? a.a.o. im Internet.

so wie Malta und Zypern) aus Fairness-Gründen eine gewisse Über-Repräsentation eingeräumt werden sollte, ist wenig umstritten. Hingegen bleibt es unter Demokratie-Gesichtspunkten schwierig, warum durch die Kontingentierung der Mandate beispielsweise ein Ire das Stimmgewicht von zwei Niederländern besitzt oder eine dänische Stimme soviel Gewicht hat wie zwei französische.[129] Doch der Schluss, dass das EP wegen der Wahlgleichheitsproblematik nicht als Legitimationsquelle dienen könne, ist übertrieben: Auch in Deutschland gibt es gewisse Probleme hinsichtlich der Wahlgleichheit (einige Wahlkreise sind 40% größer als der Durchschnitt, andere 30% kleiner).[130] Dennoch bezweifelt niemand die Stellung des Bundestags als legitime Legislative. Es gilt also festzuhalten: „Aus dem Fehlen eines einheitlichen Wahlverfahrens mit gerechter Mandatsverteilung lässt sich nicht auf die fehlende Legitimität des Parlaments schließen."[131]

Selbst wenn man die Stärkung des Parlaments in den letzten Jahren als Fortschritt zur Beseitigung des Demokratie-Defizits ansieht, stellt sich grundsätzlich die Frage, „ob die Aufwertung des Parlaments bereits gleichbedeutend ist mit einer Demokratisierung der Gemeinschaft insgesamt"[132]: Wäre dies der Fall, könnte das Demokratie-Defizit durch eine weitere Aufwertung des Parlaments (und durch einige Reformen im Rat – Stichwort Transparenz) gänzlich abgebaut werden. Diese Sichtweise ist jedoch unzureichend: „Die verbesserte Stellung des Europaparlaments mag zwar formell demokratietheoretischen Forderungen Rechnung tragen, über die subjektive Überzeugung der Berechtigung europäischer Entscheidungen bei den Bürgern sagt diese Veränderung nichts aus."[133] Neben institutionellen Aspekten müssen für die Legitimität eines politischen Systems auch Akzeptanz und Anerkennung der Entscheidungen hinzutreten. Ein politisches System kann nämlich „in institutioneller (= prozeduraler) Hinsicht alle Eigenschaften einer perfekten Demokratie aufweisen und dennoch der Legitimität entbehren."[134] Jedes legitime Regieren hängt auch von dem

---

129 Zahlen wieder nach SCHEFFLER: One man – one vote – one value? a.a.O., S. 63.
130 Vgl. Olaf LEIßE: Demokratie „auf europäisch", Frankfurt am Main 1998, S. 147.
131 LEIßE: Demokratie „auf europäisch", a.a.O., S. 147.
132 DECKER: Entwicklungspfade, a.a.O., S. 616.
133 LEIßE: Demokratie „auf europäisch", a.a.O., S. 151.
134 DECKER: Demokratie und Demokratisierung, a.a.O., S. 606.

Grad der Integration einer Gemeinschaft und von einem Gefühl der Gemeinsamkeit ab. Diese Erkenntnis führt zu der zweiten, tiefer liegenden Ebene des Demokratie-Defizits, dem (sozio-)strukturellen Defizit.

3. Das sozio-strukturelle Demokratie-Defizit

> *Entscheidungen können von den Bürgern erst als sinnvoll erachtet werden, wenn sie sich mit anderen Betroffenen als eine Gruppe wahrnehmen. (…) Für eine politische Identität Europas ist eine Europäische Öffentlichkeit von höchster Bedeutung.*[135]

Neben die Legitimation durch Institutionen und Verfahrensweisen muss die grundsätzliche Anerkennung von Entscheidungen durch die Bevölkerung stehen. Hier geht es vor allem um die Bereitschaft, sich dem Mehrheitsprinzip zu beugen, sich also gegebenenfalls in Einzelfragen überstimmen zu lassen und diese Entscheidungen trotzdem zu akzeptieren, ohne das System in Frage zu stellen.[136] Voraussetzung für die Akzeptanz solcher strittigen Entscheidungen ist ein gewisses Maß an Gemeinsamkeit der jeweiligen Gesellschaft, es muss also jenseits aller Verfahrensfragen das Gefühl einer Verbundenheit bestehen. Ohne ein solches Gefühl wird sich eine überstimmte Minderheit nicht dem Mehrheitswillen unterwerfen. Auf die EU gewendet bedeutet dies, dass eine Demokratisierung der Institutionen ohne Gemeinsamkeitsgefühl nicht zu gestärkter Legitimität führt. Die Existenz eines Verbundenheitsgefühls ist quasi eine Grund-Voraussetzung für Legitimität, die im Nationalstaat in der Regel unproblematisch gewährleistet ist, auf europäischer Ebene aber gerade nicht ohne weiteres vorausgesetzt werden kann. Kritiker bemängeln, dass es in Europa an den gesellschaftlichen Voraussetzungen für Demokratie fehle, nämlich an einem Volk, das sich als Gemeinschaft begreift und eine belastbare gemeinsame Identität aufweise. Im Folgenden soll also untersucht werden, ob eine gemeinsame Identität – oder zumindest eine gewisse Homogenität – auf europäischer Ebene grundsätzlich hergestellt werden kann oder womöglich

---

[135] Cornelia BRÜLL: Eine gemeinsame Öffentlichkeit schafft eine gemeinsame Identität, Artikel für europa-digital vom 20. September 2004, abrufbar unter www.europa-digital.de/aktuell/dossier/oeffentlichkeit/ identitaet.shtml.

[136] Vgl. Winfried KLUTH: Die demokratische Legitimation der Europäischen Union, a.a.O., S. 49.

bereits existiert. In diesem Zusammenhang wird auch die Frage behandelt, welche Grundvoraussetzungen für gemeinsame Identität und generell für Demokratie gegeben sein müssen, insbesondere ob ein einheitliches Staatsvolk Voraussetzung ist oder nicht und wie es um die europäische Öffentlichkeit bestellt ist.

a) Kollektive Identität in der Theorie

> *„Das Thema Identität hat Identitätsschwierigkeiten,*
> *die Konturen des Identitätsproblems sind unscharf."*[137]

Die eigentliche Legitimationsbasis einer Gesellschaft sind die Bürgerinnen und Bürger, die an die Legitimität des politischen Systems glauben müssen.[138] Ein solcher Grundkonsens, eine gewisse Gleichartigkeit, Gleichgerichtetheit und Vereinbarkeit an Überzeugungen wird als Homogenität bezeichnet, das Vorhandensein eines hinreichenden Maßes an Homogenität prägt die politische Identität. Der Identitätsbegriff ist unbestimmt und vieldeutig, in den verschiedenen wissenschaftlichen Disziplinen wird er nicht einheitlich verwendet.[139] Trotz der Komplexität des Phänomens „Identität" lassen sich aus den verschiedenen Disziplinen und Herangehensweisen einige Ausprägungen und Merkmale ableiten.

Die (Sozial-) Psychologie versteht Identität als Resultat von Identifizierungs-Prozessen (*personale Identität*). Diese Prozesse werden verstetigt unter dem Interesse ihrer Vereinheitlichung, sie führen zu einem Gefühl der Kontinuität und der Realitätssicherung für das Individuum. *Soziale Identität* wird als Folge unterschiedlicher Rollen und gesellschaftlicher Interaktionsprozesse der Selbst- und Fremdkategorisierung gefasst. Bei der Selbstkategorisierung spielt das Bewusstsein des Menschen eine Rolle, als individu-

---

[137] Johannes POLLAK/Christian WACHTER: Europäische Identität: Ein Vorwort. Identitätskonzepte in den Sozialwissenschaften, in: Beirat für gesellschafts-, wirtschafts- und umweltpolitische Alternativen BEIGEWUM (Hrsg.): Wege zu einem anderen Europa: Perspektiven der Europäischen Integration, Köln 1997, S. 7–16 (S. 8).

[138] Vgl. LEIẞE: Demokratie „auf europäisch", a.a.O., S. 153.

[139] Die folgende Übersicht kann nur holzschnittartig sein. Vgl. zu diesem Problem ausführlich Andreas KOPP: Europäische Identität als Kategorie des Europarechts, Tübingen 2002, S. 1–25. Dort wird der Identitätsbegriff aus verschiedensten Blickwinkeln untersucht.

elle, von der Sozialisation vorgeprägte Entscheidung, eine bestimmte Identitätsform anzunehmen, sich also „als Franzose, Brite, Homosexueller oder Landwirt zu verstehen."[140] Daneben steht die Fremdkategorisierung, sie beruht auf Zuschreibungen durch andere: Man wird von anderen beispielsweise als „Deutscher" oder als „Jurist" identifiziert (negativ gewendet: stigmatisiert) selbst dann, wenn man diese Zuschreibung von sich weist.[141] Das Bewusstsein, einer Gruppe anzugehören und das Streben nach einem positiven Selbstbild implizieren dabei eine Abgrenzung der eigenen Gruppe gegenüber anderen, also eine Unterscheidung zwischen dem „wir" und dem „sie".[142] Vor allem in der Politikwissenschaft wird soziale Identität auch als *kollektive Identität* bezeichnet. Die kollektive Identität wird als eine auf größere gesellschaftliche Gruppen bezogene Form der sozialen Identität verstanden. Identität wird dann definiert als „Bewusstsein der Zugehörigkeit zu einer Gemeinschaft und die Bejahung dieser Zugehörigkeit."[143] Sie ist somit eine „Selbstzurechnung zu einem größeren sozialen Kollektiv (...), die für das Selbstverständnis des Einzelnen und seine Orientierung in der Welt unersetzlich [ist]."[144] Die Identifikation, das heißt ein individuelles Zugehörigkeits- oder Loyalitätsgefühl zu einem Kollektiv, kann „als der politisch besonders relevante Ausdruck kollektiver Identität verstanden werden, als grundsätzliche (...) Akzeptanz und Unterstützung der politischen Gemeinschaft."[145] Die kollektive Identität beruht auf drei

---

[140] KOPP: Europäische Identität als Kategorie des Europarechts, a.a.O., S. 14.

[141] Vgl. dazu KOPP: Europäische Identität als Kategorie des Europarechts, a.a.O., S. 16.

[142] Vgl. hierzu z.B. Klaus EDER: Integration durch Kultur? Das Paradox der Suche nach einer europäischen Identität, in: Reinhold VIEHOFF/Rien T. SEGERS (Hrsg.): Kultur, Identität, Europa, Frankfurt am Main 1999, S. 147–179 (S. 148). Für die Soziologie ist dieser Abgrenzungsprozess entscheidend für die Herstellung von kollektiver Identität, vlg. KOPP: Europäische Identität als Kategorie des Europarechts, a.a.O., S. 20.

[143] Herfried MÜNKLER: Europa als politische Idee. Ideengeschichtliche Facetten des Europabegriffs und deren aktuelle Bedeutung, in: Leviathan 4/1991, S. 521–541 (S. 523).

[144] Thomas MEYER: Die Identität Europas, Frankfurt/Main 2004, S. 22.

[145] Bettina WESTLE: Europäische Identifikation im Spannungsfeld regionaler und nationaler Identitäten. Theoretische Überlegungen und empirische Befunde, in: PVS 44/2003, S. 453–482 (S. 455).

„Säulen"[146]: dem Herkunftsbewusstsein, den Gegenwartserfahrungen und den Zukunftserwartungen der Menschen. Voraussetzung ist ein Mindestmaß an gesellschaftlichem Konsens, vor allem auf gemeinsamen Erfahrungen, Werten, Moralvorstellungen sowie gemeinsamer Kultur. Die kollektive Identität enthält dementsprechend allgemein akzeptierte Sollvorstellungen, bietet Wertorientierung, und beinhaltet das Bewusstsein, gewisse Eigenschaften und Gefühle mit anderen zu teilen. Darauf aufbauend entsteht ein Gefühl von gegenseitiger Sympathie, von Loyalität und von Vertrauen, die Identifikation. Montesquieu bezeichnete diese Identifikation als „Gemeingeist", von Max Weber stammt der Begriff „Gemeinsamkeitsglaube", die heutige Soziologie spricht von einem „Wir-Gefühl".[147] Dass es sich eher um ein Gefühl, eine bildliche Vorstellung handelt (und dass kollektive Identität ein soziales Konstrukt ist) wird schnell deutlich: Selbst im kleinsten Gemeinwesen wird man nie alle Mitglieder der Gemeinschaft kennen, dennoch empfindet jeder eine „virtuelle" Zugehörigkeit zu den anderen.[148] Dabei existieren multiple Identitäten, nämlich für jede der sozialen Gruppen bzw. Kategorien, mit denen man sich identifiziert und die je nach Kontext stärker oder schwächer empfunden werden: „So fühlt sich ein Mensch, der im Kölner Stadtteil Porz lebt, innerhalb von Köln womöglich primär als *Porzer*, im benachbarten Düsseldorf hingegen 'ist' er *Kölner*, in Berlin *Rheinländer* und in Peking *Europäer*."[149] Diese Identitäten sind also nicht un-

---

146 Vgl. Werner WEIDENFELD: Europa – aber wo liegt es? In: Werner WEIDENFELD (Hrsg.): Die Europäische Union: Politisches System und Politikbereiche. Schriftenreihe der bpb, Band 442, Bonn 2004, S. 15–49 (S. 17f.).

147 Vgl. MONTESQUIEU: Vom Geist der Gesetze, zitiert in LEIßE: Demokratie auf europäisch, a.a.O., S. 129, Max WEBER: Wirtschaft und Gesellschaft, 5. Auflage, Tübingen 1980, S. 237, zum „Wir-Gefühl" Hans-Werner BIERHOFF: Sozialpsychologie – ein Lehrbuch, 5. Auflage, Stuttgart/Berlin/Köln 2000, S. 337 sowie Georg ELWERT: Nationalismus und Identität. Über die Bildung von Wir-Gruppen, in: Kölner Zeitschrift für Soziologie und Sozialpsychologie 41/1989, S. 247–258. Auch Karl Deutsch vertritt dieses Konzept des „sense of community", vgl. Karl W. DEUTSCH (Hrsg.): Political Community and the North Atlantic Area, Princeton, 1957, v.a. S. 36.

148 Ähnlich Benedict ANDERSON: Imagined Communities, 2nd edition, London/ New York 1991, S. 6.

149 Achim TRUNK: Eine europäische Identität zu Beginn der 1950er Jahre? Die Debatten in den europäischen Versammlungen 1949–1954, in: Wilfried LOTH (Hrsg.): Das europäische Projekt zu Beginn des 21. Jahrhunderts, Opladen 2001, S. 49–80 (S. 51, Hervorhebung im Original). Ganz ähnlich auch Thomas RISSE:

veränderlich, sondern vielmehr dynamisch an den (wechselnden) sozialen Kontext gekoppelt.[150] In der Politikwissenschaft betont der Begriff der kollektiven Identität vor allem die Bereitschaft, sich durch bestimmte Gruppen auch langfristig majorisieren zu lassen: Wo diese Bereitschaft fehlt, gibt es keine politische Identität und auch keine Legitimität.[151]

Zusammenfassend kann man sagen, dass Homogenität als Abwesenheit von tiefgehenden weltanschaulichen, ethnischen und religiösen Spaltungen eine *„negative* Bedingung" der Integration darstellt, dass darüber hinaus das Mehrheitsprinzip aber nur dann Legitimationskraft entfalten kann, wenn auch eine auf Gleichheit, Solidarität, Verbundenheitsgefühl und Wertekonsens gestützte *positive* Identität existiert.[152] Nur mit einer solchen Identität können Meinungsunterschiede in Sachfragen an Bedeutung zurücktreten und Entscheidungen als legitim akzeptiert werden.

b) Kollektive Identität in Europa

Um von einer *europäischen Identität* sprechen zu können, müssen sich die Menschen nicht nur als Europäer und als Gemeinschaft denken, sondern „sie müssen sich auch das europäische ´wir´ vorstellen. Sie müssen bestimmte Repräsentationen über ´Europa´ und das ´Europäer-Sein´ haben."[153]

Nationalism and Collective Identities: Europe versus the Nation-State? In: Paul HEYWOOD/Erik JONES/Martin RHODES (Hrsg.): Developments in West European Politics, 2. Auflage, Baden-Baden 2000, S. 3–15 (S. 1).

[150] Europäische und nationale Identität stehen nach überwiegender Ansicht nicht in einem Nullsummenverhältnis zueinander: Ein Gewinn an europäischer Identität bedeutet nicht automatisch einen gleichstarken Verlust an nationaler Identität. Einige Autoren beZWEIFELn jedoch die Fähigkeit zu multiplen Bindungen, vielmehr habe jeder Mensch eine primäre Bindung an eine geographische Einheit, die anderen Bindungen tendenziell widerspricht, vgl. zu dem Thema Richard MÜNCH: Europa als Projekt der Identitätsbildung, in: Till BLUME/Till LORENZEN/Andreas WARNTJEN (Hrsg.): Herausforderung Europa – Von Visionen zu Konzepten, Baden-Baden 2003, S. 73–85 (S. 81f); WESTLE: Europäische Identifikation, a.a.O., S. 455f.

[151] KOPP: Europäische Identität als Kategorie des Europarechts, a.a.O., S. 17.

[152] Vgl. Fritz W. SCHARPF: Europäisches Demokratiedefizit und deutscher Föderalismus, in: Jahrbuch zur Staats- und Verwaltungswissenschaft, Band 6, Baden-Baden 1993/1994, S. 165–178 (S. 168).

[153] Orietta Angelucci von BOGDANDY: Europäische Identitätsbildung aus sozialpsychologischer Sicht, in: Ralf Elm (Hrsg.): Europäische Identität: Paradigmen und

Macht man sich nun Gedanken über eine mögliche europäische Identität, muss man nach dem oben gesagten feststellen: Da die verschiedenen, nebeneinander existierenden Identitäten dynamisch an den sozialen Kontext anknüpfen, gibt es keinen Beleg für die Behauptung, allein im Nationalstaat könne ein Wir-Gefühl entstehen: Wenn jeder Mensch mehrere Identitäten tragen kann, warum sollte dann eine europäische unmöglich sein?[154] Insbesondere Föderalisten halten eine europäische Identität für wünschenswert.[155] Doch auch wenn man grundsätzlich eine europäische Identität für möglich hält, ist es fraglich, ob in der heutigen EU eine solche Identität herstellbar ist. Es gibt ganz unterschiedliche Beurteilungen, ob ein solches „Wir-Gefühl" in absehbarer Zeit entstehen kann oder vielleicht bereits existiert.

Im Bereich der aktuellen Verfasstheit der Mitgliedstaaten wird zum Teil postuliert, dass es in den jeweiligen Wirtschaftsordnungen, den politischen Ordnungen und den kulturellen Ordnungen eine hinreichend große Übereinstimmung und somit soziale Homogenität gebe, die eine demokratische Eigenlegitimation tragen könne.[156] Diese These wird im Folgenden kritisch hinterfragt.

Einer solch optimistischen Einschätzung halten viele Europaforscher nämlich entgegen, dass Europa weder Kommunikations- noch Erinnerungs- oder Erfahrungsgemeinschaft sei.[157] Die Tatsache, dass es keine *gemeinsame*

Methodenfragen, Schriften des ZEI, Band 43, Baden-Baden 2002, S. 111–134 (S. 123), vgl. zur Homogenität KLUTH: Die demokratische Legitimation der EU, a.a.O., S. 49.

[154] Vgl. Klaus PÖHLE: Ist europäische Identität unmöglich? In: Politik und Gesellschaft, Heft 3/1998, S. 245–256; ebenso Wilfried LOTH: Die Mehrschichtigkeit der Identitätsbildung in Europa. Nationale, regionale und europäische Identität im Wandel, in: Elm: Europäische Identität, a.a.O., S. 93–109 (S. 108); anders z.B. Ralf DAHRENDORF: Die Zukunft des Nationalstaates, in: Merkur 48 (1994), S. 751–761.

[155] Vgl. beispielsweise die „Charta der europäischen Identität" der Europa-Union Deutschland vom 41. Kongress 1995, online unter www.europa-web.de/euro pa/02wwsww/203chart/chartade.htm.

[156] Vgl. dazu ausführlicher KLUTH: Die demokratische Legitimation der Europäischen Union, a.a.O., S. 56–60; Wolfgang WESSELS: Europäische Identität aus politischer Sicht, in: HENRICHSMEYER/HILDEBRAND/MAY (Hrsg.): Auf der Suche nach europäischer Identität, Bonn 1995, S. 101–122 (S. 110).

[157] Vgl. dazu KIELMANSEGG: Integration und Demokratie, a.a.O., S. 58ff.

Sprache gibt, stellt dabei die größte Hürde für eine gemeinsame Identität dar: „In der Sprachenvielfalt liegt der Grund, warum es eine gemeinsame Öffentlichkeit, die wiederum Voraussetzung für ein kollektives Identitätsbewusstsein wäre, in der Europäischen Union auf absehbare Zeit nicht geben wird."[158] Sprache stellt, sozialpsychologisch formuliert, sogar ein definierendes Attribut der Gruppenzugehörigkeit dar, weil soziale Identitäten durch die Sprache direkt ausgedrückt werden können. Die Tatsache, dass es in der EU womöglich in Zukunft zwei bis drei Verkehrssprachen gibt, ändert nichts an der Tatsache, dass sich die große Mehrheit der EU-Bevölkerung nur in der jeweiligen Muttersprache verständigen, informieren und so am politischen Meinungsbildungsprozess teilhaben kann. Pointiert ausgedrückt: Ein Großteil der Europäer kann sich mit einem Großteil der Europäer nicht verständigen.[159] Die Sprachenvielfalt in Europa ist aber kein Grund, eine mögliche europäische Identität grundsätzlich auszuschließen, schließlich gibt es auch in mehrsprachigen Ländern wie Luxemburg, der Schweiz oder Finnland eine nationale Identität.[160] Außerdem sprechen und verstehen europaweit viele (vor allem jüngere) Menschen mehr oder weniger fließend Englisch, bei Städtepartnerschaften oder durch das europäische Studentenprogramm ERASMUS kommen sich Menschen trotz Sprachbarrieren näher, dies relativiert für einige Beobachter die Bedeutung der Mehrsprachen-Problematik.[161]

Auch auf einem weiteren Feld, der *gemeinsamen europäischen Geschichte und Kultur*, gibt es gegensätzliche Ansichten: Einige Autoren sprechen von ei-

---

[158] DECKER: Demokratie und Demokratisierung, a.a.O., S. 610. Ausführlicher zur europäischen Öffentlichkeit sogleich.

[159] So auch GRIMM: Mit einer Aufwertung des Europa-Parlaments ist es nicht getan, a.a.O., S. 15; KIELMANSEGG: Integration und Demokratie, a.a.O., S. 58.

[160] Diese Beispiele werden oft angeführt, vgl. nur PÖHLE: Ist europäische Identität unmöglich? A.a.O., S. 250. Sie hinken allerdings insoweit, als beispielsweise in der Schweiz bereits vor ihrer Konstitutionalisierung ein gewisses Grundmaß an Identität bestand. Dennoch scheint die Schlussfolgerung, wegen der Sprachenvielfalt sei gemeinsame Identität grundsätzlich nicht möglich, bei der Betrachtung von wachsender Identität in mehrsprachigen Staaten zumindest zweifelhaft.

[161] Vgl. Thomas MEYER im Interview mit europa-digital, abrufbar unter www.euro pa-digital.de/aktuell/ dossier/oeffentlichkeit/tmeyer.shtml.

nem gemeinsamen historischen Schicksal[162] und von gemeinsamen Werten: „Grundwerte wie Toleranz, Humanität und Brüderlichkeit sind aus vielfältigen Wurzeln entstanden und in allen Ländern Europas verankert. Antike, Christentum, die Renaissance, Humanismus und Aufklärung haben ihre Spuren im Selbstbild des Europäers hinterlassen und sein Selbstverständnis geprägt."[163] Von Skeptikern wird die historische Entwicklung jedoch nicht als gemeinsam erlebte Geschichte verstanden, sondern als eine Mehrzahl von Völkergeschichten; jedes Volk hat die Vergangenheit anders erlebt und seine eigenen Erfahrungen gemacht. Mit der Aufnahme einiger mittel- und osteuropäischer Staaten ist auch eine wichtige Gemeinsamkeit der alten EU, die Erfahrung von gemeinsamer Bedrohung aus dem Osten, als einigendes Moment (glücklicherweise) verloren gegangen. Viele der neuen Mitgliedstaaten haben eine gänzlich andere Sicht auf die letzten 50 Jahre europäischer Geschichte als die alten Mitglieder. Ein „Wir-Gefühl" kommt aber ohne gemeinsame Geschichte und Kultur nicht aus.[164] Nach einer möglichen Aufnahme der Türkei in die EU wird man erst Recht nicht mehr von gemeinsamen tradierten Wertvorstellungen (die nicht nur deklamiert werden, sondern fest in der Bevölkerung verankert sind), gemeinsamer Geschichte oder kulturellen Ähnlichkeiten sprechen können. Die Existenz politischer, wirtschaftlicher und kultureller Gemeinsamkeiten wurde von manchen Autoren bereits vor der Osterweiterung unter Hinweis auf die Heterogenität der europäischen Völker (beispielsweise die Unterschiede im Grundverständnis der staatlichen Willensbildung, der Verwaltung und des Rechtswesens sowie die unterschiedliche Wirtschaftsleistung) angezweifelt oder zumindest relativiert.[165] Europäische Identität wäre demnach ein Mythos, die nationale Identität bliebe dominierend. Selbst wer dies vor der Osterweiterung als übertrieben skeptische Haltung bezeichnete und die oben geschilderte, eher föderalistische Position vertrat (einige Autoren

---

162 Vgl. statt vieler Hagen SCHULZE: Europäische Identität aus historischer Sicht, in: Wilhelm HENRICHSMEYER/ Klaus HILDEBRAND/Bernhard MAY: Auf der Suche nach europäischer Identität, Bonn 1995, S. 17–43.

163 LEIßE: Demokratie „auf europäisch", a.a.O., S. 125.

164 Ähnlich Stefan ULRICH: Abschied von Europa, Süddeutsche Zeitung vom 26. Oktober 2004, S. 4.

165 Vgl. dazu nur SCHARPF: Europäisches Demokratiedefizit und deutscher Föderalismus, a.a.O., S. 168.

sprachen unter Verweis auf die „gemeinsamen Werte der EU-Staaten" bereits von einem Verfassungspatriotismus auf europäischer Ebene[166]) muss
heute erkennen, dass die optimistischen Einschätzungen hinsichtlich einer
gemeinsamen Identität zu relativieren sind: Die Schwierigkeiten, eine gemeinsame europäische Identität zu erzeugen, sind jedenfalls gewachsen.
Falls die Türkei der EU beitreten sollte, wird man noch stärker die Existenz
einer hinreichenden Homogenität (die ja, wie oben gesehen, Vorbedingung
für die Entstehung von Identität ist) anzweifeln müssen.[167] Ohne in diesem
Zusammenhang näher auf die Vor- und Nachteile einer Mitgliedschaft der
Türkei in der EU einzugehen, scheint es jedenfalls überzeugend, dass eine
EU, die auch die Türkei umfasst, zumindest schwieriger an ein europäisches Wir-Gefühl wird appellieren können als die heutige EU.[168] Dies ist,
wie gesehen, problematisch für die Legitimation europäischer Herrschaft,
denn ohne hinreichendes Wir-Gefühl „besitzt das demokratische Mehrheitsprinzip als solches über keinerlei Legitimationskraft."[169] Wenn man jedoch
weniger auf Geschichte und Kultur abstellt und größeren Wert auf die *politische Identität* legt (oder, um auf die drei Säulen des Identitätsbegriffs zurückzugreifen, weniger das Herkunftsbewusstsein als vielmehr die Gegenwartserfahrung und die Zukunftserwartungen in den Mittelpunkt der
Überlegungen stellt) kann man zumindest zu einem optimistischen Ausblick kommen:

> „Identitätsbildend sind hochpolitische Entscheidungen, die alle betreffen und
> das Gefühl eines gemeinsamen Weges vermitteln und versinnbildlichen; etwa
> in Sachen Krieg und Frieden, in Sachen Menschenrechte, in Sachen Grund-
> werte der sozialen Gerechtigkeit. Es geht nichts über das Bewusstsein, dass
> man sich in demselben Boot befindet und gemeinsam ans Ruder muss, um

---

[166] So zum Beispiel Wilfried LOTH: Die Mehrschichtigkeit der Identitätsbildung in
Europa, a.a.O., S. 107.

[167] Vgl. dazu z.B. Lorenz JÄGER, der bei einem Beitritt der Türkei zur EU einen dra-
matischen Verlust an Legitimität und Anerkennung befürchtet. JÄGER: Auf allen
Karten abseits, in: Frankfurter Allgemeine Zeitung vom 14. August 2002, abrufbar auch auf der bpb-Homepage unter dem Dossier „Türkei und EU".

[168] Deutlicher Heinrich August WINKLER: Soll Europa künftig an den Irak grenzen?
In: Frankfurter Allgemeine Zeitung vom 11. Dezember 2002, abrufbar auch auf
der bpb-Homepage unter dem Dossier „Türkei und EU". Nach WINKLER ist ein
europäisches Wir-Gefühl mit der Türkei unvorstellbar.

[169] HÖRETH: Legitimationstrilemma, a.a.O., S. 90.

gemeinsame Erfahrungen zu schaffen, durch die sich Identitätssinn oder Identitätsbewusstsein bilden können."[170]

Politische Identität entsteht nicht in erster Linie durch kulturelle oder historische Gemeinsamkeiten, sondern vor allem durch einen hohen Grad an Zustimmung der Menschen zum jeweiligen Regierungssystem.[171]

c) Kollektive europäische Identität in der Praxis

Die akademische Debatte um europäische Identität, insbesondere was die Bedeutung von gemeinsamer Kultur und Geschichte angeht, bleibt letztlich unbefriedigend: „Die Konfrontation der Positionen (...) unterstreicht die Grenzen der Aussagefähigkeit. Jeder Ansatz kann eine gewisse Plausibilität beanspruchen und wird politisch entsprechend instrumentalisiert."[172] Wie sehen die Menschen in der EU selbst ihre Identität? Fühlen sie sich „kognitiv und emotional mit Europa als einem abgrenzbaren Raum"[173] verbunden? Folgende Grafik veranschaulicht das „Bürgerschaftsgefühl" der europäischen Bevölkerung:

---

[170] Furio CERRUTI: Politische und kulturelle Identität Europas (abrufbar unter www.fes-online-akademie.de/send_file.php/download/pdf/cerutti_identitaet.pdf), S. 5

[171] Vgl. Frank R. PFETSCH: Der politische Identitätsbegriff, zitiert nach: Dorothea WEIDINGER (Hrsg.): Nation – Nationalismus – Nationale Identität, bpb-Schriftenreihe Band 392, Bonn 2002, S. 87–88 (S. 87).

[172] WESSELS: Europäische Identität aus politischer Sicht, a.a.O., S. 121.

[173] So die Definition für europäische Identität nach Sylke NISSEN: Europäische Identität und die Zukunft Europas, in: APuZ B38/2004, S. 21–29 (S. 21).

Bürgerschaftsgefühl

■ (NATIONALITÄT) und Europäer/in   ▫ Nur (NATIONALITÄT)   ▫ Europäer/in und (NATIONALITÄT)   ■ Nur Europäer/in   ▫ WN

	(NATIONALITÄT) und Europäer/in	Nur (NATIONALITÄT)	Europäer/in und (NATIONALITÄT)	Nur Europäer/in	WN
EU25	48%	41%		7%	
MT	68%	28%			3%
CY	58%	32%		8%	
SI	58%	36%		5%	
NL	57%	34%		7%	
FR	54%	33%	8%		4%
IT	53%	37%		6%	
PL	53%	40%		5%	
PT	51%	43%		3%	
SK	51%	38%		7%	
BE	50%	35%	10%		5%
LV	50%	45%		3%	
LU	50%	27%	13%	9%	
SE	50%	44%		5%	
DK	49%	39%		8%	
DE	49%	35%	11%		3%
CZ	48%	37%		10%	
ES	48%	36%	5%	5%	6%
FI	48%	49%			3%
EL	46%	47%		7%	
HU	44%	51%		4%	
AT	44%	44%	6%		3%
EE	43%	50%		4%	
IE	39%	45%	5%		9%
LT	39%	53%	4%		4%
UK	31%	63%			3%
HR	60%	32%		5%	
RO	51%	37%	3%		7%
BG	42%	41%		7%	
TR	19%	74%			4%

0%   100%

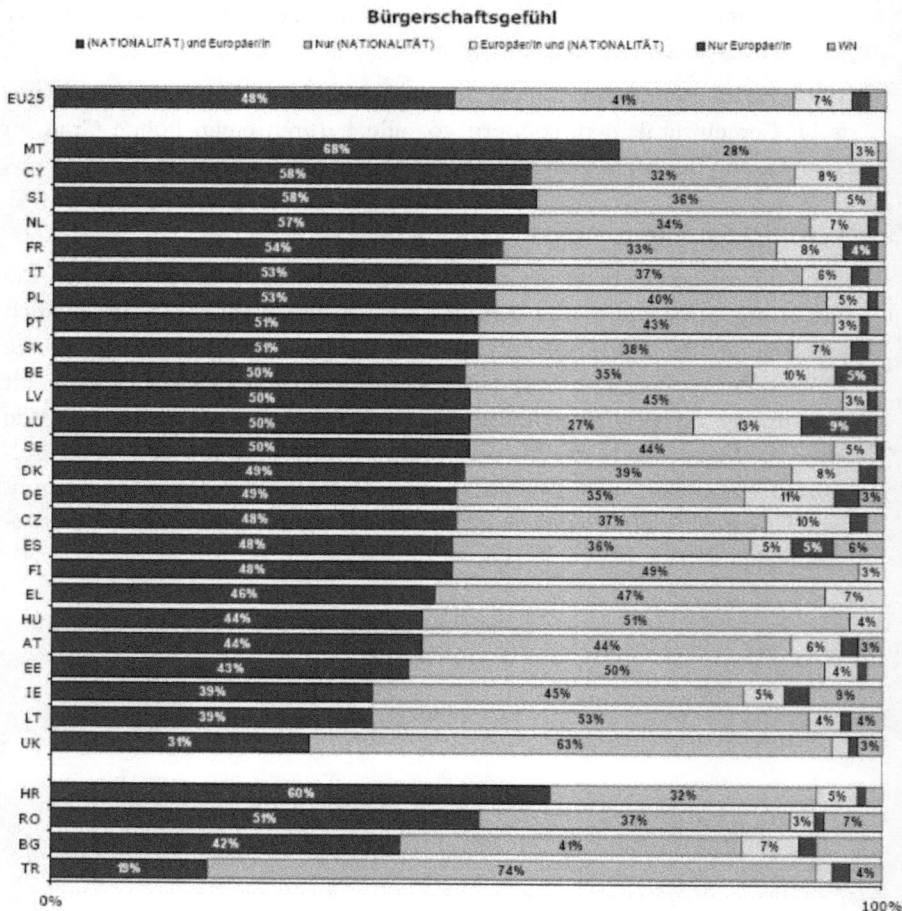

Quelle: Eurobarometer 64 vom Juni 2006, S. 47.[174]

Gut die Hälfte der Europäer, nämlich 57%, sieht sich in der nahen Zukunft in irgendeiner Form als Europäer: Entweder ausschließlich als Europäer (Aussage 4), als Europäer und zudem Angehöriger eines Nationalstaats (Aussage 3) oder als Angehöriger eines Nationalstaats und zudem Europäer (Aussage 2). Dieser Wert ist seit vielen Jahren etwa konstant, seit langem schwankt er zwischen 50 und 60%. Diese Zahl wird jedoch relativiert, wenn

---

[174] Abrufbar unter http://ec.europa.eu/public_opinion/archives/eb/eb64/eb64_de.pdf.

man nur die Aussagen 3 und 4 als Maßstab für europäische Identität ansieht: In diesem Falle liegt die Marke bei neun Prozent, auch dieser Wert hat sich seit vielen Jahren kaum verändert. Auffällig ist, dass das Gefühl von europäischer Identität in den Gründungsstaaten der Union besonders groß ist: die vier Staaten, die (sowohl bei der weiteren als auch bei der engeren Definition) deutlich über dem EU-Durchschnitt liegen, sind Gründungsstaaten. Lediglich die Niederländer und Italiener erreichen etwas niedrigere Werte und liegen praktisch auf EU-Durchschnittswert. Diese Beobachtung legt den Schluss nahe, dass eine lange Vertrautheit mit dem EU-System das Entstehen einer europäischen Identität begünstigt.[175] Dies bedeutet aber nicht, dass man nur lange genug warten muss, bis sich eine europäische Identität praktisch von alleine entwickelt, denn auch in den vier Gründungsstaaten mit überdurchschnittlicher Identifikation mit der EU ist der Wert in den letzten zehn Jahren nicht oder nur unwesentlich gestiegen. Auffällig ist, dass sich insbesondere jüngere Menschen stärker als Europäer fühlen: Während europaweit insgesamt 41% der Befragten nur eine nationale Identität empfinden, liegt dieser Wert bei den über 55jährigen bei 50%, bei den unter 40jährigen jedoch nur bei rund 35%. Je höher zudem der Ausbildungsgrad und je größer das Wissen über die EU sind, desto eher fühlen sich die Menschen als Europäer. Von den Menschen, die der Meinung sind, ihr Land profitiere von der EU, fühlen sich 73% als Europäer im weiteren Sinne. Insgesamt hat aber nur die Hälfte der Befragten das Gefühl, dass die EU-Mitgliedschaft ihres Landes eine „gute Sache" sei. Besorgniserregend für die gesellschaftliche Legitimation der EU ist dabei, dass die Zahl derjenigen abnimmt, die in der Mitgliedschaft ihres Landes in der EU eine gute Sache sehen, ebenso wie die Zahl, die der Meinung sind ihre Stimme würde in der EU zählen – dieser Aussage stimmt nur noch etwa ein Drittel der Befragten zu. Außerdem sagen zwei Drittel der Befragten, dass sie zu wenig über die EU wissen. Für die politische Identität, die sich durch Zustimmung zum Regierungssystem auszeichnet, ist dies eine unerfreuliche Entwicklung. Nur die wenigsten Befragten würden also vermutlich der Europa-Begeisterung von Montesquieu zustim-

---

[175] Ähnlich Rainer LEPSIUS: Die Europäische Union. Ökonomisch-politische Integration und kulturelle Pluralität, in: Reinhold VIEHOFF/Rien T. SEGERS: Kultur, Identität, Europa, Frankfurt am Main 1999, S. 201–222 (S. 208); NISSEN: Europäische Identität und die Zukunft Europas, a.a.O., S. 26 und 27.

men: „Wenn mir etwas bekannt wäre, das meinem Vaterland nützen, aber Europa schaden (...) würde, so sähe ich dies wie ein Verbrechen an."[176]

Es bleibt also festzuhalten: Das Zusammengehörigkeitsgefühl ist bei einem Teil der Bevölkerung schon recht stabil, doch „die Basis affektiver europäischer Identität ist schmal."[177] Damit die Menschen bereit sind, auch subjektiv negative Entscheidungen auf europäischer Ebene zu akzeptieren, muss diese Basis vergrößert werden. Neben die emotionale Komponente (die stark auf gemeinsame Werte abstellt) muss auch eine politische Komponente treten, die, wie eben gesehen, Zustimmung zum politischen System der EU beinhaltet und das Gefühl vermittelt, dass man gemeinsam einen Weg einschlägt. Die gemeinsame Identität und die Verbundenheit mit Europa könnten gefördert werden, indem man der Bevölkerung mehr Verantwortung für politische Prozesse gibt, indem man also den Menschen stärkeren Einfluss sowohl auf die Institutionen und die Auswahl der handelnden Personen als auch auf die inhaltliche Ausgestaltung der Politik zugesteht. In dieser Arbeit soll unter anderem untersucht werden, wie die Partizipationsmöglichkeiten der Bevölkerung gesteigert werden können – und welche Rolle dabei europäische Parteien spielen können.[178]

d) Das (fehlende) „Staatsvolk"

Eine im Zusammenhang mit der Entstehung von europäischer Identität oft (vor allem von deutschen Juristen) zitierte, skeptische Sichtweise argumentiert, dass die Partizipation in Europa nicht von *einem* Staatsvolk, sondern von mehreren Völkern ausgeht. Dies ist zugleich auch ein Argument gegen

---

[176] MONTESQUIEU: Mes Pensées, zitiert nach: Jean STAROBINSKI: MONTESQUIEU, München/Wien 1991, S. 164.

[177] NISSEN: Europäische Identität und die Zukunft Europas, a.a.O., S. 28.

[178] Auf andere Möglichkeiten der Partizipation wie europäische Referenden und direkte Demokratie soll in dieser Arbeit hingegen nicht eingegangen werden, vergleiche dazu zum Beispiel Heidrun ABROMEIT: Mögliche Antworten auf Demokratiedefizite in der Europäischen Union, in: Hans Herbert VON ARNIM (Hrsg.): Direkte Demokratie, Berlin 2000, S. 187–198, sowie ABROMEIT: Wozu braucht man Demokratie? a.a.O. vor allem S. 48ff.; Philippe SCHMITTER: How to democratize the European Union... and why bother? Lanham, 2000; skeptisch zur möglichen Anwendung von direktdemokratischen Elementen auf europäischer Ebene Klaus ARMINGEON: Direkte Demokratie und Demokratie in Europa, in: LeGes – Gesetzgebung und Evaluation, Heft 3/2004, S. 59–72.

eine mögliche Input-Legitimation auf europäischer Ebene. Die Tatsache, dass Europa sich aus verschiedenen Staatsvölkern zusammensetzt, bedeutet für einige Staatsrechtler die Unmöglichkeit von Demokratie auf europäischer Ebene: „Es gibt keine Demokratie ohne Demos."[179] Demokratische Regeln und Institutionen können demnach nur dann für Legitimation sorgen, wenn bereits ein Volk existiert. In der Konsequenz bedeutet diese Auffassung, dass europäische Entscheidungen nicht für sich gesehen legitimiert werden können, sondern nur über die Mitgliedstaaten, und dass somit eine europäische Demokratie unmöglich ist. Die Auffassung der Unmöglichkeit europäischer Demokratie und die enge Verknüpfung von Demokratie mit den Begriffen Staatsvolk und Nation wird in erster Linie von deutschen Juristen vertreten; sie ist auch schon als „deutsche Krankheit" bezeichnet worden.[180] Wenn man aber eine „Reihenfolge" für die Entstehung von europäischer Verfassungsentwicklung und Demokratie festlegt, und an deren erster Stelle ein europäisches Volk verlangt, will man dadurch nur juristisch sicherstellen, dass eine solche Entwicklung hin zu europäischer Verfassung und Demokratie nie stattfindet.[181] Für viele Soziologen und Politikwissenschaftler ist hingegen der europäische *demos* bereits zumindest in Grundzügen existent, nachweisbar sowohl historisch (Stichworte sind bereits die Europabewegungen der Zwischenkriegszeit und die Paneuropa-Bewegung) als auch empirisch (Demosbildung durch

---

[179]   ISENSEE: Europa – die politische Erfindung eines Erdteils, a.a.O., S. 133; ähnlich Paul KIRCHHOF: „Demokratie setzt eine Vergemeinschaftung im Staatsvolk voraus" in seinem Artikel: Der deutsche Staat im Prozess der europäischen Integration, in: Josef ISENSEE/Paul KIRCHHOF: Handbuch des Staatsrechts der Bundesrepublik Deutschland, Band VII, Heidelberg 1992, Paragraph 33; vgl. schon Carl SCHMITT in seiner Verfassungslehre von 1928: „Der Zentralbegriff der Demokratie ist Volk, nicht Menschheit." Zitiert nach HÖRETH: Legitimationstrilemma, a.a.O., S. 54.

[180]   So zum Beispiel Anne PETERS: A Plea for a European Semi-Parliamentary and Semi-Consociational Democracy, European Integration Online Paper (EioP) Nr 7, 2003, S. 7, abrufbar unter http://eiop.or.at/eiop/texte/2003-003a.htm

[181]   Zu Recht so deutlich: Josef H.H. WEILER: The State „über alles", in: Ole DUE/Marcus LUTTER/Jürgen SCHWARZE: Festschrift für Ulrich EVERLING, Band 2, Baden-Baden 1995, S. 1651–1688 (S. 1673); vgl. auch Rainer STENTZEL: Integrationsziel Parteiendemokratie, Baden-Baden 2002, S. 108f.

die Werte-Entwicklungen in Ländern nach ihrem Beitritt zur EG/EU).[182]
Dieser europäische demos solle jedoch nicht als „Großkopie" eines nationalen demos missverstanden werden. In den letzten Jahren mehren sich
auch unter Staatsrechtlern die Stimmen, die eine offenere Sichtweise auf die
Begriffe Volk (bislang immer gleichbedeutend mit „Staatsvolk") und Nation propagieren. Dabei wird die Existenz von Regionalvölkern, Staatsvölkern und einem „Unionsvolk" (als Gemeinschaft der Unionsbürger) anerkannt, die ineinander verschachtelt sind und nebeneinander existieren: Für
eine Verengung demokratietheoretischer Perspektiven auf „(Staats-)Volk"
oder „Nation" gebe es demnach in einer von Globalisierung und Supra-
nationalisierung geprägten Welt keine Rechtfertigung mehr.[183] Doch selbst
wenn man dem Begriff des „Unionsvolkes" skeptisch gegenübersteht, weil
der Volksbegriff im bisherigen deutschen Sprachgebrauch (noch) mit der
Nation und der Vorstellung vom Kulturvolk verbunden wird,[184] bedeutet
dies nicht, dass europäische Demokratie nicht möglich sein kann. In Frankreich zum Beispiel werden unter Begriffen wie „Volk" und „Nation" weniger eine ethnische und kulturelle Zusammengehörigkeit verstanden als
eine gemeinsame Idee: „Une nation est une âme, un principe spirituel".[185]
Die Auffassung von der durch das Fehlen eines Volkes bedingten Unmöglichkeit von europäischer Demokratie wird auch in der britischen Literatur
mit einem Vergleich entkräftet: „ (...) a demos is not a given, but historically
constructed. (...) Both Switzerland and the United States have integrated
their multiple demoi over time (note the plural „United States")."[186] In allen
Nationalstaaten wuchs die Bevölkerung im Laufe der Zeit zu einer nationalen Gemeinschaft zusammen. Ein demos entsteht also langfristig, wenn

---

[182]   Vgl. Wolfgang SCHMALE: Suche nach europäischer Identität, in: Europäische
        Rundschau, 33. Jahrgang, Nr. 3/2005, S. 35–45, insbesondere S. 42 und 43 mit
        weiteren Nachweisen.

[183]   Vgl. Thomas SCHMITZ: Das europäische Volk und seine Rolle bei einer Verfas-
        sunggebung in der Europäischen Union, in: Europarecht, Heft 2/2003, S. 217–243
        (S. 242). Auch Werner VON SIMSON spricht vom europäischen „Volk", vgl. ders.:
        Was bedeutet in einer Europäischen Union „das Volk"? in: Europarecht Heft
        1/1991, S. 1–18.

[184]   KLUTH: Die demokratische Legitimation der EU, a.a.O., S. 42.

[185]   PETERS: A Plea for a European Semi-Parliamentary and Semi-Consociational
        Democracy, a.a.O., S. 7.

[186]   Thomas D. ZWEIFEL: Democratic Deficit? Lanham 2002, S. 24.

die Menschen sich als Mitglieder einer politischen Gemeinschaft begreifen und identifizieren. Nach diesem Verständnis ist es durchaus möglich, dass sich mehrere Völker, die gemeinsam Probleme bewältigen wollen, zu einer Schicksalsgemeinschaft zusammenschließen können. Anstelle eines „Volkes" wird der Bürger, dessen Freiheit und Selbstbestimmung das Demokratieprinzip sichern will, als Ursprung und Empfänger der hoheitlichen Gewalt der Europäischen Union verstanden, ebenso wie im modernen Verfassungsstaat: „Die Bürger eines demokratischen Rechtsstaates verstehen sich als die Autoren der Gesetze, denen sie als Adressaten zu Gehorsam verpflichtet sind."[187] Die normativen Prämissen von Demokratie sind nicht an die Herrschafts*form* des Staates gebunden, sondern an das Herrschafts*mittel* einer Hoheitsgewalt. Die EU übt durch ihre eigene Rechtsordnung Hoheitsgewalt aus, somit kann die Demokratie nicht grundsätzlich auf den Staat begrenzt bleiben, sondern muss eine „überstaatliche Dimension" bekommen.[188] Aus diesen Gründen kann man konstatieren: Demokratie ist nicht an das Vorhandensein eines bereits existierenden gemeinsamen Staatsvolkes geknüpft.[189]

e) Europäische Öffentlichkeit

Eine weitere Voraussetzung für europäische Identität (und ganz allgemein für Demokratie) ist die Existenz von Öffentlichkeit: Ohne eine solche Öffentlichkeit kann es grundsätzlich keine Demokratie geben – da erst sie die Diskussion über politische Fragen möglich macht, ist Öffentlichkeit wesentliches Merkmal von Demokratie.[190] Öffentliche Diskurse und Debatten

---

[187] Jürgen HABERMAS: Die postnationale Konstellation und die Zukunft der Demokratie, in: ders.: Die postnationale Konstellation – politische Essays, Frankfurt am Main 1998, S. 91–169 (S. 152f.).

[188] Vgl. Rainer STENTZEL: Integrationsziel Parteiendemokratie, a.a.O., S. 110.

[189] So auch Claus Dieter CLASSEN: Europäische Integration und demokratische Legitimation, in: AöR 119 (1994), S. 238–260 (S. 247); ebenso Angelika SCHEUER: A Political Community? In: Hermann SCHMITT/Jacques THOMASSEN (Hrsg.): Political Representation and Legitimacy in the European Union, New York 1999, S. 25–46 (S. 25) oder PETERS: A Plea for a European Semi-Parliamentary and Semi-Consociational Democracy, a.a.O., S. 7.

[190] Vgl. Stefan SCHIEREN: Direkte Demokratie auf europäischer Ebene. Eine Chance gegen das Demokratiedefizit? In: Politische Bildung 38 (2005), Heft 1, S. 40–49 (S. 43).

sind eine wichtige Quelle politischer Legitimation, sie gelten als Funktions-
bedingung moderner Demokratien.[191] Aus Sicht der deliberativen Demokratie-Theorie ist der öffentliche Diskurs sogar wichtiger als die letztendlich gefällte Entscheidung, ein Entscheidungsverfahren ist bereits dann
demokratisch, wenn die verschiedenen Interessengruppen ihre Positionen
einbringen konnten.[192] Etwas vorsichtiger kann man jedenfalls festhalten,
dass der öffentliche Diskurs eine unerlässliche Bedingung ist, ohne die eine
förmliche Abstimmung letztlich keine Legitimationswirkung hat. Wenn es
aber den Institutionen an Legitimation fehlt, ist es schwer möglich, sich mit
diesen zu identifizieren. Erst durch die Möglichkeit der Teilnahme an politischen Diskursen fühlt sich der Bürger auch dem politischen System gegenüber verpflichtet, nur dann versteht und akzeptiert er Entscheidungen
und kann danach streben, das politische System zu erhalten. Die Herausbildung von europäischer Identität setzt also das Vorhandensein von Öffentlichkeit voraus: „Eine gemeinsame Identität kann sich überhaupt nur
auf dem Weg gemeinsamer politischer Beratungen der Bürgerinnen und
Bürger über ihre gemeinsamen politischen Angelegenheiten bilden."[193] Für
die Herausbildung von Identität ist demokratische Öffentlichkeit demnach
unerlässlich, für eine politische Identität Europas ist also eine europäische
Öffentlichkeit von höchster Bedeutung.[194] Auf europäischer Ebene kann
man wohl nur eingeschränkt von Öffentlichkeit sprechen, jedenfalls wenn
man den Begriff der „Öffentlichkeit" auf größere Gruppen bezieht.[195]
Schließlich gibt es kaum länderübergreifende Berichterstattung über gemeinsame Themen: „Die Medien sind vornehmlich national organisiert und

---

[191] Vgl. JACHTENFUCHS: Verfassung, Parlametarismus, Deliberation, a.a.O., S. 84.

[192] Vgl. zur deliberativen Demokratietheorie unten, Kapitel V. 2. und V. 4. b). Ausführlich Jürgen HABERMAS: Faktizität und Geltung: Beiträge zur Diskurstheorie
des Rechts und des demokratischen Rechtsstaats, Frankfurt a.M. 1998; Anne
PETERS: Europäische Öffentlichkeit im europäischen Verfassungsprozess, in:
Europarecht 3/2004, S. 375–392 (S. 391) mit weiteren Nachweisen.

[193] Thomas MEYER im Interview mit europa-digital, abrufbar unter www.europa-
digital.de/aktuell/ dossier/oeffentlichkeit/tmeyer.shtml

[194] Vgl. BRÜLL: Eine gemeinsame Öffentlichkeit schafft eine gemeinsame Identität,
a.a.O., im Internet.

[195] Für einen differenzierten Öffentlichkeitsbegriff, unter den z.B. auch Gespräche
oder Vorträge fallen können, vgl. Andreas BEIERWALTES: Sprachenvielfalt in der
EU – Grenze einer Demokratisierung Europas? ZEI-Discussion-Paper C5/1998,
S. 14ff.

berichten über Europa in der Hauptsache aus der nationalen politischen Perspektive."[196] Europaweit publizierende Massenmedien sind wenn überhaupt erst in Ansätzen entstanden. Auf das Problem der Sprachenvielfalt wurde schon eingegangen, auch sie erschwert die Herausbildung einer Öffentlichkeit. Dazu kommt, dass Massenmedien grundsätzlich solche Themen für ihre Berichterstattung aussuchen, die „medientauglich" sind, wobei vor allem die Faktoren „Konflikt", „Werte", „Dramatik" und „Personalisierung" eine Rolle spielen.[197] Europäische Themen haben es schwer, sich gegen innenpolitische Informationen zu behaupten, solange viele Entscheidungen hinter verschlossenen Türen gefällt werden, solange die europäische Politik wenig personalisiert bleibt, und solange es keine politische Opposition im Parlament gibt.[198] Die Demokratiefähigkeit der EU hängt nicht zuletzt davon ab, in wie weit sich ein europaweiter öffentlicher Diskurs über politische Fragen entwickeln kann. Für einige Autoren liegt in der mangelnden europäischen Öffentlichkeit „das entscheidende Manko einer europäischen Demokratie."[199] Zwar kann sich jeder Bürger in seiner Sprache über europapolitische Fragen informieren, doch aus demokratietheoretischer Sicht erscheint diese Vielzahl nationaler Diskurse (mit jeweils nationaler Themenauswahl und -darstellung) über europapolitische Themen nicht ausreichend.[200] Gefordert wird, dass europäische Themen und Fragen europaweit aufgegriffen, vermittelt und gegebenenfalls erläutert werden müssen, damit eine europäische öffentliche Meinung entstehen kann. Hierfür sind neben europäischen Medien auch Verbände, Gewerkschaften und insbesondere Parteien gefragt. Da diese Strukturen (noch) nicht hinreichend entwickelt sind, wird die These vertreten, dass sich in der

---

[196] SCHIEREN: Direkte Demokratie auf europäischer Ebene, a.a.O., S. 43. Optimistischer ist Manfred ZULEEG, nach dessen Meinung eine durch die Medien geschaffene europäische Öffentlichkeit längst Realität ist, vgl. ders.: Demokratie in der Europäischen Gemeinschaft, in: JZ 22/1993, S. 1069–1074 (S. 1074).

[197] Ausführlich dazu in dieser Arbeit Kapitel IV. 5.a) und b).Vgl. auch Rainer STENTZEL: Integrationsziel Parteiendemokratie, Baden-Baden 2002, S. 325.

[198] Vgl. STENTZEL: Integrationsziel Parteiendemokratie, a.a.O., S. 325–329.

[199] JACHTENFUCHS: Verfassung, Parlamentarismus, Deliberation, a.a.O., S. 85; vgl. auch HÖRETH: Legitimationstrilemma, a.a.O., S. 61.

[200] Vgl. hierzu KLUTH: Die demokratische Legitimation der EU, a.a.O., S. 62, für den jedoch „die Mindestbedingungen einer funktionierenden politischen Kommunikation (…) durch den Einsatz nationaler Medien gesichert sind."

EU mehr und mehr „transnationale sektorale Teilöffentlichkeiten"[201] entwickeln. Beispielhaft werden Klimaschutz oder Migration als mögliche
Themen genannt, die von Interessengruppen, Nicht-Regierungsorganisa-
tionen, Medienvertretern und Vertretern der europäischen Institutionen
aufgegriffen werden. Auch der BSE-Skandal, die Feinstaub-Diskussion, die
Debatte über den Irak-Krieg („altes Europa – neues Europa") oder über die
europäische Verfassung sind Themen, die europaweit Aufmerksamkeit er-
regen. So wurden die Demonstrationen gegen den Irak-Krieg als Geburtsstunde einer europäischen Öffentlichkeit gefeiert: „Die Gleichzeitigkeit dieser überwältigenden Demonstrationen (...) könnte rückblickend als Signal
für die Geburt einer europäischen Öffentlichkeit in die Geschichtsbücher
eingehen."[202] Gemeinsame Außenpolitik ist ein policy-Bereich, in dem eine
europäische Öffentlichkeit wirksam sein könnte.

Nur das Entstehen europaweiter intermediärer Vermittlungsstrukturen, die
solche Themen aufgreifen und auch politische Entscheidungsalternativen
aufzeigen, kann zu einer nicht nur sektoralen, sondern gesamten europaweiten Öffentlichkeit führen.[203]

4. Fazit

Es gibt keine andere Herrschaftslegitimation als die demokratische.[204]

Nach dieser Übersicht über die Diskussionen um das vielzitierte „Demokratie-Defizit" und der Aufteilung der unübersichtlichen Debatte in mehre-

---

[201] Vgl. zu dieser These und den folgenden Beispielen JACHTENFUCHS: Verfassung,
Parlametarismus, Deliberation, a.a.O., S. 85. Zum Teil wird behauptet, dass es
empirisch auch im Nationalstaat nicht „die" Öffentlichkeit gebe, sondern Teil-
und Fachöffentlichkeiten, vgl. dazu PETERS: Europäische Öffentlichkeit im europäischen Verfassungsprozess, a.a.O., S. 376.

[202] So Jürgen HABERMAS und Jacques DERRIDA: Nach dem Krieg: Die Wiedergeburt
Europas, Essay (unter anderem erschienen in der FAZ vom 31. Mai 2003), in dem
die Autoren auf den 15. Februar 2003 anspielen, als „die demonstrierenden Massen in London und Rom, Madrid und Barcelona, Berlin und Paris" gegen den
Irak-Krieg und gegen die Unterstützung einiger europäischer Regierungen auf
die Straße gingen. Vgl. dazu auch unten, Kapitel IV. 5. b).

[203] Vgl. HÖRETH: Legitimationstrilemma, a.a.O., S. 62.

[204] Hermann HELLER: Gesammelte Schriften (herausgegeben von Christoph Müller
und Martin Draht, 3 Bände), Zweite Auflage, Tübingen 1992, Band 1 S. 309.

re Teilaspekte, erfolgt eine kurze Zusammenfassung der Ergebnisse, die für die weitere Arbeit als Ausgangslage gelten soll.

Die Diskussion über das europäische Demokratie-Defizit hat spätestens seit dem Vertrag von Maastricht an Schärfe gewonnen. In den Gründungsjahren der EG war von Demokratie auf europäischer Ebene selten die Rede, die europäische Einigung legitimierte sich über ihre Erfolge. Um Frieden und Wohlstand in Europa zu gewinnen, wurde nach und nach mehr Macht „nach Brüssel" verlagert, wobei die Mitgliedstaaten stets die Kontrolle über die Entwicklungen behielten. Der sogenannte *permissive consensus* (worunter eine unhinterfragte Unterstützung der Regierungspolitik verstanden wird, deren Ursache entweder in genereller Zustimmung oder in Desinteresse liegt) erlaubte den Regierungen, ohne größere Erklärungen oder Rechtfertigungen gegenüber der Bevölkerung Europapolitik zu betreiben. Anders formuliert konnte „für einen solchen, primär auf funktionaler Integration beruhenden Zweckverband kein wirkliches Legitimitätsproblem bestehen (...), solange dieser die ihm von den Mitgliedstaaten zugewiesenen und eng begrenzten Aufgaben zufriedenstellend erledigte." Seit Anfang der 1990er-Jahre wird jedoch über demokratische Legitimation der EU debattiert, wobei unter schlagwortartigen Begriffen wie „Demokratie-Defizit" je nach Standpunkt sehr unterschiedliche Probleme in einen Topf geworfen werden.

Demokratische Legitimation in der EU kann grundsätzlich auf drei Wegen erfolgen: durch die indirekte Legitimation über die Mitgliedstaaten, durch output (Herrschaft für das Volk, Gemeinwohlförderung) und durch input (Herrschaft durch das Volk, Einfluss der Menschen und demokratische Verfahren). Je nachdem, welche Legitimationsquelle man als entscheidend ansieht, kommt man zu unterschiedlichen Schlussfolgerungen hinsichtlich der Demokratie*bedürftigkeit* und der Demokratie*fähigkeit* der Union. Wie gesehen ist die Legitimation über die Mitgliedstaaten zwar wichtig, aber nicht ausreichend und vor allem durch den Ausbau von Mehrheitsentscheidungen und durch die wachsenden Entscheidungsbefugnisse der EU geschwächt. Durch die zunehmend politische Union, die immer mehr in staatliche Souveränität eingreift, gibt es einen „wachsenden Bedarf nach einer eigenen, von den Regierungen der Mitgliedstaaten unabgeleiteten demokratischen Legitimation der europäischen Politik".[205] Auch eine reine Outputorientierung kann nicht ausreichend sein, diese „ist sicher hinreichend zur Legitimation eines Binnenmarktes, nicht aber für eine politische Union."[206] Ebensowenig genügt eine rein input-orientierte Sichtweise, die vor allem auf die Partizipationsmöglichkeiten der Menschen (insbesondere durch das Europäische Parlament) abstellt und die eine im weitesten Sinne föderalistische Sichtweise voraussetzt. Auch wenn der Begriff des Föderalismus wegen seiner Mehrdeutigkeiten unglücklich sein mag, kann dennoch die Zukunft der EU wohl „nur als föderalistisch gedacht werden. (...) Die Zeiten des sui-generis sind vorbei, oder anders ausgedrückt, die EU ist auf dem Weg zu einer ‚sui-generis-Föderation'".[207] Für viele input-Theoretiker sind die Begriffe Demokratie-Defizit und Parlaments-Defizit beinahe synonym verwendbar.[208] Dementsprechend setzen ihre Rezepte zum Abbau des Demokratie-Defizits (neben mehr Transparenz in Rat und Kommission) vor allem auf eine Stärkung des Europäischen Parlaments. Hierbei geht es in erster Linie um den Einfluss und die Entscheidungsbefugnisse des Parlaments, aber auch um Fragen der Wahlgleichheit.

Seit einigen Jahren wird jedoch in der Literatur immer häufiger postuliert, dass eine nur auf institutionelle Reformen beruhende Strategie zur Demokratisierung der EU nicht ausreicht. Neben diesen institutionellen Aspekten müssen auch Akzeptanz und Anerkennung der Entscheidungen durch die Bevölkerung hinzutreten, und somit muss der Begriff des Demokratie-Defizits um eine sozio-strukturelle Komponente erweitert werden: „Wer sich nur auf die Legitimationskraft input- oder outputorientierter Legitimationsstrategien verlässt, ohne nach den sozio-kulturellen und strukturellen Voraussetzungen ihrer Wirkung zu fragen, greift entschieden zu kurz."[209] Voraussetzung für Akzeptanz und Anerkennung von Entscheidungen ist ein Grundmaß an sozialer Homogenität und im Idealfall eine

[205] HÖRETH: Legitimationstrilemma, a.a.O., S. 85.

[206] SCHIEREN: Direkte Demokratie auf europäischer Ebene, a.a.O., S. 42

[207] ABROMEIT: Jenseits des „sui generis", a.a.O., S. 95/96; den ähnlichen Begriff der „Föderation sui generis" verwendet A. WEBER: Zur föderalen Struktur der Europäischen Union im Entwurf des Europäischen Verfassungsvertrags, a.a.O., S. 856.

[208] Vgl. JACHTENFUCHS: Verfassung, Parlamentarismus, Deliberation, a.a.O., S. 80.

[209] HÖRETH: Legitimationstrilemma, a.a.O., S. 89.

europäische Identität. Der Identitätsbegriff ist komplex, Identität beruht auf Herkunftsbewusstsein, Gegenwartserfahrung und Erwartungen an die Zukunft. Kulturelle und historische Gemeinsamkeiten in Europa haben eine einigende Wirkung, gewisse Ähnlichkeiten in den Werten und Erfahrungen der Europäer bilden eine Basis für soziale Homogenität. Diese Gemeinsamkeiten sind jedoch nicht so ausgeprägt, dass sie als alleinige Grundlage für eine europäische Identität dienen können, dafür gibt es zu wenig Gemeinsamkeiten und die Kulturen und Geschichtserfahrungen sind zu unterschiedlich. Anders formuliert: Gemeinsame Geschichte und Kultur sind wichtig für ein Gemeinsamkeitsgefühl, doch die gemeinsamen historischen, kulturellen und kunstgeschichtlichen Wurzeln der europäischen Völker allein reichen nicht, um ein tragfähiges Wir-Gefühl herzustellen. Wer deswegen die Entstehung einer europäischen Identität grundsätzlich ausschließt, unterschätzt, dass nicht nur die Vergangenheitsdimension eine Rolle spielt, sondern dass Gegenwarts- und Zukunftsdimension ebenfalls zur Identitätsbildung beitragen.[210] Wichtiger als gemeinsame Geschichte und Kultur ist eine politische Identität, also die Wahrnehmung von gemeinsamen Gegenwartserfahrungen und Zukunftserwartungen:

> „Verweisungen allein auf historische, kulturelle und andere Gemeinsamkeiten aus der europäischen Geschichte reichen aber zur Begründung dieser europäischen Identität nicht aus. Man kann das europäische Individuum nicht zwingen, nun endlich zu seiner europäischen Identität zu finden. Sie bildet sich heraus, sobald die EU bewußt als Einheit wahrgenommen wird, die mittelbar und unmittelbar das Leben des Einzelnen beeinflußt. Auch muß die Handlungsfähigkeit der EU auf internationalem Parkett zunehmen und zu Erfolgen wie Niederlagen führen, mit denen sich der Bürger leidend oder stolz identifizieren kann."[211]

Zur Zeit existiert eine europäische Identität in Ansätzen, vor allem jüngere und gut ausgebildete Menschen empfinden sich als Europäer. Doch noch immer fühlen sich viele Menschen in erster Linie als Angehörige ihres Nationalstaats und weniger (zum Teil auch gar nicht) als Europäer. Als Bedingungen für eine solche Identität und auch für Demokratie allgemein werden oft zwei Voraussetzungen verlangt: Ein Staatsvolk und eine Öffentlich-

---

210   Ähnlich auch WESTLE: Europäische Identifikationen, a.a.O., S. 458.
211   PÖHLE: Ist europäische Identität unmöglich? A.a.O., S. 248.

keit. Die Existenz eines (Staats-)Volkes kann jedoch nicht *conditio sine qua non* für eine funktionierende Demokratie sein: Auch wenn der Begriff der Demokratie auf ein *demos* verweist, so ist Demokratie nicht an das Vorhandensein eines bereits existierenden Volkes geknüpft. Die Beschränkung von Demokratie auf den Staat ist durch die direkte und unmittelbare Gültigkeit der europäischen Rechtsordnung für die Menschen nicht mehr zeitgemäß. Vielmehr sollte man „anstelle des Volkes den Bürger, dessen Selbstbestimmung und Freiheit das Demokratieprinzip sichern will, als Ursprung der hoheitlichen Gewalt der Europäischen Union begreifen."[212] Unter dieser Prämisse geht die Diskussion, ob und in wie weit in Europa bereits ein „Unionsvolk" existiert oder ob in der Zukunft ein solches Volk entstehen kann, letztlich ins Leere. Das andere Kriterium hingegen, die gemeinsame Öffentlichkeit, ist für das Vorhandensein von Identität und von Demokratie von größter Wichtigkeit: „Demokratische Öffentlichkeit ist die entscheidende Struktur für die Ausbildung einer gemeinsamen Bürgeridentität in Europa."[213] Hier hat die EU Nachholbedarf. Im Idealfall bestehen Vermittlungsstrukturen wie Medien, Parteien und Verbände, um gesellschaftliche Auseinandersetzung und Interessenvertretung zu ermöglichen, diese Strukturen sind jedoch auf europäischer Ebene (noch) nicht hinreichend entwickelt. Mindestens erforderlich ist, dass europapolitische Themen überhaupt ausreichend vermittelt werden.[214]

Wie kann man Abhilfe schaffen? Auch diese Frage hängt vom Standpunkt des Betrachters ab. Intergouvernementalisten bleibt nur die wenig überzeugende Antwort: Wenn die „indirekte" Legitimation über die Mitgliedstaaten nicht mehr ausreicht, muss der Integrationsprozess gestoppt werden. Andere Arten der Legitimationsbeschaffung gibt es nach dieser Auffassung nicht, da für eine eigenständige Legitimation elementare Voraussetzungen (wie Staatlichkeit oder eine ausreichende soziale Infrastruktur) fehlen. Es bleibt jedoch unbefriedigend, wenn einfach behauptet wird, die strukturellen und sozio-kulturellen Voraussetzungen für Demokratie seien in Europa nicht gegeben und demokratisches und legitimes Regieren auf

---

[212] KLUTH: Die demokratische Legitimation der Europäischen Union, a.a.O., S. 43.

[213] Thomas MEYER im Interview mit europa-digital, abrufbar unter www.euro pa-digital.de/aktuell/dossier/oeffentlichkeit/tmeyer.shtml; vergleiche auch BVerfGE 89, 155 (S. 184).

[214] Vgl. HÖRETH: Legitimationstrilemma, a.a.O., S. 59 und 61/62.

europäischer Ebene sei damit unmöglich. Ebenso unbefriedigend ist es allerdings, wenn diesen Bedingungen legitimen Regierens nicht die ihnen gebührende Beachtung geschenkt wird, nur um dann behaupten zu können, eine europäische Demokratie sei durch einige institutionelle Reformen relativ leicht herstellbar.[215] Wenn man daher eine eigenständige Legitimationsfähigkeit der EU bejaht, müssen also sowohl die *Institutionen* und die rechtliche Verfasstheit der Union als auch die *sozio-strukturellen Rahmenbedingungen* überprüft und verändert werden. In die erste Kategorie fallen beispielsweise Vorschläge für eine Stärkung des Parlaments, für Reformen des Wahlrechts, für mehr Transparenz bei Entscheidungen in Rat und Kommission, für eine klarere Aufgabenverteilung oder auch Vorschläge für die Einführung plebiszitärer Elemente auf europäischer Ebene. In der zweiten Kategorie gibt es eine Reihe von Ideen, die die Entstehung bzw. Weiterentwicklung einer europäischen Öffentlichkeit und einer Identität fördern bzw. die Kluft zwischen der EU und den Bürgern verringern sollen.[216] Beispiele für solche Ideen sind europaweite (mehrsprachige) Rundfunk- oder TV-Sender, eine intensivere Berichterstattung über Europa in den nationalen Medien, Vorschläge für einen europäischen „Bürgerpakt"[217] sowie die (leider reichlich schwammigen) Vorschläge der EU-Kommission in ihrem Weißbuch über eine europäische Kommunikationspolitik.[218]

In dieser Arbeit soll versucht werden, die Rolle eines bisher eher selten betrachteten potentiellen Akteurs bei der Demokratisierung zu beleuchten: Den Europäischen Parteien. Es gilt, den möglichen Beitrag Europäischer Parteien zu einer Demokratisierung nach dem oben beschriebenen Verständnis herauszuarbeiten. Dabei wird es darum gehen zu zeigen, ob und in wie weit Parteien sowohl zur Stärkung der Institutionen als auch zu dem

---

[215] Vgl. HÖRETH: Legitimationstrilemma, a.a.O., S. 91.

[216] Eine solche Kluft erkennt auch die EU-Kommission in ihrem „Weißbuch über eine europäische Kommunikationspolitik" an, vgl. Weißbuch, KOM 2006/35.

[217] Vgl. Martin KOPPMANN: Ein Bürgerpakt für die Europäische Union, DGAP-Analyse 10/2005. Hier wird vor allem eine stärkere Kommunikation zwischen EU-Institutionen sowie nationalen Regierungen und den Bürgern angeregt.

[218] In dem Weißbuch (vgl. KOM 2006/35) werden z.B. die Umgestaltung von Bibliotheken in „digital vernetzte europäische Büchereien" vorgeschlagen, neue „Foren der Begegnung für Europäer" angeregt und bessere Kommunikationsinstrumente und –kapazitäten für die EU-Institutionen verlangt.

schwierigeren Unterfangen, die sozio-strukturellen Probleme (Gemeinsamkeitsgefühl, Öffentlichkeit) anzugehen, einen Beitrag leisten können.

III. Europäische politische Parteien

> *Die Politologie hat sich bisher kaum mit dem Phänomen*
> *„transnationale Parteien" beschäftigt, ist nicht weitergekommen*
> *als festzustellen, dass die übliche Definition nicht passend ist.*[219]

Bevor man die Rolle von europäischen politischen Parteien bei der Bekämpfung der Demokratiedefizite analysiert, muss man definieren, was mit
diesen europäischen Parteien gemeint ist. Eine Definition des Begriffs
„Partei" fällt aber bereits der klassischen Parteienforschung schwer (so besteht die Legaldefinition im deutschen Parteiengesetz aus einer Aufzählung
von Kriterien). Meist werden Parteien beschrieben, indem ihre Funktionen
aufgezählt werden oder indem Kriterien angegeben werden, an denen
Parteien zu erkennen sind. Deshalb soll nur eine kurze Definition dargestellt werden, in der zumindest etwas Klarheit in die uneinheitliche Termi-
nologie gebracht werden soll, gefolgt von einem historischen Abriss über
die Entwicklung der bislang existierenden Parteien von ihren Anfängen bis
heute. Im Anschluss werden – ähnlich wie in der klassischen Parteienforschung – die Funktionen dieser Europarteien skizziert, wobei die Neuartigkeit der Europarteien berücksichtigt wird.

1. Definition von „europäischen Parteien"

> *Im nationalen Kontext gibt es politische Parteien, doch diese Definition kann man nicht*
> *übertragen, wenn es um das Phänomen „transnationale europäische Parteien" geht.*[220]

Der Ausdruck „europäische Parteien" ist in der Literatur umstritten,
außerdem gibt es keinen einheitlichen Sprachgebrauch. Teilweise wird der
Begriff „europäische Partei" in Anführungszeichen gesetzt, teilweise wird
von Europarteien gesprochen (in Anlehnung an den im Englischen ver-
breiteten Begriff „Europarties"), die EU selbst spricht von „politischen Parteien auf europäischer Ebene"[221], teilweise werden lediglich Begriffe wie

---

[219]   BEUMER, Interview vom 23. November 2005.

[220]   BEUMER, Interview vom 23. November 2005.

[221]   So in Artikel 191 des EG-Vertrages, nach Lissabon Artikel 10 Absatz IV EUV,
und in Artikel 2 und 3 der Parteienverordnung.

„Parteizusammenschlüsse" oder „Parteiföderationen" gebraucht. Ein Blick auf die oben (Kapitel II.1.b)) aufgeführten theoretischen Grundlagen erklärt diese unterschiedlichen Sichtweisen: Für die intergouvernementalistische Sichtweise können die „europäischen Parteien" nicht mehr sein als lose Dachorganisationen, die von den nationalen Parteien kontrolliert werden. In einer im weitesten Sinne föderalistischen Sicht können diese Organisationen hingegen mehr sein: werdende Parteien „on a deterministic path towards fully functioning supra-national entities."[222] Die wichtigsten europäischen Parteizusammenschlüsse, die „Sozialdemokratische Partei Europas" (SPE), die „Europäische Volkspartei" (EVP), die „Europäische Liberale Demokratische Reform-Partei" (ELDR-Partei) und die Europäischen Grünen, bezeichnen sich dem Namen nach offiziell als europäische Parteien.[223] Führende Vertreter dieser Parteien betrachten ihre Zusammenschlüsse etwas differenzierter: „Man hat sich dafür entschieden, diese Zusammenschlüsse schon Parteien zu nennen, aber das ist mehr ein Beschluss, einem Ziel schon in einem Namen Ausdruck zu geben als eine Widerspiegelung von Realitäten. (...) Die SPE ist eine Partei von Parteien."[224] Im Verlauf dieses Kapitels wird untersucht, in wie weit die Europarteien als „Parteien" im herkömmlichen Sinne verstanden werden sollen und können.

Für eine Klärung des Begriffs der „europäischen Partei" gab es lange Zeit keinerlei konkrete normative Vorgaben (wie zum Beispiel im deutschen Recht §2 Abs. 1 Parteiengesetz). Während die nationalen Begriffsbestimmungen vor dem Hintergrund bereits bestehender Parteien formuliert wurden und somit „überwiegend keine gestalterische, sondern lediglich

---

[222] Stephen DAY: Developing a conceptual understanding of Europe´s transnational political parties, in: Journal of Contemporary European Studies 13, Heft 1/2005, S. 59–77 (S. 60).

[223] Die Europäischen Grünen sind sich über den Begriff offenbar nicht einig, gemäß ihrem Statut sind sie sowohl Partei als auch Parteiföderation: „The member parties form the international non-profit-organisation „European Federation of Green Parties" (the European Greens), abbreviated by EFGP, also known as the European Green Party". Abrufbar unter www.europeangreens.org/info/statutes.pdf.

[224] Antony BEUMER, Interview vom 23. 11. 2005; auch die Teilnehmer bei einer Tagung zu diesem Thema in Berlin (2000) sehen ihre Parteizusammenschlüsse als „Partei von Parteien", vgl. den Tagungsbericht von Rudolf STEIERT: Auf dem Weg zu einem europäischen Parteiensystem? in: Integration 23, 4/2000, S. 267–273 (S. 269).

deklaratorische Bedeutung" haben,[225] wird mit dem Begriff von „europäischen Parteien" (europarechtliches) Neuland betreten.[226] Bis 2004 gab es lediglich Artikel 191 (ex 138a) EGV, der besagt: „Politische Parteien auf europäischer Ebene sind wichtig als Faktoren der Integration in der Union. Sie tragen dazu bei, ein europäisches Bewusstsein herauszubilden und den politischen Willen der Bürger der Union zum Ausdruck zu bringen." Auch im Verfassungsentwurf und im Vertrag von Lissabon gibt es keine Definition von europäischen Parteien. In der Parteienverordnung vom November 2003 hat die EU nun erstmals klargemacht, was unter dem Begriff zu verstehen sein soll. Gemäß der Verordnung, die Anfang 2004 in Kraft trat,[227] gelten als Partei auf europäischer Ebene sowohl politische Parteien als auch Bündnisse von politischen Parteien, die bestimmte Voraussetzungen erfüllen.[228] Als politische Partei wird eine Vereinigung von Bürgern bezeichnet, die politische Ziele verfolgt und die nach der Rechtsordnung mindestens eines Mitgliedslandes anerkannt ist (Art. 2 Spiegelstrich 1). Als Bündnis von Parteien wird im zweiten Spiegelstrich eine strukturierte Zusammenarbeit von mindestens zwei Parteien bezeichnet. Artikel 2, Spiegelstrich 3 lautet dann: („Im Sinne dieser Verordnung bezeichnet der Ausdruck) ‚politische Partei auf europäischer Ebene': eine politische Partei oder ein Bündnis politischer Parteien, die bzw. das die in Artikel 3 genannten Voraussetzungen erfüllt."[229] So müssen die europäischen Parteien Rechtspersönlichkeit in dem Mitgliedstaat des Partei-Sitzes besitzen (üblicherweise Belgien), sie müssen in mindestens einem Viertel der Mitgliedstaaten durch Mitglie-

---

225   Vgl. Dimitros Th. TSATSOS/Gerold DEINZER: Europäische Politische Parteien: Dokumentation einer Hoffnung, Baden-Baden 1998, S. 16.

226   Vgl. JASMUT: Die politischen Parteien und die europäische Integration, a.a.O., S. 221.

227   Offizieller Titel: Verordnung Nr. 2004/2003 über die Regelungen für die politischen Parteien auf europäischer Ebene und ihre Finanzierung vom 4. November 2003, EU-Amtsblatt L297/1 vom 15.11.2003. Eher deklaratorische Teile der Verordnung sind schon Anfang 2004 in Kraft getreten, die finanziellen Regelungen erst nach der EP-Wahl im Sommer 2004. Ausführlicher zum Inhalt der Verordnung unten im Kapitel VI. 2b).

228   Verordnung über die Regelungen für die politischen Parteien auf europäischer Ebene und ihre Finanzierung, Artikel 2. Näher zur Parteienverordnung in Kapitel VI. 2.

229   Verordnung über die Regelungen für die politischen Parteien auf europäischer Ebene und ihre Finanzierung.

der des EP oder in nationalen bzw. regionalen Parlamenten vertreten sein, zudem müssen sie in mindestens einem Viertel der Mitgliedstaaten bei der letzten EP-Wahl mindestens 3% der Stimmen erreicht haben. Die Parteien müssen bei EP-Wahlen angetreten sein oder in Zukunft antreten wollen. Darüberhinaus fordert die Parteienverordnung, dass europäische Parteien in ihren Programmen und in ihren Tätigkeiten die Grundsätze der Freiheit, Demokratie, Menschenrechte, Grundfreiheiten und Rechtstaatlichkeit beachten.[230]

In der Wissenschaft werden verschiedene Definitionen vorgeschlagen. Nach JOHANSSON und ZERVAKIS ist eine europäische Partei „an institutionalized form of a party organization at the EU-level that has reached a stage of integration."[231] Integration ist dabei als dritte und intensivste Stufe der Zusammenarbeit zu verstehen, gemäß der Theorie von Oskar Niedermayer[232], nach der die Parteienzusammenarbeit in Form von Kontakten, Kooperation und schließlich Integration stattfinden kann. Diese Theorie besagt, dass die Entwicklung von Parteien diese drei Stadien durchläuft. Dabei ist das Stadium der Kooperation erreicht, wenn den zwischenparteilichen Beziehungen durch die Herausbildung einer permanenten Organisationsstruktur der Ad-Hoc-Charakter genommen wird. Der Übergang von Kooperation zu Integration lässt sich an der Einschränkung einzelparteilicher Autonomie zu Gunsten der gemeinsamen Organisationsebene festmachen (insbesondere durch Mehrheitsentscheidungen in den Gremien). An der historischen Entwicklung der Parteizusammenschlüsse kann man diese drei Stufen gut ablesen.

---

[230] Eine europa- und integrationsfreundliche Haltung wird nicht verlangt, vgl. dazu unten Kapitel

[231] Karl M. JOHANSSON/Peter ZERVAKIS: Historical-Institutional Framework, in: dies. (Hrsg.): European Political Parties between Cooperation and Integration, Baden-Baden 2002, S. 11–28 (S. 11).

[232] Vgl. Oskar NIEDERMAYER: Die europäischen Parteienbünde, in: GABRIEL/NIEDERMAYER/STÖSS: Parteiendemokratie in Deutschland, a.a.O., 428–446 (S. 435).

2. Geschichtliche Entwicklung der Parteizusammenschlüsse

a) Allgemeine Entwicklung

Die grenzüberschreitende Zusammenarbeit von Parteien, die einander ideologisch nahestehen, hat eine lange Tradition.[233] Überstaatliche Kontakte zwischen nationalen Parteien lassen sich bis ins 19. Jahrhundert zurückverfolgen, doch diese blieben eher lose und unverbindlich.[234] In Europa entstanden nach dem Zweiten Weltkrieg Parteifamilien, in denen man sich bei bestimmten Fragen untereinander abstimmte. Die von den nationalen Parlamenten entsandten Abgeordneten der parlamentarischen Gemeinsamen Versammlung der Europäischen Gemeinschaft für Kohle und Stahl EGKS (die später zum Europäischen Parlament wurde) gruppierten sich von Beginn an nicht in nationale Delegationen, sondern in politische transnationale Fraktionsfamilien, wobei die Zusammenarbeit zwischen diesen Fraktionsfamilien und den Parteifamilien zunächst sehr locker blieb.[235] Mit der immer stärkeren Integration (zum Beispiel durch die Gipfelkonferenz von Den Haag 1969, auf der die zukünftige Direktwahl des Europäischen Parlaments beschlossen wurde) entstanden neben den Fraktionen im Parlament regelrechte Parteienbünde.[236] Vor allem die bevorstehende Direktwahl des Parlaments führte dazu, dass sich die Parteienbünde auch Satzungen gaben, Manifeste verabschiedeten und sich enger zusammenschlossen: So wurde 1974 der „Bund der Sozialdemokratischen Parteien der EG" gegründet, 1976 entstand die „Europäische Volkspartei" von christdemokratischen Parteien, liberale Parteien schlossen sich 1976 zur „Föderation der Europäischen Liberalen und Demokraten" zusammen, und auch einige bisher nur auf nationaler Ebene tätige Parteien und Bewegungen (wie die Umwelt-Bewegung oder rechte Parteien) knüpften erste europäische Verbindungen.[237]

---

[233] Vgl. NIEDERMAYER: Parteienbünde, a.a.O., S. 429.

[234] Vgl. Volker NEßLER: Deutsche und europäische Parteien. EuGRZ 1998, S. 191–196 (S. 191).

[235] Vgl. HIX/LORD: Parties in the EU, a.a.O., S. 12; Thomas JANSEN: Die Entstehung einer europäischen Partei, Bonn 1996, S. 87f.

[236] JANSEN: Entstehung, a.a.O., S. 19.

[237] Vgl. HIX/LORD: Parties in the EU, a.a.O., S. 168; NIEDERMAYER: Parteienbünde, a.a.O., S. 430.

Doch nach der Euphorie im Vorfeld der ersten Direktwahl 1979 wurde deutlich, dass die Wahl von den nationalen Parteien in den Mitgliedstaaten mit nationalen Kandidaten ausgefochten wurde, dass es um nationale Themen ging und dass die meisten Wähler (und auch Wahlkämpfer) von der Arbeit der europäischen Parteizusammenschlüsse kaum etwas mitbekamen.[238] Während die Fraktionen im Europäischen Parlament finanzielle und politische Ressourcen erhielten und somit eine gewisse Bedeutung erlangen konnten, stagnierte die Entwicklung der Parteiföderationen, die keine klare Rolle und Aufgabe besaßen.[239]

Zu einer „Revitalisierung" kam es erst zu Beginn der 90er-Jahre im Rahmen der Regierungskonferenzen zum Vertrag von Maastricht. Im Vorfeld der Beratungen koordinierten die Parteiführer in ihren Föderationen ihre Vorgehensweise. Die Aufnahme des neuen Artikels 138a in den Maastricht-Vertrag stärkte die Bedeutung, zumindest aber das Selbstbewusstsein der Europäischen Politischen Parteien. Die vier größten Parteizusammenschlüsse gaben sich in dieser Aufbruchphase neue Namen, Strukturen und Statuten: 1990 gab sich die „Europäische Volkspartei" (EVP) eine neue Satzung, der Bund der Sozialdemokratischen Parteien konstituierte sich 1992 mit neuem Statut als „Sozialdemokratischen Partei Europas" (SPE), die liberale Föderation wurde 1993 zur „Europäischen Liberalen Demokratischen Reform-Partei" (ELDR-Partei) und die „Europäische Föderation Grüner Parteien" (EFGP) formierte sich 1993 als paneuropäischer Verband.[240] In den Jahren 2001 und 2002 haben alle vier Zusammenschlüsse ihre Satzungen modifiziert, doch der nächste wirklich große Schritt erfolgte mit der im November 2003 beschlossenen (und drei Monate später in Kraft getretenen) neuen Parteienverordnung.[241] Erstmals werden darin die Finanzierung und die rechtlichen Grundlagen der europäischen Parteien geregelt. Nach dem Inkrafttreten der Verordnung (die finanziellen Regelungen traten erst nach der EP-Wahl im Sommer 2004 in Kraft) mussten die Parteien ihre Satzungen ändern, um der neuen Verordnung zu entsprechen: Nun haben alle

---

[238]   Vgl. HIX/LORD: Parties in the EU, a.a.O., S. 168.

[239]   Vgl. HIX/LORD: Parties in the EU, a.a.O., S. 169.

[240]   Vgl. Thomas JANSEN: „Europäische Parteien", in: Werner WEIDENFELD (Hrsg.): Europahandbuch (Band 373 der Schriftenreihe der Bundeszentrale für politische Bildung), Bonn 2002, S. 393–408 (S. 397).

[241]   Ausführlich dazu unten in Kapitel VI. 2.

Europarteien als non-profit-Vereinigungen Rechtspersönlichkeit im Land ihres Sitzes (also ganz überwiegend in Belgien), unterliegen dementsprechend belgischen Rechtsvorschriften und sind gemäß dem belgischen Gesetz „associations internationales sans but lucratif/internationale vereniging zonder winstoogmerk – AISL/IVZW".

Im Folgenden wird die historische Entwicklung der einzelnen Parteizusammenschlüsse dargestellt.

b) EVP

Erste Ansätze zur Zusammenarbeit unter christdemokratischen Parteien gab es bereits in den 20er-Jahren: Im Dezember 1925 fand der erste internationale Kongress christlicher Parteien aus 13 europäischen Ländern statt, auf dem das „Secrétariat International des Partis Démocratiques d´Inspiration Chretienne" (SIPDIC) gegründet wurde. Die Parteien setzten sich für den Abbau von Handelshemmnissen und für die Vereinigung aller europäischen Nationen ein.[242] Durch die politischen Umstände kam die Zusammenarbeit nach dem Kongress in Köln 1932 jedoch zum Erliegen, das Sekretariat in Paris wurde 1939 geschlossen. Nach dem Weltkrieg konnte an diese Zusammenarbeit angeknüpft werden, wichtige Repräsentanten der christlichen Parteien (wie Konrad Adenauer, Robert Schuman, Alcide de Gasperi) trafen sich in den „Genfer Sitzungen", daraus entstanden 1947 im belgischen Chaudfontaine die „Nouvelles Equipes Internationales" (NEI).[243] Die NEI verstanden sich als Dachorganisation der christlichen europäischen Parteien, die der Kontaktpflege und dem Gedanken- und Meinungsaustausch dienen sollte, deren Mitgliedsparteien aber ihre volle Selbständigkeit behielten. Gemeinsam befürworteten sie die europäische Integration, das atlantische Bündnis und eine anti-kommunistische Haltung Europas. Diese grenzüberschreitende Organisation konnte jedoch lange Zeit keine eigene Dynamik entwickeln.

---

[242] Vgl. Andreas VON GEHLEN: Europäische Parteiendemokratie? Digitale Dissertation, FU Berlin, 2005, abrufbar unter www.diss.fu-berlin.de/2005/313, S. 113.

[243] Vgl. Sven Mirko DAMM: Die europäischen politischen Parteien: Hoffnungsträger europäischer Öffentlichkeit zwischen nationalen Parteien und europäischen Fraktionsfamilien, in: ZParl 2/99, S. 395–423 (S. 400); JANSEN: Entstehung, a.a.O., S. 76.

Unter der Präsidentschaft von Mariano Rumor benannten sich die NEI 1965 in „Europäische Union Christlicher Demokraten" (EUCD) um; diese umfasste christliche Parteien aus allen europäischen Ländern und setzte sich als Ziel, gemeinsame Vorstellungen zu definieren und umzusetzen. Dadurch sollte die Zusammenarbeit (bisher eher lockere Konsultationen) intensiviert werden.[244] Im weiteren Verlauf der 60er-Jahre kam es zu einer stärkeren Verflechtung der EUCD mit der christdemokratischen Fratkion im Europäischen Parlament: Bereits 1953 hatten sich die Abgeordneten in der Gemeinsamen Versammlung der EGKS – auf Anregung und unter der Schirmherrschaft der NEI – als christlich-demokratische Fraktion (CD-Fraktion) zusammengeschlossen.[245] Doch mit der Fortsetzung des Integrationsprozesses konnte die EUCD (mit ihrem auf den ganzen Kontinent bezogenen Mitgliederbestand) den Anforderungen der Fraktion nach einer tiefergehenden Kooperation im EG-Rahmen nicht mehr genügen. Im Jahr 1972 gründete sich daher auf EG-Ebene das „Politische Komitee der christlich-demokratischen Parteien der Europäischen Gemeinschaften", das eine stärkere Verbindung zwischen der EP-Fraktion und den entsprechenden Parteien in einzelnen Nationalstaaten herstellen sollte.[246] Die Zusammenarbeit wurde dadurch von der Führungs- auf die Arbeitsebene verlagert.

Bereits ein Jahr später, im September 1973, erkannte der EUCD-Kongress die Notwendigkeit zur Gründung einer europäischen Partei. Hans Lücker, der Fraktionsvorsitzende im EP, wurde beauftragt, einen Bericht über „die Anpassung der Strukturen der europäischen Christlichen Demokraten an die neuen Erfordernisse" zu entwerfen.[247] Auf dem Pariser Kongress im Dezember 1974 gab es Zustimmung zu den ersten Plänen, so dass das Politische Büro der EUCD Ende April 1976, im Vorfeld der (ursprünglich bereits für 1978 geplanten) Direktwahlen zum Europaparlament, einen Satzungsentwurf vorlegen konnte. Diese Satzug sprach von der „Europäische Volkspartei – Föderation der Christlich Demokratischen Parteien in den Europäischen Gemeinschaften – EVP". Dieser umständliche Name ist der

---

[244] Vgl. NIEDERMAYER: Parteienbünde, a.a.O., S. 430.

[245] Vgl. Hans Otto KLEINMANN: Geschichte der CDU 1945–1982, Stuttgart 1993, S. 484.

[246] Vgl. DAMM: Hoffnungsträger, a.a.O., S. 400.

[247] Zitiert nach VON GEHLEN: Europäische Parteiendemokratie? A.a.O., S. 115.

Kompromiss zwischen den deutschen Mitgliedsparteien CDU/CSU, die vor allem auf den Begriff „Volkspartei" drängten und das Wort „christlich" am liebsten weggelassen hätten,[248] und den belgischen, niederländischen und italienischen Mitgliedsparteien, die christlich geprägt waren. Am 8. Juli stimmten alle elf Parteien der EUCD sowie die EP-Fraktion der Gründung der EVP zu und wählten Leo Tindemans zum Präsidenten. Diese Föderation erhob in ihrem Namen erstmals den Anspruch, eine „Partei" zu sein: „The choice of ,party' rather than ,federation' or ,confederation', reflected the unanimous supranational aspirations of the member parties."[249]

Die Mitglieder der EVP waren christlich-demokratische Parteien aus den EG-Ländern, nicht jedoch areligiöse konservative Parteien (wie britische und dänische Konservative) und Parteien aus Nicht-EG-Staaten (wie Österreich, der Schweiz, Portugal, Spanien, die in der EUCD zusammengeschlossen blieben).[250] Die beiden deutschen Parteien hatten (wie schon beim eben erwähnten Streit um den Namen der Partei) vergeblich für eine breitere Mitgliederebene gekämpft, in der sowohl konservative als auch christliche Parteien vereint werden könnten. Als gemeinsame Grundlage hätte eine (im weiteren Sinne) anti-sozialistische Haltung gedient. Dieses Ziel widersprach jedoch beispielsweise der Position der italienischen Democrazia Cristiana, die mit den italienischen Sozialisten kooperierte. Die CDU setzte jedoch die Einrichtung einer Arbeitsgemeinschaft mit den konservativen Mitgliedern im Europäischen Parlament durch. 1978 wurde darüber hinaus in Salzburg (außerhalb der EG) die „Europäische Demokratische Union" (EDU) gegründet, die als Dachorganisation christdemokratischer und konservativer Parteien fungieren und so die konservativen Parteien zumindest in den Meinungsaustausch einbinden sollte. Durch die EDU konnte einer Isolation der Parteien aus Großbritannien und Dänemark (später auch aus Spanien, Portugal, Griechenland und den nordischen Ländern sowie Öster-

---

248 Die deutschen Mitglieder hatten befürchtet, das Wort *christlich* „might be confused with ist clerical or papist meaning in Britain and Scandinavia" – Länder, die die CDU und CSU nicht von vorneherein außen vor lassen wollten. Vgl. JOHANSSON: European People´s Party, in: JOHANSSON/ZERVAKIS: Parties, a.a.O., S. 51–80 (S. 53).

249 Simon HIX: The transnational party federations, in: John Gaffney (Hrsg.): Political Parties and the European Union, London/New York 1996, S. 308–331 (S. 316).

250 Vgl. JANSEN: Entstehung, a.a.O., S. 100 und 106.

reich) vorgebeugt werden und ihre Aufnahme in die EVP-Fraktion bzw. später die EVP selbst eingeleitet werden. CDU und CSU waren jedoch die einzigen EVP-Parteien, die auch der EDU beitraten.[251]

Durch die EG-Beitritte von Griechenland, Portugal und Spanien, in denen es keine christlich-demokratischen Parteien gab, drohte die EVP in den 80er-Jahren den Anspruch als gesamteuropäische Partei zu verlieren. Spätestens jetzt war der rein christlich-demokratische Ansatz nicht mehr haltbar, der zwar Garant für eine große inhaltliche Homogenität war, gleichzeitig aber die EVP insgesamt zu schwächen drohte. Die EVP konnte „zwar ohne Mitgliedsparteien in Großbritannien und Dänemark auskommen, um ihre Glaubwürdigkeit als europäische Partei wäre es jedoch schlecht bestellt gewesen, wenn sie keine Mitglieder in Skandinavien und Österreich, auf der iberischen Halbinsel und nur Splitterparteien in Italien hätte vorweisen können."[252] Die Volkspartei begann schließlich Ende der 1980er-Jahre damit, anti-sozialistische, bürgerliche Parteien aus den Beitrittsländern, zunächst als Beobachter, aufzunehmen. 1990 legte die EVP den Namenszusatz „Föderation der Christlich Demokratischen Parteien" ab, 1991 wurde nach langen internen Diskussionen die spanische (konservative, aber nicht christlich-geprägte) PP als Voll-Mitglied aufgenommen. Eine programmatische Neuorientierung 1992 erlaubte es endgültig auch konservativen Parteien, von sich aus Mitglied der EVP zu werden.[253] Insbesondere nach der Wahl von 1994, aus der erneut die SPE als Sieger hervorgegangen war, war die EVP bestrebt, durch die Neuaufnahme von Parteien auch aus den alten Mitgliedsländern ihre Machtbasis zu vergrößern (vgl. dazu auch unten das Kapitel zu den Europawahlen, IV. 4.a). Nicht zuletzt wegen der Machtzuwächse des Parlaments nach dem Vertrag von Maastricht hat die Bedeutung, dort Mehrheiten zu gewinnen, zugenommen. Im Jahr 1995 stieg die Zahl der Mitgliedsparteien von 13 auf 20 an.[254] Wenngleich sich alle Neumitglieder zu den programmatischen Grundlagen der EVP bekannten, gab es doch Akzentverschiebungen: Der „soziale" Flügel aus den Benelux-

---

[251] Vgl. KLEINMANN: CDU, a.a.O., S. 487; NIEDERMAYER: Parteienbünde, a.a.O., S. 435.

[252] VON GEHLEN: Europäische Parteiendemokratie? A.a.O., S. 128.

[253] Vgl. DEINZER: Europäische Parteien, a.a.O., S. 78.

[254] Vgl. VON GEHLEN: Europäische Parteiendemokratie? A.a.O., S. 124.

Ländern musste auf dem Kongreß in Toulouse im November 1997 Abstimmungsniederlagen hinnehmen. Seitdem lehnt die EVP die Konzeption des Wohlfahrtsstaates, durch den „dem Staat immer mehr Aufgaben übertragen und die Eigenverantwortung Schritt für Schritt ausgehöhlt worden" ist, explizit ab und fordert den „Abbau bestehender Überregulierungen und eine Offensive für mehr Selbständigkeit."[255] Diese marktwirtschaftliche Politik resultierte aus der neuen Mehrheit, die im Kern von den deutschen Unionsparteien in Allianz mit der PP und den Skandinaviern gebildet wird.

Parallel zu der Aufnahme neuer Parteien stärkte die EVP seit den 80er-Jahren auch ihre Binnenstruktur, um sowohl gegenüber der EP-Fraktion als auch gegenüber den Mitgliedsparteien ein eigenständigeres Profil zu entwickeln. So wurden verschiedenste Vereinigungen und Unterorganisationen gegründet, wie beispielsweise die Europäische Frauenunion oder die Europäische Mittelstandsunion. Die etwas verwirrende Konstellation mit EVP, EUCD und EDU blieb jedoch bis in die 90er-Jahre bestehen. Zwar hatte es bereits 1987 konkrete Pläne zur Zusammenlegung von EVP und EUCD gegeben, durch die Entwicklungen in Mittelosteuropa wurden diese Pläne jedoch auf Eis gelegt: Für die EVP war es günstig, in der EUCD eine nahestehende Organisation zu haben, die auch Parteien aus Nicht-EG-Ländern offenstand. Seit 1989 gehörten der EUCD auch christlich-demokratische Parteien aus Mittel- und Osteuropa an, die ab 1996 nach und nach Beobachterstatus bei der EVP erhielten. Die EUCD fusionierte schließlich im Februar 1999 mit der EVP, seither nennt die neue Partei sich offiziell „Europäische Volkspartei – Christliche Demokraten (EVP-CD)".[256] Im April 2000 beschlossen EVP-CD und EDU, ihre Sekretariate und Hauptquartiere zu vereinen und enger zusammenzuarbeiten.[257] Diese Zusammenlegung wurde durch die geschilderten neuen Mehrheiten innerhalb der EVP be-

---

[255] Vgl. EVP/EUCD-Jahrbuch 1996, zitiert nach VON GEHLEN: Europäische Parteiendemokratie?, a.a.O., S. 125.

[256] Vgl. Andreas KIESSLING: Europäische Parteien, in: Werner WEIDENFELD/Wolfgang WESSELS (Hrsg.): Jahrbuch der europäischen Integration 1999/2000, Berlin 2000, S. 281–286. In der Regel wird jedoch weiterhin nur von der „EVP" gesprochen.

[257] Vgl. Andreas KIESSLING: Europäische Parteien, in: Werner WEIDENFELD/Wolfgang WESSELS (Hrsg.): Jahrbuch der europäischen Integration 2000/2001, Berlin 2001, S. 289–294.

günstigt: Der sinkende Einfluss der italienischen Christdemokraten (die sich in mehrere Parteien aufgesplittert hatten) und der gleichzeitige starke Einfluss der spanischen PP erleichterte die Zusammenarbeit von EVP und EDU.

Heute besteht die EVP (die sich, wie alle anderen Parteien auch, gemäß der Parteienverordnung eine neue Satzung nach belgischem Recht gegeben hat und deswegen offiziell das Kürzel „AISL/IVZW" zu ihrem Namen hinzufügen musste)[258] aus 71 Parteien aus 38 Staaten, deutsche Mitglieder sind CDU und CSU.[259] Vorsitzender ist seit 1990 Wilfried Martens, ehemaliger Ministerpräsident Belgiens.

Die EVP hat drei Organe (Artikel 10 der Satzung): Das Präsidium, den Vorstand („Political Bureau") und den Kongress. Das *Präsidium* (Artikel 11–14) ist das Exekutiv-Organ, das aus dem Präsidenten, zehn Vize-Präsidenten, dem Fraktionsvorsitzenden im Parlament, dem Generalsekretär, dem Schatzmeister und ggf. dem EP-Präsidenten besteht. Es kommt mindestens achtmal pro Jahr zusammen, überwacht die Durchführung der Beschlüsse des Vorstands und sorgt für die „politische Präsenz" der EVP. Außerdem kann es Erklärungen im Namen der EVP auf der Basis des Programms und Entscheidungen des Vorstands abgeben. Der *Vorstand* (Artikel 15–17) besteht neben einigen Ex-Officio-Mitgliedern (wie Präsidiums- und Fraktionsvertretern aus EP, NATO, OSZE etc) aus Delegierten der Mitgliedsparteien. Die Delegationsgröße wird proportional zur Anzahl der individuellen Mitglieder der jeweiligen nationalen Partei festgelegt (Art. 15). Der Vorstand soll die Aktionseinheit der EVP sicherstellen und die Europapolitik im Sinne des EVP-Programms verwirklichen, er entscheidet über neue Mitglieder, beschließt den Haushalt und schlägt dem Kongress Satzungs- und Geschäftsordnungsänderungen vor. Der *Kongress* (Artikel 18 der Satzung und Abschnitt I. der „internal regulations") besteht aus Mitgliedern des Präsidiums, Kommissaren, EP-Abgeordneten, den nationalen Parteichefs und nationalen Delegationen, deren Größe im gleichen Verhältnis wie im

---

[258]   Association internationale sans but lucratif/internationale vereniging zonder winstoogmerk, vgl. dazu oben Punkt a). Die offiziellen Gründer der gemäß dem neuen Parteistatut organisierte EVP sind die niederländische CDA und der spanische PP.

[259]   Nach der EVP-Homepage: www.epp.eu, Stand Oktober 2007.

Vorstand bestimmt wird. Der Kongress tagt mindestens alle drei Jahre, wählt das Präsidium (für eine Amtsdauer von drei Jahren, mit Recht auf Wiederwahl), trifft Grundsatzentscheidungen und verabschiedet politische Programme und Satzungsänderungen. Nicht zuletzt dient der Kongress durch die Auftritte der Partei- und Regierungschefs als „public event", das die EVP bei den nationalen Parteimitgliedern und der Öffentlichkeit präsentiert.

Zusätzlich zu diesen drei Organen gibt es in der EVP einen *Generalsekretär* (Artikel 19 der Satzung), der vom Kongress gewählt wird und für das Tagesgeschäft („day-to-day management") sowie für die tägliche Repräsentation der EVP zuständig ist. Außerdem ist in den „internal regulations" der *EVP-Gipfel* institutionalisiert (Abschnitt III.a): Der Gipfel soll die Regierungschefs und Oppositionsführer der EVP vor den Tagungen des Europäischen Rates versammeln, um ein gemeinsames Vorgehen dort abzustimmen.

In allen drei Organen sind Mehrheits-Entscheidungen vorgesehen: sowohl im Präsidium als auch im Vorstand und im Kongress reicht eine absolute Mehrheit der anwesenden Mitglieder aus, um eine Entscheidung zu treffen, qualifizierte Mehrheiten sind nicht vorgesehen. Lediglich Vorschläge zu Satzungsänderungen müssen im Vorstand eine 2/3-Mehrheit erreichen, um an den Kongress weitergeleitet zu werden (Artikel 21 der Satzung). Der Kongress kann diese Vorschläge mit einfacher Mehrheit billigen oder mit 2/3-Mehrheit abändern.

EVP-Mitgliedsparteien, alphabetisch nach Ländern sortiert (Vollmitglieder, Beobachter, Assoziierte Mitglieder):

Centre démocrate Humaniste	Belgien	Vollmitglied
CD&V	Belgien	Vollmitglied
Democratic Party	Bulgarien	Vollmitglied
Agrarian People's Union	Bulgarien	Vollmitglied
Democrats for a Strong Bulgaria	Bulgarien	Vollmitglied
Union of Democratic Forces	Bulgarien	Vollmitglied
Kristendemokraterne	Dänemark	Vollmitglied
Det Konservative Folkeparti	Dänemark	Vollmitglied
Christlich Demokratische Union	Deutschland	Vollmitglied
Christlich-Soziale Union	Deutschland	Vollmitglied

Isamaa ja Res Publica Liit, Pro Patria and Res Publica Union	Estland	Vollmitglied
Kansallinen Kokoomus	Finnland	Vollmitglied
Union pour un Mouvement Populaire	Frankreich	Vollmitglied
Nea Demokratia	Griechenland	Vollmitglied
Fine Gael	Irland	Vollmitglied
UDC – Unione dei Democratici Cristiani e dei Democratici di Centro	Italien	Vollmitglied
Populari Udeur	Italien	Vollmitglied
Forza Italia	Italien	Vollmitglied
New Era	Lettland	Vollmitglied
Tautas Partija	Lettland	Vollmitglied
Homeland Union	Litauen	Vollmitglied
Lietuvos Krikscionys Demokratai	Litauen	Vollmitglied
Chrëschtlech Sozial Volkspartei	Luxemburg	Vollmitglied
Partit Nazzjonalista	Malta	Vollmitglied
Christen Democratisch Appèl (CDA)	Niederlande	Vollmitglied
Austrian People's Party	Österreich	Vollmitglied
Platforma Obywatelska	Polen	Vollmitglied
PSL	Polen	Vollmitglied
Partido Social Democrata	Portugal	Vollmitglied
Democratic Party	Rumänien	Vollmitglied
Romániai Magyar Demokrata Szövetség	Rumänien	Vollmitglied
Partidul National Taranesc Crestin Democrat	Rumänien	Vollmitglied
Kristdemokraterna	Schweden	Vollmitglied
Moderaterna	Schweden	Vollmitglied
Slovak Democratic and Christian Union – Democratic Party	Slowakei	Vollmitglied
Strana Madarskej koalície	Slowakei	Vollmitglied
Christian Democratic Movement	Slowakei	Vollmitglied
Nova Slovenija – Krscanska ljudska stranka	Slowenien	Vollmitglied
Slovenian Democratic Party	Slowenien	Vollmitglied
Slovenian People's Party	Slowenien	Vollmitglied
Partido Popular	Spanien	Vollmitglied
Unio Democràtica de Catalunya	Spanien	Vollmitglied
Krestanka a demokraticka unie	Tschechische Republik	Vollmitglied
Fidesz – Magyar Polgári Szövetség	Ungarn	Vollmitglied
Christian Democratic People's Party	Ungarn	Vollmitglied
Magyar Demokrata Fórum	Ungarn	Vollmitglied
Democratic Rally of Cyprus	Zypern	Vollmitglied

Democratic Party of Albania	Albanien	Beobachter
New Democrat Party	Albanien	Beobachter
Party of Democratic Action (SDA)	Bosnien	Beobachter
HDZBiH	Bosnien	Beobachter
PDP	Bosnien	Beobachter
Suomen Kristillisdemokraatit	Finnland	Beobachter
VMRO-DPMNE	FYROM	Beobachter
United National Movement	Georgien	Beobachter
Südtiroler Volkspartei	Italien	Beobachter
Demokratski Centar/Democratic Centre	Kroatien	Beobachter
Christian Democratic People's Party	Moldawien	Beobachter
Kristelig Folkeparti	Norwegen	Beobachter
Partito Democratico Cristiano Sammarinese	San Marino	Beobachter
Justice & Development Party (AKP)	Türkei	Beobachter
People's Union	Ukraine	Beobachter
People's Movement of Ukraine	Ukraine	Beobachter
United Civil Party	Weißrussland	Beobachter
Belarusan Popular Front	Weißrussland	Beobachter
Hrvatska Seljačka Stranka	Kroatien	Assoziiertes Mitglied
Hrvatska Demokratska Zajednica	Kroatien	Assoziiertes Mitglied
HOYRE	Norwegen	Assoziiertes Mitglied
Christlichdemokratische Volkspartei	Schweiz	Assoziiertes Mitglied
EVP Evangelische Volkspartei der Schweiz	Schweiz	Assoziiertes Mitglied
Democratic Party of Serbia	Serbien	Assoziiertes Mitglied
G17PLUS	Serbien	Assoziiertes Mitglied

Eigene Darstellung nach Angaben von der EVP-Homepage, Stand Oktober 2007

c) SPE

Die internationale Zusammenarbeit zwischen sozialistischen und sozial-demokratischen Parteien hat die längste Tradition aller transnationalen Parteizusammenschlüsse, beginnend mit der „I. Internationale" 1864 und der „II. Internationale" 1919; aus dieser Tradition ging 1951 die „Sozialistische Internationale" hervor, die heute Parteien aus aller Welt umfasst.[260] Die 1947 gegründete „Aktionsbewegung für die vereinigten sozialistischen Staaten Europas" (später „Sozialistische Bewegung für die vereinten Staaten Europas") war, wie der Name andeutet, mehr eine Bewegung als eine

---

[260] Vgl. DEINZER: Europäische Parteien, a.a.O., S. 72.

institutionalisierte Kooperation zwischen Parteien, sie entpolitisierte sich rasch. Eine Parteizusammenarbeit auf europäischer Ebene entwickelte sich etwas später. Nach der Konstituierung der Parlamentarischen Versammlung der EGKS im Herbst 1952 beschlossen die Mitglieder aus Parteien, die der Sozialistischen Internationale angehörten, eine gemeinsame Fraktion zu bilden. Die Fraktion unterhielt ein gemeinsames Sekretariat in Luxemburg. Auf Initiative der Sozialistischen Fraktion versammelten sich 1957 Vertreter der sozialistischen bzw. sozialdemokratischen Parteien der sechs EGKS-Staaten in Luxemburg und beschlossen die Einrichtung eines ständigen Verbindungsbüros: Dieses sollte die Beziehungen zwischen den nationalen Parteien und der Fraktion verstetigen, für seine Entscheidungen galt das Prinzip der Einstimmigkeit.[261] Außerdem wurde beschlossen, zweimal pro Jahr einen gemeinsamen Kongress abzuhalten, bei Bedarf (festzustellen vom Verbindungsbüro) auch öfter. Nach der Gründung dieses Büros folgten einige Jahre relativ intensiver Zusammenarbeit, beim Kongress im Oktober 1958 wurden erstmals auch gemeinsame inhaltliche Ziele festgelegt. 1960 beschloss man, ein gemeinsames Programm zu formulieren: Es sei notwendig, dass „the socialist parties (...) work out a common European programme; that this programme should define the principles that must serve as a guiding line to the socialist parties (...)".[262] Mit der allgemeinen Krise der EG Mitte der 60er-Jahre ebbte jedoch das Interesse der Parteien an einer Zusammenarbeit ab – in dieser Krisenzeit erlebten die transnationalen Partei-Aktivitäten generell einen deutlichen Rückgang, denn ohne weitere politische Integration fehlte der Bedarf an engerer Zusammenarbeit.

1971 wurde das Verbindungsbüro in „Büro der sozialdemokratischen Parteien in der Gemeinschaft" umbenannt. Dies symbolisierte eine Loslösung von der Fraktionsorientierung hin zu einer breiten Parteienzusammenarbeit.[263] 1973 wurde das Büro beauftragt, Vorschläge zur Errichtung einer Parteiföderation zu unterbreiten. Ähnliche Vorschläge hatte es bereits Ende der 1960er-Jahre gegeben, als vor allem die niederländischen Sozialdemokraten von der PvdA der Meinung waren, dass eine Demokratisierung

---

[261] Vgl. JASMUT: Parteien und Integration, a.a.O., S: 187.

[262] Kongress-Beschluss, zitiert nach Simon HIX/Urs LESSE: Shaping a Vision – A History of the Party of European Socialists 1957–2002, abrufbar auf der SPE-Homepage unter www.pes.org/downloads/History_PES_EN.pdf, S. 13.

[263] Vgl. DEINZER: Europäische Parteien, a.a.O., S. 73.

Europas nur durch einen „Gemeinsamen Markt politischer Parteien" möglich sei.[264] Die PvdA hatte eine Arbeitsgruppe ins Leben gerufen, um die Errichtung einer „Progressive European Party" (PEP) vorzubereiten. Unter diesem neutralen Namen sollten alle sozialistischen und anderen nahestehenden Kräfte zu einer europäischen Partei gebündelt werden. Die Vorschläge wurden jedoch bereits im November 1969 zu den Akten gelegt – damals hatte insbesondere die deutsche SPD nach ihrer Regierungsübernahme Einwände, einer europäischen Parteiföderation Rechte abzutreten (die beispielsweise Einfluss auf die Minister im Rat ausüben könnte). 1973 gab es jedoch kaum Widerstände, zumal die Regierungskonferenz in Den Haag im Dezember 1969 die Durchführung von Direktwahlen beschlossen hatte und die Parteien so zu engerer Zusammenarbeit angeregt worden waren: „This decision forced the national parties to reconsider their position."[265] Nachdem die erneuten Vorschläge von allen Parteien akzeptiert worden waren, wurde am 5. April 1974 in Luxemburg der „Bund der sozialistischen Parteien in den Europäischen Gemeinschaften" gegründet. Dieser Bund war jedoch – trotz gewisser interner Strukturen – grundsätzlich als eine intergouvernementale Organisation angelegt und erreichte somit zwar die Stufe der Kooperation, verzichtete aber bewusst auf eine mögliche Integration.[266] So sagte der erste Präsident des sozialistischen Bundes, Wilhelm Dröscher:

> „It must be quite clearly noted that the development of a European Socialist Party is not a realistic possibility in the near future. This would create insoluble problems for the national parties. But it is essential that in this transition stage the member parties of this Confederation should be united in a 'family of parties' (…)."[267]

Der britischen Labour-Partei war auch diese Entwicklung zu integrationistisch, sie fürchtete eine zu supranationale Organisationsstruktur und trat dem Bund erst 1976 nachträglich bei.

---

264 Vgl. HIX/LESSE: History of the PES 1957–2002, a.a.O., S. 17.

265 Simon HIX: The Party of European Socialists, in: Robert LADRECH/Philippe MARLIÈRE: Social Democratic Parties in the European Union, Houndmills, Basingstoke 1999, S. 204–217 (S. 204).

266 Vgl. Robert LADRECH: Party of European Socialists, in: JOHANSSON/ZERVAKIS: Parties, a.a.O., S. 81–96 (S. 84).

267 Zitiert nach HIX/LESSE: History of the PES 1957–2002, a.a.O., S. 24.

Die größte strukturelle Änderung war die Möglichkeit, mit Mehrheit abzustimmen. Für Empfehlungen reichte eine einfache Mehrheit, für Beschlüsse
war eine Zweidrittel-Mehrheit erforderlich. Dabei hielten sich die nationalen Parteien allerdings eine „opt-out"-Option offen: Resolutionen konnten
mit dem Zusatz versehen werden, dass sich eine nationale Partei davon
distanziert. Die Änderungen waren daher in erster Linie kosmetischer
Natur,[268] der Bund blieb „essentially an organization dependent upon the
national member parties."[269] Im Vergleich zu den anderen Parteizusammenschlüssen lagen die Sozialdemokraten damit in den 70er- und 80er-
Jahren in ihrem Integrationsstand auf einem niedrigen Niveau. Dies wurde
auch am Partei-Namen deutlich: Anders als die EVP, die sich auf einen
neutralen, aber gemeinsamen Namen hatte einigen können, gab es bei den
Sozialdemokraten unterschiedliche nationale Übersetzungen des Partei-
namens: In der niederländischen Version hieß der Bund „federatie", in anderen Ländern gab es zurückhaltendere Begriffe wie das englische „con-
federation" oder das dänische „samenslutingen". Zudem fand das im Vorfeld der ersten Direktwahl zum Europäischen Parlament erarbeitete Wahl-
manifest nicht die Zustimmung aller Mitgliedsparteien (insbesondere Briten und Dänen hatten Vorbehalte), stattdessen trat man mit einer gemeinsamen Erklärung an (vgl. das Kapitel über die Europawahlen, IV. 4. a) i).
Auch in der Frage nach der institutionellen Zukunft Europas gab es große
Meinungsverschiedenheiten, hier war die Fraktion bereits deutlich homogener. Man beschränkte sich daher bei der gemeinsamen europäischen Arbeit auf Themenfelder, in denen problemlos eine Einigung möglich schien
(wie die Erweiterung der Gemeinschaft und wirtschaftspolitische Positionen, während vor allem in sicherheitspolitischen Fragen große Unterschiede bestanden). Immerhin jedoch war der sozialistische Bund den Mitgliedsparteien so wichtig, dass sie relativ bekannte Persönlichkeiten für die
Führungsämter benannten.[270]

---

[268] So auch HIX/LESSE: History of the PES 1957–2002, a.a.O., S. 24.

[269] LADRECH: PES, a.a.O., S. 83.

[270] Der erste Präsident, Wilhelm Dröscher, war Mitglied des Parteirats der SPD, seine Stellvertreter waren Sicco Mansholt, früherer Präsident der EG-Kommission
und Robert Pontillon, internationaler Sekretär der französischen Sozialisten. Alle
drei verfügten in ihren Mitgliesparteien über eine hohe Reputation. Vgl. dazu
VON GEHLEN: Europäische Parteiendemokratie? A.a.O., S. 195.

Ende der 1980er-Jahre wuchs das Interesse an einer Intensivierung der Zusammenarbeit wieder an, aus mehreren Gründen: Erstens zeichnete sich seit Mitte des Jahrzehnts eine Abkehr von nationaler Dogmatik in der Sicherheitspolitik ab, wodurch diesbezügliche Fragen kein Tabu mehr waren. Außerdem setzten die britischen und dänischen Mitgliedsparteien auf einen pragmatischeren und europafreundlicheren Kurs. Schließlich herrschte unter allen Mitgliedsparteien Konsens über die Begrüßung der Entwicklungen in Mittel- und Osteuropa. Konkrete Anzeichen für eine weitere Integration waren die regelmäßig abgehaltenen Parteiführerkonferenzen (die seit 1987 regelmäßig zweimal pro Jahr vor den Europäischen Gipfeln stattfinden) und wenig später die auf dem Kongreß im Februar 1990 in Berlin eingesetzte Arbeitsgruppe zur „Stärkung des Bundes" unter Führung des Niederländers Wim Kok.[271] Beim Parteiführertreffen im Juni 1991 in Luxemburg wurde die Frage nach einer „European Socialist Party" aufgeworfen – eine ähnliche Anregung war noch 1990 abgeschmettert worden. Die Arbeitsgruppe schlug im September 1991 vor, die Föderation in „Partei" umzubenennen und Mehrheitsentscheidungen einzuführen in Fragen, in denen auch der Rat mit Mehrheit entscheidet. Die Entscheidung über diese Vorschläge wurde wegen des internen Diskussionsbedarfs auf 1992 verschoben. Im Vertrag von Maastricht (Anfang Februar 1992 unterzeichnet) gab es jedoch mittlerweile den Artikel 138a, den sogenannten „Parteienartikel", so dass eine Selbst-Bezeichnung als „Bund" oder „Föderation" auch den skeptischen Mitgliedsparteien nicht mehr zeitgemäß erschien. Wegen des Widerstands der Labour-Partei wurde jedoch der Name „European Socialist Party" wieder verworfen, als Kompromiss konstituierte sich im Herbst 1992 schließlich aus dem Bund die „Sozialdemokratische Partei Europas" SPE, die jedoch (anders als die Vorgängerorganisation, die je nach Land unterschiedlich hieß) trotz dieser Kompromiss-Formel in allen Übersetzungen als Partei firmiert. Lediglich die Bezeichnung als „sozialistisch" oder „sozialdemokratisch" wird noch gemäß den jeweiligen nationalen Traditionen unterschiedlich verwendet.[272] Da viele Änderungen lediglich

---

[271]   Vgl. VON GEHLEN: Europäische Parteiendemokratie? a.a.O., S. 198.

[272]   Auf Englisch, Französisch, Spanisch und Griechisch hieß die Partei „Partei der Europäischen Sozialisten", auf Dänisch, Niederländisch, Finnisch, Schwedisch und Norwegisch „Partei der Europäischen Sozialdemokraten", auf Italienisch „Partei des Europäischen Sozialismus", auf Portugiesisch „Europäische Soziali-

die formale Bestätigung bereits bestehender Praxis waren (wie beispielsweise die Institutionalisierung der Parteiführertreffen) war die Entwicklung vom „Bund" zur „Partei" eher kosmetischer Natur.[273] Dennoch zeigt beispielsweise die Möglichkeit, nach Mehrheiten abzustimmen, dass die Integration innerhalb der SPE zugenommen hatte.

Im Laufe der 1990er-Jahre nahm die SPE viele neue Mitglieder aus Mittelosteuropa auf (vgl. dazu unten das Kapitel VI. 1. – Integration der neuen Mitgliedsparteien). Nach den Wahlsiegen von Tony Blair und Lionel Jospin im Mai 1997, Massimo D´Alema im April 1998 und Gerhard Schröder im September 1998 waren außer Spanien alle großen EU-Mitgliedsländer unter sozialistischer/sozialdemokratischer Führung. Dies verstärkte die Entwicklung, die bereits Anfang der 1990er-Jahr eingesetzt hatte: Während das Büro an Einfluss verlor, wurden die Konferenzen der Parteiführer und Regierungschefs zum „entscheidenden Organ für die Entwicklung und Profilierung der SPE."[274] So war beim Parteiführertreffen 1993 eine Arbeitsgruppe unter der Führung des Schweden Allan Larsson zu Fragen der wirtschaftlichen Entwicklung einberufen worden, die direkt an die Parteiführer (und nicht an Parteioffizielle) berichten sollte.

> „By involving decision-makers at the highest political level, the Larsson Report could serve as a basis for policy at all levels of party action. The PES had thus taken a further step towards becoming a fully-fledged European political party with a common policy and strategy."

Durch die Entwicklungen der Integration und der Osterweiterung wurden auch innerhalb der SPE Anpassungen nötig, die beim Kongress in Berlin im Mai 2001 verabschiedet wurden: Auf Vorschlag des österreichischen Vizepräsidenten Heinz Fischer wurde beschlossen, statt des Büros ein Präsidium und ein Koordinierungsteam zu berufen (beide Institutionen waren be-

---

stische Partei", und auf Deutsch „Sozialdemokratische Partei Europas". Vgl. HIX/LESSE: History of the PES 1957–2002, a.a.O., S. 60.

[273] Vgl. HIX/LESSE: History of the PES 1957–2002, a.a.O., S. 61.

[274] Thomas JANSEN: Die europäischen Parteien, in: Werner WEIDENFELD/Wolfgang WESSELS (Hrsg.): Jahrbuch der Europäischen Integration 1996/1997, Bonn 1997, S. 263–268 (S. 264).

reits seit 2000 informell zusammengetreten).[275] Darüber hinaus wurden die gemeinsamen Ziele in einer Präambel in der Satzung festgeschrieben.

Nach den Änderungen an der Satzung, die 2004 nötig wurden, ist auch die SPE eine Vereinigung nach belgischem Recht. Heute gehören ihr 32 Parteien aus 28 Staaten als Vollmitglieder an, außerdem gibt es sechs assoziierte Parteien und sechs Parteien mit Beobachterstatus.[276] Voraussetzung für die Mitgliedschaft in der SPE ist die Mitgliedschaft in der Sozialistischen Internationale.

Die Organe der SPE sind der Kongress, der Rat, das Präsidium, die Konferenz der Parteiführer und das Sekretariat (Artikel 14 der Satzung). Während man bemüht ist, „nach umfassender Konsultation das breitestmögliche Maß an Zustimmung herbeizuführen" (Artikel 15.1), können Beschlüsse über Politikbereiche, die im Rat der EU dem Mehrheitsverfahren unterliegen, mit einer qualifizierten Mehrheit (75% der abgegebenen Stimmen) getroffen werden. Diese qualifizierte Mehrheit gilt auch für Satzungsänderungen und die Aufnahme neuer Mitglieder (Artikel 15.4). Andere organisatorische Entscheidungen können im Präsidium mit einfacher Mehrheit getroffen werden (15.2).

Der *Kongress* findet zweimal pro Legislaturperiode statt, er setzt sich zusammen aus Vertretern der Vollmitgliedsparteien[277], außerdem unter anderem aus einem Vertreter jeder nationalen Delegation der SPE-Fraktion und den Präsidiumsmitgliedern der SPE (Artikel 17). Der Kongress ist das höchste SPE-Gremium und legt die politischen Leitlinien der SPE fest, er wählt den Prasidenten, verabschiedet Entschließungen und Empfehlungen und kann die Satzung der SPE abändern sowie über die Aufnahme von Mitgliedern entscheiden (Artikel 16). Der *Rat* dient als Plattform für strategische Diskussionen und verabschiedet das SPE-Manifest für die Europawahlen (Artikel 20.1 und 20.3). Er besteht aus nationalen Delegationen, EP-Abgeordneten und Präsidiumsmitgliedern (genauer: Artikel 21.1) und tagt

---

[275]   Vgl. VON GEHLEN: Europäische Parteiendemokratie? a.a.O., S. 201.

[276]   Stand Oktober 2007.

[277]   Die genaue Delegationsgröße wird dabei nach einem komplizierten Schlüssel berechnet, bei dem die Bevölkerungszahl des jeweiligen Landes und die Wahlergebnisse der Partei bei der letzten Europawahl berücksichtigt werden, vgl. Anhang 3 der SPE-Satzung.

in den Jahren, in denen kein Kongress stattfindet. Das *Präsidium* als „höchstes Gremium für die Behandlung alltäglicher Fragen" (Art. 24.1) führt die Beschlüsse von Kongress und Rat aus, und legt zwischen den Kongressen und Ratstreffen die politischen Leitlinien der SPE fest. Es tagt mindestens dreimal pro Jahr. Im Präsidium sitzen neben dem SPE-Präsidenten, dem Fraktionsvorsitzenden und dem Generalsekretär je ein Vertreter jeder Mitgliedspartei und jeder Vollmitgliedsorganisation.[278] Auch die *Konferenz der Parteiführer* soll mindestens dreimal jährlich zusammenkommen, die Parteiführer können Entschließungen und Empfehlungen verabschieden (Artikel 29–31). Zudem sollen sie eine gemeinsame Linie der SPE-Ratsmitglieder im Vorfeld von Gipfeltreffen festlegen – dies ist zwar nicht in der Satzung geregelt, in der Praxis finden die Konferenzen aber oft vor Gipfeltreffen statt. Schließlich setzt das *Sekretariat* die Beschlüsse der SPE um, es ist für die Organisation und Verwaltung (Finanzen, Vorbereiten von Versammlungen, Öffentlichkeitsarbeit) zuständig und wird vom Generalsekretär geleitet.

SPE-Mitgliedsparteien, alphabetisch nach Ländern sortiert (Vollmitglieder, Beobachter, Assoziierte Mitglieder):

Parti Socialiste (PS)	Belgien	Vollmitglied
Socialistische Partij Anders	Belgien	Vollmitglied
Bulgarska Sotsialisticheska Partiya (BSP)	Bulgarien	Vollmitglied
Socialdemokraterne (SD)	Dänemark	Vollmitglied
Sozialdemokratische Partei Deutschlands (SPD)	Deutschland	Vollmitglied
Sotsiaaldemokraatlik erakond (SDE)	Estland	Vollmitglied
Suomen Sosialidemokraattinen Puolue (SDP)	Finnland	Vollmitglied
Parti Socialiste (PS)	Frankreich	Vollmitglied
Panellinio Sosialistiko Kinima (PASOK)	Griechenland	Vollmitglied
The Labour Party	Großbritannien	Vollmitglied
The Labour Party	Irland	Vollmitglied
Democratici di Sinistra (DS)	Italien	Vollmitglied
Socialisti Democratici Italiani	Italien	Vollmitglied
Latvijas Sociāldemokrātiskā Strādnieku Partija (LSDSP)	Lettland	Vollmitglied
Lietuvos Socialdemokratu Partija (LSDP)	Litauen	Vollmitglied

---

[278] Dies sind zur Zeit die SPE-Frauen, die Jugendorganisation ECOSY und die Fraktionen der SPE im Europaparlament und im Ausschuss der Regionen, vgl. Anhang 2.2 der Satzung.

Lëtzebuerger sozialistesch Aarbechterpartei (LSAP)	Luxemburg	Vollmitglied
Partit Laburista (MLP)	Malta	Vollmitglied
Partij van de Arbeid (PvdA)	Niederlande	Vollmitglied
Social Democratic and Labour Party (SDLP)	Nord-Irland	Vollmitglied
Det Norske Arbeiderparti (DNA)	Norwegen	Vollmitglied
Sozialdemokratische Partei Österreichs (SPÖ)	Österreich	Vollmitglied
Sojusz Lewicy Demokratycznej (SLD)	Polen	Vollmitglied
Unia Pracy (UP)	Polen	Vollmitglied
Partido Socialista (PS)	Portugal	Vollmitglied
Partidul Social Democrat (PSD)	Rumänien	Vollmitglied
Sveriges Socialdemokratiska Arbetareparti (SAP)	Schweden	Vollmitglied
Socialni Demokrati (SD)	Slowenien	Vollmitglied
Partido Socialista Obrero Español (PSOE)	Spanien	Vollmitglied
Česká strana sociálně demokratická (CSSD)	Tschechische Republik	Vollmitglied
Magyar Szocialista Pàrt (MSZP)	Ungarn	Vollmitglied
Magyarorszagi Szocialdemokrata Párt (MSZDP)	Ungarn	Vollmitglied
Kinima Sosialdimokraton (EDEK)	Zypern	Vollmitglied
Partit Socialdemòcrata (PS)	Andorra	Beobachter
Socijaldemokratska Partija BiH	Bosnien	Beobachter
Samfylkingin	Island	Beobachter
Avoda	Israel	Beobachter
Meretz-Jachad	Israel	Beobachter
Partito dei Socialisti e dei Democratici (PSD)	San Marino	Beobachter
Demokratska Stranka (DS)	Serbien	Beobachter
Partija Balgarski Socialdemokrati (PBS)	Bulgarien	Assoziiertes Mitglied
Socijaldemokratski Sojuz na Makedonija (SDSM)	FYROM	Assoziiertes Mitglied
Socijaldemokratska Partija Hrvatske (SDP)	Kroatien	Assoziiertes Mitglied
Parti Socialiste Suisse (PS)	Schweiz	Assoziiertes Mitglied
Cumhuriyet Halk Partisi (CHP)	Türkei	Assoziiertes Mitglied
Demokratik Toplum Partisi (DTP)	Türkei	Assoziiertes Mitglied

Eigene Darstellung nach Angaben von der SPE-Homepage, Stand Oktober 2007

d) ELDR-Partei

Liberale Parteien, parlamentarische Gruppen (beispielsweise aus der Bera-
tenden Versammlung des Europarats) und Einzelpersonen gründeten 1947
die „Liberale Weltunion" (LI) als informelles Austauschforum.[279] Im „Liberalen Manifest" betonten die Gründer der LI kurz nach dem Zweiten Welt-

---

[279] Vgl. DEINZER: Europäische Parteien, a.a.O., S. 84.

krieg die Freiheit des Menschen und stellten einen Katalog mit Voraussetzungen für den Weltfrieden auf. Trotz der Bezeichnung als Weltunion
wurde die LI in erster Linie von Europäern getragen und unterstützte
grundsätzlich die europäische Einigung. Auf rein europäischer Ebene gab
es nach der Gründung der EGKS die „Liberale Bewegung für ein vereintes
Europa" (MLUE), gegründet vom belgischen Liberalen Roger Motz. Auch
die MLUE war jedoch, ebenso wie die LI, nur eine Bewegung, der vor allem
Einzelpersonen angehörten und die von einigen liberalen Parteien unterstützt wurde.[280] Dies hatte vor allem ideologische Gründe: Lange Zeit hatte
der Liberalismus seinen Bezugsrahmen im Nationalstaat gesehen. Durch
die Europa-Bezogenheit beider Bewegungen gab es immer wieder Abgren-
zungsschwierigkeiten, bis 1972 die MLUE als regionale Gruppe in die LI
integriert wurde.

Das Interesse an einer europabezogenen Institutionalisierung der Zusammenarbeit war bei den nationalen Parteien noch gering. Der neue, europäische Bezugsrahmen wurde zunächst weniger unter politischen, sondern
vor allem unter wirtschaftlichen Gesichtspunkten gesehen. So entwickelten
die europäischen Liberalen, anders als Christ- und Sozialdemokraten, in
den 50er- und 60er-Jahren keine ausdifferenzierte Ideologie. Auch die großen ideologischen Unterschiede der Parteien erschwerten eine engere Zusammenarbeit: Links- und rechtsliberale, wirtschafts- und sozialliberale
Parteien, die sich zum Teil in einzelnen Mitgliedstaaten bekämpften, waren
nur schwer von einer Zusammenarbeit auf europäischer Ebene zu überzeugen.[281] Auch die liberale Fraktion in der parlamentarischen Versammlung der EG, die sich am 23. Juni 1953 aus „Liberalen und Nahestehenden"
gegründet hatte, entwickelte sich „zu einem Sammelbecken aller möglichen
politischen Schattierungen".[282] Inhaltliche Homogenität stand im Hinter-

---

[280] Vgl. NIEDERMAYER: Parteienbünde, a.a.O., S. 429.

[281] Vgl. HIX/LORD: Parties in the EU, a.a.O., S. 32; Camilla SANDSTRÖM: European
Liberal Democrat and Reform Party, in: JOHANSSON/ZERVAKIS: Parties, a.a.O.,
S. 97–123 (S. 98).

[282] Hans Claudius FICKER/Christian FISCHER-DIESKAU/Horst Günter KRENZLER: Die
Zusammenarbeit der liberalen Parteien in Westeuropa – auf dem Weg zur Föderation, in: Wolfgang WESSELS (Hrsg.): Zusammenarbeit der Parteien in Westeuropa. Auf dem Weg zu einer neuen politischen Infrastruktur? Bonn 1976,
S. 13–89 (S. 37).

grund, mit ihrer großzügigen Aufnahmepraxis versuchte die Fraktion vielmehr, möglichst viele Parlamentarier zu vereinen. Impulse in der europäischen Politik gab es von den Liberalen weiterhin kaum, erst 1969 wurde –
nicht zuletzt wegen der geplanten Direktwahl des Europäischen Parlaments – eine engere Zusammenarbeit der liberalen Parteien in der EG gefordert. Drei Jahre später, 1972, wurde die Gründung einer Föderation der
liberalen Parteien in der Europäischen Gemeinschaft mit einem permanenten Sekretariat beschlossen. Seit dem Jahr darauf wurden Treffen der Parteivorsitzenden („Liberal Leaders") zur Gewohnheit, die 1974 den „Vorbe-
reitungsausschuß" ins Leben riefen. Ihm gehörten zwei Vertreter jeder Mitgliedspartei der LI aus den Ländern der Europäischen Gemeinschaft an.
Dieser Ausschuss hatte die Aufgabe, eine Satzung für die Föderation aus-
zuarbeiten.[283] Der Satzungsentwurf wurde vom Kongreß der Liberalen Internationale Anfang Oktober 1974 angenommen. Doch erst nach einem erneuten Beschluß der „Liberal Leaders" 1975 in Berlin erfolgte die Gründung des Parteienverbundes am 26. März 1976 in Stuttgart.

> „The initiators of the federation, however, faced a dilemma, which has been
> more or less present ever since; a dilemma stemming from the ideological
> heterogeneity that characterizes the liberal forces in Europe, shown for exam-
> ple by the existence of several liberal parties in a single state."[284]

Diese Heterogenität zeigte sich auch beim Gründungstreffen der „Föderation liberaler und demokratischer Parteien": Von den 14 eingeladenen Parteien, die an dem Stuttgarter Treffen teilnahmen, konnten sich nur neun für
die Mitgliedschaft in der Föderation entscheiden, die linksliberale französische Partei MRG beispielsweise zog ihren Antrag auf Mitgliedschaft zurück, nachdem die konservativere „Parti Républicain" Mitglied geworden
war.[285] Da sich nicht alle Parteien entsprechend ihrer nationalen Tradition
als „liberal" bezeichneten, hatte man den Zusatz „demokratisch" gewählt.
(Ein weiterer Grund hierfür war die Absicht, die Föderation für eine größere Anzahl von Parteien zu öffnen, die sich selbst nicht unbedingt als „liberal" bezeichneten.) Bereits ein Jahr später nannte sich die Föderation um in
„Europäische Liberale Demokraten" (ELD) um und verzichtete somit auf

---

283 Vgl. VON GEHLEN: Europäische Parteiendemokratie? a.a.O., S. 251.
284 SANDSTRÖM: ELDR, a.a.O., S. 98.
285 Vgl. SANDSTRÖM: ELDR, a.a.O., S. 99.

eine Definition als Föderation oder Partei. Auch in späteren Jahren gab es viele Ein- und Austritte. Die Gründung der ELD war trotz dieser Schwierigkeiten die programmatische Grundlage für einen europäischen Liberalismus.[286]

Nach der Direktwahl zum EP entstand nach 1979 ein parteiinternes Ungleichgewicht: So stellten die Franzosen über 40 Prozent der Fraktionsmitglieder, aber nur 15 Prozent der Kongressdelegierten, während die mit 20 Prozent größte Kongressdelegation (die britische Liberal Party) im Parlament überhaupt nicht vertreten war. Das Übergewicht der Fraktion und jener nationalen Parteien, die viele Abgeordnete stellten, wurde bei den Liberalen noch problematischer als bei den beiden großen Parteienverbünden. Dem versuchte der Kongress vom Mai 1982 in Venedig entgegenzutreten, indem er Satzungsänderungen vornahm, die tendenziell „Gewicht und Einfluß nationaler Parteiorganisationen vermindern"[287] und den transnationalen Charakter der Parteiförderation stärken sollten.

Dennoch gab es im Vergleich zu den beiden großen europäischen Parteien bei der ELD nur vergleichsweise geringe Bemühungen um eine Intensivierung der Parteizusammenarbeit und um Professionalisierung. Das Hauptanliegen der ELDR ab Mitte der achtziger Jahre war ihr eigenes Wachstum, der Wunsch „to be as large as possible and present in all member states of the EU".[288] Nach der Aufnahme der „Partido Social Democrata" PSD, die in Portugal einen sehr hohen Stimmenanteil besaß, musste sich die ELD inhaltlich 1986 neu orientieren; dies geschah unter anderem durch die Aufnahme des Begriffs „Reform" in den Namen: die ELD fügte ihrem Namen im April 1986 das Wort „Reformer" hinzu. Fortan nannte sie sich offiziell „Europäische Liberale, Demokraten und Reformer" (ELDR). Später verließ die PSD jedoch die ELDR, um sich der EVP anzuschließen. Dies führte zu einem erneuten Streit über das Wort „Reform" im Parteinamen – der Vorschlag der niederländischen D66 und der belgischen PRL, das Wort zugun-

---

[286] Vgl. DEINZER: Europäische Parteien, a.a.O., S. 84.

[287] Rudolf HRBEK: Die europäischen Parteizusammenschlüsse, in: Werner WEIDEN-FELD/Wolfgang WESSELS (Hrsg.): Jahrbuch der europäischen Integration 1982, Bonn 1983, S. 263–274 (S. 266).

[288] SANDSTRÖM: ELDR, a.a.O., S. 99.

sten eines einfacheren Namens aus dem Parteinamen zu entfernen scheiterte jedoch.

Ende 1993 bildete sich die Föderation um, hin zu einer „europäischen Partei". Ohne ihre Abkürzung zu verändern, fügte sie ihrem Namen ein weiteres Wort hinzu und nennt sich seitdem „European Liberal Democrat and Reform Party". Der damalige ELDR-Präsident Willy de Clercq meinte damals:

> „(…) although all that will be proposed is a simple change of name, the symbolic impact of such a decision will be far greater. (…) Through coordinating our activities and pooling together our strength we can maximize the voice of the Liberal, Democrat and Reform forces in the EU."[289]

Den Impuls für diesen Schritt gab, wie bei der SPE, der revidierte EG-Vertrag mit dem neu eingefügten Parteienartikel. Die inhaltlichen Gegensätze blieben jedoch weiter prägend, so wechselten die Abgeordneten der französischen Parti Républicaine 1994 zur EVP-Fraktion. Im Gegenzug wurden bereits früh die liberalen Parteien aus den mittelosteuropäischen Beitrittsländern aufgenommen (vgl. Kapitel VI.1.).

Die ELDR-Satzung nennt als Organe den Kongress, den Rat und den Vorstand. Der *Kongress* besteht aus sechs Mitgliedern pro Mitgliedstaat, nationalen Delegationen, deren Größe sich nach dem Wahlerfolg bei der letzten Europawahl bemisst[290] sowie Mitgliedern des ELDR-Rates und Vertretern der Jugendorganisation LYMEC. Er kommt mindestens einmal pro Jahr zusammen, wählt die Mitglieder des Vorstands, kann die Satzung ändern und verabschiedet das Programm der Partei für die Europawahlen (Artikel 10 der Satzung). Der *Rat* setzt sich zusammen aus zwei Delegierten pro Mitgliedspartei (plus einem zusätzlichen Delegierten pro 500.000 Wählerstimmen bei der letzten Europawahl) und einem LYMEC-Vertreter. Er billigt den Jahresbericht und das Budget der Partei, ist für die Aufnahme neuer Mitgliedsparteien zuständig und bereitet das Wahlprogramm für die Europawahl vor (worüber später der Kongress abstimmt). Der *Vorstand* besteht aus dem Präsidenten, sieben Vizepräsidenten und dem Schatzmeister. Alle

---

[289] Willy de Clercq im ELDR-Newsletter 2/93, zitiert nach SANDSTRÖM: ELDR, a.a.O., S. 102.

[290] Vgl. zu dem genauen Schlüssel Punkt IV.1. der internal regulations, abrufbar auf www.eldr.eu.

werden vom Kongress gewählt und können maximal sechs Jahre im Amt bleiben. Der Vorstand soll die Ziele der ELDR durchsetzen, er führt die Geschäfte der Partei soweit diese nicht in die Zuständigkeit von Kongress oder Rat fallen. Neben diesen drei Organen nennt die Satzung (Artikel 25) noch den Generalsekretär, der vor allem organisatorische Aufgaben hat, und den Schatzmeister.

Die ELDR hat in allen Organen (Kongress, Rat und Vorstand) Mehrheitsentscheidungen eingeführt, wobei eine einfache Mehrheit ausreichend ist. Darüber hinaus sollen Entscheidungen des Kongresses und des Rates sogar „be binding on all members, including those absent or dissenting" (Artikel 10 bzw. 15).

Auch die ELDR-Satzung wurde wie bei allen Europarteien an das belgische Vereinigungsrecht angepasst. Die ELDR-Partei hat keine assoziierten Mitglieder oder Beobachter – sie besteht aus 51 Mitgliedsparteien,[291] deutsches Mitglied ist die FDP.

Partit Liberal Andorra	Andorra
Vlaamse Liberalen en Democraten (VLD)	Belgien
Mouvement Réformateur (MR)	Belgien
Liberal Democratic Party of Bosnia (LDS)	Bosnien
Movement for Rights and Freedoms	Bulgarien
National Movement Simeon II	Bulgarien
Venstre	Dänemark
Det Radikale Venstre	Dänemark
Freie Demokratische Partei	Deutschland
Estonian Reform Party	Estland
Center Party of Estonia	Estland
Suomen Keskusta	Finnland
Svenska Folkpartiet	Finnland
Liberalna Partija na Makedonija	FYROM
Liberal Democratic Party	FYROM
Progressive Democrats	Irland
Partito Repubblicano Italiano	Italien
Italia dei Valori	Italien
Movimento Repubblicani Europei	Italien
I Radicali	Italien

---

[291] Vgl. die ELDR-Homepage: http://www.eldr.org.

Hrvatska socijalno liberalna stranka	Kroatien
Istrian Democratic Assembly	Kroatien
Hrvatska narodna stranka – Liberalni Demokrati	Kroatien
Latvijas Ceļš	Lettland
Lithuanian Republic Liberal Movement	Litauen
Naujoji sajunga	Litauen
Liberal and Center Union	Litauen
Demokratesch Partei	Luxemburg
Moldova Noastra Alliance	Moldawien
Democraten 66	Niederlande
Volkspartij voor Vrijheid en Democratie	Niederlande
Venstre	Norwegen
Liberales Forum	Österreich
Partia Demokratyczna	Polen
Partidul Naţional Liberal	Portugal
Yabloko	Russland
Partia Liberale e Kosoves	Serbien
Liberali Srbije	Serbien
Civic Alliance of Serbia	Serbien
Folkpartiet liberalerna	Schweden
Centerpartiet	Schweden
Freisinnig-Demokratische Partei	Schweiz
Aliancia Nového Občana	Slowakei
Liberalna Demokracija Slovenije	Slowenien
Unio Mallorquina	Spanien
Convergència Democràtica de Catalunya	Spanien
Obcanska Demokraticka Aliance	Tschechische Republik
Szabad Demokraták Szövetsége	Ungarn
Liberal Democrats	Vereinigtes Königreich
Alliance Party of Northern Ireland	Vereinigtes Königreich
United Democrats	Zypern

Eigene Darstellung nach Angaben von der ELDR-Homepage, Stand Oktober 2007

e) E(F)GP

Die europäischen Grünen haben die jüngste Geschichte der vier größten „europäischen Parteien". Mitte der 70er-Jahre gründeten französische, schweizerische und deutsche Umweltaktivisten „Ecoropa", eine europäische Umwelt-Organisation, deren Programm auch für grüne Parteien und

Gruppierungen bei der EP-Wahl von 1979 als Basis diente.[292] Dabei gab es allerdings keine gemeinsame Organisationsstruktur, es handelte sich vielmehr um „Ad-hoc-Treffen, bei denen aber viele Gemeinsamkeiten deutlich werden und die bei den Aktiven das Gefühl bestärken, den Geburtsprozess einer neuen internationalen politischen Familie mitzuerleben."[293] Nach den ermutigenden Ergebnissen bei der Wahl gründeten einige „Ecoropa"-Mitglieder im Juli 1979 die Plattform „PEACE" („Platform of Ecopolitical Action for a peaceful Change of Europe"), und 1980 wurde aus dieser Plattform eine permanente Organisation zur Zusammenarbeit unter grünen Parteien und Gruppierungen („Grüne Koordination" bzw. „Coordination of Green and Radical Parties in Europe" CGRP).[294] Der Name wurde gewählt, weil neben grünen Parteien auch die italienische Partido Radicale und die niederländische Politieke Partij Radikalen (PRP) in dieser Koordination mitarbeiteten. Das Sekretariat dieser Koordination war bei der PPR angesiedelt. Aus den lockeren Kontakten wurde mit der CGRP eine Kooperation. Interne Streitigkeiten zwischen den grünen und den radikalen Gruppen und Parteien führten jedoch Ende 1982 zur Auflösung dieser Organisation: Der Grundkonflikt, ob die Grünen eine neue Alternative zu allen bestehenden politischen Richtungen bilden sollten oder sich eher als „Sammelbecken" der Linken verstehen sollten, ließ die Koordination letztlich scheitern.[295] Die Meinungsunterschiede innerhalb der „Koordination" zeigten sich konkret in der Frage, ob radikaldemokratische Gruppierungen wie die PR und die PRP an der Zusammenarbeit beteiligt werden sollten. Während sich die deutschen Grünen damals dafür aussprachen, wollten die französischen Grünen nur Umweltschutzorganisationen einbeziehen. Als sich eine Mehrheit für diese Position abzeichnete, ergriffen die beiden grünen Parteien aus Belgien (Agalev und Ecolo) die Initiative zur Gründung eines Verbundes ausschließlich ökologisch orientierter Parteien.

„The end of the CGRP did not mean the end of transnational Green cooperation, however, especially since the motivation for a transnational cooperation

---

[292] Vgl. Dietz: EFGP, a.a.O., S. 125.

[293] Frithjof Schmidt: Auf dem Weg zur Europäischen Grünen Partei, in: Heinrich-Böll-Stiftung (Hrsg.): Die Grünen in Europa – ein Handbuch, Münster 2004, S. 49–57 (S. 49).

[294] Vgl. Dietz: EFGP, a.a.O., S. 125.

[295] Vgl. Schmidt: Auf dem Weg zur Europäischen Grünen Partei, a.a.O., S. 50.

had not changed. Firstly, most Green issues have an international or European dimension. (…) Secondly, by membership in a transnational Green organization, the national Green parties could show they belonged to a newly rising ideological movement in Europe."[296]

Bereits ein Jahr später schlossen sich die grünen Parteien erneut zusammen (gemeinsam mit einigen grünen Parteien aus neuen EG-Staaten) und beschlossen im März 1983 in Brüssel die Gründung der „Europäische Grüne Koordination" EGK.[297] Ein weiteres Motiv für die Bildung der EGK war die Aussicht auf Wahlkampfkostenerstattung. Im Vergleich zu den Regelungen in Deutschland handelte es sich zwar um relativ geringe Beträge, diese waren jedoch für die Grünen in anderen Ländern von „allergrößter Bedeutung".[298] Auch eine gemeinsame Fraktion im Europaparlament versprach erweiterte finanzielle und organisatorische Möglichkeiten.

Im März 1984 wurde die EGK offiziell gegründet, der „Kern einer gemeinsamen Organisation ist entstanden, wenn auch noch fragil und wenig handlungsfähig."[299] Beschlüsse konnten nur einstimmig gefasst werden, und diese Beschlüsse hatten keine unmittelbare Bedeutung für die Mitgliedsparteien. Die Existenz der Koordination war in den einzelnen Parteien kaum bekannt. In den ersten Jahren der EGK gab es zwar gemeinsame Arbeit (beispielsweise im Vorfeld der Europawahl 1984), doch weiterhin auch Konflikte zwischen linken Parteien, die sich als links im ideologischen Parteienspektrum sahen, und anderen grünen Parteien, die sich als neue Parteien weder rechts noch links, sondern jenseits des Parteienspektrums sahen. Während manche linke Parteien sogar gemeinsame Listen für künftige Wahlen anregten, lehnten viele grüne Parteien solche Bündnisse ab „because they did not want to belong to any side of the traditional political spectrum."[300] Nach der Wahl von 1984 bildete sich im Europaparlament die „Regenbogenfraktion", in der neben neun grünen Abgeordneten auch elf Vertreter von linken und regionalen Gruppen (wie der italienischen Lega

---

[296]   DIETZ: EFGP, a.a.O., S. 126.

[297]   Vgl. NIEDERMAYER: Parteienbünde, a.a.O., S. 430.

[298]   Rudolf HRBEK: Die europäischen Parteizusammenschlüsse, in: Werner WEIDEN-
        FELD/Wolfgang WESSELS (Hrsg.): Jahrbuch der europäischen Integration 1983,
        Bonn 1984, S. 269–282 (S. 280).

[299]   SCHMIDT: Auf dem Weg zur Europäischen Grünen Partei, a.a.O., S. 50.

[300]   DIETZ: EFGP, a.a.O., S. 126.

Lombarda sowie dänische und schottische EG-Gegner) versammelt waren. Diese Formation prägte nach ihrer Entstehung für einige Zeit das öffentliche Bild von grüner Politik in Europa, die EGK war Mitte der 1980er-Jahre politisch so gut wie gelähmt.

Auf diese Entwicklung reagierten die Europäischen Grünen ab 1985 und entwickelten europaweite Kampagnen zu umwelt- und friedenspolitischen Themen. Diese Kamagnen und Initiativen (mit Titeln wie beispielsweise „International Peace – Beyond the Blocs") stärkten den inneren Zusammenhalt und erhöhten gleichzeitig die Attraktivität des Zusammenschlusses für neue Mitglieder, wie die zahlreichen Beitritte grüner Parteien (zum Beispiel aus Finnland, Italien, Portugal und Spanien) verdeutlichen.[301] Parallel wuchs auch der organisatorische Zusammenhalt: Seit 1987 halten die Europäischen Grünen jährliche Kongresse ab. Im Juni 1989 gelang auch die Beendigung der lähmenden Koexistenz von zwei grünen Fraktionen im Europäischen Parlament: Neben der „Regenbogenkoalition" waren zuvor einige Abgeordnete (hauptsächlich der deutschen Grünen) zwischenzeitlich in der „Grünen Fraktion" zusammengeschlossen. Von den 30 Abgeordneten nach der Wahl 1989 sind 27 aus grünen Parteien, nur drei sind aus nicht-grünen, linken Parteien.

Bereits vor Ende des Ost-West-Konfliktes knüpften die europäischen Grünen Kontakte zu Umweltschutzorganisationen in den Ländern Mittelund Osteuropas. So trafen sich west- und osteuropäische Grüne regelmäßig zum Meinungsaustausch, beispielsweise im Rahmen der ersten öffentlichen Demonstration in Ungarn seit 1956 (1987 wegen eines Dammbaus an der Donau). Nach der Aufnahme einiger mittel- und osteuropäischer Parteien Anfang der 1990er-Jahre beschloss man im Juni 1993 ein neues Programm („Guiding Principles") und eine neue Satzung, und die EGK wurde zur „Europäischen Föderation Grüner Parteien", oder kürzer „Europäische Grüne" beziehungsweise EFGP.[302] Einen entscheidenden Impuls hierzu hatte die Fraktion der Grünen im Europäischen Parlament gegeben, die die EFGP als ihren parteilichen „Gegenpol" gewünscht hatte.[303] Mit der bisherigen Struktur der EGK hatte kein Instrument existiert, mit dem man sich

---

[301]   Vgl. VON GEHLEN: Europäische Parteiendemokratie? a.a.O., S. 295.

[302]   Vgl. DEINZER: Europäische Parteien, a.a.O., S. 88.

[303]   Vgl. VON GEHLEN: Europäische Parteiendemokratie? A.a.O., S. 296.

den neuen politischen Herausforderungen in Europa angemessen hätte stellen können, eine politische Reorganisation (wie sie die anderen großen politischen Kräfte schon länger gebildet hatten) hin zu einer gemeinsamen Parteiorganisation wurde dringend notwendig.[304] Die Mitgliedschaft in der Föderation blieb nicht auf Parteien aus EU-Ländern beschränkt, das paneuropäische Konzept setzte sich gegen die Widerstände der deutschen Grünen durch. Seither kann man die EFGP

> „(…) unter der Kategorie ‚europäische Partei‘ (…) behandeln, obwohl die Grünen – im Unterschied zu den drei ‚klassischen‘ Parteienfamilien – bisher bewußt darauf verzichtet haben, eine Organisationsform zu wählen, die sich auf die Union als Aktionsfeld bezieht."[305]

Die politische Spannbreite innerhalb der Föderation blieb jedoch groß, zudem blieben die Erfahrungen und Entwicklugsstufen der einzelnen Mitgliedsparteien sehr unterschiedlich. Um die Zusammenarbeit der EFGP zu stärken, trat im Mai 1997 erstmals eine Konferenz der grünen Parteiführer zusammen. Um künftige Wahlerfolge bei den Europawahlen zu erringen bleib die Stärkung der grünen Parteien in allen europäischen Ländern ein Kernziel. 2002 wurden Überlegungen angestellt, „eine gemeinsame Kampagne auf europäischer Ebene zu führen und damit den Grundstein für eine nationenübergreifend agierende Partei"[306] zu legen. Beim vierten Kongress in Rom 2004 beschloss man die Gründung der „Europäischen Grünen Partei", EGP. Seitdem begreift sich die EFGP auch dem Namen nach als „Partei", in der neuen Satzung heißt es in Artikel 1, die Mitgliedsparteien gründeten die „European Federation of Green Parties/EFGP, *also known* as the European Green Party", kurz EGP.[307] Die Verwendung des Begriffs

---

304   Vgl. SCHMIDT: Auf dem Weg zur Europäischen Grünen Partei, a.a.O., S. 52.

305   Thomas JANSEN: Die europäischen Parteien, in: Werner WEIDENFELD/Wolfgang WESSELS: Jahrbuch der europäischen Integration 1996/1997, Bonn 1997, S. 267–272 (S. 271). Mittlerweile hat auch die ELDR ihre Mitglieder nicht nur aus EU-Ländern.

306   Johanna SCHMIDT: Europäische Parteien, in: Werner WEIDENFELD/Wolfgang WESSELS: Jahrbuch der europäischen Integration 2002/2003, Bonn 2003, S. 301–306 (S. 306).

307   Vgl. die Homepage www.europeangreens.org (Kursivschrift durch den Verfasser, CzH). Auch wenn die Grünen mit dem Namen „Partei" offenbar noch ihre Schwierigkeiten haben, nahmen sie – wie unten (vgl. den Abschnitt über klassische Parteifunktionen) beschrieben – 2004 eine Vorreiterrolle unter den europäi-

Partei „markiert einen politischen Wendepunkt. (...) Es bedurfte langer Debatten in einer eigens eingerichteten Reformkommission"[308], bis man sich auf das Selbstverständnis als Partei einigte. Der neue Name wurde von allen Mitglieds- und Beobachterparteien mitgetragen, zudem beschlossen 25 Mitgliedsparteien, mit einer einheitlichen Kampagne und dem Slogan „Europe can do better – You decide!" in den Europawahlkampf zu ziehen.[309] Momentan hat die EGP 35 Mitgliedsparteien aus 32 Ländern (darunter die deutschen „Bündnis90/Die Grünen") und acht Parteien als Beobachter.

Als Organe kennt die EGP den Rat, den Kongress und das Komitee (Artikel 10 der Satzung). Der *Kongress* soll alle drei Jahre stattfinden und ist für die generelle Politik der EGP zuständig, außerdem kann er die Satzung ändern. Er besteht aus sechs Vertretern der grünen EP-Fraktion und nationalen Delegationen. Die Delegationsgröße bestimmt sich nach den letzten Wahlergebnissen der Mitgliedsparteien. Der *Rat* wird als kleinere Version des Kongresses verstanden, auch hier sind neben (zwei) Vertretern der Fraktion nationale Delegationen vertreten. Er gibt die politische Richtung zwischen den Kongressen vor, koordiniert die Aktivitäten der Partei, wählt das Kommittee und entscheidet über die Aufnahme neuer Mitglieder. Im *Kommitee* sind die beiden Sprecher (ein Mann, eine Frau), der Generalsekretär, der Schatzmeister und fünf weitere Personen vertreten. Alle werden für drei Jahre gewählt und können maximal zweimal wiedergewählt werden. Das Kommittee repräsentiert die Partei und ist für die Umsetzung von Kongress- und Ratsbeschlüssen zuständig.

In den Gremien der EGP wird mit qualifizierter Mehrheit entschieden, wobei im Rat und Kongress für Satzungsänderungen und die Aufnahme bzw. den Ausschluss von Mitgliedern eine 3/4-Mehrheit verlangt wird, während für alle anderen Entscheidungen eine 2/3-Mehrheit ausreicht (Artikel 12c der Satzung). Im Kommittee genügt bei allen Entscheidungen eine 2/3-Mehrheit (Artikel 13e).

---

schen Parteien ein: Als einzige europäische Parteifamilie traten sie bei der EP-Wahl 2004 mit einem einheitlichen Wahlprogramm und einem gemeinsamen Führungsteam an.

[308] SCHMIDT: Auf dem Weg zur Europäischen Grünen Partei, a.a.O., S. 57.

[309] Vgl. dazu ausführlich das Kapitel über die Europawahl IV. 4.a)ii.

EGP-Mitgliedsparteien, alphabetisch nach Ländern sortiert (erst Vollmitglieder, dann Beobachter):

Groen!	Belgien	Vollmitglied
Ecolo	Belgien	Vollmitglied
Green Party	Bulgarien	Vollmitglied
De Gronne	Dänemark	Vollmitglied
Bündnis 90/Die Grünen	Deutschland	Vollmitglied
Erakond Eestimaa Rohelised	Estland	Vollmitglied
Vihreä Litto	Finnland	Vollmitglied
Les Verts	Frankreich	Vollmitglied
Sakartvelo's mtsvaneta partia	Georgien	Vollmitglied
Oikologoi Prasinoi	Griechenland	Vollmitglied
Green Party	Irland	Vollmitglied
Federazione dei Verdi	Italien	Vollmitglied
Latvijas zaia Partija	Lettland	Vollmitglied
Déi Gréng	Luxemburg	Vollmitglied
Alternattiva Demokratika	Malta	Vollmitglied
Groenlinks	Niederlande	Vollmitglied
De Groenen	Niederlande	Vollmitglied
De Gronne	Norwegen	Vollmitglied
Die Grünen	Österreich	Vollmitglied
Zieloni 2004	Polen	Vollmitglied
Os Verdes	Portugal	Vollmitglied
Green Party	Rumänien	Vollmitglied
Zelenaya Alternativa (GROZA)	Russland	Vollmitglied
Miljöpartiet de Gröna	Schweden	Vollmitglied
Die Grünen	Schweiz	Vollmitglied
Strana Zelenych (SZ)	Slowakei	Vollmitglied
Stranka Mladih Slovenije (SMS)	Slowenien	Vollmitglied
Los Verdes	Spanien	Vollmitglied
Iniciativa per Catalunya Verds (ICV)	Spanien	Vollmitglied
Strana Zelenych	Tschechische Republik	Vollmitglied
Grüne Partei der Ukraine	Ukraine	Vollmitglied
Zöld Demokratak	Ungarn	Vollmitglied
Green Party of England and Wales	Vereinigtes Königreich	Vollmitglied
Scottish Green Party	Vereinigtes Königreich	Vollmitglied
Cyprus Green Party	Zypern	Vollmitglied
Te Gjelberit	Albanien	Beobachter
Partit Verds d´Andorra	Andorra	Beobachter

Socialistisk Folkeparti	Dänemark	Beobachter
Zelena Lista	Kroatien	Beobachter
Partidul Ecologist din Moldova „Aliante Verde"	Moldawien	Beobachter
Green Russia	Russland	Beobachter
Zeleni	Serbien	Beobachter
Yesiller	Türkei	Beobachter

Eigene Darstellung nach Angaben von der EGP-Homepage, Stand Oktober 2007

f) Gründe für die Entwicklung der Zusammenarbeit

Die Faktoren, die die oben beschriebene, zunehmend engere Zusammenarbeit erklären können, lassen sich auf theoretischer Ebene sowohl im Bereich der Internationalen Beziehungen als auch in der Parteienforschung finden.[310] Sie lassen sich handlungstheoretisch in externe (bzw. internationale) und interne Faktoren unterteilen: Externe Faktoren sind Handlungsanreize oder –restriktionen, die die Entwicklung der Parteienbünde von außen beeinflussen, interne Faktoren sind organisationsspezifische Anreize oder Restriktionen.[311]

Externe Faktoren sind vor allem in den Veränderungen der institutionellen Rahmenbedingungen auf der Ebene des europäischen Regierungssystems zu finden: Die Gründung der Parteizusammenschlüsse in der 70er-Jahren und die damit verbundene organisatorische Verfestigung der Zusammenarbeit wurde vor allem durch die oben schon geschilderte Ankündigung direkter Wahlen zum EP auf dem Gipfel in Den Haag 1969 beschleunigt.[312] Das Ziel der Gipfelkonferenzen von Den Haag und Paris (1972), die Gemeinschaft bis 1980 in eine „Europäische Union" umzuwandeln, war Signal für die nationalen Parteien, dass sich das europäische System zu einem maßgeblichen Rahmen für politisches Handeln entwickeln würde.[313] Je mehr wichtige politische Entscheidungen auf die europäische Ebene verlagert werden sollten, desto stärker wollten die nationalen Parteien auf transnationaler Ebene kooperieren, und in den – bis in die 70er-Jahre isoliert arbeitenden – Fraktionen des EP hoffte man, sich mit einer Intensivierung

---

[310] Vgl. HIX/LORD: Parties in the EU, a.a.O., S. 201.

[311] Vgl. NIEDERMAYER: Parteienbünde, a.a.O., S. 431.

[312] Vgl. DAMM: Hoffnungsträger, a.a.O., S. 399; HIX/LORD: Parties in the EU, a.a.O., S. 167.

[313] Vgl. NEßLER: Deutsche und europäische Parteien, a.a.O., S. 191.

der außerparlamentarischen Zusammenarbeit einen politischen Unterbau zu schaffen.[314] Auch in den 80er-Jahren waren es insbesondere die politischen Fraktionen im Europäischen Parlament, die die Notwendigkeit für eine Stärkung der transnationalen Parteizusammenschlüsse erkannten: Sie hofften, sich leichter darin verankern zu können, weil die Rückkopplung in die nationalen Parteien nur schwach entwickelt war.

Ein weiterer Faktor für die stärkere Zusammenarbeit war der Wunsch der Politik, dem immer stärker grenzüberschreitend organisierten ökonomischen Bereich einen ebenso organisierten politischen Bereich entgegenzustellen – in Form der Parteienbünde. Zudem war seit den ersten Direktwahlen zum EP das Bemühen jedes Parteienbundes intensiviert worden, durch verstärkte Zusammenarbeit möglichst viele Wähler zu gewinnen und im Wettbewerb mit den anderen Zusammenschlüssen zu punkten.[315]

Einen großen Schub erlebte die Frage nach „europäischen Parteien" durch die Regierungskonferenzen zur Ausarbeitung des Vertrages von Maastricht. Schon bei den Europawahlen 1989 hatte es in wichtigen Fragen große Einigkeit innerhalb der Parteizusammenschlüsse gegeben, und erstmals gab es auch Themen, die über nationale Grenzen hinaus für die Wähler wichtig waren: die Umweltproblematik und der europäische Binnenmarkt.[316] Zu diesem Zeitpunkt begannen die Zusammenkünfte der Parteiführer. Vor der Regierungskonferenz in Rom im Oktober 1990 trafen sich die Führer der EVP-Parteien und stimmten ihre Haltung untereinander ab, so dass sich bei der Konferenz (zum Teil mit Unterstützung der Sozialisten) die EVP-Positionen trotz Widerstands durchsetzen ließen.[317] Margaret Thatcher fühlte sich von den EVP-Parteien hintergangen („ambushed") und räumte ein, die Bedeutung dieses EVP-Treffens unterschätzt zu haben.[318] Seither kommen die Parteiführer der EVP, der SPE und der ELDR-Partei häufig vor europäischen Gipfeltreffen zusammen. Die Kompetenzübertragung wichtiger Fragen im Bereich Wirtschaft und Soziales regte die Partei-

---

[314] Vgl. DAMM: Hoffnungsträger, a.a.O., S. 399.

[315] Vgl. NIEDERMAYER: Parteienbünde, a.a.O., S. 433.

[316] Vgl. HIX/LORD: Parties in the EU, a.a.O., S. 169.

[317] Vgl. HIX/LORD: Parties in the EU, a.a.O., S. 170.

[318] Vgl. HIX/LORD: Parties in the EU, a.a.O., S. 170.

en (vor allem ihre Führung) dazu an, neue Kanäle zu erschließen, durch die sie die Entscheidungen der EU mit beeinflussen konnten.[319]

Interne Handlungsanreize oder -restriktionen ergänzen die Reihe von Gründen für intensivere Parteienzusammenarbeit. Vor allem kleinere Parteien erhoffen sich von grenzüberschreitender Zusammenarbeit „eine Aufwertung im nationalen Rahmen bzw. eine Kompensation mangelnder nationaler Politikbeeinflussungsmöglichkeiten (...). Für nationale Regierungsparteien hingegen bedeutet eine verstärkte supranationale Integration die zunehmende Beeinträchtigung nationaler Handlungsfähigkeit."[320] Kontroversen zwischen den Mitgliedsparteien können zu Handlungsrestriktionen führen. Insbesondere in den Bereichen der Wirtschafts- sowie der Außen- und Sicherheitspolitik gab es in allen vier „europäischen Parteien" zum Teil erhebliche Differenzen. Während die Klammer der Befürwortung der europäischen Integration solche Konflikte vor allem bei der EVP und der ELDR-Partei teilweise entschärfen konnte, stellten diese Differenzen bei der SPE und der EFGP große Hemmnisse für die Vertiefung der Zusammenarbeit dar.[321] So hat beispielsweise die SPD wie oben gezeigt des Öfteren dazu beigetragen, die Entwicklung der SPE zur supranationalen Organisation zu verhindern. Ein weiteres Spannungsfeld innerhalb der Parteizusammenschlüsse sind die teilweise divergierenden ideologischen Strömungen: Aus den verschiedenen Ländern kommen zum Teil sehr unterschiedliche Parteien unter dem Dach eines Parteienbundes zusammen. Die EVP beispielsweise diskutierte lange die Frage, ob auch konservative, nicht christdemokratische Parteien mitarbeiten dürfen. Dieser Streit wurde 1999 wieder aktuell, als im Rahmen der Öffnung der EVP für konservative Parteien auch die italienische „Forza Italia" EVP-Mitglied wurde.[322] Mittlerweile sind in der EVP christdemokratische und konservative Parteien vereint. Bei den Sozialisten war das Verhältnis zu kommunistischen Parteien lange Zeit umstritten; die Liberalen sind in der ELDR-Partei von links- bis rechtslibe-

---

[319] Vgl. LADRECH: PSE, a.a.O., S. 85.

[320] NIEDERMAYER: Parteienbünde, a.a.O., S. 433.

[321] Vgl. NIEDERMAYER: Parteienbünde, a.a.O., S. 434.

[322] Vgl. KIESSLING: Europäische Parteien 99/00, a.a.O., S. 282.

ral vereint und stehen zum Teil eher der SPE, zum Teil eher der EVP nahe, und die Grünen hatten große interne Probleme mit radikalen Parteien.[323]

Diese externen und internen Faktoren erklären, warum die Parteizusammenschlüsse im Laufe der Jahre immer enger zusammenarbeiten, warum sich also (um in den Begrifflichkeiten der oben beschriebenen Niedermayerschen Theorie zur Entwicklung von Parteien zu bleiben) aus bloßen Kontakten eine wirkliche Kooperation entwickelt hat, die teilweise schon ins Stadium der zunehmenden Integration gelangt ist. Sie erklären aber zugleich, warum es noch Schwierigkeiten auf dem Weg zur vollständigen Integration in eine „europäische Partei" gibt.

3. Das Verhältnis von Europarteien zu den Fraktionen

We must be grateful to the Group for allowing the party to exist.[324]

An dieser Stelle gilt es, kurz auf die Fraktionen im EP einzugehen, da auf europäischer Ebene die Objekte „Partei" und „Fraktion" nicht im gleichen Verhältnis zueinander stehen wie im Nationalstaat. In der vorliegenden Arbeit wird diese Unterscheidung insbesondere bei der Betrachtung der Einflussmöglichkeiten der Parteien im Institutionengefüge eine Rolle spielen, weil die Parteien hier in erster Linie über ihre Fraktionen Einfluss ausüben können. In einem weiter gefassten Sinne schließt der Begriff der Europartei die Fraktionen allerdings ein.

Das Verhältnis der Fraktionen zu den Parteizusammenschlüssen ist zunächst durch die historische Entwicklung bedingt. Den Fraktionen fehlte nach ihrer Gründung ein parteiorganisatorischer europäischer Unterbau, die Rückkopplung in die nationalen Parteien war nur schwach entwickelt. Wie oben ausgeführt ist die Entstehung der „europäischen Parteien" auch auf den Wunsch der Fraktionen nach diesem Unterbau zurückzuführen. Anders als im Nationalstaat üblich, ist die Fraktion das bestimmende Element: „Die Fraktion ist die Mutter, und die Partei ist das Kind. Normaler-

---

[323] Zu der gestiegenen Heterogenität seit der EU-Osterweiterung vgl. unten, Kapitel VI. 1., hier insbesondere die Unterpunkte b) und c).

[324] Jean-Francois VALLIN, von 1995–1999 Generalsekretär der SPE, zitiert nach Stephen DAY: Developing a conceptual understanding of Europe´s transnational political parties, a.a.O.in: Journal of Contemporary European Studies 13, Heft 1/2005, S. 59–77 (S. 72).

weise ist es ja umgekehrt: die Partei ist die Mutter und die Fraktion das Kind, aber [...] es war nun mal so, dass die Fraktion eher existierte und auch intensiver arbeitet – wir sehen uns wöchentlich und sind auch mittlerweile eine eingeübte politische Gruppierung."[325] Einige Funktionsträger in den Fraktionen übernehmen auch Funktionen in ihren Europäischen Parteien, für viele Abgeordnete ist die Partei jedoch eher ein organisatorisches Dach, sie haben nicht automatisch eine enge Verbindung zu ihrer jeweiligen Partei.[326] Das Schwergewicht im Verhältnis zwischen europäischen Fraktionen und europäischen Parteizusammenschlüssen liegt also bei den Fraktionen. Neben den historischen Ursachen liegt das vor allem daran, dass es (neben den Mitgliedsparteien) lange Zeit vor allem die Fraktionen waren, die die Parteizusammenschlüsse finanzierten: Die „europäischen Parteien" waren bis vor kurzem von der indirekten Finanzierung durch das EP über ihre Fraktionen abhängig, außerdem stellten die Fraktionen (bzw. das EP) den Parteien Infrastruktur (wie Dolmetscher, Techniker, Räumlichkeiten) kostenlos zur Verfügung.[327] Durch die Parteienverordnung hat sich dieses Bild, das auch in dem einleitenden Zitat zum Ausdruck kommt, gewandelt: Seit 2004 bekommen die Europarteien ihr Geld nicht mehr von ihren Fraktionen, sondern aus dem Gesamthaushaltsplan der Europäischen Union. Artikel 4 der Verordnung sieht vor, dass die Parteien jährlich einen Antrag beim Parlament stellen müssen, um eine Finanzierung zu erhalten (Absatz 1), das Parlament entscheidet dann innerhalb von drei Monaten und bewilligt und verwaltet die entsprechenden Mittel (Absatz 2).[328] Die Parteien können mit den Geldern unter anderem Ver-

---

[325] Interview mit Jo LEINEN vom 6. Juni 2006. JANSEN spricht in diesem Zusammenhang von einer „Elternschaft der Fraktion": vgl. JANSEN: Entstehung, a.a.O., S. 247

[326] Vgl. JASMUT: Parteien und Integration, a.a.O., S. 276.

[327] Vgl. JANSEN: Entstehung, a.a.O., S. 247; Klaus PÖHLE: Europäische Parteien – für wen und für was eigentlich? Kritik und Perspektive, in: ZParl Heft 3/2000, S. 601–619 (S. 609). Zum Verhältnis von europäischen zu nationalen Parteien siehe JASMUT: Parteien und Integration, a.a.O., S. 271.

[328] Ob es sinnvoll ist, dass das Parlament und nicht die Kommission über die Mittel entscheidet sei hier dahingestellt, aus den Europäischen Parteien selbst kommt zum Teil Kritik an dieser Entscheidung, so von Antony BEUMER (Interview vom 23.11. 2005): „Die EVP-Fraktion hat darauf bestanden, dass das Parlament die Gelder gibt. Es hätte seine Logik gehabt, wenn die Kommission das gemacht

waltungsausgaben und Ausgaben für Sitzungen, Veranstaltungen, Technik und Veröffentlichungen finanzieren (Artikel 8). Im Gegenzug verpflichten sich die Parteien, ihre Finanzierungsquellen von Spenden ab 500 Euro anzugeben (Artikel 6 Spiegelstrich b) und keine Spenden aus dem Budget einer Fraktion anzunehmen (Spiegelstrich c; dort sind auch weitere Grundsätze zu Spenden aufgelistet). Insbesondere bei SPE, ELDR-Partei und den Grünen hat die Parteiverordnung zu größeren Änderungen im Verhältnis von Partei und Fraktion geführt: „(…) bei der EVP war die Parteiorganisation immer außerhalb des Parlaments, und im Wesentlichen auch mit eigenen Mitarbeitern, und zu sehr großen Teilen finanziert durch die nationalen Parteien, auch wenn es einen substanziellen Mitgliedsbeitrag der Fraktion gab. Bei den Sozialdemokraten und Grünen und Liberalen war die Partei mehr oder weniger geführt wie eine Abteilung der Fraktion – weshalb auch bei denen der Anpassungsbedarf größer war (…)".[329] Auf die beträchtlichen Auswirkungen der Parteienverordnung auf das Verhältnis zwischen Parteien und Fraktionen wird später noch einzugehen sein.[330] Das gewandelte Verhältnis von Fraktion zu Partei lässt sich auch den personellen Entwicklungen ablesen: Nelly Maes war die erste Europa-Parlamentarierin, die zur Vorsitzenden einer Europartei gewählt wurde (sie leitet seit 2004 die „Europäische Freie Allianz" EFA, ein Zusammenschluss von überwiegend regionalen Parteien aus Europa[331]). Auch die SPE hat – mit dem ehemaligen dänischen Premierminister Poul Nyrup Rasmussen – seit 2004 einen Europa-Abgeordneten als Vorsitzenden. Die SPE hat außerdem als erste Europartei regelmäßige Treffen zwischen der Parteiführung und der Fraktion eingerichtet, um gemeinsame Strategien und Standpunkte zu koordinieren.[332]

---

hätte, aber die Kommission wollte sich nicht mit europäischen politischen Parteien beschäftigen (…)"

[329] Klaus WELLE, Interview vom 24. November 2005.

[330] Vgl. dazu unten, Kapitel VI. 2 c).

[331] Mitglieder sind beispielsweise die „Partei der deutschsprachigen Belgier", die „Scottish National Party" oder die „Union für Südtirol". Im Europaparlament bilden die EFA-Abgeordneten eine gemeinsame Fraktion mit den Europäischen Grünen.

[332] Vgl. John BALLANCE/Simon LIGHTFOOT: The Impact of the Party Regulation on the Organisational Development of Europarties, 2006, abrufbar unter http://www.leeds.ac.uk/jmce/p-impact.doc.

Der sogenannte Tsatsos-Bericht beschrieb schon 1996 das Verhältnis von Partei und Fraktion: „The party and the body representing it in Parliament, the political group, are naturally closely linked. The party and the political group must, however, each have their own institutional and political role."[333] Grundsätzlich sind die Parteien eher für unverbindliche programmatische Zielsetzungen zuständig, während die Fraktionen aus diesen Zielsetzungen konkrete politische Initiativen entwickeln. Dabei differiert das Handeln der Fraktionen gelegentlich von den vorgegebenen Leitlinien, weil die Fraktionen versuchen müssen, im Alltagshandeln auf den EU-Entscheidungsprozess einzuwirken und nicht immer die programmatisch-grundsätzliche Position ihrer Partei übernehmen können.[334] Gleichzeitig bringen die Fraktionen ihre Positionen in die Parteien ein und erhalten von dort für anstehende Abstimmungen politische Rückendeckung.[335]

Nicht immer sind dabei die Mitglieder von Fraktion und von Europartei deckungsgleich. In der liberalen Fraktion sitzen beispielsweise die 62 Abgeordneten der ELDR und zusätzlich 23 Abgeordnete der EDP (Europäische Demokratische Partei, eine Vereinigung von europäischen Zentrumsparteien) sowie vier Unabhängige. Die Fraktion verzichtet daher auf den Namen ELDR und nennt sich ALDE (Allianz der Liberalen und Demokraten für Europa). In der Fraktion der Grünen sind auch die Abgeordneten der „Europäischen Freien Allianz – EFA" vertreten, weswegen die Fraktion seit 1999 offiziell als „Die Grünen/Europäische Freie Allianz" firmiert. Die Fraktion der EVP heißt EVP-ED, ist also die gemeinsame Fraktion der EVP und der Europäischen Demokraten (ED, dazu zählen die britischen und die tschechischen Konservativen). Die britischen Tories und die tschechische ODS sind Mitglied der EVP-ED-Fraktion, nicht aber der Partei EVP.[336]

---

[333] „Tsatsos-Bericht" über die konstitutionelle Stellung der Europäischen Politischen Parteien vom 30. Oktober 1996, A4-0342/96, abgedruckt auch in EuGRZ 24 (1997), S. 78ff.

[334] Vgl. DAMM: Hoffnungsträger, a.a.O., S. 414.

[335] Vgl. JASMUT: Parteien und Integration, a.a.O., S. 269.

[336] Ob dies nach der Europawahl 2009 so bleibt oder diese beiden Parteien künftig eine eigene Fraktion gründen, wird intern zur Zeit diskutiert, vgl. die Aussagen des Parteivorsitzenden der britischen Konservativen David CAMERON unter www.epp-eu.org/news/newsdetail.php?HoofdmenuID=4&newsID=153&submenuID=49. Vgl. zu diesem Thema auch die Ausführungen in Kapitel VI 1. b) bis d) über die Auswirkungen der EU-Osterweiterung auf die Europarteien.

4. Funktionen nationaler und europäischer Parteien

> *Da holen die Leute Duvergers Kriterienkatalog hervor und stellen dann fest,*
> *dass europäische Parteien anders sind, und ziehen daraus Schlussfolgerungen.*
> *Wenn man das als Denkstruktur hat, kommt man nirgendwo hin.*[337]

Zwischen den Parteien auf nationaler Ebene und den „europäischen Parteien" gibt es einige Unterschiede, die daran zweifeln lassen, ob man auf europäischer Ebene überhaupt von Parteien sprechen kann. Es stellt sich die zu Beginn dieses Kapitels aufgeworfene grundsätzliche Frage, ob die Bezeichnung dieser Zusammenschlüsse von Parteien aus europäischen Staaten als eigenständige „europäische Parteien" überhaupt gerechtfertigt ist oder ob man sich auf Formulierungen wie „Parteizusammenschlüsse" beschränken muss. Zur Beantwortung dieser Frage werden im Folgenden die Funktionen von Parteien allgemein und von europäischen Parteien untersucht.

Bei den klassischen Funktionen von politischen Parteien kann man unterscheiden zwischen einer *Grundfunktion* von Parteien und mehreren *Einzelfunktionen*, die bestimmte Aspekte der Grundfunktion beschreiben.[338] Während in der Literatur oft versucht wird, die europäischen Parteien am Raster der klassischen Parteifunktionen zu analysieren, wird im Folgenden auch versucht, einen eigenen Funktionskatalog für europäische Parteien zu erstellen. Dieser gilt jedoch in erster Linie für die aktuelle, praktisch-politische Tätigkeit der Parteien. Für eine demokratischere Zukunft können diese eingeschränkten Funktionen allein nicht ausreichen.

a) Europäische Parteien und klassische Parteifunktionen

Als *Grundfunktion* wird die Vermittlungsaufgabe verstanden: Parteien sind die zentralen Verbindungselemente zwischen Gesellschaft und Staat.[339] Anders gesagt: Sie sind Mittler zwischen den gesellschaftlichen Kräften

---

[337] WELLE, Interview vom 24. 11. 2005.

[338] Zu den Funktionen von Parteien gibt es eine Fülle an politikwissenschaftlicher Literatur. Vgl. dazu und zu der hier erfolgten Aufteilung zwischen Grund- und Einzelfunktionen (die von Dieter GRIMM stammt) zum Beispiel STENTZEL: Integrationsziel Parteiendemokratie, S. 113f.

[339] So wird auch Artikel 21 I GG verstanden, vgl. BVerfGE 20, 56 (S. 100f); E 73, 40 (S. 85); E 44, 125 (S. 145).

und Impulsen (dem „Volkswillen"[340]) auf der einen und den politischen Leitungsorganen und dem hoheitlichen Entscheidungsapparat auf der anderen Seite. Parteien verdichten die vielfältigen politischen Vorstellungen und Bedürfnisse zu wenigen Alternativen, zwischen denen die Menschen wählen können. Sie sind in diesem Prozess „die einzigen gesellschaftlichen Gruppen, die ihre generalisierten Handlungsprogramme und das von ihnen ausgelesene Personal, das sich diesen Programmen verschreibt, zur Wahl stellen und als gewählte (Mehrheits)Partei(en) ihre Programme über ihre Parlamentarier im staatlichen Bereich in konkrete Handlungsaufträge und positives Recht transformieren."[341] Umgekehrt müssen die gewählten Repräsentanten die Bevölkerung über schwierige politische Sachverhalte aufklären und für Entscheidungen um Zustimmung werben: auch hier sind Parteien nötig, um den Informationsfluss von staatlichen Institutionen zu gesellschaftlichen Gruppen zu garantieren und somit die Verknüpfung von Entscheidungsapparat und „Volkswillen" zu gewährleisten.

Die *Einzelfunktionen*, die verschiedene Aspekte der Grundfunktion beleuchten, werden üblicherweise in „Funktionskatalogen" aufgelistet. Diese Kataloge kommen zum Teil mit zwei Funktionen aus, zählen zum Teil aber auch bis zu 14 Parteifunktionen auf. Die meisten Kataloge erwähnen fünf Haupt-Funktionen von Parteien:[342] *Repräsentation* (Berücksichtigung und Wiedergabe von gesellschaftlichen Interessen, insbesondere durch Parteiprogramme), *Legitimation* (die Möglichkeit von Parteimitgliedern, an innerparteilichen Willensbildungs- und Entscheidungsprozessen teilzunehmen, wird auch als Partizipationsfunktion bezeichnet), *Elitenrekrutierung* (Ein-

---

[340] Dieser Begriff ist jedoch missverständlich, da das Volk als solches keinen Gesamtwillen besitzt, vgl. STENTZEL: Integrationsziel Parteiendemokratie, S. 114.

[341] STENTZEL: Integrationsziel Parteiendemokratie, S. 114.

[342] Vgl. für die folgende Auflistung Ludger HELMS (der wiederum einen Katalog Winfried STEFFANIs weiterführt): Parteiensysteme als Systemstruktur. Zur methodisch-analytischen Konzeption der funktional vergleichenden Parteiensystemanalyse, in: ZParl 26 (1995), S. 642–657; Winfried STEFFANI: Parteien als soziale Organisationen. Zur politischen Parteienanalyse, in: ZParl 19 (1988), S. 549–560. Eine Liste von Funktionskatalogen findet sich bei Elmar WIESENDAHL: Parteien und Demokratie, Opladen 1980, S. 188. WIESENDAHL und HELMS gehen auch auf die Schwierigkeiten ein, die mit dem Begriff der „Funktion", mit der Vermischung von Partei-Analysen und Parteiensystem-Analysen und mit der Aussagekraft empirischer, deskriptiver und normativer Ansätze verbunden sind.

fluss der Parteien auf die Rekrutierung der politischen sowie ggf. sonstigen Elite), *Integration* (Einbindung der Bürger in das bestehende Gemeinwesen) sowie *Innovation* (gezielte Anpassung eines Systems an neue Herausforderungen und Politikgestaltung, für das politische System bedeutet dies vor allem Bereitschaft zu politischen Reformen und zu Regierungswechseln). Wenn man den Ansatz verfolgt, diese Funktionen nun auf die europäischen Parteien anzuwenden, kommt man zu widersprüchlichen Ergebnissen:[343]

• Um die **Repräsentationsfunktion** zu erfüllen, müssten europäische Parteien mit klar unterscheidbaren Programmen antreten, und sie müssten so geschlossen agieren, dass sie in der Lage sind, gemäß diesen Programmen zu handeln.[344] Wie später zu zeigen sein wird, erfüllen die europäischen Parteien beide Voraussetzungen relativ klar: in der „rechts-links-Dimension" unterscheiden sich die Parteien deutlich, und die Geschlossenheit bei Abstimmungen im Europäischen Parlament ist sehr hoch (vgl. Kapitel IV. 2. b, wo ausführlich auf die Abstimmungskohäsion eingegangen wird). Andere Formen von Parteiprogrammatik (neben Wahl- und Grundsatzprogrammen zählen hierzu noch Regierungserklärungen und Aktionsprogramme) können die europäischen Parteien hingegen aufgrund des politischen Systems der EU nicht leisten.[345] Zwar treten die Europarteien zu den Europawahlen mit einem gemeinsamen Programm an, doch gibt es hier eine Konkurrenz zu den nationalen Mitgliedsparteien, da die Erstellung wirklich verbindlicher Wahlprogramme eine Kompetenzübertragung durch die nationalen Parteien voraussetzt: „Die Verständigung auf gemeinsame programmatische Grundpositionen stellt den Kern der Identität jeder politischen Partei dar, so dass Versuche der Europarteien, ihre nationalen Parteien zu verbindlichen supranationalen Programmen zu bewegen, mit Wi-

---

[343] Vgl. dazu und zum folgenden Claudia EHMKE: Die Sozialdemokratische Partei Europas: Legitimationsvermittler für die EU? Aufsatz bei der Tagung „Europäische Parteien als Integrationsmotor", abrufbar unter www.ruhr-uni-bochum.de/ iga/isb/isb-hauptframe/forschung/Tagungspapiere/Ehmke.pdf.

[344] Vgl. den Aufsatz Political Representation and Legitimacy in the European Union von Hermann SCHMITT/Jacques THOMASSEN im gleichnamigen Buch: SCHMITT/ THOMASSEN (Hrsg.), New York/Oxford 1999, S. 3–21 (S. 15).

[345] Vgl. hierzu Carl-Christian BUHR: Europäische Parteien. Die rechtliche Regelung ihrer Stellung und Finanzierung, Berlin 2003, S. 15f.

derständen verbunden sind."[346] Die Programme der Europarteien sind, da sie oft auf dem kleinsten gemeinsamen Nenner beruhen, meist unpräzise und in ihrer Aussagekraft begrenzt. Immerhin werden die Programme zunehmend inhaltsreicher und verbindlicher, auch ihre Rückbindungs-Wirkung auf die Mitgliedsparteien nimmt zu, wie im weiteren Verlauf der Arbeit noch zu zeigen sein wird (vgl. die Ausführungen in Kapitel IV. 4. a) ii und iii). So musste das Programm der EFGP für die Wahl 2004 von allen Mitgliedsparteien übernommen oder in die nationalen Wahlprogramme integriert werden. Auch die Einführung von Arbeitsgruppen mit hochrangigen Vertretern[347] zu bestimmten Themen stärkt die programmatische Arbeit der Europarteien und bietet Entwicklungschancen für die Europarteien. Somit nimmt die Interessenartikulation und –aggregation durch die Europarteien zu, sie können die Repräsentationsfunktion zumindest ansatzweise erfüllen.

• Zur Erfüllung der **Legitimations- bzw. Partizipationsfunktion** müssen die Parteimitglieder an Willensbildungs- und Entscheidungsprozessen teilnehmen – hier stoßen europäische Parteien schnell an Grenzen, sind ihre Mitglieder doch in der Regel einzelne Parteien, keine Individuen. Selbst, wenn individuelle Mitgliedschaft grundsätzlich möglich ist, wird diese Möglichkeit auch von Parteivertretern eher als symbolische Geste angesehen, man versteht die „Mitglieder" eher als „Unterstützer".[348] Die Teilhabe von Parteimitgliedern am partei-internen Entscheidungsprozess könnte gestärkt werden, wenn die Europarteien eine signifikante Zahl von EU-Bürgern als Mitglieder gewinnen könnten. Allerdings ist die individuelle Mitgliedschaft bei den Europarteien bislang kaum verbreitet und wird auf kurze Sicht auch keine Ausweitung erfahren, da die nationalen Parteien dieser Entwicklung skeptisch ge-

---

[346] Thomas POGUNTKE/Christine PÜTZ: Parteien in der Europäischen Union: Zu den Entwicklungschancen der Europarteien, in: ZParl 2/2006, S. 334–353 (S. 346f.).

[347] Beispiele sind bei der SPE die Arbeitsgruppe zum Lissabon-Prozess unter der Leitung von Hans EICHEL, bei der EVP gibt es unter anderem eine Arbeitsgruppe zur Wirtschafts- und Sozialpolitik.

[348] Vgl. Christian KREMER, Interview vom 25. 11. 2005; Klaus WELLE, Interview vom 24.11. 2005; ähnlich Antony BEUMER, Interview vom 23. 11. 2005. Weitere Anmerkungen zum Thema der individuellen Mitgliedschaft unten, Kapitel IV. 8. a) und b).

genüberstehen und dies zudem innerparteiliche Schwierigkeiten innerhalb der Europarteien (die ja als Parteien von Parteien konzipiert sind)
aufwerfen würde. Immerhin besteht durch die zögerliche Ausweitung
von Individualmitgliedschaften zumindest die theoretische Möglichkeit, am Willensbildungsprozess mitzuwirken (so können die „E-Mem-
bers" bei der ELDR online Wünsche und Vorstellungen äußern). Bei
den Parteikongressen, den obersten Organen der europäischen Partei-
en, werden jedoch Delegierte zumeist von nationalen Parteieliten ausgewählt, so dass die jeweilige Parteibasis von der Willensbildung de
facto abgekoppelt ist. Aber auch die Delegierten selbst haben bei Kon-
gress-Sitzungen keinen wirklichen Einfluss bei Willensbildung und
Entscheidung, da zentrale Fragen in der Regel im Vorfeld einvernehm-
lich geregelt werden. Mehrheitsentscheidungen sind bei den Kongressen grundsätzlich möglich, werden bei wichtigen Fragen aber nur selten praktiziert.[349] Erschwerend kommt hinzu, dass der Bekanntheitsgrad der europäischen Parteien bei vielen nationalen Parteimitgliedern
sehr gering ist, Europapolitik wird in den nationalen Parteien in erster
Linie wahrgenommen als Arbeit von Europaabgeordneten und von nationalen Europa-Experten.[350]

• Die **Elitenrekrutierungsfunktion** ist besonders wichtig: Gruppierungen
  sind nur dann Parteien, wenn sie die Leitung des politischen Systems,
  in dem sie arbeiten, „erobern oder beeinflussen" wollen.[351] Nur, wenn
  ihnen die Elitenrekrutierung gelingt, können Parteien das politische
  System auf parteispezifische Weise beeinflussen und sich so von anderen Interessengruppen unterscheiden.[352] Die politische Elite wird in
  Europa jedoch nicht von den europäischen Parteien, sondern von den
  nationalen Regierungen rekrutiert. Die meisten Kommissare beispielsweise besetzten vor ihrer Nominierung hohe nationale Ämter, Erfahrungen mit europäischen Themen sind dabei eher glückliche Zufälle als

---

349   Vgl. BEUMER, Interview vom 23. 11. 2005.

350   Vgl. BEUMER, Interview vom 23. 11. 2005; ähnlich KREMER, Interview vom 25. 11.
      2005.

351   Max WEBER: Wirtschaft und Gesellschaft, 5. Auflage, Tübingen 1980, S. 167.

352   Vgl. hierzu auch EHMKE: Die Sozialdemokratische Partei Europas, S. 1f. Die Eli-
      tenrekrutierungsfunktion wird in den meisten Funktionskatalogen als zentrales
      Merkmal, zum Teil auch als Ausschlusskriterium genannt.

tatsächliches Auswahlkriterium. Auch die Kandidaten für die Europawahl werden (noch) von den nationalen Parteien aufgestellt, die europäischen Parteien haben keine Möglichkeit der Einflussnahme auf die
Nominierungen. In letzterem Punkt könnten sich allerdings bald Änderungen ergeben: Es mehren sich die Stimmen, die für europaweite Listen bei den Europawahlen plädieren. Mit der zunehmenden Kompetenz
des Parlaments wird auch das Kriterium der europapolitischen Kompetenz der Bewerber wichtiger. Auch die EP-Fraktionen werden ein gesteigertes Interesse an kompetenten und erfahrenen Kandidaten deutlich machen.[353] Zumindest Teile der jeweiligen Listen könnten so schon
bei der EP-Wahl 2009, spätestens 2014 von den europäischen Parteien
aufgestellt werden.[354] Elitenrekrutierung durch die Europarteien findet
immerhin zum Teil innerhalb der EU-Verwaltung statt: „Die Organisation von „Freundeskreisen" oder „Gesprächszirkeln" innerhalb der EU-
Bürokratie wird Tendenzen zu einer parteipolitischen Durchdringung
verstärken, und die Europarteien sind aufgrund ihres transnationalen
Charakters in der Lage, in diesem Bereich Einfluss zu nehmen."[355]

- Die **Integrationsfunktion** erfüllen Parteien, wenn sie die Bürger in das
  Gemeinwesen einbeziehen. Die erfolgreiche Kommunikation mit der
  Bevölkerung ist eine elementare Grundlage für die (Fort-)Existenz von
  Parteien – daher haben die nationalen Parteien kein Interesse daran,
  diese Aufgaben zu „teilen".[356] Immerhin leisten die Europarteien Öffentlichkeitsarbeit durch die Herausgabe von Pressemitteilungen oder
  durch Internetauftritte. Als Indikator der Integrationsleistung eines
  Parteiensystems kann darüber hinaus die Entwicklung der Wahlbeteiligung untersucht werden.[357] Die europäischen Parteien können jedoch
  bei Europawahlen immer weniger Menschen mobilisieren, die Wahlbeteiligung ist seit der ersten Direktwahl kontinuierlich gesunken von

---

[353] Vgl. POGUNTKE/PÜTZ: Zu den Entwicklungschancen der Europarteien, a.a.O.,
S. 349.

[354] Vgl. BEUMER, Interview vom 23. 11. 2005.

[355] POGUNTKE/PÜTZ: Zu den Entwicklungschancen der Europarteien, a.a.O., S. 350.

[356] Vgl. POGUNTKE/PÜTZ: Zu den Entwicklungschancen der Europarteien, a.a.O.,
S. 343.

[357] Vgl. HELMS: Parteiensysteme als Systemstruktur, a.a.O., S. 654.

63% 1979 auf zuletzt noch 45,6% im Jahre 2004.[358] Dies ist sicherlich in erster Linie die Schuld der nationalen Parteien, doch um selbst die Integrationsfunktion erfüllen zu können, müssten die europäischen Parteien sowohl finanziell als auch organisatorisch in der Lage sein, einen eigenen Wahlkampf zu führen – dies ist bislang kaum der Fall. Große nationale Parteien können sich (auch dank der staatlichen Unterstützung für Europawahlkämpfe) einen professionelleren Wahlkampf leisten, sie erwarten sich von den Wahlkampf-Strategien der Europarteien weder finanzielle noch inhaltliche Vorteile. Für kleinere nationale Parteien können die Aktivitäten der Europartei jedoch durchaus eine wichtige Rolle spielen. Die Europäischen Grünen waren 2004 die erste Partei, die Versuche eines gemeinsamen Wahlkampfes unternahm: Sie traten mit einem einheitlichen Wahlprogramm für alle Mitgliedstaaten und einem elfköpfigen Führungsteam an. Diese einheitliche Wahlkampagne ist auch damit zu erklären, dass die Europäischen Grünen mit der deutschen Mitgliedspartei Bündnis90/Grüne eine sehr gut organisierte Partei in ihren Reihen haben, und dass viele kleine und neue grüne Parteien (insbesondere in den Beitrittsländern, aber auch in Südeuropa) mangels eigener Ressourcen und Wahlkampferfahrungen über die EFGP von den Erfolgsrezepten der deutschen Grünen profitieren konnten.[359] Insgesamt jedoch können die Europarteien im jetzigen EU-System kaum über die Rolle als „komplementärer Akteur"[360] hinauswachsen, die Rolle als Vermittler zwischen Bevölkerung und EU-Institutionen wird zumindest mittelfristig weiterhin von den nationalen Parteien ausgeübt werden.

• Unter **Innovation** fallen die Bereitschaft zu Reformen, zu neuen Gesetzen und neuen „Regierungs"-Personen, aber auch die Bereitschaft zur Weiterentwicklung des EU-Systems, kurz: die Bereitschaft zur Politikgestaltung. Bei der Auswahl des Kommissionspräsidenten hatten europäische Parteien lange Zeit keinerlei Mitsprache, dies ändert sich jedoch

---

[358] Vgl. zu den Zahlen www.elections2004.eu.int/ep-election/sites/de/results13 06/turnout_ep/ turnout_table.html. In Deutschland wählten 2004 nur 43% der Wahlberechtigten.

[359] Vgl. POGUNTKE/PÜTZ: Zu den Entwicklungschancen der Europarteien, a.a.O., S. 345.

[360] POGUNTKE/PÜTZ: Zu den Entwicklungschancen der Europarteien, a.a.O., S. 346.

nach und nach. Im Vertrag von Lissabon ist vorgesehen, dass der Europäische Rat bei seinem Kandidatenvorschlag für das Amt des Kommissionspräsidenten die Ergebnisse der EP-Wahlen berücksichtigen muss. Durch die Nominierung von Kommissionspräsident José Manuel Barroso ist vom Rat indirekt anerkannt worden, dass der Ausgang der Wahl Einfluss auf die Besetzung der Kommission haben muss: Nachdem sich abgezeichnet hatte, dass Politiker, die nicht der bei der Wahl siegreichen EVP angehörten, im Parlament keine Mehrheit finden würden, einigte sich der Europäische Rat auf Barroso, obwohl es „durchaus Präferenzen für Politiker, die (…) anderen politischen Lagern angehörten"[361], gegeben hatte. Ohne den Sieg der EVP bei der Wahl wäre heute nach Einschätzung eines EVP-Vertreters nicht der Konservative Barroso, sondern der Liberale Guy Verhofstadt Kommissionspräsident.[362] Auch die Tatsache, dass Barroso den italienischen Kandidaten für den Posten des Innen- und Justizkommissars, Rocco Buttiglione, durch Franco Frattini austauschen musste, ist auf parteipolitischen Druck zurückzuführen: SPE und Grüne konnten mit Unterstützung der Liberalen glaubhaft damit drohen, bei einer Ernennung von Buttiglione die gesamte Kommission abzulehnen. Hinsichtlich der Gesetzgebung liegt das alleinige Initiativrecht bei der Kommission, diesen Aspekt der Innovationsfunktion können Parteien also nicht ausüben. Immerhin sind sie in der Lage, zwischen den Institutionen entlang parteipolitischer Konfliktlinien vermittelnd zu agieren. Durch ihre Wahlprogramme haben die Europarteien zudem (begrenzte) Möglichkeiten, die Arbeit der EP-Fraktionen zu beeinflussen und so ein Gegengewicht zu den nationalen Delegationen zu schaffen. Auch bei den im Vorfeld von EU-Gipfeln stattfindenden partei-internen Treffen der Regierungschefs können die Europarteien eigene Überzeugungen einbringen und so gelegentlich bei der europäischen Politikgestaltung mitwirken und so zur Innovation beitragen.

---

[361] Rudolf Hrbek: Europawahl 2004: neue Rahmenbedingungen, alte Probleme, in: integration 3/2004, S. 211–222 (S. 220).

[362] So Klaus WELLE, Interview vom 24. 11. 2005. Vgl. zum Einfluss der Parteien und des Parlaments auf die Kommission unten, Kapitel IV. 3. a).

Nimmt man nun die klassischen Partei-Funktionen als Raster für die europäischen Parteien und vergleicht deren momentane Situation mit derjenigen der nationalen Parteien, so stellt man fest: Der Begriff „Parteien" kann
nicht ohne weiteres auf die europäischen Parteien übertragen werden. Diese bestehen nicht aus Individuen, sondern aus Parteien, die politische Elite
Europas rekrutiert sich im Wesentlichen nicht aus den Parteien, sondern
aus den Mitgliedstaaten, die europäischen Parteien können die Wahlkämpfe nur zum Teil beeinflussen, vielen Menschen (sowohl der Bevölkerung als
sogar auch vielen Mitgliedern nationaler Parteien) sind die europäischen
Parteien unbekannt, und auch auf die Regierungsbildung und die Gesetzgebung haben sie relativ wenig Einfluss. Wenn man die klassischen Parteifunktionen als Maßstab für die europäischen Parteien begreift, muss man
folgern: Europäische Parteien sind für das Funktionieren des politischen
Systems der EU zwar durchaus hilfreich, zwingend notwendig sind sie jedoch noch nicht.[363]

Für die Parteizusammenschlüsse können jedoch nicht die gleichen engen
Kriterien wie für politische Parteien auf nationaler Ebene gelten, und bestimmte Funktionen nationaler Parteien kann es auf europäischer Ebene
solange nicht geben, wie sich das politische System der Europäischen Union grundsätzlich von nationalen politischen Systemen unterscheidet.[364]
„Given the specific European institutional framework, the role of these federations cannot be strictly analogous to those of traditional, national political parties. They operate under a different ‚constitutional' structure lacking
both a central government and a single electorate."[365] Funktion und Begriff
von „Partei" können daher in Europa nicht ohne weiteres von nationalen
Parteibegriffen übernommen werden. Der klassische Parteibegriff darf auf
europäischer Ebene nicht zu streng ausgelegt werden.[366] Es kann sogar be-

---

[363] Vgl. BUHR: Europäische Parteien, a.a.O., S. 17. Wichtig ist hierbei die Unterscheidung zwischen den parlamentarischen Fraktionen und den Parteien. Die Fraktionen sind durchaus wichtig für das Funktionieren des Europäischen Parlaments.

[364] Vgl. JASMUT: Parteien und Integration, a.a.O., S. 226.

[365] Christophe LÉCUREUIL: Prospects for a European Party System after the 1994
European Elections, in: Juliet LODGE (Hrsg.): The 1994 Elections to the European
Parliament, 1996, S. 183–197 (S. 195–196).

[366] Vgl. TSATSOS/DEINZER: Europäische Politische Parteien, a.a.O., S. 27.

zweifelt werden, ob die klassischen Funktionskataloge als Analyseinstrument zur Beschreibung europäischer Parteien in ihrer heutigen Form überhaupt sinnvoll sind. Etwas überspitzt formuliert: „Da holen die Leute den Kriterienkatalog von Maurice Duverger[367] hervor, stellen dann fest, dass europäische Parteien anders sind, und ziehen daraus Schlussfolgerungen. Wenn man dies als Denkstruktur hat, kommt man nirgendwo hin."[368] Diese Analysemethode ignoriert nämlich, dass die Leistungen (und auch die Arbeitsschwerpunkte) europäischer Parteien auf einer ganz anderen Ebene liegen und dass europäische Parteien auf ein bereits bestehendes, neuartiges politisches System treffen und nicht in einem Parteienstaat agieren.[369] Der Abgleich mit den Funktionen nationaler Parteien ist daher nur bedingt fruchtbar (zumal, wie gesehen, auch für die Funktionen von Parteien im nationalen Rahmen unterschiedlichste Klassifikationsschemata existieren).[370] Sinnvoller scheint es, für die europäischen Parteien einen eigenen, erweiterten Funktions- oder Aufgabenkatalog zu skizzieren, ähnlich wie dies für die Parlamentsfunktionen in der Literatur skizziert wurde.[371]

b) Europäische Parteien und neuartige Parteifunktionen

Um die Frage nach möglichen Funktionen europäischer Parteien zu beantworten, kann man entweder auf die praktisch-politische Ebene rekurrieren oder auf die rechtlich-formale. Während die erste Ebene die tatsächliche Arbeit europäischer Parteien zum Maßstab nimmt, analysiert die zweite

---

[367] Anmerkung CzH: Maurice Duverger, italienischer Parteienforscher, dessen Werk „Die politischen Parteien" von 1951 zu den Klassikern der Parteienforschung zählt. In diesem Buch erstellt Duverger einen Kriterienkatalog, wie politische Parteien zu erkennen seien.

[368] WELLE, Interview vom 24. 11. 2005.

[369] Vgl. BUHR: Europäische Parteien, a.a.O.,S. 13; WELLE, Interview vom 24. 11. 2005; ähnlich formuliert WELLE dies auch in einem Aufsatz: Die Reform der Europäischen Volkspartei 1995–1999, in: Hans-Joachim VEEN (Hrsg.): Christlich-demokratische Parteien in Westeuropa 5, Paderborn, München, Wien 2000, S. 543–566 (S. 559).

[370] Ähnlich BUHR: Europäische Parteien, a.a.O., S. 13.

[371] Vgl. zum Beispiel Eberhard GRABITZ/Otto SCHMUCK/Sabine STEPPAT/Wolfgang WESSELS: Direktwahl und Demokratisierung, Bonn 1988, die für das Europäische Parlament drei Parlamentsfunktionen entwickeln, weil mit den klassischen Funktionenrastern der „spezifische Handlungsrahmen des EP im EG-System nur unzureichend reflektiert" wird (S. 58).

Ebene die Aufgaben, die das europäische Primärrecht den Parteien zu-
schreibt.

Europäische Parteien müssen sich in ihrer täglichen Arbeit als zusätzliche
Ebene in die gewachsenen nationalen Parteistrukturen einfügen, sie sollen
vor allem solche Aufgaben übernehmen, die nationale Parteien nicht erfüllen können.[372] Hierzu zählen

* **Kontakte**: Durch die Mitgliedschaft in einer europäischen Partei können nationale Politiker auf Netzwerke zurückgreifen, die sie sich an-
dernfalls über einen langen Zeitraum bilateral erarbeiten müssten. Die
internationalen Kontakte, die sich über die europäische Partei ergeben,
erleichtern den Zugang zu Entscheidungsträgern in anderen Mitgliedstaaten. Die Kosten politischer Transaktionen können dadurch gesenkt
werden. Zudem können Kontakte und Netzwerke innerhalb der Partei-
en Einfluss auf andere Akteure ausüben – so treffen sich alle sozialdemokratischen Arbeits-, Sozial-, Finanz- und Wirtschaftsminister im
„Lissabon-Netzwerk" der SPE mit dem Ziel, die Kommission bei der
Umsetzung der Lissabon-Strategie zu unterstützen.[373]

* **Verständnis und Sozialisation**: Europäische Parteien bieten einen
Rahmen, in dem verschiedenste Nationalitäten, Empfindlichkeiten und
historische Hintergründe zusammenkommen. Die Diskussionen mit
vielen verschiedenen, jedoch inhaltlich gleichgesinnten Partnern, erleichtern das Verständnis füreinander. Die Politiker, die in europäischen Jugenddachverbänden politisch sozialisiert wurden, haben ein
besseres Verständnis von Europa-Arbeit und der Rolle der EU für die
Nationalstaaten, als manche Vorgänger, denen diese Erfahrung fehlt.

* **Abstimmung**: Je größer die EU wird, desto wichtiger werden Gespräche, in denen wichtige Entscheidungsträger bereits im Vorfeld von Sit-

---

[372] Vgl. WELLE, Interview vom 24. 11. 2005, der sogar meint, europäische Parteien
sollten *ausschließlich* ergänzende Funktionen übernehmen. Ähnlich BUHR: Europäische Parteien, S. 13: „Letztlich könnten sich in einem politischen System ganz
eigener Art politische Parteien von ebenfalls ganz eigener Art als notwendig er-
weisen." Vgl. zum Folgenden auch den Aufsatz von WELLE: Die Reform der Europäischen Volkspartei, a.a.O., S. 559, dessen Auflistung hier jedoch modifiziert
und ergänzt wird.

[373] Vgl. Ulrich SCHÄFER: Die Stabilität des Schweigens, in: Süddeutsche Zeitung vom
12./13. August 2006 , S. 22.

zungen oder Gipfeln ihre Positionen abstimmen. Eine Abstimmung im Vorfeld zwischen nur zwei oder drei großen Mitgliedstaaten wird immer weniger ausreichen, um alle Kollegen von den Ergebnissen zu überzeugen. Erfolgt eine Vor-Abstimmung (beispielsweise der Entscheidungsträger im Rat) im Rahmen der europäischen Parteien, so können je nach Größe der Parteifamilie bereits fünf bis zehn Regierungschefs mit einer abgestimmten Position in die Verhandlungen gehen.[374]

- **Partnerwahl und Legitimation**: Die Einbindung von neuen, politisch verwandten Parteien ist gerade zu Zeiten der EU-Erweiterungen eine wichtige Aufgabe: Einerseits für die europäischen Parteien, die durch eine strategische Partnerwahl bei künftigen Europawahlen mehr Sitze erreichen können, andererseits für die nationalen Parteien, die durch ihre Zugehörigkeit zu einer europäischen Parteifamilie in der Heimat zusätzliche Akzeptanz und Anerkennung erreichen können.[375] Wenn die Legitimation im nationalen Parteigefüge durch eine Mitgliedschaft in einer europäischen Partei steigt, können auf der anderen Seite die europäischen Parteien Druck auf potenzielle Neumitglieder ausüben und sie dazu bewegen, extreme Positionen abzuschwächen. Als Beispiel kann die spanische Alianza Popular dienen, die von einer rechten Oppositionspartei zur Regierungspartei der Mitte (mit dem Namen Partido Popular) wurde: Diese Entwicklung ist durch die gleichzeitige Integration in die EVP und die Übernahme von EVP-Führungsverantwortung wesentlich untermauert worden.[376]

---

[374] Anfang 2007 stellten die EVP neun der 25 Regierungschefs (Deutschland, Frankreich, Griechenland, Niederlande, Schweden, Slowenien, Lettland, Luxemburg und Malta) sowie neun Kommissare, die SPE stellte sechs Regierungschefs (Vereinigtes Königreich, Ungarn, Spanien, Portugal, Österreich und Litauen) sowie sieben Kommissare. Die Liberalen stellten vier Regierungschefs (Belgien, Dänemark, Finnland und Estland) sowie sechs Kommissare.

[375] Vgl. zu diesem Vorgang WELLE: Die Reform der Europäischen Volkspartei, a.a.O., S. 559.

[376] Hier können die Grünen als Beispiel dienen: Die europäischen Grünen übten verschiedentlich Druck auf grüne Parteien aus, bei nationalen Wahlen eine gemäßigte Liste aufzustellen. Vgl. Thomas DIETZ von Bündnis90/Die Grünen, zitiert in STEIERT: Auf dem Weg zu einem europäischen Parteiensystem?, a.a.O., S. 269.

Nimmt man diese praktischen Funktionen zusammen und bewertet die europäischen Parteien an diesem Maßstab, so kann man konstatieren, dass die Europarteien für das alltägliche Funktionieren des politischen Systems der EU durchaus eine beachtenswerte Rolle spielen.

Einige der klassischen, oben beschriebenen Parteifunktionen müssen jedoch, trotz aller Neuartigkeit der Aufgabenbereiche, auch für europäische Parteien gelten, insbesondere, wenn sich die EU in Zukunft demokratischer entwickeln soll. Das oben analysierte Demokratie-Defizit besteht ja unter anderem aus dem strukturellen Defizit, das durch eine fehlende europäische Öffentlichkeit, mangelnde Identität und Homogenität geprägt ist. Vor allem die Grundfunktion von Parteien, nämlich als Vermittler zwischen Bevölkerung und Entscheidungsapparat zu wirken, müssen auch Parteien auf europäischer Ebene erfüllen: „Als zentrale soziopolitische Vermittlungsstrukturen im Rahmen des europäischen intermediären Systems sollen sie den Transmissionsriemen zwischen den Bürgern und dem Regierungssystem der EU bilden"[377], das heißt, sie müssen einerseits bei der Artikulation und Aggregation gesellschaftlicher Interessen mitwirken und diese in den europäischen Entscheidungsprozess einbringen, andererseits müssen sie auch getroffene Entscheidungen an die Bürger vermitteln. Dies verlangt auch Artikel I 46 Absatz 4 des Verfassungsvertrages bzw. Artikel 10 EUV nach Lissabon, er sieht vor, dass europäische Parteien unter anderem dazu beitragen, den politischen Willen der Bürger der Union zum Ausdruck zu bringen. Wörtlich heißt es: *Politische Parteien auf europäischer Ebene tragen zur Herausbildung eines europäischen politischen Bewusstseins und zum Ausdruck des Willens der Bürgerinnen und Bürger der Union bei.*[378] Die Formierung eines politischen Willens der Unionsbürger setzt voraus, dass die Menschen die komplizierten europäischen Zusammenhänge begreifen. Eine Funktion der Parteien ist daher gemäß dem europäischen Recht, die

---

[377] NIEDERMAYER: Parteienbünde, a.a.O., S. 439.

[378] Die Formulierung ist fast wortgleich mit dem zweiten Satz von Artikel 191 EGV. Satz 1 des Artikels 191 EGV bezeichnet europäische Parteien darüber hinaus als Faktor der Integration in der Union. Diese Formulierung (und diese Aufgabe) ist interessanterweise nicht in den Verfassungsentwurf und in den Vertrag von Lissabon übernommen worden. Eine mögliche Erklärung könnte sein, dass diese Aufgabe nicht direkt zur Überschrift von Artikel I 46 bzw. Artikel 10 („Grundsatz der repräsentativen Demokratie") passt.

Bürger überhaupt erst zu informieren, um dann möglicherweise die Meinungen der Bürger in einer europäischen Öffentlichkeit aufzunehmen und in den parteiinternen Integrationsprozess einfließen zu lassen.[379] Hinsichtlich der anderen genannten Funktion gilt: Das europäische politische Bewusstsein (ebenfalls Voraussetzung für ein demokratisches Funktionieren der Europäischen Union) soll nationale Orientierungen nicht ersetzen, sondern ergänzen. Die Interpretation von Artikel I 46 Absatz 4 (bzw. von Art 191 EGV) deutet darauf hin, dass Parteien durchaus wichtig sind zur stärkeren Einbeziehung der Bürger in das politische Europa.[380]

Wenn sich die EU demokratisch entwickeln soll, müssen die europäischen Parteien also neben den neuartigen Funktionen früher oder später auch die Grundfunktion klassischer Parteien, und somit auch einige der klassischen speziellen Parteifunktionen übernehmen. Wenn sie diese Aufgaben (beispielsweise die Elitenrekrutierung) momentan noch nicht hinreichend erfüllen können, spricht dies jedoch wie gezeigt nicht gegen die Bezeichnung als „Partei". Ebenso ist der Ausbau des bislang nur ansatzweise existierenden europäischen Bewusstseins eine wichtige Aufgabe für europäische Parteien, kann jedoch nicht Bedingung für deren Existenz sein.[381] Schließlich dreht Artikel 10 Absatz IV EUV nach Lissabon (bzw. Art. 191 EGV) die historische Reihenfolge um: in den Nationalstaaten bildete sich zunächst ein demokratisches und politisches Bewusstsein, und in dessen Folge organisierten sich Parteien. Auf europäischer Ebene sollen politische Parteien geschaffen werden, um ein die Entwicklung eines solchen Bewusstseins zu befördern.[382] Ein wirkliches europäisches Parteiensystem, in dem sich „im Gegenüber von Regierung und Opposition die Optionen europäischer Politik abbilden"[383] können, existiert noch nicht, ist jedoch im Entstehen be-

---

[379]   Vgl. Triantafyllia PAPADOPOULOU: Politische Parteien auf europäischer Ebene: Auslegung und Ausgestaltung von Art. 191 (ex 138a) EGV (Schriften zum Parteienrecht, Band 22), Baden-Baden, 1999, S. 154.

[380]   Vgl. BUHR: Europäische Parteien, S. 19.

[381]   Vgl. Dimitris TSATSOS: Europäische politische Parteien? Erste Überlegungen zur Auslegung des Parteienartikels des Maastrichter Vertrages – Art. 138a EGV, in: EuGRZ 1994, S. 45–53 (S. 48).

[382]   Vgl. NEßLER: Deutsche und europäische Parteien, in: EuGRZ 1998, S. 191–196 (S. 194).

[383]   HÖRETH: Legitimationstrilemma, a.a.O., S. 60.

griffen (dazu ausführlich unter IV. 2. b)). Je stärker die intergouvernementalen Verfahrensweisen in der EU abgebaut werden, je wichtiger die Rolle
des Parlaments wird und je besser sich eine europäische Öffentlichkeit
entwickelt, desto eher können die Parteizusammenschlüsse auch als „Parteien" wirken und entsprechende Funktionen erfüllen. Um als wirkliche
„Parteien" gelten zu können, müssen die Parteiföderationen auch selbst
handeln, indem sie stärkere innere Strukturen entwickeln. Je stärker die
Mitgliedsparteien in ihren jeweiligen Föderationen zusammenarbeiten und
je mehr sich deren Strukturen verfestigen, desto eher lassen sie sich als
„europäische Parteien" qualifizieren. Mit der neugeschaffenen Parteienverordnung, die 2004 in Kraft getreten ist, sind große Schritte auf diesem Weg
gemacht worden.

Am Beginn von Kapitel III. wurde gezeigt, dass Parteien in erster Linie über
die Erfüllung bestimmter Funktionen definiert werden. Nach den Erkenntnissen und Einschätzungen dieses Kapitels können die europäischen Parteiföderationen, trotz gewisser Einschränkungen, zumindest als „werdende
europäische Parteien" („nascent Euro-Parties") qualifiziert werden.[384] Diese
Bewertung beruht – wie ebenfalls zu Beginn des Kapitels III. festgestellt –
auf einer im weitesten Sinne föderalistischen Grundüberzeugung. Wenn im
Folgenden von „Europarteien" die Rede ist, dient diese Einschätzung als
Grundlage.

---

[384] Vgl. Simon HIX/Christopher LORD: Political Parties in the European Union, London 1997, S. 197.

IV. Möglichkeiten und Chancen der Europarteien beim Abbau der Demokratie-Defizite

Without the active participation of European Political Parties there is a democratic deficit. If we want to bring Europe closer to the people we need active parties on a European level.[385]

Die Weiterführung der europäischen Integration verlangt nach zunehmend demokratischen Strukturen. Praktisch alle, die sich mit der europäischen Einigung befassen, fordern mehr Demokratie für Europa – auf welche Weise auch immer. Auch für die Bürger, die im Allgemeinen offen für Europa sind, ist die Frage nach der demokratischen Qualität der EU wichtig, wenn sie den Einigungsgedanken unterstützen sollen: „Die Zufriedenheit mit der Demokratie im eigenen Land, insbesondere aber in der EU stellen äußerst wichtige Bedingungen dafür dar, dass sich die Bürger/innen nicht nur mit ihren Nationen, sondern auch mit der EU identifizieren."[386] Das System politischer Entscheidungsfindung, das die EU momentan kennzeichnet, ist geprägt von unüberschaubaren politischen Netzwerken aus nationalen und politischen Beamten, die einen Großteil der politischen Impulse geben. Intransparente Entscheidungen, die nicht oder nur unzureichend vermittelt werden, können aber kaum Legitimationswirkung entfalten. Zur Demokratisierung der Europäischen Union ist ein funktionierendes europäisches Parteiensystem unerlässlich: Politische Parteien stellen eine unverzichtbare Voraussetzung demokratischer Willensbildung dar, das Fehlen eines europäischen Parteiensystems ist ein Grund für das demokratische Defizit der Union.[387] Im Folgenden soll untersucht werden, welche Rolle die europäischen Parteien beim Abbau dieses Defizits leisten können. Dabei wird wie-

---

[385] SPE-Pressemitteilung von Rudolf SCHARPING und Enrique BARON: „Statute for European Political Parties: PES and its Parliamentary Group supports Commission proposal", 24. Januar 2001, zitiert nach Stephen DAY: Promoting Political Participation? The Party of European Socialists (PES) and Europe´s social-democratic parties, November 2002, abrufbar unter www.iccr-international.org/eu ropub/docs/ws1-day.pdf.

[386] WESTLE: Europäische Identifikation, a.a.O., S. 475.

[387] Für einige Autoren ist das fehlende Parteiensystem sogar der Hauptgrund für das Demokratiedefizit, vgl. STENTZEL: Integrationsziel Parteiendemokratie, a.a.O., S. 247.

der auf die oben getroffene Unterscheidung zwischen institutionellem und strukturellem Demokratie-Defizit zurückzugreifen sein. Ist die Hoffnung, dass künftig europäische Parteien einen Beitrag leisten können zur Stärkung des Europäischen Parlaments im Institutionengefüge, aber auch zu besseren Partizipationsmöglichkeiten der europäischen Bürger bei den Entscheidungsprozessen, realistisch? Oder bleibt diese Hoffnung, die auch schon im Vorfeld der ersten Direktwahl 1979 geäußert wurde, utopisch?[388]

1. Parteien im Institutionengefüge

a) Parteien und Kommission

Die Abgeordneten des EP und die Fraktionen stehen in kontinuierlichem Meinungsaustausch mit der EU-Kommission. Durch die Arbeit in den Ausschüssen und durch die Fragestunden im Plenum sind die Abgeordneten gut über alle Pläne der Kommission informiert, so dass sie bereits im Vorbereitungsstadium von Kommissions-Vorlagen Einfluss ausüben können. Nicht zu unterschätzen ist hierbei der Druck, den die Parlamentarier durch eine frühe Stellungnahme bei aktuellen Fragen aufbauen können: Wenn das Parlament bereits vor der Kommission einen politischen Standpunkt dokumentiert, kann es die Kommission in entsprechenden Zugzwang bringen.[389] Gelegentlich gibt es auch sogenannte „Initiativ-Berichte" des Parlaments, in denen die Kommissare zur Ausarbeitung bestimmter Vorlagen aufgefordert werden. Das Instrument des Misstrauensvotums gegen die Kommission sichert dem Parlament ein gewisses Maß an Einfluss gegenüber der Kommission: Auch wenn das Misstrauensvotum in der Praxis keine große Rolle spielt und nicht gleichbedeutend mit einem Abberufungsrecht ist[390], führt allein das Vorhandensein dieser Möglichkeit zu einer stärkeren Rücksichtnahme der Kommission auf die Standpunkte des Parlaments. So gab es im Januar 1990 innerhalb der SPE-Fraktion den Vorschlag, dem Parlament einen Misstrauensantrag gegen die Kommission vorzulegen. Auch wenn dieser Antrag innerhalb der Fraktion letztlich verworfen wurde, führte er dennoch zu einer Vielzahl von Treffen zwischen einzelnen

---

[388] BUHR: Europäische Parteien, a.a.O., S. 1.

[389] Vgl. JASMUT: Parteien und Integration, a.a.O., S. 279.

[390] Vgl. dazu bereits oben im Kapitel II.2. c) i; vergleiche dazu auch DECKER: Entwicklungspfade, a.a.O., S. 623.

Kommissaren und den Fraktionsvorsitzenden. In der Folge widmete die Kommission in ihrem Arbeitsprogramm für 1990 der sogenannten „Sozialen Dimension" des Binnenmarktes mehr Aufmerksamkeit als zuvor.[391] Da die Parlamentarier mittlerweile nicht mehr nur über die „Abberufung", sondern auch über die Einsetzung der Kommissare mitentscheiden, hat sich der Einfluss auf die Kommission nochmals verstärkt. Das Parlament muss seit dem Vertrag von Amsterdam der Ernennung des Kommissionspräsidenten zustimmen, darüber hinaus hat das Parlament in seiner Geschäftsordnung festgelegt, dass die künftigen Kommissare in einem Anhörungsverfahren in den jeweiligen Ausschüssen Stellung beziehen müssen. Das Beispiel des vor allem von Sozialisten und Grünen abgelehnten konservativen Italieners Rocco Buttiglione zeigt, dass das Parlament und die Fraktionen durchaus an Selbstbewusstsein gewonnen haben. Zudem ist im Vertrag von Lissabon – wie oben bei der Beschreibung der Innovationsfunktion von Parteien bereits angemerkt – vorgesehen, dass der Europäische Rat bei seinem Vorschlag für das Amt des Präsidenten der Kommission die Wahlen zum Parlament berücksichtigen muss, das EP wählt diesen Kandidaten dann mit der Mehrheit seiner Mitglieder. Dadurch „kann die größte Fraktion im EP bzw. die stärkste Europäische Partei eine zentrale Rolle einnehmen."[392] Hier wird nochmals die Möglichkeit der Europarteien deutlich, bis zu einem gewissen Maße die „Innovationsfunktion" auszufüllen. Der Ausgang der Europawahl wird so Einfluss auf die Kommission haben, wie bereits 2004 zu beobachten war:

> „Ohne den Ausgang der Europawahlen wäre [der liberale, Anmerkung CzH] Herr Verhofstadt heute Kommissionspräsident. Die EVP hat gesagt ‚wir haben die Wahl gewonnen, also muss auch einer von uns Kommissionspräsident werden'. Das hat zu einer blockierenden Minderheit im Europäischen Rat geführt, und durch die Nominierung von Herrn Barroso ist dann ja auch indirekt anerkannt worden, dass der Ausgang der Europawahlen eine Konsequenz haben muss für die Führung der Kommission."[393]

---

391 Diesen Vorgang schildern MAURER/WESSELS: Das EP nach Amsterdam und Nizza, a.a.O., S. 67.

392 Andreas KIEßLING: Europäische Parteien, in: Werner WEIDENFELD/Wolfgang WESSELS (Hrsg.): Jahrbuch der Europäischen Integration 2005, Baden-Baden 2005, S. 285–288 (S. 285).

393 Interview mit Klaus WELLE vom 24. November 2005.

Darüber hinaus laden die Fraktionen regelmäßig Kommissare zu ihren Beratungen ein, um so informell Einfluss auf den Willensbildungsprozess der Kommission auszuüben und in der Erwartung, dass sich die Kommissare die Vorschläge der Fraktionen zu Eigen machen.[394] Die Kommissare nehmen zudem an Veranstaltungen der Führungsspitze ihrer jeweiligen Parteifamilie teil (Präsidiumssitzungen, Parteiführertreffen). Bei diesen Gipfeln können die Europarteien auch jenseits der parlamentarischen Arbeit Einfluss auf die Kommission nehmen bzw. ihre Vorstellungen artikulieren.

b) Parteien und Rat der Europäischen Union

Der Einfluss der Parteien und Fraktionen auf den Rat ist auf mehreren Ebenen zu beobachten. Beim Gesetzgebungsverfahren hat das Parlament in den letzten Jahren immer mehr Rechte bekommen: Bei über 75 % der EU-Gesetzgebung ist das Parlament seit dem Vertrag von Nizza im Mitentscheidungsverfahren gleichberechtigter Partner des Rates, der Vertrag von Lissabon steigert diesen Anteil auf 95 %.[395] In der Verfassung werden die Einflussmöglichkeiten der Parlamentarier vor allem im Haushaltsrecht sowie in Agrar- und Justizfragen erweitert. Durch Fragestunden können die Abgeordneten die jeweiligen Minister zu Stellungnahmen drängen: „in einzelnen Fällen verschafft dies den Fraktionen sowie den Europäischen Parteien ein größeres politisches Gewicht."[396] Die Stellungnahmen des Parlaments hingegen werden oftmals nur in den Ausschüssen des Rates besprochen, nicht jedoch bei den Treffen der Minister selbst.[397] Insgesamt bleibt festzuhalten, dass der Einfluss der Europäischen Parteien und ihrer Fraktionen auf den Rat ziemlich gering bleibt, insbesondere solange viele Tagungen des Rates hinter verschlossenen Türen erfolgen. Beim Gipfeltreffen in Brüssel im Juni 2006 hat der Europäische Rat immerhin beschlossen, dass die Beratungen über Gesetze, die mit dem Parlament zusammen verabschiedet werden, künftig öffentlich geführt werden sollen.[398] Inwieweit diese Transparenz dazu führt, dass die Parteien vor oder während der Rats-

---

[394] Vgl. JASMUT: Parteien und Integration, a.a.O., S. 280.

[395] Zahlen nach www.euractiv.com/de/zukunft-eu/kernelemente-verfassungsvertrags/article-128218.

[396] JASMUT: Parteien und Integration, a.a.O., S. 281.

[397] Vgl. JASMUT: Parteien und Integration, a.a.O., S. 281.

[398] Vgl. Süddeutsche Zeitung vom 17./18. Juni 2006, S. 1.

treffen Einfluss ausüben können, wird sich in der Praxis zeigen müssen. Hier wirken vermutlich auch in Zukunft die einzelstaatlichen Parteien stärker auf die Willensbildung der Ratsmitglieder ein – die nationalen Minister werden den Willen ihrer jeweiligen Partei nicht völlig außer Acht lassen können, wenn sie auch der nächsten Regierung angehören wollen. Immerhin können die Europäischen Parteien gelegentlich als „Kontaktvermittlungsstelle" für Minister fungieren, wenn diese durch Verweis auf die gemeinsame Parteizugehörigkeit auf die Ratsentscheidungen anderer Minister einwirken wollen.[399]

c) Parteien und der Europäische Rat

Die Fraktionen nehmen durch aktuelle Entschließungen über Verhandlungsgegenstände Einfluss auf den Europäischen Rat, außerdem ist der Präsident des Parlaments zu den Konferenzen der Staats- und Regierungschefs regelmäßig als Gast eingeladen und kann dort die Standpunkte des Parlaments erläutern.[400] Stärkeren Einfluss aber üben die Europäischen Parteien durch ihre Treffen im Vorfeld der Gipfeltreffen und -konferenzen aus: Alle europäischen Staats- und Regierungschefs sind Parteipolitiker, deren Parteien Mitglieder in einer der europäischen Parteifamilien sind. Bei den Parteiführertreffen, die in der Regel kurz vor europäischen Gipfeln stattfinden, sondieren die in der jeweiligen Partei zusammengeschlossenen Regierungschefs ihre Positionen vor. So trafen sich, wie bereits oben im Kapitel „Gründe für die Zusammenarbeit" erwähnt, vor der Regierungskonferenz im Oktober 1990 sechs Führer der EVP-Parteien, stimmten ihre Haltung untereinander ab und konnten ihre gemeinsamen Positionen so bei der Konferenz durchsetzen. Die Verankerung der Beschäftigungspolitik im Vertrag von Amsterdam geht auf eine gemeinsame Initiative der SPE-Regierungen zurück.[401] Mit aktuell (Stand: Februar 2007) zehn Regierungschefs kann insbesondere die EVP einen relativ starken Einfluss auf die Entscheidungen im Europäischen Rat nehmen, die SPE kann ihre Vorstellungen und Grundsätze mit fünf Regierungschefs in den Europäischen Rat einbringen. Durch die zunehmende Größe der Union sind auch die Regie-

---

399   Vgl. BUHR: Europäische Parteien, a.a.O., S. 67.

400   Vgl. JASMUT: Parteien und Integration, a.a.O., S. 282.

401   Vgl. dazu Erol KÜLAHCI, zitiert in BUHR: Europäische Parteien, a.a.O., S. 66.

rungschefs größerer Länder letztlich nur einer unter 27, so dass eine rein bilaterale Vorbereitung von Sitzungen nicht mehr ausreicht, um Mehrheiten zu finden.[402] Eine Vorabstimmung im Rahmen der Europäischen Parteien erleichtert den Regierungschefs die Arbeit und ermöglicht es gleichzeitig den Europarteien, ihren Einfluss geltend zu machen. Bei mehrtägigen Regierungskonferenzen können Europäische Parteien darüber hinaus versuchen, mit Parteibeschlüssen auf die Haltung der Regierungschefs einzuwirken, auch weil diese ein Eigeninteresse daran haben, dass nicht der Eindruck entsteht, es gebe zwischen ihnen und ihrer Parteifamilie inhaltliche Divergenzen.[403]

d) Parteien und Parlament

Das Europäische Parlament ist ein parteipolitischer Akteur der EU.[404] Insbesondere im Parlament können die Europäischen Parteien durch ihre Fraktionen Einfluss ausüben, sowohl parlamentsintern als auch im Verhältnis zu den anderen Organen. Die Fraktionen teilen die Redezeit im Plenum zu, je nach Größe der Fraktion (also: je nach Erfolg der Parteifamilie bei den Europawahlen) gibt es mehr oder weniger Redezeit, und sie entsenden ihre Abgeordneten in die Ausschüsse. Im EP haben die Parteien zudem über ihre Fraktionen die Möglichkeit und das Ziel, den Einfluss des Europäischen Parlaments auf die Willensbildung der anderen europäischen Organe zu steigern.[405] Praktisch alle Abgeordneten sind in der Regel sowohl ihrer nationalstaatlichen Partei als auch ihrer europäischen Partei verbunden. Diese doppelte Bindung kann gelegentlich zu Spannungen führen, wenn die Vorstellungen von nationaler und europäischer Partei differieren, zumal die Verträge offenlassen, ob die Abgeordneten (ähnlich den Ratsvertretern) ein nationales Mandat haben, oder (ähnlich den Kommissionsmitgliedern) ein europäisches Mandat ausführen, oder ob sie eine doppelte Loyalitätspflicht haben. Diese Problematik wird später bei der Frage nach der Fraktionsdisziplin noch eine Rolle spielen. Die Tatsache, dass die heutigen Europäischen Parteien überwiegend aus den Parlaments-Fraktio-

---

[402] Vgl. WELLE: Die Reform der EVP, a.a.O., S. 562.

[403] Vgl. BUHR: Europäische Parteien, a.a.O., S. 66.

[404] Vgl. MAURER/WESSELS: Das Europäische Parlament nach Amsterdam und Nizza, a.a.O., S. 207.

[405] Vgl. JASMUT: Parteien und Integration, a.a.O., S. 272.

nen hervorgegangen sind hat zur Folge, dass sie erst dann als eigenständige Akteure Einfluss gewinnen können, wenn sie sich personell und finanziell von den Fraktionen emanzipieren. Durch die Parteienverordnung ist ein großer Schritt auf diesem Weg gemacht worden.

e) Parteien und nationale Parteien

Das Verhältnis der europäischen zu den nationalen Parteien ist komplex und wird je nach Standpunkt und Position von den jeweiligen Vertretern unterschiedlich bewertet. In allen europäischen Parteien haben sich die Mitgliedsparteien einen großen Einfluss auf Entscheidungen, die die Entwicklung und Rolle der Parteizusammenschlüsse betreffen, gesichert. Sie können kontrollieren, ob und wie viel Autonomie sie der europäischen Ebene abtreten. Die Tatsache, dass die Parteizusammenschlüsse bislang keine (oder nur eingeschränkte) Individualmitgliedschaft vorsehen, unterstreicht, dass die Willensbildung von den Mitgliedsparteien dominiert werden soll. Insbesondere bei den Sozialdemokraten sind viele Mitgliedsparteien relativ zurückhaltend, was die Autonomieübertragung an die europäische Ebene angeht. Die integrationsskeptische Labour-Party, doch auch die deutsche SPD haben mit ihrer Repräsentanz im Sozialdemokratischen Bund und später der SPE stets dazu beigetragen, wesentliche Schritte hin zu einer supranationaleren Organisation zu verhindern.[406] Der große Einfluss der nationalen Parteien auf die europäische Partei wird vor allem bei der Personalaufstellung deutlich. Die Kandidaten für das Europaparlament werden von den nationalen Parteien ausgewählt, die europäische Partei hat keinerlei Einfluss auf die Aufstellung. Diese Konfliktlinie wurde beispielsweise 1994 deutlich, als das Parlament über die Kandidatur von Jacques Santer zum Kommissionspräsidenten abstimmen musste: Alle Abgeordneten, deren nationale Parteiführer Staats- und Regierungschefs waren, haben (nachdem die Staats- und Regierungschefs Santer ihre Unterstützung zugesagt hatten) der Ernennung Santers zugestimmt, unabhängig von der Haltung ihrer europäischen Fraktion.[407] Dennoch ist es den europäischen Parteien gelungen, durch institutionelle Reformen mehr Unab-

---

[406]   Vgl. Urs LESSE: „A fully-fledged political party"? Die Sozialdemokratische Partei Europas, Marburg 2000, S. 88.

[407]   Vgl. HIX/LORD: Parties in the EU, a.a.O., S. 60f.

hängigkeit von den Mitgliedsparteien zu erlangen: Insbesondere die Ein-
führung von Mehrheitsentscheidungen in den wichtigsten Gremien der
Europarteien hat zu mehr Autonomie der europäischen Parteien von ihren
Mitgliedern geführt.

Eines der Hauptprobleme, vor denen die europäischen Parteien stehen,
liegt in der mangelhaften Kommunikation zwischen nationaler und europäischer Ebene. Für viele nationale Politiker ist die europäische Ebene
zweitrangig, und nur ganz allmählich befassen sie sich auch mit der europäischen Dimension der Probleme, mit denen sie beschäftigt sind. Umgekehrt fühlen sich die Parteivertreter in den Gremien der europäischen Parteien von den Mitgliedsparteien oft im Stich gelassen, weil „die Relevanz
des Beitrages der ‚Europäer' im nationalen Kontext oft nicht erkannt, also
auch nicht anerkannt wird."[408] Alle für diese Arbeit befragten Vertreter der
europäischen Parteien räumen ein, dass der Bekanntheitsgrad ihrer Organisationen bei den nationalen Parteimitgliedern verbesserungswürdig sei,
dabei wird auch das fehlende Interesse der nationalen Partei an einem größeren Bekanntheitsgrad der „Dachorganisation" bemängelt. Solange die
Europaabgeordneten von den nationalen Parteien aufgestellt und auf deren
Listen gewählt werden, wird sich an dieser Tatsache wenig ändern.

2. Ein demokratischeres Parlament durch Europäische Parteien?

> *Wichtig ist, dass Europarteien eine Art Mittel sind, Europapolitik, die*
> *lange relativ technokratisch, bürokratisch und diplomatisch war, zu politisieren.[409]*

Im Folgenden soll untersucht werden, welche Rolle die Europäischen Parteien womöglich bei der Demokratisierung des Parlaments spielen können.
Zunächst wird dabei allgemein auf die Probleme des Wahlverfahrens und
auf mögliche Änderungen eingegangen, bevor in einem weiteren Schritt
konkrete Änderungsvorschläge unterbreitet werden. Im Anschluss wird
das Verhalten innerhalb des Parlaments beleuchtet: Wie groß ist die Fraktionsdisziplin, und wie weit ist man auf dem Weg zu einem europäischen
Parteiensystem, das von ideologischen Gegensätzen geprägt ist? Auch hier
werden konkrete Reformvorschläge gemacht.

---

[408] JANSEN: Europäische Parteien, a.a.O., S. 402.
[409] BEUMER, Interview vom 23. November 2005.

a) Änderungen des Wahlverfahrens zum Europäischen Parlament

i. Probleme

Wahlen sind die Schlüssel für die Legitimation von Demokratien: In Europa sind sie das einzige Instrument, mit dem die Bürger Einfluss auf die Entscheidungen und auf die Politik der europäischen Organe nehmen können und diesen Organen so demokratische Legitimation verschaffen können.[410] Problematisch bei der Wahl zum Europäischen Parlament ist, wie oben[411] gesehen, insbesondere die Ungleichheit der Wahl. Je mehr Einfluss das Europäische Parlament erhält, desto gravierender ist dieser Mangel zu bewerten. Es existieren, trotz aller Reformversuche, noch immer 27 verschiedene Wahlsysteme.[412] Daneben ist der unterschiedliche Erfolgswert der Stimmen kritikwürdig. Für die Europäischen Parteien bedeutet diese ungleiche Kontingentierung, dass eine Partei im schlimmsten Falle zwar mehr Wählerstimmen erzielt als eine andere, aber weniger Sitze – wenn sie die Stimmen vor allem in bevölkerungsreichen Ländern bekommt. So erhielt bei der Wahl 1984 die EVP 31 Millionen Wählerstimmen und stellte 110 Abgeordnete, während die SPE (damals noch Sozialistischer Bund) mit 30,2 Millionen Wählerstimmen auf 130 Mandate kam.[413] Dieses Problem könnte durch eine Reform behoben werden, in der die auf jedes Land entfallenden Sitzkontingente an die Größe der Bevölkerung angepasst werden. Das würde (bei einer Gesamtzahl von 732 Abgeordneten) bedeuten, dass beispielsweise Deutschland statt 99 Mandaten 121 oder 124 Mandate erhalten würde.[414] Dadurch würden bevölkerungsreiche Länder mehr und bevölkerungsarme Länder weniger Sitze erhalten, wobei bei allen Vorschlägen zur Verbesserung des Erfolgswerts eine Mindestzahl von zwei oder drei Sitzen

---

[410]   Vgl. VON ARNIM: Das Komplott Europa, a.a.O., S. 229.

[411]   Vgl. den Abschnitt „Wahlrechtsgleichheit": Kapitel II. 2. c) ii.

[412]   Vgl. zu den Reformversuchen die Ausführungen und Literaturangaben oben. Eine Auflistung der verschiedenen Wahlsysteme findet sich in Jan SCHEFFLER: One man – one vote – one value?, a.a.O., S. 63.

[413]   Vgl. Christofer LENZ: Ein einheitliches Verfahren für die Wahl des Europäischen Parlaments, Baden-Baden 1995, S. 36.

[414]   Je nachdem, ob die Mandatsverteilung nach der Methode d´Hondt oder der Methode Sainte-Lague vorgenommen wird; vgl. die Berechnungen von Jan SCHEFFLER: One man – one vote – one value? a.a.O., S. 80. Die Erweiterung des Parlaments durch die Aufnahme von Bulgarien und Rumänien ist hier noch nicht berücksichtigt, seit dem 1. Januar 2007 hat das EP 785 Abgeordnete.

für jeden Mitgliedstaat vorgesehen ist. Auch das Europäische Parlament selbst hat sich bereits vor einigen Jahren für eine dahingehende Reform ausgesprochen.[415] Das Parlament würde so stärker zu einer Vertretung der Einwohner, und nicht nur der Völker Europas (wie Art. 189 Satz 1 EGV besagt). Die nationalen Interessen müssten dann stärker im Rat berücksichtigt werden, wo auch eine gewisse Bevorteilung kleinerer Staaten aufrechterhalten werden könnte. Ein solches Verfahren ließe sich aber in Europa nicht durchsetzen. Das „Geschacher" um die Neuordnung der Mandatszahlen bei den Verhandlungen zum Vertrag von Nizza zeigt, dass die nationalen Egoismen eine repräsentativere Verteilung nicht zulassen würden.

Weitere Reformvorschläge hinsichtlich des Wahlrechts zielen zum Beispiel auf lose gebundene Listen, bei denen die Wähler die Reihenfolge der Kandidaten verändern können.[416] Bei solchen lose gebundenen Listen sind die Parteien und ihre einzelnen Mandatsträger angehalten, intensiven Kontakt mit den Wählern zu halten und in der Wählerschaft bekannt und anerkannt zu sein, weil die Bürger konkreteren Einfluss darauf nehmen können, wen sie ins Parlament wählen wollen und wen nicht. Ein Gegenargument lautet, dass Wähler, die lose gebundene Listen nicht kennen, verwirrt sein könnten und dies zu vielen ungültigen Stimmen führen könne.[417] Das Europäische Parlament hat bereits im Sommer 1998 vorgeschlagen, Mitgliedstaaten mit mehr als 20 Millionen Einwohnern (also Deutschland, Großbritannien, Frankreich, Italien, Spanien und Polen) dazu zu verpflichten, territoriale Wahlkreise einzurichten, um einen besseren Kontakt der Wähler zu ihren Abgeordneten zu gewährleisten.[418] Kleineren Mitgliedstaaten sollte die Einrichtung von Wahlkreisen freigestellt werden. Bundestag und Bundesregierung lehnten jedoch eine Verpflichtung zur Wahlkreiseinteilung mit der

---

[415] Jedem Mitgliedstaat sollten vier Mandate zugesprochen werden, die weiteren Mandate sollten proportional zur Bevölkerungszahl verteilt werden, vgl. Entschließung A5-0086/2000 vom 13. April 2000.

[416] Diesen Vorschlag unterbreitet VON ARNIM: Das Komplott Europa, S. 250. Dies ist zum Teil schon realisiert, beispielsweise in Italien, Belgien, den Niederlanden, vgl. dazu Holger-Michael ARNDT/Johannes EIßER: 25 Jahre Direktwahlakt – Die Wahlrechte zum Europäischen Parlament, Schriftenreihe der European School of Government, Berlin 2004, S. 34.

[417] Vgl. NOHLEN: Wie wählt Europa? A.a.O. im Internet.

[418] Im sog. ANASTASSOPOULOS-Bericht vom 15. Juli 1998, A4-0212/1998, vgl. ABl. EG 1998 C 292 S. 66ff.

Begründung ab, Bürgernähe sei nicht von der Größe eines Mitgliedstaates abhängig (Bundestags-Drucksache 14/685). Da die Mitgliedstaaten an ihren jeweiligen traditionellen Wahlrechten festhalten, scheint eine Reform zu einem einheitlichen Wahlverfahren auf lange Sicht unrealistisch, insbesondere durch einen einzigen Beschluss quasi von heute auf morgen. Einzelne kleine Schritte, wie bei der Frage nach Sperrklauseln, Wahlalter oder Doppelmandaten sorgen immerhin dafür, dass es in bestimmten (wenngleich eher zweitrangigen) Punkten eine langsame Annäherung der verschiedenen Wahlrechte gibt.[419]

Aus Sicht der Europäischen Parteien ist es entscheidend, dass in allen Mitgliedstaaten (auch in Großbritannien) das Verhältniswahlrecht gilt. Als Großbritannien noch nach Mehrheitswahlrecht wählte hat sich gezeigt, wie problematisch die Ergebnisse für das Europäische Parlament als supranationale Institution sind, wo es ja nicht nur um Repräsentation im Parlament, sondern auch in den Fraktionen der Europäischen Parteien geht: Die zweit- oder drittstärkste Partei im Mehrheitswahlrecht büßen erheblich an Einfluss auf die Willensbildung ihrer EP-Fraktion ein.[420] Die Idee der offenen Listen wäre für Europäische Parteien gleichermaßen Gewinn und Ansporn: Wenn die Starrheit der Listen abgeschafft würde, könnten sich die Parlamentarier auf komfortablen Listenplätzen nicht mehr sicher sein, automatisch ins Parlament gewählt zu werden, sondern müssten um Anerkennung bei der Bevölkerung werben. Die Parteien und ihre Kandidaten wären gezwungen, sich stärker um ihre Außenwirkung zu kümmern als bisher, dadurch würde ihre Rolle als Mittler zwischen Bürgern und EU gestärkt. Die Europäischen Parteien selbst plädieren schon seit langem für eine Reform des Wahlrechts: Sie schlagen die Einführung europaweiter Listen vor.

Schon seit langem fordern Europapolitiker die Einführung europaweiter Listen. Der angesprochene Anastassopolous-Bericht von 1998 sah vor, ab den Wahlen 2009 zehn Prozent der Gesamtzahl der Sitze im EP aufgrund länderübergreifender Listen zu vergeben. Diese Forderung ist allerdings so nicht vom Parlament angenommen worden, die Europäischen Grünen

---

[419] Diese Regelungen sind in der aktuellen Version des Direktwahlaktes von 2002 festgehalten, vgl. ABl. EG 2002, Nr. L283, S. 1. Ausführlicher dazu ARNDT/EIßER: 25 Jahre Direktwahlakt, a.a.O..

[420] Vgl. NOHLEN: Wie wählt Europa? A.a.O. im Internet.

wollen sie für ihre Liste aber voraussichtlich umsetzen, so dass vermutlich 2009 10% der Kandidaten auf einer europäischen Grünen-Liste antreten werden.[421] Der vom Parlament beschlossene Entwurf sah stattdessen vor, dass das Parlament einen Vorschlag prüfen werde, wonach ein bestimmter Anteil der Sitze auf der Grundlage von Listen eines einzigen, supranationalen Wahlkreises, bestehend aus den Mitgliedstaaten, vergeben werden soll. Da nationale Parteien in solch einem supranationalen Wahlkreis und im gesamteuropäischen Gefüge chancenlos wären, müssten zunächst einheitliche europäische Parteienlisten für den europäischen Wahlkreis geschaffen werden. Die nationalstaatlichen Parteien müssten dadurch intensiver als bisher mit ihren Europäischen Parteien zusammenarbeiten, die Sichtbarkeit und damit der Einfluss der Europarteien würden deutlich steigen: „(...) das heißt, dass zum Beispiel die SPD nicht nur den eigenen Namen erwähnt, sondern auch den Namen SPE, und klarer macht als vorher, dass man einen Teil einer sozialdemokratischen Fraktion ausmachen wird."[422] Letztlich stünde durch eine solche Reform im Europäischen Parlament die Parteienrepräsentation über der Staatenrepräsentation.[423] Die europäischen Wahlen könnten somit ein Stück weit aus ihren nationalen Kontexten entbunden werden: Zur Zeit sind die Europawahlen stark national geprägt, die jeweilige Regierung soll abgestraft oder bestätigt werden, die gesamteuropäische Perspektive wird in der Regel vernachlässigt. Europäische Themen, europäische Wahlprogramme, nicht zuletzt auch europäische Wahlkämpfe würden die Europawahl stärker auf Europa beziehen, nationale Aspekte würden in den Hintergrund rücken: „Der gemeinsame Kampf um Mandate wäre ein großer Anreiz für die Parteien, Spitzenkandidaten für die Europawahl aufzustellen, ein Legislaturprogramm für die Europäische Union zu entwickeln und einen gemeinsamen europäischen Wahlkampf zu führen."[424] Auch wenn die Wahlen immer noch teilweise

---

[421] Vgl. Ulrike LUNACEK, Interview vom 22. März 2007.

[422] Antony BEUMER, Interview vom 23. 11. 2005.

[423] Vgl. Sebastian WOLF: Ein Vorschlag zur Beseitigung von Repräsentations- und Legitimationsdefiziten in Rat und Europäischem Parlament, in: PVS 41, 4/2000, S. 730–741 (S. 737).

[424] So die Äußerung von Jo LEINEN im Interview mit „vorwärts online" am 29. März 2006, abrufbar unter www.vorwaerts.de/magazin/artikel.php?artikel=2549& type=&menuid=398&topmenu=359.

von nationalen Themen bestimmt wären, würden die nationalen Parteien einen großen Anreiz bekommen, enger mit ihren Europarteien zusammenzuarbeiten und auch deren Manifeste stärker in den Wahlkampf einzubeziehen. Durch ein bewusstes Votum der Europäer würden Sichtbarkeit und Einfluss der Europäischen Parteien wachsen, weil diese die Elitenrekrutierungs-Funktion besser erfüllen könnten: „Der Schlüssel für die gesamte Funktionsaufwertung europäischer Parteien liegt in der Erhöhung der Elitenrekrutierungsfunktion durch das Wahlrecht zum Europäischen Parlament."[425] Darüber hinaus würde implizit auch Sichtbarkeit und Einfluss des Europäischen Parlaments steigen, was wiederum zu einer Stärkung des EP im Institutionengefüge der Europäischen Union führen würde.[426]

ii. *Reformvorschläge*

Wie könnte ein Wahlverfahren, in dem ein bestimmter Teil der Mandate über eine europaweite Liste vergeben wird, konkret aussehen?

- Beispielsweise muss darauf geachtet werden, dass sich nicht mehrere Parteien nur kurzfristig für die Europawahl verbinden, ohne gemeinsame Politik betreiben zu wollen. Solche „Scheinparteien" könnten durch einen europäischen Wahlleiter[427] verhindert werden, auch die neue Parteienverordnung kann hier zur Klarheit beitragen: Nur Parteien im Sinne der Verordnung sollten zur Wahl zugelassen werden.

- Grundsätzlich müssten die Europäischen Parteien bei der Zusammenstellung ihrer jeweiligen Liste frei sein, nationale Proporz-Schlüssel oder eine nach Bevölkerungsgröße gestaffelte Liste würde dem Sinn einer gemeinsamen Liste widersprechen. Dieses (begrenzte) Privileg der Europäischen Parteien bei der Kandidatenaufstellung würde zu Lasten der nationalen Parteien gehen. Sollte die Bevölkerung in der Praxis bei der Wahl in erster Linie auf die Herkunft der Kandidaten Wert legen und nur in zweiter Linie auf die Parteizugehörigkeit, so stünde es den

---

[425] STENTZEL: Integrationsziel Parteiendemokratie, a.a.O., S. 411.

[426] Vgl. dazu auch unten das Kapitel über die Beiträge der Europarteien zur Willensbildung der Bevölkerung am Beispiel der Europawahlen.

[427] Vgl. zu diesem Vorschlag STENTZEL: Integrationsziel Parteiendemokratie, a.a.O., S. 400.

Europäischen Parteien offen, Kandidaten aus allen Mitgliedstaaten aufzustellen.

• Es ist auch zu überlegen, inwieweit die europaweiten Listen offenen
oder halb-offenen Charakter haben sollten, so dass die Wähler mehrere
Stimmen erhalten, die sie auf verschiedene Kandidaten verteilen können.[428] Gegebenenfalls könnte man ein gestuftes Recht der Stimmen-
kumulation vorsehen: Während beispielsweise ein irischer oder tsche-
chischer Wähler einem Kandidaten bis zu zehn Stimmen geben kann,
darf ein deutscher oder französischer Wähler einem Kandidaten nur
zwei Stimmen geben. Dies würde bedeuten, dass (unter der Prämisse,
dass die Wähler eher nach nationalen Präferenzen stimmen) die Chancen des irischen Kandidaten ungefähr gleich groß wären wie die Chancen des französischen, da Frankreich etwa fünfmal so viele Wähler hat
wie Irland. Die Erfolgswertgleichheit der Stimmen wäre dann zwar
hinsichtlich der *Kandidaten* eingeschränkt, bliebe aber in bezug auf die
Parteien gewahrt. Hieraus würde sich ein Anreiz für den französischen
oder deutschen Kandidaten ergeben, auch in kleineren Ländern wie Irland oder Tschechien für sich und seine Partei zu werben. So könnte
sich auch ein transnationaler Wahlkampf entwickeln.

• Die europaweiten Listen sollten jedoch nicht sofort in vollem Umfang
eingeführt werden, da dies die Wähler verunsichern könnte. Daher
sollte eine europaweite Liste zunächst nur als Ergänzung zum bisherigen Wahlverfahren aufgestellt werden, so dass beispielsweise 20 oder
30% der Mandate über eine solche Liste vergeben würden (die vom
Anastassopoulos-Bericht vorgeschlagen zehn Prozent der Mandate sind
zu wenig, um einen entscheidenden Einfluss auf die Sitzverteilung zu
haben). Die Wähler hätten dann zwei Listen, auf denen sie ihre Stim-
me(n) abgeben könnten, eine nationale und eine europäische. Es steht
dann zwar zu befürchten, dass die Wähler zunächst verwirrt werden,
weil durch eine solche zusätzliche europaweite Liste zwei „Sorten" von
Abgeordneten entstehen (national gewählte und europaweit gewählte)
und weil diese womöglich verschiedene Arten von Wahlkämpfen (eher
national bzw. eher europäisch ausgerichtet) führen. Doch haben sich

---

[428] Vgl. hierzu und zum folgenden STENTZEL: Integrationsziel Parteiendemokratie,
a.a.O., S. 400f.

beispielsweise die deutschen Wähler schon auf nationaler Ebene mit einem komplizierten Wahlrecht abgefunden (Erst- und Zweitstimme, Panaschieren und Kumulieren bei Kommunalwahlen in vielen Bundesländern[429]), und sie kennen von der Bundestagswahl, dass die Direktkandidaten gelegentlich einen anderen Wahlkampf führen als die Kandidaten auf sicheren Listenplätzen. Im Bundestag sitzen direkt gewählte Abgeordnete und solche, die über Liste gewählt wurden, einträchtig nebeneinander. Die Verwirrung wird sich außerdem legen, wenn es den Europarteien und ihren nationalen Parteien gelingt klarzumachen, dass es für die Wahl zum Europäischen Parlament eben nicht (nur) auf die Nationalität der Kandidaten ankommt, sondern vor allem auf die politische Überzeugung.

• In diesem Zusammenhang erscheint es erstrebenswert, dass es aus jeder Partei einen Spitzenkandidaten gibt, mit dem diese dann europaweit werben.[430] Die Schwierigkeiten, einen europaweit von allen Mitgliedsparteien und Wählern geschätzten Kandidaten zu finden sind zwar groß[431], doch haben die europäischen Grünen im Wahlkampf 2004 gezeigt, dass man mit einem Team von prominenten Personen durchaus europaweit Wahlkampf bestreiten kann.[432] Kandidaten für diese Spitzenkandidatur würden vermutlich zunächst in erster Linie aus dem Europäischen Parlament kommen. Die Spitzenkandidaten könnten nach der Wahl Fraktionsvorsitzende werden, der Wahlsieger könnte den Posten des Parlamentspräsidenten erhalten. Diese Posten müssten finanziell (aber auch was das Renomée angeht) attraktiver und erstre-

---

[429] Eine Liste der Bundesländer, in denen Kumulieren und Panaschieren bei Kommunalwahlen möglich ist, findet sich unter www.wahlrecht.de/lexikon/kumulieren.html bzw. bei www.wahlrecht.de/lexikon/ panaschieren.html.

[430] Vgl. dazu auch unten, Kapitel IV 5b), wo es um das strukturelle Demokratiedefizit geht. Zu der weiterreichenden Überlegung, ob dieser Spitzenkandidat gleichzeitig Kandidat für das Amt des Kommissionspräsidenten werden könnte vgl. unten, Kapitel IV 3a).

[431] So sagt der Sozialdemokrat BEUMER: „Das hätte bei uns mal Willy BRANDT sein können, aber bei Gonzalez war es schon schwieriger, DELORS war zu proeuropäisch – es ist nicht leicht, jemanden zu finden, der für alle akzeptabel ist." Vgl. Interview vom 23. 11. 2005.

[432] Vgl. dazu auch unten das Kapitel über die Beiträge der Europarteien zur Willensbildung der Bevölkerung am Beispiel der Europawahlen.

benswerter als bisher werden, wie in den Vorschlägen für Reformen des Parteiensystems ausführlicher zu erläutern sein wird.[433]

- Es bleibt jedoch wichtig, dass die Wähler noch einen nationalen Kontext herstellen können: „Wie das dann organisiert wird ist eine andere Frage, ich glaube, dass man dann immer die nationale Partei mit der europäischen verknüpfen müsste, damit man die nationale „Trademark" nicht verliert."[434] So sollte trotz aller Transnationalität hinter jedem Namen auf der europaweiten Liste auch die Nationalität des Kandidaten angegeben sein. Wichtig ist, dass für die Wähler klarer als bisher erkennbar wird, dass die gewählten Abgeordneten einen Teil einer europaweiten Fraktion ausmachen.[435]

b) Europäisches Parteiensystem

In Brüssel ist die schwarz-gelbe Koalition (...) bereits Realität.[436]

Neben der Frage nach der Wahl und dem möglichen Wahlverfahren stellt sich die Frage, wie Europäische Parteien im gewählten Parlament ihren Einfluss geltend machen können, um für mehr Demokratie zu sorgen. Eine Voraussetzung für Demokratie ist ein demokratisches Parteiensystem: „In all democratic political systems, one of the main ways a polity is legitimised is via a „party system"."[437] Ein solches Parteiensystem hat zwei wesentliche Merkmale: Erstens *Organisation*, das heißt intern hierarchisch aufgebaute Parteiorganisationen, und zweitens *Wettbewerb*, also die Auseinandersetzung zwischen diesen Organisationen über politische Fragen und über politische Posten.[438] Intergouvernementalisten sind entsprechend der oben in Kapitel II. 1.b) analysierten Position der Meinung, dass die Mitgliedstaaten jeweils ein funktionierendes Parteiensystem haben und so die je-

---

[433] Vgl. unten, Kapitel IV. 2 b) Punkt iv.

[434] Klaus WELLE im Interview vom 24. 11. 2005.

[435] Vgl. auch Antony BEUMER, Interview vom 23. 11. 2005.

[436] So die PDS-Europa-Abgeordnete Sahra WAGENKNECHT nach einer Abstimmung, vgl. die Pressemitteilung unter www.sozialisten.de/politik/ep_linksfraktion/view_html/zid30000/bs1/n6.

[437] Simon HIX: A Supranational Party Sytem and EU Legitimacy, in: The International Spectator, No.4/2002, S. 49–59 (S. 49).

[438] Vgl. HIX: Supranational Party System, a.a.O., S. 49.

weilige Bevölkerung auch über ihre Regierungen hinaus auf die Brüsseler Politik einwirken kann. Föderalistisch (im oben erläuterten Sinne) denkende Europaforscher fordern hingegen ein Parteiensystem auch auf europäischer Ebene. Hier gilt es zunächst, auf die Fraktionsdisziplin zu sehen: Ein effektives Parteiensystem im Europäischen Parlament würde bedeuten, dass die Fraktionen eine gewisse Abstimmungsdisziplin erreichen, dass also das Abstimmungsverhalten von der transnationalen, ideologischen Parteimitgliedschaft und nicht von nationalen Interessen abhängt. Wenn die Abgeordneten (zumindest zum Teil) auf europaweiten Listen in einem europäischen Wahlkampf gewählt werden, also stärker nach ideologischen als nach nationalen Gesichtspunkten, müssen diese ideologischen Aspekte auch im Parlament eine Rolle spielen. Würden die Abgeordneten nur nach nationalen Interessen abstimmen, könnte das EP nicht für sich beanspruchen, als „Volksvertretung" zu agieren. Neben einem ausreichenden Maß an Fraktionsdisziplin muss also auch ein Parteienwettbewerb um politische Fragen existieren.

i.   Fraktionsdisziplin

Das Europäische Parlament wird seit seiner ersten Direktwahl 1979 von den beiden größten Parteien bzw. Fraktionen, der EVP und der SPE, beherrscht. Die beiden großen Fraktionen kontrollieren seitdem gemeinsam immer mehr als 50% der Sitze. Da das EP keine Wahlfunktion erfüllt (es wählt weder die Kommission noch den Rat) und auch im Gesetzgebungsprozess nicht die Bedeutung hat, die nationale Parlamente haben, gibt es nicht die – in nationalen Parlamenten übliche – Rollenverteilung zwischen Regierungs- und Oppositionsfraktion. Aus diesem Grund ist der Druck, den parlamentarischen Prozess effektiv zu gestalten, vergleichsweise gering, und die nationale Ebene war lange Zeit das primäre Bezugsobjekt für die Europaparlamentarier.[439] Dies hat zur Folge, dass der Druck auf die Abgeordneten, mit ihrer Fraktion zu stimmen, geringer ist als in nationalen Parlamenten. Die erste großangelegte empirische Untersuchung zu diesem Thema belegt allerdings, dass es dennoch eine relativ hohe (und stetig zu-

---

[439]   Vgl. Volker NEßLER: Europäische Willensbildung: Die Fraktionen im Europaparlament zwischen nationalen Interessen, Parteipolitik und europäischer Integration, Schwalbach 1997, S. 43.

nehmende) Fraktionsdisziplin im Europäischen Parlament gibt[440]: Die drei
größten europäischen Fraktionen der EVP-ED, der SPE und der ELDR-Partei erreichten zusammen im ersten Parlament von 1979 bis 1984 einen Abstimmungswert von 0,84, der sich im fünften Parlament (1999 bis 2004) auf
0,88 gesteigert hat. Der Wert „1" bedeutet in diesem sogenannten „Index of
Agreement", dass alle Fraktionsmitglieder als ein Block gemeinsam gestimmt haben, der Wert „0" tritt ein, wenn die Abgeordneten einer Fraktion
gleichmäßig gespalten abgestimmt haben, es also beispielsweise bei 30 Abgeordneten zehn Jastimmen, zehn Neinstimmen und zehn Enthaltungen
gibt.

Fraktionsdisziplin	1979–1984	1984–1989	1989–1994	1994–1999	1999–2004
EVP-ED	0,899	0,934	0,907	0,898	0,866
SPE	0,757	0,869	0,9	0,901	0,901
ELDR	0,849	0,849	0,847	0,861	0,882
Schnitt	**0,835**	**0,884**	**0,885**	**0,887**	**0,883**

Wenn man statt der drei größten Fraktionen alle Fraktionen bewertet,
kommt die Studie auf eine Fraktionsdisziplin von 0,84 im fünften Parlament. Die Werte von 0,88 bzw. 0,84 liegen zwar unter dem Wert, der in den
meisten europäischen nationalen Parlamenten erreicht wird, doch lag die
Abstimmungskohäsion laut der genannten Studie im 106. US-Kongress

---

[440] Vgl. die (nach Angaben der Verfasser erste) umfassende Studie zu dieser Frage
von Simon HIX/Abdul NOURY/Gerard ROLAND, in der alle namentlichen Abstimmungen von 1979 bis Ende 2001 ausgewertet wurden, wiedergegeben
in HIX/NOURY/ROLAND: Power to the Parties: Cohesion and Competition in
the European Parliament 1979–2001, in: British Journal of Political Science,
Vol. 35/2005, S. 209–235. Erste Ergebnisse dieser Studie werden bereits präsentiert in Simon HIX/Amie KREPPEL/Abdul NOURY: The Party System in the European Parliament: Collusive or Competitive? In: Journal of Common Market
Studies Vol. 41, Heft 2/2003, S. 309–331 und in HIX: Supranational Party System,
a.a.O. Die Zahlen von 2001–2004 stammen aus dem Aufsatz von Simon HIX und
Abdul NOURY: After Enlargement: Voting Behaviour in the Sixth European Parliament, Working Paper, London 2006.

(1999–2000) für Demokraten und Republikaner nur bei 0,78 und 0,82. Die Werte von 0,88 bzw. 0,84 sind auch deswegen bemerkenswert, weil die Zahl der Abstimmungen, in denen ohnehin das ganze Parlament einer Meinung war, in den letzten Jahren deutlich abgenommen hat. Von den vier in dieser Arbeit untersuchten Fraktionen der EVP, SPE, ELDR und der Grünen lagen im fünften Parlament drei sogar bei einem Wert von etwa 0,9; nur die EVP lag mit 0,87 etwas darunter. Dies ist vor allem darauf zurückzuführen, dass die EVP-Fraktion bis Anfang der 1990er-Jahre nur aus christdemokratischen Parteien bestand und erst dann neue konservative Parteien wie die britischen Tories aufgenommen hat, die ideologisch divergierten. Die Gruppe der britischen Konservativen stellte Ende der 90er-Jahre gut 15% der Gesamtfraktion und wich in rund 30% der Fälle von der Linie der Gesamtfraktion ab.[441] Es bleibt abzuwarten, ob die Tories weiterhin in der EVP-ED-Fraktion bleiben oder womöglich nach der Wahl 2009 versuchen, eine neue, eigenständige Fraktion zu gründen.[442]

Die Studie hat auch für Abgeordnete aus den einzelnen Ländern den Abstimmungswert ermittelt und festgestellt, dass Fraktionen deutlich geschlossener agieren als die nationalen Parteidelegationen. Hier liegt der deutsche Wert im fünften Parlament mit 0,72 noch am höchsten, die anderen Länder kommen auf Werte zwischen 0,51 und 0,69.[443] Außerdem lässt sich konstatieren, dass – während die Fraktionsdisziplin stetig angestiegen ist – die nationale Geschlossenheit immer stärker nachlässt. „In other words, voting in the European Parliament has become more partisan and less nationalist or intergovernmental."[444] Der Befund, dass die Vorgaben der Fraktionen für das Abstimmungsverhalten der Abgeordneten wichtiger sind als die nationalen Parteidelegationen, wird auch bei den Antworten einer Umfrage[445] unter MdEPs deutlich: Knapp 20% der Abgeordneten ga-

---

[441] Vgl. MAURER/WESSELS: Das Europäische Parlament nach Amsterdam und Nizza, a.a.O., S. 191.

[442] Vgl. dazu unten im Kapitel über neue Herausforderungen für die Europarteien, VI. 1d).

[443] Vgl. Appendix 1 im Aufsatz von HIX/NOURY/ROLAND, a.a.O. S. 233, gerundete Werte.

[444] A.a.O., S. 219.

[445] Vgl. die Umfrage von Bernhard PATRY unter 46 Abgeordneten in seiner Arbeit: Die Fraktionen des Europäischen Parlaments: Zusammenhalt und Muster der

ben dort an, nach den „Vorgaben ihrer Fraktion" abzustimmen, nur 7,4% halten sich eher an die „Vorgaben ihrer nationalen Delegation" (die meisten Teilnehmer der Umfrage gaben an, nach „eigenen Wertvorstellungen" abzustimmen).

Andere Untersuchungen unterstützen diese Ergebnisse zur Fraktionsdisziplin im EP und kommen zu ähnlichen Zahlen: Anhand von Daten des ELDR-Generalsekretariats hat Josep Colomer im fünften Parlemant eine prozentuale Abstimmungskohäsion der Fraktionen von 90–95% ermittelt.[446] Dabei erreichte die EVP 90%, die SPE 92%, die Grünen 94% und die Liberalen 95%. Die Ergebnisse einer anderen Studie, in der die namentlichen Abstimmungen zwischen Juli 1999 und Ende 2000 nach Themen aufgeschlüsselt werden, lassen darauf schließen, dass vor allem in kulturellen Fragen und in Fragen von speziellen nationalen Industriezweigen die nationalen Gruppen relativ geschlossen stimmen.[447] Ansonsten kommt auch diese Studie zu dem Schluss, dass die Fraktionsdisziplin bei den vier größten Fraktionen beeindruckend hoch ist: auf einem Index von 0 bis 100 erreichen SPE, ELDR und Grüne Werte von rund 90, die EVP immerhin einen Wert von etwas über 80.

Nach der EU-Osterweiterung hat sich die Zusammensetzung des Parlaments deutlich gewandelt: Die Zahl der Abgeordneten ist auf 732 (nach dem Beitritt von Bulgarien und Rumänien 785) gestiegen, die Zahl der im Parlament vertretenen nationalen Parteien wuchs von 122 auf 175. Doch trotz der vermeintlich größeren Heterogenität durch unterschiedliche ökonomische Interessen und soziale Werte hat die Fraktionsdisziplin im sechsten Parlament praktisch nicht abgenommen. Die Auswertung aller na-

---

Koalitionsbildung in einer erweiterten Legislativkammer, Online-Dissertation, Tübingen 2007, abrufbar unter http://tobias-lib.ub.uni-tuebingen.de/volltexte/2007/3015/pdf/Bernhard_Patry_Diss_rz.pdf (S. 91).

[446] In der Studie wurden über 600 Abstimmungen ausgewertet. Josep COLOMER: How Political Parties, rather than Member-States, are building the European Union, 2002, abrufbar unter http://works.bepress.com/cgi/viewcontent.cgi?article=1011&context=josep_colomer.

[447] Dazu zählt beispielsweise die Fischereipolitik, vgl. Thorsten FAAS: Why do MEP's defect? An Analysis of Party Group Cohesion in the 5th European Parliament, European Integration Online Paper Vol. 6/2002 Nr. 2, abrufbar unter http://eiop.or.at/eiop/texte/2002-002a.htm.

mentlichen Abstimmungen zwischen Juli 2004 und Dezember 2005[448] zeigt, dass die Werte der vier großen Fraktionen praktisch unverändert geblieben oder nur minimal zurückgegangen sind: Der oben beschriebene „Index of Agreement" hat sich für die EVP von 0,866 auf 0,858 verändert, bei der SPE ist er unverändert geblieben. Bei den Liberalen gibt es einen Rückgang von 0,882 auf 0,870 (erklärbar durch die größere Heterogenität nach dem Wechsel der französischen UDF und der italienischen Margherita von der EVP-ED zu den Liberalen), so dass die ALDE-Fraktion in der Selbsteinschätzung liberaler Parlamentarier in der aktuellen Wahlperiode eine niedrigere Fraktionsdisziplin aufweist als die anderen Fraktionen.[449] Bei den Grünen sinkt die Fraktionsdisziplin leicht, von 0,923 auf 0,910. Durch die gewachsene Fraktionsdisziplin bei der linken EUL-Fraktion ist der Gesamtwert der Fraktionsdisziplin im EP sogar leicht gestiegen. Zudem bleibt die Abstimmungskohäsion nach Parteizugehörigkeit auch im sechsten Parlament höher als die Kohäsion der nationalen Gruppen.

Kritisch zu diesen Untersuchungen ist anzumerken, dass sie nur namentliche Abstimmungen, sogenannte „Roll-Call-Votes", untersuchen. Ungefähr ein Drittel aller Abstimmungen im Parlament sind solche Roll-Call-Votes. Bei einigen Abstimmungen ist diese Prozedur vorgeschrieben, generell können gemäß Artikel 160 GOEP Fraktionen (in der Praxis also die Fraktionsvorsitzenden) oder mindestens 37 Abgeordnete eine Abstimmung mit Namensaufruf verlangen.[450] Namentliche Abstimmungen werden von den Fraktionsvorsitzenden aber oft nur dann gefordert, wenn diese sich der Geschlossenheit ihrer Fraktion relativ sicher sind. Wenn hingegen ein Abstimmungsverhalten nach nationalen Präferenzen wahrscheinlich ist, ver-

---

448 Vgl. HIX/NOURY: Voting Behaviour in the Sixth European Parliament, a.a.O.

449 Vgl. Alexander ALVARO, schriftliches Interview im Dezember 2007.

450 Es gibt drei Möglichkeiten der Abstimmung im Parlament: (1) Einfache Abstimmungen nach Handzeichen, wo der Vorsitzende grob nachzählt und erklärt, welche Seite die Abstimmung gewonnen hat (Art. 159 I GOEP), (2) Elektronische Abstimmungen, wo die Abgeordneten Knöpfe für „ja", „nein" oder „Enthaltung" drücken – hier wird das genaue Gesamtergebnis angezeigt, wobei nicht festgestellt werden kann, wie einzelne MdEP gestimmt haben (Art. 159 II GOEP), (3) namentliche Abstimmungen, wo das Abstimmungsverhalten aller Abgeordneten festgehalten wird (Art. 160 GOEP). Vgl. zu der Kritik Janina THIEM: Explaining Roll Call Vote Requests in the European Parliament, Working Paper Nr. 90 des Mannheimer Zentrums für Europäische Sozialforschung, 2006.

suchen die Fraktionsvorsitzenden namentliche Abstimmungen zu verhindern.[451] Da die namentlichen Abstimmungen aber die einzigen zuverlässigen Quellen zum Abstimmungsverhalten der Abgeordneten sind, müssen empirische Untersuchungen sich auf diese Roll-Call-Votes stützen. Auch wenn man den so gewonnen Daten also mit einer gewissen Zurückhaltung begegnen muss, bleibt das Ergebnis der Untersuchungen dennoch beeindruckend. Die Aussagen der Interviewpartner und eigene Eindrücke bestätigen das Bild der relativ großen Geschlossenheit.[452]

ii. Rechts-Links-Schema und Koalitionsdisziplin

Neben der Fraktionsdisziplin ist für ein funktionierendes Parteiensystem auch die ideologische Auseinandersetzung prägend. Die Parteien müssen also in einem Wettbewerb zueinander stehen, sowohl um politische Inhalte als auch um Posten. Dabei geht es in einem europäischen Parteiensystem, das die ideologischen Präferenzen der Bürger auf europäischer Ebene abbildet, nicht um den Gegensatz zwischen pro-europäischen Kräften und Europagegnern, sondern um die klassischen „rechts-links"-Gegensätze. Außerdem müssen Parteien (sofern es sich nicht um ein Zwei-Parteien-System handelt) nach Partnern suchen und Koalitionen bilden. Grundsätzlich gibt es zwei Erklärungsansätze für Koalitionsbildungen: Zum einen wird Koalitionsbildung erklärt mit der Aussicht der Parteien, eine konkrete Position durchsetzen zu können (mit welchem Koalitionspartner auch immer) – hier werden themenabhängige ad-hoc-Koalitionen gebildet, die keine langfristige Stabilität aufweisen. Um die jeweilige Position durchsetzen zu können, werden in einem bargaigning-Prozess Kompromisse ausgehan-

---

[451] So THIEM: Explaining Roll Call Vote Requests, a.a.O., S. 17, ähnlich Clifford CARRUBA et al.: A Second Look at Legislative Behaviour in the European Parliament, Reihe Politikwissenschaft des Instituts für Höhere Studien Wien, Band 94, 2004. CARRUBA et. al. kommen zu dem Schluss, dass die Ergebnisse der namentlichen Abstimmungen weiterhin wichtig sind zur Analyse des Abstimmungsverhaltens, dass die Untersuchungen aber ergänzt werden sollten um ein Analysemodell zur Erfassung wann und warum namentliche Abstimmungen stattfinden bzw. nicht stattfinden.

[452] Vgl. zum Beispiel Jo LEINEN, Interview vom 6. Juni 2006. Nach eigener Beobachtung heben bei Abstimmungen nach Handzeichen in Ausschuss-Sitzungen oft nur die Sprecher der jeweiligen Fraktionen die Hand, dies wird vom Ausschussvorsitzenden als Abstimmungsverhalten der gesamten Fraktion gewertet.

delt, bei denen beide Seiten die ihnen wichtigsten Punkte durchsetzen können. Der zweite Ansatz betont die Bedeutung von politischer Überzeugung: Danach wird die Bildung von Koalitionen durch die inhaltliche Position von Parteien beeinflusst. Je näher sich Parteien auf der Rechts-Links-Achse stehen, desto wahrscheinlicher gehen sie Koalitionen ein bzw. stimmen gemeinsam ab.

Die erstgenannte Argumentation wird oft verwendet, um die „Große Koalition" zwischen den beiden größten Fraktionen im Europäischen Parlament, der EVP-ED und der SPE, zu erklären. Lange Zeit galt es als gesicherte Erkenntnis, dass das Abstimmungsverhalten im Europäischen Parlament von Beginn an von einer solchen Großen Koalition geprägt sei. In der akademischen Diskussion werden hierfür noch weitere Gründe angeführt.[453] Als Hauptgrund werden die „technischen" Vorgaben der EU-Prozeduren genannt: In vielen Abstimmungen, beispielsweise bei Änderungsanträgen im legislativen Bereich, wird eine absolute Mehrheit der EP-Mitglieder verlangt. Da bei Abstimmungen selten alle Abgeordneten anwesend sind bedeutet dies in der Praxis oft, dass rund zwei Drittel der Anwesenden zustimmen müssen. Eine solche Quote erreicht man nur, wenn die großen Fraktionen gemeinsam abstimmen.[454] Ein weiterer Grund für die Große Koalition ist das vereinte Interesse von EVP und SPE, den Einfluss des Parlaments im Institutionengefüge zu stärken. Um die Interessen und die Macht des EP gegenüber Kommission und Rat zu betonen, müssen sich die größten Fraktionen zusammenschließen und eine gemeinsame Front bilden. Insbesondere bei Verhandlungen über Vertragsreformen, wenn es um Einfluss und Rolle des Parlaments insgesamt geht, spielt dieser Faktor eine Rolle. Auch bei Budget- oder Gesetzgebungsverhandlungen mit den anderen Institutionen kann das Parlament nur durch gemeinsames Auftre-

---

[453] Vgl. dazu Richard CORBETT/Francis JACOBS/Michael SHACKLETON: The European Parliament, 4. Auflage London 2000, S. 91; Amie KREPPEL: Rules, Ideology and Coalition Formation in the European Parliament: Past, Present and Future, European Parliament Research Group Working Paper Nr. 4, London 1999; HIX/KREPPEL/NOURY: Party System in the European Parliament, a.a.O., S. 319ff.

[454] Vgl. hierzu auch KREMER, Interview vom 25. 11. 2005: „Inhaltlich wird man – siehe jetzt die Dienstleistsungsrichtlinie, auch REACH – durch die Mehrheitsverhältnisse zum Teil gezwungen, Kompromisse zu finden, weil sowohl Christdemokraten und Liberale als auch Sozialdemokraten und Grüne nicht so einfach eine Mehrheit zusammenbekommen im Parlament."

ten eine starke Position beziehen. Außerdem wird angenommen, die beiden großen Parteien könnten ein Interesse daran haben, ihren Einfluss gegen die Wünsche von kleineren Fraktionen abzusichern: „Representatives of the two Groups meet with each other to strike deals over political or patronage issues without smaller Groups to left or right always being consulted. These latter may then be forced to conform on a take-it or leave-it basis."[455]

Die Annahme, es gebe eine Große Koalition im Europäischen Parlament, trifft in der Praxis jedoch nur mit Einschränkungen zu: Die Mehrheiten von EVP und SPE haben in den ersten fünf Legislaturperioden in 60–70% der Abstimmungen gemeinsam gestimmt.[456] Der „Höhepunkt" dieser Zusammenarbeit lag in der Phase von 1989 bis 1994, wo EVP und SPE in 71% aller Entscheidungen gemeinsam abgestimmt haben. Seither werden Entscheidungen allerdings seltener gemeinsam getroffen, und Abstimmungen nach ideologischen Überzeugungen (also nach einem Rechts-Links-Schema) werden häufiger. Zwischen 1999 und 2004 haben EVP und SPE nur noch in 65% aller Abstimmungen gemeinsam abgestimmt.[457] Außerdem kann man konstatieren, dass es vor allem in Grundfragen der europäischen Integration eine Große Koalition gibt, in vielen Fragen, die die Rechts-Links-Dimension ausmachen, jedoch durchaus gegensätzlich abgestimmt wird: „the policy position of the parties is much more important than the likely power of the coalition for determining coalition patterns."[458]

Bei näherer Betrachtung fällt auf, dass die beiden großen Fraktionen bei ökonomischen und sozialen Fragen, insbesondere bei Fragen der Umwelt- und der Agrarpolitik sowie bei der Arbeitsmarktpolitik unterschiedliche Positionen vertreten und dementsprechend unterschiedlich abstimmen.[459] Ein Beispiel ist die umstrittene Dienstleistungs-Richtlinie, bei der die EP-Berichterstatterin Evelyne Gebhardt (SPE) mit ihrem Berichtsentwurf zur zweiten Lesung im September 2006 für Diskussionen sorgte: Während ihre

---

[455] CORBETT/ JACOBS/SHACKLETON: The European Parliament, a.a.O., S. 91.

[456] Vgl. hierzu und zum Folgenden die Studie von HIX/NOURY/ROLAND: Power to the Parties, a.a.O.

[457] HIX/NOURY: Voting Behaviour in the Sixth European Parliament, a.a.O., S. 8.

[458] HIX/NOURY/ROLAND: Power to the Parties, a.a.O., S. 228.

[459] Vgl. auch KREPPEL: Rules, Ideology and Coalition Formation in the European Parliament, a.a.O., S. 16.

eigene Partei und die Grünen den Entwurf befürworteten, reagierten die Liberalen und Konservativen skeptisch.[460] Weitere Beispiele für das Ende der Großen Koalition sind die Debatten zwischen SPE und EVP um die Softwarepatent-Richtlinie[461] oder der publikumswirksame Streit um nährwert- und gesundheitsbezogene Lebensmittelangaben („fettarm", „reinigt Ihren Organismus"), wo die SPE der Industrie mehr Vorschriften machen wollte als die EVP. Bei der Einführung der „Europäischen Gesellschaft" (einer Rechtsform für Unternehmen) stritten die beiden Parteien über die Mitbestimmungsrechte der Arbeiterschaft.[462] Bei der Novellierung der Fernsehrichtlinie im Dezember 2006 stimmten Konservative und Liberale gemeinsam für Lockerungen, die den Sendern mehr Rechte bei Werbeeinblendungen zugestehen sollen, während die Sozialdemokraten diese Position ablehnten und bemängelten, mit dieser Richtlinie werde „einer Kommerzialisierung nach amerikanischem Vorbild keine klare Absage erteilt, weil Konservative und Liberale für eine Liberalisierung stimmten."[463] Auch zum Bericht des „CIA-Sonderausschusses" des Europäischen Parlaments, in dem auch die Rolle der damaligen Bundesregierung im Fall des Ex-Guantanamo-Häftlings Murat Kurnaz beleuchtet wird, gab es unterschiedliche Einschätzungen: Sozialisten, Liberale und Grüne sahen in dem Bericht ein „wichtiges Signal für die Menschenrechte" während viele EVP-Abgeordnete bemängelten, der Bericht sei unausgewogen und enthalte lediglich eine Sammlung von Verdächtigungen.[464]

---

[460] Vgl. den Artikel bei euractiv vom 15. September 2006, abrufbar unter www.eur activ.com/de/soziales-europa/dienstleistungen-gebhardt-finnen-streiten-um-kompromiss/article-157865.

[461] Bericht des Parlaments: A5-0238/2003 vom 18. Juni 2003.

[462] Diese und weitere Beispiele finden sich bei Peter BENDER: Competing for Power: Challenges to Political Parties in the European Union. A Comment, Beitrag zu einer Online-Konferenz der Friedrich-Ebert-Stiftung mit dem Titel Changing Party Systems in a Deepening and Widening Europe, 2004, abrufbar unter www.fes.de/europolity.

[463] So die SPE-Abgeordnete Lissy GRÖNER, vgl. die Pressemitteilung vom 13. Dezember 2006, abrufbar auf der Homepage www.lissy-groener.de.

[464] Vgl. zur Grünen-Position die Pressemitteilung vom 23. Januar 2007, abrufbar auf der Homepage www.greens-efa.org, zur EVP-Position die Pressemitteilung vom 14. Februar 2007, abrufbar auf der EVP-Homepage www.epp-ed.eu/Press/en/default.asp

Diese Beispiele zeigen nicht nur, dass die Große Koalition seltener wird, sondern sie zeigen auch eine weitere Entwicklung im EP auf: Je näher sich zwei Parteien auf der Rechts-Links-Skala befinden, desto wahrscheinlicher stimmen sie gemeinsam ab. Andersherum formuliert hat eine „increased ideological distance between any two party groups (…) a strong negative impact on coalition formation between these groups."[465] Statistisch gesehen stimmt die EVP häufiger mit den Liberalen als mit der SPE, während die SPE häufiger eine Koalition mit Grünen und den Liberalen bildet als die „Große Koalition" mit der EVP einzugehen. Andere empirische Untersuchungen[466] zeigen, dass eine Mitte-Links-Mehrheit, bestehend aus SPE und Liberalen, in fast 90% der Abstimmungen über Bürgerrechte, Außenpolitik und Umweltpolitik gemeinsam abstimmt (und in knapp 80% der Fälle von den Grünen unterstützt wird). In ökonomischen Themenbereichen (Wirtschaftspolitik, Industrie, Beschäftigung) gibt es in neun von zehn Abstimmungen Mitte-Rechts-Koalitionen zwischen EVP-ED und Liberalen. Man kann also konstatieren, dass

> „European Political Groups in the European Parliament form connected winning coalitions (CWC), that is, coalitions of ideologically neighbor parties regardless of the size of the coalition. Within the set of viable CWCs, there is some variation depending on the subject matter."[467]

Dies wird durch die Ergebnisse einer Umfrage[468] und durch die in eigenen Interviews von langjährigen Abgeordneten gewonnenen Erkenntnisse bestätigt. In der Umfrage gaben 39 von 46 Befragten an, dass Koalitionen aufgrund von thematischen Gemeinsamkeiten entstehen. Die für diese Arbeit befragten Abgeordneten ergänzten diese Beurteilung: Während sich bei den großen Fragen der europäischen Integration im EP oftmals eine Große Koalition gegen die „Anti-Europäer" bilde, gibt es

> „in Fragen der Gesellschaftspolitik, also der Wirtschafts- und Sozialpolitik und auch der Bürgerrechte, (…) das Rechts-Links-Schema sehr oft. Man kann auch an den Liberalen schön sehen wie sie abstimmen: Bei Bürgerrechten

---

[465] HIX/NOURY/ROLAND: Power to the Parties, a.a.O., S. 231.

[466] Vgl. z.B. die bereits zitierte Untersuchung von Josep COLOMER mit über 600 ausgewerteten Abstimmungen, a.a.O. im Internet.

[467] COLOMER: Political Parties, a.a.O. im Internet.

[468] Vgl. PATRY: Die Fraktionen des Europäischen Parlaments, a.a.O., S. 95.

stimmen sie eher mit Sozialdemokraten und Grünen, während sie bei wirtschafts- und sozialpolitischen Themen eher mit den Konservativen stimmen. Das Muster, das wir von zu Hause kennen, gibt es hier auch." [469]

Dies führt dazu, dass die Liberalen bei Abstimmungen oft eine entscheidende Rolle spielen können: „Als drittgrößte Fraktion ist die Position der ALDE oft ausschlaggebend für den Ausgang einer Abstimmung des Hauses."[470] Je nach ihrem Abstimmungsverhalten bilden sich im Parlament eher Mitte-Rechts-Mehrheiten (wie bei der Deregulierung des Arbeitsmarktes) oder Mitte-Links-Mehrheiten (wie beispielsweise in der Umweltpolitik oder beim Asylrecht).[471]

Auch im vergrößerten sechsten Parlament ist „any political party (…) more likely to vote the same way as a party which is closer to it on the left-right dimension than with a party which is further away from it on this dimension," wobei die Liberalen jetzt häufiger mit der EVP abstimmen als mit der SPE: „(…) in the Sixth Parliament, with the Liberals voting more often with the EPP-ED and UEN there is a clearly identifiable centre-right majority coalition."[472] Auch dies bestätigen Abgeordnete: Im sechsten Parlament

> „lässt sich im Großen und Ganzen feststellen, dass Konservative und Liberale natürliche Koalitionäre sind, wenn es um die Verteidigung von Grundsätzen wie offene Märkte, Wettbewerb, wenig staatliche Eingriffe in das Wirtschaftsgeschehen und ähnliches mehr geht, so wie Sozialdemokraten, Grüne und Liberale häufig zusammen stimmen bei der Verteidigung von Bürgerrechten, teilweise Umwelt, Gleichberechtigung der Geschlechter etc."[473]

Es bleibt allerdings festzuhalten, dass die Koalitionsbildung themenspezifisch erfolgt: Im Gegensatz zu nationalen Parlamenten mit der klassischen Einteilung in Regierung und Oppositionsparteien arbeiten die Abgeordne-

---

[469] Jo LEINEN, Interview vom 6. 6. 2006, ähnlich Klaus WELLE, Interview vom 24. 11. 2005.

[470] Alexander ALVARO, schriftliches Interview im Dezember 2007.

[471] Vgl. Simon HIX: Why the EU needs (Left-Right) Politics. Policy Reform and Accountability are impossible without it, in: Politics – The right or the wrong sort of medicine for the EU? Notre Europe Policy Paper Nr. 19, 2006, S. 1–26, abrufbar unter www.notre-europe.asso.fr/IMG/ pdf/Policypaper19-fr.pdf.

[472] HIX/NOURY: Voting Behaviour in the Sixth European Parliament, a.a.O., S. 8 bzw. 12.

[473] Wolf KILZ, schriftliches Interview im Dezember 2007.

ten im EP stärker themen- bzw. problemorientiert, das heißt je nach Projekt gibt es wechselnde Mehrheiten.[474] Eine Koalitionsdisziplin wie in nationalen Parlamenten, in der die Abgeordneten gelegentlich auch gegen ihre Überzeugung abstimmen um den Erfolg ihrer Koalition nicht zu gefährden, ist im Europäischen Parlament also nicht gegeben:

> „Es gibt keine offiziellen oder auch heimlich vereinbarten Koalitionsabsprachen. Darüber hinaus ist festzustellen, dass sich zum Teil auch Koalitionen bilden wie z.B. kleine Länder gegen große oder Mittelmeer-Länder gegen Mittel- und Nordeuropa."[475]

Es gibt also „keine ausschließlichen Koalitionspartner"[476], vielmehr bilden sich je nach Themengebiet unterschiedliche Koalitionen (wie 2007 bei der Debatte um die Weinordnung), und gelegentlich spielen auch nationale Aspekte eine Rolle, so finden die britischen Abgeordneten „relativ schnell über Parteigrenzen hinweg einen Konsens, wenn es darum geht den Finanzdienstleistungssektor und damit die Rolle der City in der EU zu verteidigen."[477]

Nicht nur in inhaltlichen Fragen, auch bei der Vergabe von Posten kann man nicht mehr uneingeschränkt von einer Großen Koalition sprechen. Die technische Absprache zwischen den großen Fraktionen, dass die Personalvorschläge der jeweiligen Fraktionen akzeptiert werden, wird brüchiger: So lehnten die Sozialdemokraten gemeinsam mit den Grünen, den Vereinigten Linken und einigen Liberalen nach der 2004 die Wahl einer EVP-ED-Abgeordneten aus der Slowakei zur Vorsitzenden des Ausschusses für die Rechte der Frau zunächst ab. Die EVP-ED weigerte sich daraufhin, die französische Sozialistin Berrès als Vorsitzende des Wirtschaftsausschusses zu unterstützen. Erst nach längeren Diskussionen wurden beide Frauen dann im zweiten Anlauf gewählt. Dieser Vorgang „verweist auf einen höheren Grad an Politisierung, wodurch das Zweckbündnis der beiden großen Fraktionen sicher auch künftig immer wieder Belastungen ausgesetzt

---

474 Wolf KILZ, schriftliches Interview im Dezember 2007.

475 Wolf KILZ, schriftliches Interview im Dezember 2007.

476 Alexander ALVARO, schriftliches Interview im Dezember 2007.

477 Wolf KILZ, schriftliches Interview im Dezember 2007.

sein wird."[478] Auch der Posten des Parlamentspräsidenten ist – anders als früher – ein politischer Posten, um den die großen Parteien durchaus kämpfen. Beispielsweise setzte sich 1999 die EVP-Kandidatin Nicole Fontaine in einer Kampfabstimmung gegen Mario Soares von der SPE durch. Die EVP hatte sich im Vorfeld mit der ELDR abgestimmt, ab 2002 wählten die beiden Parteien dann Pat Cox von den Liberalen als Nachfolger. 2004 hat die EVP dann allerdings wieder gemeinsam mit der SPE den Sozialisten Josep Borrell gewählt – in der Erwartung, in der zweiten Hälfte der Legislaturperiode mit Hilfe der SPE einen EVP-Kandidaten durchzusetzen. Im Januar 2007 wurde dann tatsächlich Hans-Gert Pöttering von der EVP mit großer Mehrheit zum Parlamentspräsident bis 2009 gewählt. Diese Entscheidung rief jedoch auch Widerstand bei den Parlamentariern hervor, der belegt, dass diese Form der Großen Koalition nicht mehr zeitgemäß ist. Einige kleinere Parteien versuchten sich in der Bildung neuer Koalitionen, so stellte sich die Fraktions-Sprecherin der Europäischen Grünen, Monica Frassoni, im Januar 2007 mit der Aussage zur Wahl:[479]

> „Die Abstimmung über die/den ParlamentspräsidentIn, bei der von den Abgeordneten erwartet wird, dass sie einen Hinterzimmerdeal zwischen EVP und ESP durchwinken, ist symptomatisch für diese alles lähmende Absprache. Mit meiner Kandidatur möchte ich zeigen, dass eine Alternative zu dieser ‚Großen Koalition' möglich ist und daran arbeiten, eine Koalition zu bilden, die diesen Trend umkehren kann."

iii. Gründe für Fraktionsdisziplin und Rechts-Links-Ausrichtung

Trotz der Struktur der EU, die es, wie oben ausgeführt, dem Europäischen Parlament eigentlich schwer macht, größere Fraktionsdisziplin und einen „Rechts-Links-Gegensatz" aufzubauen, und trotz des vermeintlich starken Einflusses der nationalen Regierungen auf „ihre" Abgeordneten ist also die Fraktionsdisziplin relativ hoch und ein Rechts-Links-Gegensatz im Entstehen begriffen. Wie kann man diese Entwicklung erklären?

---

[478] Rudolf Hrbek: Europawahl 2004: neue Rahmenbedingungen – alte Probleme, in: integration 3/2004, S. 211–222 (S. 220).

[479] Zitiert nach der Homepage der EGP: www.greens-efa.org/cms/topics/dok/ 163/163129.ein_buendnis_fuer_den_wandel@de.htm.

Für eine relativ große Fraktionsdisziplin im Parlament lassen sich zunächst ganz allgemeine Gründe finden, die auf rational-choice-Theorien beruhen und für jedes Parlament zutreffen:[480] Einzelne Abgeordnete, die keinem parteipolitischen Abstimmungszwang unterworfen sind, wären zwar in der Lage so abzustimmen wie sie wollen, doch sie können ihre Ziele in der Regel nicht allein durchsetzen. Deshalb könnten sie spontan, von Fall zu Fall, Mehrheiten suchen; doch dies wäre aufwändig. Die Einrichtung von formalen Beziehungen (wie die Fraktionen) bindet die Gleichgesinnten zusammen, dadurch sinken Aufwand und Transaktionskosten jedes Einzelnen. Diese Fraktionen können so organisiert werden, dass (wie es im Europäischen Parlament, aber beispielsweise auch im US-Kongress praktiziert wird) die Aufgaben geteilt werden: Jeder Abgeordnete spezialisiert sich auf bestimmte Bereiche und schlägt dann vor, wie seine Fraktionskollegen in Fragen aus seinem Spezialgebiet abstimmen sollen, und die Vorsitzenden verteilen Aufgaben, Posten und informieren die Abgeordneten. Der einzelne Abgeordnete hält sich in der Regel an das, was seine spezialisierten Kollegen vorschlagen. Diese theoretischen Überlegungen werden durch Aussagen von Parlamentariern bestätigt, so meinte ein SPE-Abgeordneter: „MEP´s are so busy that they can´t absorb all of the information, so unless we are told by the national party ‚we have a problem with this', you would be inclined to follow the PES group line."[481]

Durch dieses System der Spezialisierung ähneln die Abgeordneten im Europäischen Parlament mehr den Kongressabgeordneten in den USA als europäischen Abgeordneten in nationalen Parlamenten: Diese müssen eher Generalisten sein, weil hier die Fraktionsführung entscheidet, in welchen Bereichen sich der einzelne Abgeordnete betätigen soll und diese Entscheidungen dann nach Wahlen oft geändert werden, so dass jeder Abgeordnete verschiedenste Bereiche und Aufgaben durchläuft.

Dieser rational-choice-Ansatz für Fraktionsdisziplin kann auch erklären, warum die zunehmende Bedeutung des EP im EU-Entscheidungsprozess zu mehr Kohäsion in den Fraktionen führt: Die nationalen Parteien werden

---

[480] Vgl. hierzu HIX/KREPPEL/NOURY: The Party System in the European Parliament, a.a.O., S. 313.

[481] Zitiert nach Stephen DAY: Developing a conceptual understanding of Europe´s transnational political parties, a.a.O., S. 71.

die zunehmende Bedeutung des EP dafür nutzen wollen, die Abstimmungen „ihrer" Abgeordneten zu beeinflussen. Wenn sich die Positionen der nationalen Parteien von denen der europäischen Fraktion unterscheiden und konkrete nationale Interessen bedroht sein sollten, wird sich der einzelne Abgeordnete möglicherweise dem Druck aus der Heimat beugen, doch in allen anderen Fällen werden die nationalen Parteien verstärkt versuchen, die Arbeitsteilung in den Fraktionen zu fördern, damit die Abstimmungen in ihrem Sinne ausgehen. Die Theorie kann allerdings nicht erklären, warum sich die Fraktionen nach ideologischen und nicht nach nationalen Gesichtspunkten zusammengeschlossen haben. Wenn die Fraktionen sich damals in der Gemeinsamen Versammlung der EGKS nach nationalen Gruppen zusammengesetzt hätten und nicht nach ideologischen Überzeugungen, sähe das Parlament (und auch die EU) heute vermutlich ganz anders aus.

Darüber hinaus haben Abgeordnete auch ganz persönliche Gründe, sich nicht nur der Fraktionsdisziplin zu unterwerfen, sondern die Abstimmungen auch nach ideologischen Linien verlaufen zu lassen. Hier spielen die individuellen Interessen der Parlamentarier eine Rolle. Im Allgemeinen haben Abgeordnete drei Ziele: ihre Wiederwahl, ihren Aufstieg im Parlament und das Durchsetzen von konkreten Policy-Zielen.[482] Während die Wiederwahl in erster Linie über die nationalen Parteien geschieht, befördert der Wunsch nach den anderen Zielen ein gewisses Maß an Fraktionsdisziplin und an ideologischer Ausrichtung.

• Die Abgeordneten sind, insbesondere wenn sie in der Hierarchie aufsteigen wollen, in großem Maße auf das Wohlwollen ihrer Fraktion angewiesen. Um bestimmte Posten in der Fraktion zu erlangen oder in interessante Ausschüsse[483] gewählt zu werden, dürfen sich die Abgeordneten nicht zu häufig den Vorgaben der Fraktionsführung widersetzen. Die Fraktionsführungen kontrollieren die Ernennungen zu den Ausschüssen und zu deren Vorsitz, zu Berichterstatterposten und zu

---

[482] Vgl. FAAS: Why do MEP´s defect? A.a.O., S. 3.

[483] Die Position des Ausschussvorsitzenden ist der beliebteste Posten bei Abgeordneten, gefolgt vom Posten des EP-Präsidenten und dem des Fraktionsvorsitzenden, vgl. Virginie MAMADOUH/Tapio RAUNIO: The Committee System: Powers, Appointments and Report Allocation, in: JCMS 2/2003, S. 333–351 (S. 339f.).

Posten im EP-Präsidium.[484] Die Fraktion kann das Verhalten ihrer Mitglieder beispielsweise sanktionieren, indem sie Wünsche bei der Neuwahl der Ausschussmitglieder, die in der Mitte der Wahlperiode des Europäischen Parlaments ansteht (Art. 174 Satz 2 GOEP: Die Wahl der Ausschussmitglieder findet auf der ersten Tagung des neugewählten Parlaments und erneut nach Ablauf von zweieinhalb Jahren statt.), nicht mehr berücksichtigt. Kurz gesagt: „(...) even early on in the Parliament´s development loyalty to the party leadership had its rewards."[485]

- Je mehr Macht das EP in konkreten Policy-Bereichen bekommt, desto größer ist auch die Bedeutung des zweiten Ziels der Abgeordneten, der Durchsetzung von bestimmten Politik-Zielen: Wenn man nicht gemeinsam für die Stärkung des Parlaments als ganzes kämpfen muss, sondern um konkrete wirtschafts- oder sozialpolitische Fragen ringt, rücken die konservativen, sozialistischen oder liberalen Überzeugungen der Abgeordneten in den Vordergrund. Problematisch für die Fraktionsdisziplin sind dabei solche Abgeordnete, die aus europa-skeptischen Parteien kommen und deren Politik-Ziele nur gelegentlich mit denen der Gesamtfraktion übereinstimmen. Die meisten Abgeordneten jedoch haben (wie vorhin mit dem rational-choice-Ansatz gezeigt) das Ziel, gemeinsam mit Gleichgesinnten für bestimmte policy-Ziele zu kämpfen. Dadurch, dass das Parlament immer mehr Mitsprache auch bei ideologisch aufgeladenen Fragen bekommt (wie beispielsweise bei der Frage nach mehr oder weniger Marktregulierung oder neuerdings auch in der Asylpolitik) steigt auch der Rechts-Links-Gegensatz bei Abstimmungen.[486] Zugleich wächst die Koalitionsdisziplin, weil ideologisch nahestehende Fraktionen gemeinsam abstimmen.

---

[484] Bei der Besetzung haben die Fraktionsführungen im EP sogar mehr Macht als diejenigen im US-Kongress, da sie sich an keine „seniority-rule" halten müssen. Je größer eine Fraktion ist, desto mehr Ausschuss-Vorstände und Berichterstatter kann sie benennen.

[485] Gail MCELROY: Committees and Party Cohesion in the European Parliament, European Parliament Research Group Working Paper No. 8/2001, S. 28.

[486] Bis vor kurzem hatte das Parlament bei Asylverfahren, Visapolitik oder Einwanderung nicht viel zu sagen. Der Vertrag von Nizza sieht vor, dass sich dies ändern muss, sobald sich die Staaten auf Mindeststandards in der Asylpolitik

- Zudem kann die Fraktion die Wiederwahl-Chancen zumindest indirekt mit-beeinflussen, da sie Fraktionsmitglieder gegebenenfalls ausschließen kann oder über die Gremien der jeweiligen Europäischen Partei versuchen kann, eine erneute Nominierung dieser Abgeordneten für die nächste Wahlperiode zu verhindern.[487] Die Europäischen Parteien haben hier zwar keine konkrete Kompetenz, doch wird sich eine nationale Partei gut überlegen, ob sie einen aus der Fraktion ausgeschlossenen und/oder von der Europäischen Partei abgelehnten Abgeordneten erneut ins Rennen schickt oder nicht. Grundsätzlich liegt aber die Nominierungs-Kompetenz bei den nationalen Parteien, so dass sich die Abgeordneten im Falle eines Widerspruchs zwischen der Position der Europäischen Partei bzw. Fraktion und der nationalen Partei im Zweifel eher für die Position der nationalen Partei entscheiden werden.[488]

Der zunehmende Rechts-Links-Gegensatz im Parlament resultiert zum Teil aus der Aufnahme neuer, etwas „extremerer" Parteien sowohl in der EVP als auch in der SPE in den 1990er-Jahren. Mit der Aufnahme der italienischen PDS (der ehemaligen kommunistischen Partei Italiens) in die SPE und der Aufnahme der britischen Konservativen in die EVP schwächte sich die Konsens-Orientiertheit im EP ab: „The admission of the Italian PDS into the socialist group reinforced the effort by the group leadership to stress a left identity."[489] Auf Seiten der EVP führte die Zusammenarbeit mit den britischen Tories nicht nur – wie oben gezeigt – zu abnehmender Fraktionsdisziplin, sondern auch zu einem klareren konservativen Profil, weswe-

---

geeinigt haben, was im Sommer 2005 geschehen ist. „Der erste Test, wie die Abgeordneten mit ihrer neuen Macht umgehen, ist bereits im Gang." Vgl. Cornelia Bolesch: Abenteuer europäische Innenpolitik, in: der Süddeutschen Zeitung vom 20. Juli 2006, S. 7.

[487]   Vgl. Jasmut: Parteien und Integration, a.a.O., S. 275f.

[488]   Dies ist insbesondere der Fall, wenn Abgeordnete das EP als Sprungbrett für eine nationale (Partei-) Karriere benutzen wollen. Die Tatsache, dass eine Karriere in Europa aber im Vergleich zu früher immer reizvoller und für potenzielle Abgeordnete ein erstrebenswertes Ziel darstellt, könnte diesen Effekt etwas reduzieren, vgl. schon Susan Scarrow: Political Career Paths and the European Parliament, in: Legislative Studies Quarterly 22/1997, S. 253–263.

[489]   Robert Ladrech: Political Parties in the European Parliament, in: John Gaffney (Hrsg.): Political Parties and the European Union, London 1996, S. 291–307 (S. 301).

gen sich vor allem belgische und niederländische Christdemokraten damals gegen die Aufnahme der Briten in die EVP-Fraktion aussprachen.[490]

Insgesamt zeigt sich somit deutlich, dass die Fraktionen geschlossener auftreten als gelegentlich vermutet, und dass zudem ein Trend erkennbar ist hin zu vorsichtigen Versuchen der Fraktionen, in ihrer Arbeit im Parlament größeres Gewicht auf die parteipolitischen Unterschiede zu legen und diese auch deutlich zu machen.[491] Koalitionen entlang von ideologischen Trennlinien werden häufiger und lassen andere Formen von Gegensätzen (reiche gegen arme Länder, neue gegen alte Mitgliedstaaten, Nord gegen Süd) zurücktreten. Außerdem wird eine zunehmende Emanzipation vom Ministerrat deutlich: Während die „Große Koalition" auch dadurch zu erklären war, dass die Kompromisse zwischen den großen Parteien inhaltlich einen Kompromiss zwischen Parlament und Ministerrat vorwegnahmen[492], zeigt die zunehmende ideologische Rechts-Links-Ausrichtung, dass das Parlament selbstbewusster geworden ist und sich verstärkt als selbständigen Akteur im europäischen Prozess sieht.

iv. Schlussfolgerungen und Reformvorschläge

Im Europäischen Parlament besteht nach den obigen Erkenntnissen ein relativ weit entwickeltes, stabiles Parteiensystem, das sowohl von einem hohen Organisationsgrad als auch von einem recht ausgeprägten Wettbewerbs-Charakter geprägt ist. Die Fraktionsdisziplin und auch der Rechts-Links-Gegensatz haben in den letzten Jahren kontinuierlich zugenommen. Je mehr Einfluss das Europäische Parlament bekommt, desto stärker sind diese Trends erkennbar. Die Entwicklung des ideologischen Gegensatzes wird zum Teil kritisch gesehen: Die immer noch schwache Position des Parlaments sei ein Grund, die Große Koaltion weiter aufrecht zu erhalten. Da das EP Gesetze nur gemeinsam mit der Kommission und dem Rat auf den Weg bringen kann, müsse es gemeinsam mit den beiden Institutionen

---

[490] Vgl. LADRECH: Political Parties in the European Parliament, a.a.O., S. 301.

[491] Ebenso z.B. MAURER/WESSELS: Das EP nach Amsterdam und Nizza, a.a.O., S. 191.

[492] Vgl. Philip MANOW: Europas parteipolitisches Gravitationszentrum, in: Max-Planck-Institut für Gesellschaftsforschung (Hrsg.): MPIfG-Jahrbuch 2003/2004, Köln 2004, S. 69–76, abrufbar unter www.mpi-fg-koeln.mpg.de/pu/mpifg_jb/ MPIfG_2003-2004(11)_EU-Gravitationszentrum.pdf.

um Gesetze ringen, und um hierbei etwas erreichen zu können seien Differenzen innerhalb des Parlaments kontraproduktiv. Das Parlament habe zwar seit der Einheitlichen Europäischen Akte immer mehr Legislativ-Befugnisse hinzugewonnen, sei aber immer noch nicht der Hauptakteur im Gesetzgebungsprozess. So lange dies so sei, müsse das Parlament versuchen, gemeinsam seinen Einfluss geltend zu machen: „As a result the EP, to have any effect, must create legislative proposals (…) which are broadly acceptable to the other relevant EU-institutions (…) The level of cooperation between the PPE and PSE should not only be expected given the institutional system in the EU, but also applauded."[493] Ein ideologisch ausgerichtetes Parlament würde bestenfalls marginalisiert, schlimmstenfalls könnte es viele europäische Gesetzgebungs-Aktivitäten zum Stillstand bringen.[494] Überwiegend wird jedoch die positive Bedeutung der zunehmenden ideologischen Ausprägung für die europäische Entwicklung betont, die zu einer Politisierung des institutionellen Systems beitragen kann: „The EU system has so many checks-and-balances to (…) ensure that large coalitions have to be constructed, that a moderate injection of political contestation would not upset the basic institutional framework. The risk of more politics in the EU is low, yet the costs of not allowing more politics in the EU are potentially high, as citizens will increasingly turn against what they see as a form of bureaucratic ‚despotism'."[495]

Die Politikgestaltung im Europäischen Parlament wird also immer stärker von den Parteien geprägt und bekommt ein zunehmend demokratisches Gesicht. Die Erweiterung der parlamentarischen Rechtsetzungs-Befugnisse nach Amsterdam und Nizza führt zu mehr Gestaltungsmöglichkeiten des Parlaments und der darin vertretenen Europäischen Parteien sowie – wie gesehen – zu einer stärkeren ideologischen Ausrichtung und somit zu einer demokratischeren Entscheidungsfindung. Gleichzeitig ist damit eine spürbare Aufwertung der Kontrollfunktion europäischer Parteien verbunden.[496]

---

[493] KREPPEL: Rules, Ideology and Coalition Formation in the European Parliament, a.a.O., S. 6/7.

[494] Vgl. KREPPEL: Rules, Ideology and Coalition Formation in the European Parliament, a.a.O. S. 20.

[495] HIX: Why the EU needs (Left-Right) Politics, a.a.O., S. 26.

[496] Vgl. STENTZEL: Integrationsziel Parteiendemokratie, a.a.O., S. 395.

Damit das Parlament in Zukunft eine noch stärkere Rolle ausüben kann, sind einige institutionelle Reformen denkbar, die von den Europäischen Parteien und ihren Fraktionen angestoßen werden können und deren Bedeutung (ebenso wie die des Parlaments allgemein) steigern könnte.[497]

- Auf innerparlamentarischer Ebene wäre es sinnvoll, das System der Vergabe von Ausschussvorsitz- und Berichterstatter-Posten zu ändern. Die rein proportionale Verteilung könnte abgeschafft werden zugunsten einer stärker parteipolitisch geprägten Verteilung. So könnte man der größten Partei (oder einer Koalition von Parteien) die wichtigsten Ausschussvorsitze zugestehen, so dass die Wahlsieger stärker als bisher als agenda-setter im Parlament agieren können und das Wahlergebnis stärkeren Eingang in die tatsächliche Politikgestaltung findet. Hierdurch würde letztlich auch die Bedeutung der Europawahlen steigen.

- Die Einführung des parlamentarischen Initiativrechts zur Rechtsetzung würde diese Tendenz verstärken. Kleinere Parteien könnten durch Gesetzesinitiativen ihre Ideen einer größeren Öffentlichkeit präsentieren und somit auch nach außen Handlungsfähigkeit demonstrieren. Man könnte den Fraktionen das Initiativrecht zugestehen. Dadurch würde die Innovationsfunktion der Europäischen Parteien gestärkt.

- Zudem könnte man darüber nachdenken, den EP-Präsidenten künftig für die gesamte Legislaturperiode zu wählen (und nicht, wie bisher, für die Hälfte der Zeit) und ihm mehr Einfluss zuzugestehen. Dies würde dazu führen, dass der Posten interessanter wird und dass sich die Parteien öfter als bisher Kampfabstimmungen über das Amt liefern. Dazu würden sich die großen Parteien zur Unterstützung kleinere Koalitionspartner suchen müssen – Absprachen, dass etwa in der ersten Hälfte ein Sozialdemokrat und in der zweiten Hälfte ein Konservativer das Amt übernimmt, wären damit hinfällig.

- Zur Zeit verdienen Abgeordnete, die hervorgehobene Ämter bekleiden (wie beispielsweise der Parlamentspräsident oder die Fraktionsvorsitzenden) nicht mehr als gewöhnliche Abgeordnete. Sie erhalten – anders

---

[497] Zu weitergehenden Reformvorschlägen, die wenn überhaupt mittel- bis langfristig realisierbar sind vgl. unten Kapitel V – Europäische Parteien und langfristige Strategien zur Demokratisierung der EU.

als in deutschen Parlamenten – keine finanziellen Zuschläge, was die Attraktivität solcher Posten nicht unbedingt erhöht. Wenn man diese Posten auch finanziell honoriert und somit „für fähige Leute attraktiver"[498] macht, kann man den Anreiz für die Abgeordneten, in der Hierarchie aufzusteigen, erhöhen, und zudem die Arbeit im Europaparlament auch für engagierte junge Parteipolitiker, die auf der europäischen Ebene arbeiten wollen, noch erstrebenswerter machen.

3. Demokratisierung weiterer Institutionen durch Parteien?

a) Die Kommission

Die Kommission ist, wie oben gesehen, die Institution, die am wenigsten demokratisch legitimiert ist. Lediglich über den hergestellten output (durch gemeinwohl-dienliche Ergebnisse) kann sie eine gewisse demokratische Legitimation für sich in Anspruch nehmen. Wie können nun die Europarteien dazu beitragen, dass die Kommission demokratischer wird? Durch die oben beschriebene zunehmende Wahlfunktion (beispielsweise die von der EVP durchgesetzte Wahl des Konservativen Barroso anstelle des Liberalen Verhofstadt zum Präsidenten 2004) sind erste Schritte auf diesem Weg bereits getan. In den Verhandlungen des Verfassungskonvents war ursprünglich vorgesehen, dass das Parlament das letzte Entscheidungsrecht über die Kollegiumszusammensetzung der Kommission bekommen sollte.[499] Den Parteien hätte sich damit die Möglichkeit eröffnet, die Europawahl zum Plebiszit für die Bestellung eines europäischen Spitzenamtes umzuwandeln. Dies wurde bei den abschließenden Verhandlungen jedoch wieder rückgängig gemacht, so dass weiterhin die Staats- und Regierungschefs das letzte Wort haben. Dennoch könnten europäische Parteien vor allem durch eine stärkere Einbeziehung des Parlaments in das Ernennungsverfahren mehr Einfluss auf die Kommission ausüben.

- Die Europarteien könnten bereits heute, ohne eine Änderung an den Verträgen, mit einem Spitzenkandidaten zur Europawahl antreten. „Die Parteien wären frei: Wenn die Sozialdemokraten ihren Europakongress

---

[498] VON ARNIM: Das Europa-Komplott, a.a.O., S. 265.

[499] Vgl. dazu Andreas KIEßLING: Uneuropäische Europawahlen, Artikel vom 15. März 2004, abrufbar unter www.cap-lmu.de/aktuell/positionen/2004/euro pawahlen_uneuropaeisch.php.

machen und jemanden benennen würden – das könnte niemand verbieten."[500] Als erste Europartei hat die ELDR angekündigt, zur Europawahl 2009 mit einem Spitzenkandidaten anzutreten: „The ELDR
Congress is of the opinion that European liberals and democrats should
put forward a common candidate to the presidency of the European
Commission in 2009."[501] Als Kandidaten sind unter anderem der ehemalige EP-Präsident Pat Cox, der dänische Ministerpräsident Rasmussen oder der belgische Ministerpräsident Verhofstadt im Gespräch.[502]
Ein solches Vorgehen könnte für die großen Parteien EVP und SPE
allerdings (abgesehen von den Schwierigkeiten, einen gemeinsamen
Kandidaten zu finden, der dann – anders als ein liberaler Kandidat –
auch Chancen auf einen Wahlsieg bei der Europawahl hat) schwierig
sein, weil das aktuelle institutionelle Gefüge der Union nicht auf eine
solche parteipolitische Entscheidung zugeschnitten ist. Ein sozialdemo-
kratischer Wahlsieger beispielsweise müsste schon bei seiner Ernennung mit erheblichem Widerstand der konservativen Regierungen
rechnen. Da die Kommission jedoch zur Zeit relativ stark von der Zustimmung der Regierungen abhängig ist, würde eine Auswahl nach
parteipolitischen Gesichtspunkten möglicherweise zu einer Schwächung der Kommission im Institutionengefüge führen.[503] Da der Europäische Rat aber bei seiner Entscheidung für einen Kommissionspräsident das Ergebnis der Europawahl zu berücksichtigen hat, ist eine Entwicklung in diese Richtung keineswegs ausgeschlossen, wenn die großen Parteien einen Kandidaten nominieren, der auch vom jeweils anderen Lager grundsätzlich respektiert und geschätzt wird.

---

[500] Jo LEINEN, Interview vom 6. Juni 2006.

[501] So die Resolution „Presidency of the European Commission" der ELDR vom
Berliner Kongress im Oktober 2007, abrufbar unter www.eldr.org/modules.
php?name=News&file=article&sid=1127.

[502] Vgl. die schriftlichen Interviews mit MEPs Alexander Alvaro und Wolf Kilz vom
Dezember 2007.

[503] Für weitergehende Vorschläge in diese Richtung müsste das gesamte EU-System
reformiert werden. Vergleiche zu diesen Überlegungen (parlamentarisches, präsidentielles Regierungssystem) das Kapitel V. dieser Arbeit – „Europäische Parteien und langfristige Strategien zur Demokratisierung der EU".

- Möglich wäre es auch, den Kommissionspräsidenten zunächst vom Parlament wählen und dann vom Rat bestätigen zu lassen.[504] Wenn der Präsident zudem eine stärkere Richtlinienkompetenz bekäme als bisher würde die Bedeutung dieser Wahl zunehmen, das Parlament würde dadurch stärkeres Interesse der Bevölkerung erfahren. Gelegentlich wird auch vorgeschlagen, die Kommissare nach einem Parteienproporz aus den Reihen der Fraktionen zu wählen,[505] dies würde jedoch den Kandidatenkreis unnötig einschränken.[506]

- Der Kommissionspräsident kann stärker als bisher dazu verpflichtet werden, sich seine Mannschaft nicht nur nach nationalen Gesichtspunkten, sondern auch nach parteipolitischen Aspekten auszuwählen und dabei das Ergebnis der Europawahl zu berücksichtigen. In diesem Zusammenhang wäre zu überlegen, ob man die Möglichkeit schafft, dass eine neue Kommission Gesetzesinitiativen der Vorgänger-Kommission nicht weiter verfolgen muss. Denn die bisherige Regelung bedeutet, dass „(…) the new Commission has to defend the proposals of its precedessors, irrespecitve of whether the political direction of the Commission has changed with the election.“[507] Wenn eine neue Kommission nicht gezwungen wäre, die Vorschläge der Vorgänger-Kommission zu übernehmen, könnte sie ein stärkeres partei-politisch eigenständiges Profil entwickeln.

- Bei der Abwahl der Kommission erscheint es sinnvoll, die Hürde für ein Misstrauensvotum zu senken (momentan ist hierfür eine Zwei-

---

504 Vgl. Ingolf PERNICE: Welche Institutionen für welches Europa? Walter-Hallstein-Institut der Humboldt-Universität Berlin – WHI-Paper 2/1999, These 10, abrufbar unter http://www.rewi.hu-berlin.de/WHI/deutsch/papers/proposalseu2000/index.htm; ähnlich KIELMANSEGG: Integration und Demokratie, a.a.O., S. 73. Einen solchen Reformvorschlag unterbreitete schon 1995 die Europäische Strukturkommission in ihrem Programm „Europa ´96 – Reformprogramm für die Europäische Union“, nachzulesen in Werner WEIDENFELD et. al. (Hrsg.): Reform der Europäischen Union, Gütersloh 1995, S. 11–56 (S. 44).

505 Vgl. zum Beispiel Kevin FEATHERSTONE: Jean Monnet and the „Democratic Deficit“ in the European Union, in: JCMS 32/1994, S. 149–170 (S. 166).

506 So zutreffend STENTZEL: Integrationsziel Parteiendemokratie, a.a.O., S. 391.

507 Jo LEINEN: Stronger European Parties for a Social Europe, in: Social Europe. The Journal of the European Left, Volume 2, Issue 1, Juli 2006, S. 47–52 (abrufbar unter www.social-europe.com), S. 49.

Drittel-Mehrheit im Parlament nötig). Eine Absenkung dieser Hürde würde die Kommission indirekt demokratischer machen, da sie die Kommission enger an das demokratisch legitimierte Parlament binden würde. Eine einfache Mehrheit im Parlament kann leichter erreicht werden als eine 2/3-Mehrheit, die de facto nicht erreichbar ist ohne Zustimmung beider großer Fraktionen. Man könnte auch einzelne Kommissionsmitglieder einem Misstrauensvotum unterwerfen (momentan kann nur der gesamten Kommission das Misstrauen ausgesprochen werden).[508] In Verbindung mit dem Vorschlag, die Kommissare auch nach parteipolitischen Gesichtspunkten auszusuchen, würde die parteipolitische Orientierung der einzelnen Kommissionsmitglieder vermutlich zunehmen, wenn sie bis zu einem gewissen Grad vom Wohlwollen des Parlaments und ihrer jeweiligen Fraktion abhingen.

- Die Abwahl der Kommission könnte auch als konstruktives Misstrauensvotum organisiert werden. In diesem Fall hätten die Europäischen Parteien bzw. die Fraktionen die Pflicht – und zugleich das Recht – einen Ersatzkandidaten für den Kommissionsvorsitz vorzuschlagen. Der vom Parlament gewählte neue Präsident der Kommission müsste dann vom Europäischen Rat bestätigt werden. Dieser Vorschlag ist allerdings relativ weitgehend, da das konstruktive Misstrauensvotum ein Element parlamentarischer Regierungssysteme darstellt – ein solches ist die EU jedoch (noch) nicht.[509]

- Je stärker die europäischen Parteien finanziell und organisatorisch in der Lage sind, umfassende europapolitische Standpunkte zu formulieren und zu vertreten, desto mehr Möglichkeiten der Einflussnahme auf die Kommission bieten sich ihnen. Während die nationalen Regierungen verpflichtet sind, die Arbeit der Kommissare nicht nach ihren Interessen zu beeinflussen (Artikel 213 Absatz 2 EGV), gilt dies nicht für europäische Parteien. Wenn die Ernennung und Abberufung der Kommission bzw. einzelner Kommissionsmitglieder stärker vom Wohlwol-

---

[508] Vgl. zum erstgenannten Vorschlag Pernice: Welche Institutionen für welches Europa? a.a.O., These 10; zum zweitgenannten FEATHERSTONE: Jean Monnet and the „Democratic Deficit" in the European Union, a.a.O., S. 166

[509] Vgl. zu den *langfristigen* Demokratisierungs-Strategien unten, Kapitel V. – „Europäische Parteien und langfristige Strategien zur Demokratisierung der EU".

len des Parlaments abhängt, kann sich so ein verstärkter Einfluss der Parteien entwickeln: Hat eine Kommission ihre Einsetzung in besonderem Maße einer bestimmten Partei zu verdanken, dann liegt es nahe, dass politische Positionen dieser Partei bei der Arbeit der Kommission besondere Berücksichtigung finden.

Durch diese Maßnahmen kann die Elitenrekrutierungs-Funktion der europäischen Parteien maßvoll vergrößert werden, ohne dass gravierende Änderungen am bisherigen System der EU nötig wären. Die gestärkten Rechte des Parlaments führen dazu, dass Kandidaten für Kommissionsposten ein verstärktes Interesse an guten Beziehungen zu den Fraktionen und den Europäischen Parteien haben. Eine stärkere Kopplung der Kommission an das Parlament kann dazu beitragen, dass die Kommission als Ganzes weniger als bürokratischer Beamtenapparat und stärker als Sachwalter der Interessen der Bevölkerung gesehen wird.

b) Der Ministerrat

Der Ministerrat ist, wie oben dargelegt, indirekt legitimiert, da er nicht aus unmittelbar, sondern aus über die Parlamente der Mitgliedstaaten mittelbar legitimierten Mitgliedern besteht. Auch wurde schon darauf hingewiesen, dass der Ministerrat oft hinter verschlossenen Türen tagt, und dass die EP-Fraktionen nur selten Zugang zu den Dokumenten des Rates bekommen. Durch den erwähnten Ratsbeschluss vom Juni 2006 sollen künftig zumindest die Beratungen über jene Gesetze, die im Mitentscheidungsverfahren entschieden werden, öffentlich stattfinden. Diese Transparenz kann zu mehr Einfluss der Parteien und Fraktionen führen. Die Möglichkeiten der Parteien, den Rat demokratischer zu gestalten, sind dennoch relativ gering. Die wenigen Reformvorschläge setzen vergleichsweise große institutionelle Änderungen voraus und bergen zudem mehrere Gefahren.

- Die Reformidee, dass die Europäischen Parteien einen Beschluss fassen und dann von einem nationalen Regierungschef verlangen können, den entsprechenden Minister im Rat dementsprechend anzuweisen, ist (noch) utopisch: Die Beschlüsse der Europarteien sind für die Mitgliedsparteien momentan noch nicht bindend, und auch wenn sich eine nationale Partei an solche Beschlüsse gebunden fühlte, wäre nicht automatisch gewährleistet, dass sich auch die Regierungsvertreter daran halten.[510] Ein möglicher Ausweg wäre eine Direktwahl der Ratsmitglieder, wie sie von einigen Autoren angeregt wird.[511]

- Direkt gewählte Ratsmitglieder müssten ihre Entscheidungen unabhängig von den jeweiligen Regierungen rechtfertigen. Hierbei müssten sie die „europäischen Notwendigkeiten" ihrer Entscheidungen verdeutlichen und könnten für eine bessere Rückkopplung europäischer Politik über die nationalen Öffentlichkeiten sorgen. Wenn sich die Ratsmitglieder der Öffentlichkeit als direkt gewählte Vertreter bestimmter parteipolitischer Lager präsentieren und sich das Abstimmungsverhalten im Rat künftig mehr und mehr nach dem Rechts-Links-Schema richtet, steigen auch die Einflussmöglichkeiten der Europarteien. Nach und nach würde die europäische Dimension dieser Direktwahl die nationale Dimension überlagern. Die Ratsmitglieder hätten dann ein großes Interesse daran, möglichst eng mit ihrer europäischen Partei zusammenzuarbeiten. Europarteien könnten dann dazu beitragen, den Rat direkter als bisher demokratisch zu legitimieren.[512]

- Damit der Rat als Institution der Mitgliedstaaten in einer solchen Konstellation nicht zu stark an Einfluss verliert und bestimmte nationale Interessen nicht zu stark hinter gesamteuropäische parteipolitische Interessen zurücktreten, könnte man über die Umgestaltung der positiven Gestaltungsrechte des Rates in negative Mitwirkungsrechte nachdenken. Die Ratsvertreter hätten dann weiterhin die Möglichkeit, ungewünschte Vorschläge abzulehnen und ihre jeweiligen mitgliedstaatlichen Interessen zu vertreten. Einige Leitungs- und Koordinierungsaufgaben (sowohl Personal- als auch Sachentscheidungen) würden dann vom Parlament wahrgenommen – diese Aufgabenverschiebung würde dazu führen, dass das Parlament mehr Einfluss auf die Rechtssetzung hätte als der Rat, was wiederum eine beachtliche Aufwertung der europäischen Parteien zur Folge hätte.

---

[510] Vgl. die Argumentation bei BUHR: Europäische Parteien, a.a.O., S. 67.

[511] Vgl. zum Folgenden beispielsweise STENTZEL: Integrationsziel Parteiendemokratie, a.a.O., S. 382f; ähnlich Michael ZÜRN: Über den Staat und die Demokratie im europäischen Mehrebenensystem, in: Politische Vierteljahresschrift 37/1996, S. 27–55 (S. 50).

[512] Ausführlicher zu diesem Vorschlag unten im Kapitel V. 3 und 4c).

Die Umsetzung der genannten Reformen würde allerdings mehrere Probleme mit sich bringen. In der Praxis könnte es passieren, dass ein Politiker der nationalen Opposition zum Ratsmitglied gewählt wird – eine einheitliche Europapolitik des betreffenden Staates wäre in diesem Fall kaum realisierbar. Außerdem steht zu befürchten, dass die direkt gewählten Ratsmitglieder in erster Linie nationale Interessen vertreten, da ihre Wahl ja auf nationaler Ebene erfolgt. So könnten Kandidaten versucht sein, für ihr Land negative Entscheidungen den europäischen Kollegen (oder ganz allgemein „Europa") anzulasten und bei positiven Ergebnissen ihre eigene Rolle und ihr Durchsetzungsvermögen herausstellen. Auch wenn die EU durch solche Maßnahmen womöglich demokratischer würde, gibt es pragmatischere Ideen, den Direktwahl-Gedanken auf europäischer Ebene durchzusetzen.[513]

c) Der Europäische Rat

Die terminliche Abstimmung von Ratstreffen und Parteiführertreffen führt schon seit längerem dazu, dass sich die Regierungschefs einer Parteifamilie im Vorfeld der Gipfeltreffen abstimmen und mit gemeinsamen Positionen in diese Gipfel gehen. Europäische Parteien können also die Entscheidungsarbeit im Europäischen Rat vorstrukturieren. Diese Einschätzung bestätigen auch Parteivertreter: Bereits heute werde bei den regelmäßigen Zusammentreffen der Staats- und Regierungschefs im Parteirahmen vor den Europäischen Gipfeln viel Politik gemacht.[514] Insbesondere, wenn im Europäischen Rat künftig (nach der Ratifizierung des Vertrages von Lissabon) mit qualifizierter Mehrheit abgestimmt werden kann, stellt die Orientierung an parteipolitischen Positionen ein mögliches Ordnungsmuster zur Strukturierung von Entscheidungsalternativen dar – dies bietet Potentiale für die Erweiterung der Handlungsmöglichkeiten der Europarteien.[515] Außerdem können die europäischen Parteien und Fraktionen bestimmte Themen auf die Agenda der Parteiführertreffen setzen: „When the group sticks its neck out on a particular issue (…), it is difficult for the party lead-

---

[513] Da diese Reformideen sehr weitreichend und langfristig sind, werden sie in Kapitel V. bei den langfristigen Strategien zur Demokratisierung der EU behandelt, vgl. Kapitel V. 3. und 4c).

[514] So Klaus WELLE, Interview vom 24. November 2005.

[515] Vgl. POGUNTKE/PÜTZ: Zu den Entwicklungschancen der Europarteien, a.a.O., S. 341.

ers to go against this."[516] Dennoch sind die Möglichkeiten der Parteien und Fraktionen, die Regierungschefs zur Durchsetzung bestimmter Parteipositionen aufzufordern, beschränkt. Letztlich ist der Europäische Rat politisch ungebunden, Einflüsse von außen müssen daher eng begrenzt bleiben.[517] Reformen könnten an dem Beschlussmonopol des Europäischen Rates ansetzen, der praktisch allein über wichtige Vertragsänderungen entscheiden kann. Wenn die Zusammenarbeit der einzelstaatlichen Parlamente mit dem Europäischen Parlament und die Zusammenarbeit der Europäischen Parteien erfolgreich intensiviert würden, könnte dieses Netzwerk aus Parlamenten und Parteien eine größere und direktere Legitimation vorweisen als die nur indirekt legitimierte Konferenz der Regierungschefs. Ob die Staats- und Regierungschefs auch dann noch ohne weitere Rücksprache in Regierungskonferenzen die Gründungsverträge ändern könnten, wird in den Europarteien kritisch hinterfragt.[518]

Insgesamt bleibt festzuhalten: Die Europäischen Parteien haben durchaus Möglichkeiten, das institutionelle Demokratie-Defizit abzubauen. Insbesondere beim Parlament, aber auch bei der Kommission könnten Parteien durch kleinere bis mittelgroße Reformen zu einer Demokratisierung beitragen. Bei Ministerrat und Europäischem Rat bleiben die Möglichkeiten hingegen begrenzt bzw. würden größere institutionelle Reformen voraussetzen. Dabei haben die Europarteien jedoch ein großes Problem: Sie sind nicht in der Lage, diese Änderungen von sich aus anzustoßen. Mit Ausnahme der inner-parlamentarischen Reformen sind es die Staats- und Regierungschefs (oder ein künftiger Konvent), die die Reformen innerhalb der Institutionen und am EU-Institutionengefüge vornehmen müssten.

---

[516] Bemerkung eines Europaabgeordneten, zitiert nach DAY: Developing a conceptual understanding of Europe´s transnational policital parties, a.a.O., S. 72.

[517] Vgl. STENTZEL: Integrationsziel Parteiendemokratie, a.a.O., S. 380.

[518] Vgl. JASMUT: Parteien und Integration, a.a.O., S. 283.

4. Beiträge der Europarteien zur Willensbildung der Bevölkerung

> *Erst durch Wissen werden bewußte Entscheidungen (...) der europäischen*
> *Bürger ermöglicht. Demzufolge obliegt es nicht nur den nationalen*
> *Regierungen und den Verwaltungen, sondern auch den Parteien, (...) die*
> *europäischen Bürger über die Arbeit der Europäischen Union zu informieren.*[519]

Neben den institutionellen Schwierigkeiten der europäischen Demokratie gibt es noch eine zweite, tieferliegende Ebene des Demokratie-Defizits, die hier als sozio-strukturelle Ebene bezeichnet wird: Es gibt noch keine hinreichend ausgeprägte europäische Identität, nur in Ansätzen eine gemeinsame Öffentlichkeit und keine kollektiv handelnde europäische Bürgerschaft. Während sich die Europäer in den letzten Jahrzehnten als Produzenten und Konsumenten immer besser wahrnehmen können, sind sie sich als Bürger ziviler Gesellschaften fast so fern wie zu Beginn der europäischen Einigung.[520] Um dieses Defizit zu beheben, müsste zunächst eine europäische Öffentlichkeit entstehen, die es allen Menschen in der EU ermöglicht, „zur gleichen Zeit zu gleichen Themen von gleicher Relevanz Stellung zu nehmen".[521] Diese Öffentlichkeit muss in einem europäischen intermediären Raum stattfinden, der durch transnationale Kommunikationsprozesse geschaffen wird.[522] Zu den Akteuren, die in diesem Raum zwischen der europäischen Politik und der Bevölkerung stehen, zählen auch die Europarteien. Dieser Teil der Arbeit untersucht, ob und in wie weit Europarteien als Akteure in diesem Bereich zur Entstehung einer europäischen Öffentlichkeit und somit zum Abbau des strukturellen Demokratie-Defizits beitragen können. Zunächst wird auf die Beiträge der Parteien zur Willensbildung der Bevölkerung eingegangen. An erster Stelle stehen hier die Europawahlen, zu denen die Europarteien seit der ersten Direktwahl 1979 Programme und Wahlmanifeste vorlegen. Im Anschluss werden weitere Beiträge der

---

[519] PAPADOPOULOU: Politische Parteien auf europäischer Ebene, a.a.O., S. 212.

[520] Vgl. DAMM: Hoffnungsträger, a.a.O., S. 421.

[521] Jürgen HABERMAS: Braucht Europa eine Verfassung? Eine Bemerkung zu Dieter GRIMM, in: Ders. (Hrsg.): Die Einbeziehung des Anderen. Studien zur politischen Theorie, Frankfurt am Main 1999, S. 185–203 (S. 190).

[522] Vgl. Selen AYIRTMAN/Christine PÜTZ: Die Europarteien als transnationale Netzwerke: ihr Beitrag zum Entstehen einer europäischen Öffentlichkeit, in: Michèle KNODT/Barbara FINKE (Hrsg.): Europäische Zivilgesellschaft. Konzepte, Akteure, Strategien, Wiesbaden 2005, S. 389–407 (S. 389).

Parteien zur Willensbildung der Bevölkerung untersucht, wie beispielsweise die Vorschläge der Parteien zur Europäischen Verfassung. In einem dritten Schritt wird auf die Voraussetzungen für eine erfolgreiche Interaktion mit (bzw. eine erfolgreiche Mobilisierung von) den europäischen Bürgern eingegangen: Inwieweit können Europarteien neben Wahlprogrammen und sonstigen Veröffentlichungen bei der Herstellung einer europäischen Öffentlichkeit mitwirken? Hier wird insbesondere auf die Wahrnehmung des Europäischen Parlaments und der Europarteien in der Öffentlichkeit eingegangen, und auf die institutionellen Möglichkeiten der Europarteien, die an sie gestellten Aufgaben zu erfüllen.

a) Europawahlen

Ein in der Öffentlichkeit bekanntgegebenes und diskutiertes schriftliches Parteiprogramm entwickelt einen Integrationseffekt auch dadurch, dass es die europäische politische Willensbildung in konkrete Bahnen lenkt.[523]

Politische Parteien auf europäischer Ebene sollen gemäß Artikel 191 EGV dazu beitragen, den politischen Willen der Bürger der Union zum Ausdruck zu bringen. Dafür müssen sie einerseits die Interessen der Bürger artikulieren und andererseits die Arbeit des Parlaments an die Bürger vermitteln. Die Bevölkerung kann ihren Willen in erster Linie in Wahlen ausdrücken, daher gilt die Durchführung von freien, periodisch wiederkehrenden Wahlen als ein Wesensmerkmal demokratischen Zusammenlebens.[524] Die Interaktion und die Kommunikation mit den Bürgern (in dieser Arbeit als „Integrationsfunktion" bezeichnet) ist eine wichtige Funktion von Parteien, die sich vor allem bei der Mobilisierung der Bürger bei Wahlen ausdrückt.[525] Theoretisch gewendet: Bei einer Wahl stehen grundsätzlich vorab ausgehandelte Interessenbündel zur Auswahl, die die Menschen mit ihren Interessenpräferenzen vergleichen können. Organisiert wird diese „Interessenaufbereitung" zum Zwecke der Auswählbarkeit in der Regel von politischen Parteien.[526] Im Folgenden wird untersucht, inwieweit diese

---

[523] Papadopoulou: Europäische Parteien, a.a.O., S. 193.

[524] Vgl. zum Beispiel GRABITZ/SCHMUCK/STEPPAT/WESSELS: Direktwahl und Demokratisierung, a.a.O., S. 29 sowie zahlreiche Quellen und weiterführende Angaben auf Seite 97 (Fußnote 1).

[525] Vgl. HELMS: Parteiensysteme als Systemstruktur, a.a.O., S. 654.

[526] Vgl. STENTZEL: Integrationsziel Parteiendemokratie, a.a.O., S. 45.

Voraussetzungen auf europäischer Ebene zutreffen, ob also die Europarteien in den Wahlkämpfen zur Europawahl zur europäischen Willensbildung der Bevölkerung beigetragen haben bzw. beitragen. Zunächst ein vereinfachter Überblick über die Sitzverteilung nach den Wahlen:

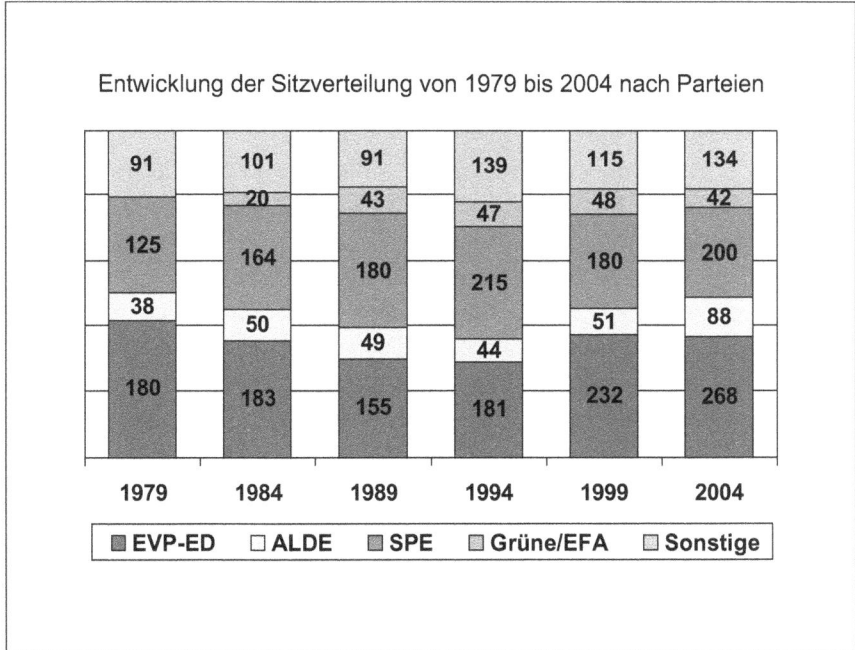

Entwicklung der Sitzverteilung von 1979 bis 2004 nach Parteien

	1979	1984	1989	1994	1999	2004
Sonstige	91	101	91	139	115	134
Grüne/EFA		20	43	47	48	42
SPE	125	164	180	215	180	200
ALDE	38	50	49	44	51	88
EVP-ED	180	183	155	181	232	268

■ EVP-ED   □ ALDE   ▨ SPE   ▨ Grüne/EFA   □ Sonstige

Eigene Darstellung, Quelle: Homepage des Europaparlaments.

Die Höhe der jeweils dargestellten Anteile variiert auch dadurch, dass die Gesamtzahl der Parlamentarier sich bis zur Wahl von 2004 von 434 auf 732 (durch die Erweiterung um Rumänien und Bulgarien sogar auf 785) vergrößert hat – dadurch gerät beispielsweise die Säule der EVP-ED 2004 niedriger als 1979, obwohl die Fraktion heute mehr Mitglieder stellt als damals. Es geht hier aber vor allem um das Verhältnis der Fraktionen zueinander im jeweiligen Parlament. Zur Vereinfachung wurden die Ergebnisse von EVP und die ED, die erst seit 1994 eine gemeinsame Fraktion bilden, auch für die früheren Wahlen zusammengefasst, ebenso wie bei den Grünen und der EFA, die seit 1999 eine Fraktionsgemeinschaft bilden. Die EDP, 2004 erstmals angetreten, ist mit der ELDR-Fraktion seitdem in der ALDE-Fraktion zusammengeschlossen. Da es in dieser Arbeit im Wesentlichen um diese vier Gruppierungen geht, wurden die anderen Fraktionen als „Sonstige" zusammengefasst. Im Einzelnen zählen dazu die *Fraktion der Vereinigten Europäischen Linken*, die bei jeder Wahl zwischen 40 und 50 Sitze bekommen haben (mit Ausnahme von 1999 – 34 Sitze), die *Union für ein Europa der Nationen* (in den 80er- und 90er-Jahren mit 30–50, 1994 sogar mit 54 Mandaten, bei der Wahl 2004 zurückgefallen auf 27 Sitze), sowie die europaskeptische Fraktion der Unabhängigen (als Fraktion *Europa der Demokratien und Unterschiede* 1994 gegründet, damals mit 20 MdEPs, 1999 mit 16, 2004 unter dem neuen Namen *Unabhängigkeit und Demokratie* mehr als verdoppelt auf 37 Sitze) und einige Fraktionslose.

i.   *Programme und Wahlkämpfe seit 1979*

Die ersten Direktwahlen zum Europäischen Parlament **1979** sollten ein großes europäisches Ereignis werden, durch die Beteiligung und Mitwirkung der Bevölkerung am Entscheidungsprozess sollte die EG demokratischer und transparenter werden. So meinte Walter Hallstein, Kommissionspräsident von 1958 bis 1967, die Direktwahlen würden dabei helfen, ein wirkliches europäisches Mandat zu erhalten.[527] In den Jahren zuvor hatten sich die damaligen europäischen Parteienbünde (Europäische Volkspartei, Bund der Sozialdemokratischen Parteien, Europäische Liberale und Demokraten) auf gemeinsame Programme geeinigt. Beim Bund der Sozialdemokratischen Parteien handelte es sich eher um einen Wahlaufruf („Appeal to the Electorate") als um ein wirkliches Wahl-Manifest. Ein vorher erarbeitetes ausführlicheres Dokument scheiterte am Widerstand der britischen, französischen und dänischen Mitgliedsparteien.[528] Die Veröffentlichung der Programme sollte zu mehr öffentlicher Aufmerksamkeit, zu klareren Auswahlmöglichkeiten und indirekt auch zu einer wachsenden Identifikation der Bevölkerung mit dem europäischen System führen.[529] Dies zwang die nationalen Parteien, sich mit Parteien gleicher politischer Orientierung zu einigen und sich somit auf europäischer Ebene stärker als zuvor zu organisieren. Durch die gemeinsamen Programme konnten nationale Parteien,

---

[527] So Walter HALLSTEIN, zitiert nach BALLANCE/LIGHTFOOT: The Impact of the Party Regulation on the Organisational Development of Europarties, a.a.O. im Internet.

[528] Vgl. dazu GRABITZ/SCHMUCK/STEPPAT/WESSELS: Direktwahl und Demokratisierung, a.a.O., S. 557.

[529] Vgl. Martin BANGEMANN/Roland BIEBER/Egon KLEPSCH/Horst SEEFELD: Programme für Europa. Die Programme der europäischen Parteibünde zur Europa-Wahl 1979, Bonn 1978, S. 26f.

von denen viele bis Mitte der 70er-Jahre keine geschlossene Konzeption zur Europapolitik hatten, ihre Vorstellungen zur Europawahl präsentieren. Mit Ausnahme der ELD fanden jedoch nur selten Rückkopplungsprozesse zu den nationalen Unterorganisationen statt.[530] Während in Deutschland die FDP das ELD-Programm vollständig übernahm, ergänzten die anderen deutschen Parteien die Programme um nationale Aspekte und wichen teilweise sogar von den transnational erarbeiteten Positionen ab.[531] Auch in anderen Mitgliedstaaten wurden die Programme teilweise ergänzt oder abgeschwächt, wobei auch hier das liberale Programm am wenigsten verändert wurde (die dick-gedruckten Passagen im ELD-Programm waren für alle Mitgliedsparteien bindend). Die Mitglieder von EVP und vom sozialistischen Bund hingegen (vor allem die jeweiligen belgischen, italienischen und niederländischen Mitgliedsparteien) wichen häufiger vom gemeinsamen Programm ab.[532]

Insgesamt formulierten die Parteizusammenschlüsse die Programme sehr allgemein, sie waren sachorientiert und eigneten sich kaum zur politischen Agitation. Konkrete Forderungen, Aktionsprogramme oder Vorschläge, wie man bestimmte Ideen nach der Europawahl umsetzen will, waren in den Programmen die Ausnahme, nicht zuletzt weil viele Detailfragen in den Parteizusammenschlüssen nicht konsensfähig waren. Die Parteien waren nur bedingt bereit, nationale Positionen wegen der europäischen Parteizusammenarbeit zu modifizieren oder gar aufzugeben, bestimmte strittige Themen wurden ausgeklammert. Daher kommt den Programmen „wohl mehr Symbolcharakter zu, sie demonstrieren dem Wähler den Willen zur europäischen Einigung und die Fähigkeit der Zusammenschlüsse, sich auf (...) Ziele zu einigen."[533] Insbesondere die Sozialdemokraten hatten wie eben angedeutet Schwierigkeiten, gemeinsame Standpunkte herauszustellen, bei ihnen bestand im Vorfeld der Wahl lediglich Konsens darüber, sich

---

[530] GRABITZ/SCHMUCK/STEPPAT/WESSELS: Direktwahl und Demokratisierung, a.a.O., S. 557.

[531] Vgl. Hans-Dieter HEUMANN/ Eva-Rose KARNOFSKY: Der Wahlkampf zum Europa-Parlament, Bonn 1980, S. 44.

[532] Vgl. HIX: The transnational Party Federations, a.a.O., S. 317.

[533] Eva-Rose KARNOFSKY: Parteienbünde vor der Europa-Wahl 1979, Bonn 1982, S. 246.

für die Interessen der Arbeitnehmer einzusetzen. Selbst die Notwendigkeit der europäischen Integration war umstritten. Alleine die SPD und die niederländische PvdA hatten über 60 Änderungsanträge gestellt, die zum Teil mit den Positionen anderer Mitgliedsparteien unvereinbar waren. Schließlich beschlossen die Parteiführer statt eines Programms einen Plan mit gemeinsamen Zielen: „If for nothing else, this was to save face in the European elections, where the European People´s Party and the Federation of Liberal and Democratic Parties had both agreed common manifestos."[534] Die EVP stritt intern vor allem über die Rolle der Religion und über das Konzept der sozialen Marktwirtschaft. Das vom Vorstand im Februar 1976 beschlossene Programm musste mehrfach geändert werden, bis sich die deutsche CDU/CSU und die niederländische CDA über die Rolle der „christlichen Werte" geeinigt hatten und Differenzen zwischen Deutschen und Italienern über die von der CDU/CSU gewünschten „anti-sozialisti-sche" Wahlkampf-Strategie beigelegt werden konnten. Die Verabschiedung des Programms verzögerte sich daher bis März 1979. In der ELD gab es vergleichsweise geringere ideologische Differenzen, mit Ausnahme der Diskussion um die Kernenergie.[535]

Insgesamt unterschieden sich die Programme der drei Parteizusammen-schlüsse in ihrer unkonkreten Allgemeinheit nicht sehr voneinander:[536] Allgemeine Ziele wie Freiheit, Gerechtigkeit und Solidarität werden als Grundprinzipien genannt, die Integration wird befürwortet. Während die Sozialisten sich gegen ungerechte Gesellschaftsstrukturen und ungleiche Vermögensverteilung wandten, warnten die Liberalen vor Erwartungen auf weitere kontinuierliche Einkommenserhöhungen und vor „Gleichma-cherei". EVP und Liberale betonten die Chancen einer künftigen Wirt-schafts- und Währungsunion für die europäische Wirtschaft, der sozialisti-sche Bund war hier skeptischer. Hingegen betonten die Sozialisten die Möglichkeiten von sozialpolitischen Aktivitäten auf europäischer Ebene, hier waren EVP und Liberale zurückhaltender. Die Liberalen sahen das Wirtschaftswachstum als Hauptziel der Wirtschaftspolitik, EVP und Sozia-

---

[534] HIX/LESSE: History of the PES 1957–2002, a.a.O., S. 29.

[535] Vgl. dazu KARNOFSKY: Parteienbünde vor der Europa-Wahl 1979, a.a.O., S. 250f.

[536] Vgl. zum Folgenden BANGEMANN/BIEBER/KLEPSCH/SEEFELD: Programme für Europa, a.a.O., S. 31–52.

listen stellten das Ziel der Vollbeschäftigung in den Vordergrund. Bei Fragen der Außen-, der Umwelt- und der Energiepolitik gab es bei allen Parteizusammenschlüssen keine nennenswerten Unterschiede.

Weder in Deutschland noch in den anderen Mitgliedstaaten der EG wurde die Wahl als bedeutendes Ereignis wahrgenommen, die Öffentlichkeit zeigte nur ein geringes Interesse an der Europawahl.[537] Die Aufmerksamkeit der deutschen Bevölkerung nahm mit dem Näherrücken des Wahltermins laut einer Umfrage wenige Tage vor der Wahl sogar noch ab.[538] Einige Medien versuchten zwar, das relativ geringe Informationsniveau zu Europa zu heben, doch blieb die Berichterstattung vorwiegend auf nationale Aspekte beschränkt, die Wahl war insgesamt geprägt von nationalen Themen und nationalen Kampagnen.[539] Die transnationale Zusammenarbeit der Parteien spielte im Wahlkampf nur eine untergeordnete Rolle. Einige gemeinsame Veranstaltungen hatten jedoch transnationalen Charakter, wie gemeinsame Veranstaltungen der Sozialisten in Paris oder Turin. Willy Brandt trat im Vorfeld der ersten Direktwahl als deutscher SPD-Spitzenkandidat unter anderem in Dänemark, Frankreich und Italien auf, Leo Tindemans (erster EVP-Präsident und bis Oktober 1978 belgischer Premierminister) sprach auch in Deutschland und Italien. Hingegen wurden Francois Mitterrand oder Franz Josef Strauß nur selten ins Ausland eingeladen, was auf die inneren Schwierigkeiten und Meinungsverschiedenheiten in den Parteizusammenschlüssen hindeutet.[540] Letztlich überwogen aber nationale Themen in den Wahlkämpfen. Auch in der Nachbetrachtung der Wahl spielten transnationale Aspekte kaum eine Rolle. In der Politik und den Medien wurden zumeist die Folgen für das nationale Parteiensystem analysiert – zum Beispiel in Deutschland, wo Helmut Kohl das Ergebnis

---

[537] Vgl. Dieter ROTH: Die Europawahl 1989, in: Oskar NIEDERMAYER/Hermann SCHMITT (Hrsg.): Wahlen und europäische Einigung, Opladen 1994, S. 47–62 (S. 47).

[538] FAZ-Umfrage vom 1. Juni 1979, zitiert in HEUMANN/KARNOFSKY: Der Wahlkampf zum Europa-Parlament, a.a.O., S. 37.

[539] Vgl. Karlheinz REIF/Hermann SCHMITT: Nine national second-order elections: A systematic framework for the analysis of European elections results, in: European Journal of Political Research, 1980, S. 3–44.

[540] Vgl. HEUMANN/KARNOFSKY: Der Wahlkampf zum Europa-Parlament, a.a.O., S. 175.

in erster Linie als gute Voraussetzung für den kommenden Bundestags-wahlkampf ansah.[541] Nur selten konnte man etwas über die Zukunft des Europaparlaments oder über seine künftige Zusammensetzung lesen. Die durchschnittliche Wahlbeteiligung 1979 lag bei 63%.[542] Die Bundesrepublik lag mit knapp 66% etwas über dem EG-Schnitt.

Bei den Wahlen **1984** haben die Europarteien in ihren Programmen ähnli-che Themen in den Mittelpunkt gestellt, „there was little to differentiate sharply their various policy recommendations".[543] In unstrittigen Fragen wurden konkrete Forderungen aufgestellt (so forderte der Bund der Sozial-demokratischen Parteien die Schaffung eines Beschäftigungspaktes und die Verkürzung der Arbeitszeit zur Bekämpfung der Arbeitslosigkeit), meist blieben die Vorschläge jedoch vage, so dass den nationalen Mitgliedspar-teien genug Spielraum für ihre jeweiligen europapolitischen Akzente (und teilweise sogar abweichende Meinungen) blieb. So lehnten britische und dänische Sozialisten die Abschnitte über die gemeinsame Währungspolitik und über den im Programm geforderten Machtzuwachs des Parlaments ab, Labour hielt sich sogar explizit die Option eines EG-Austritts offen, die ita-lienischen Sozialisten nutzten das gemeinsame Programm gar nicht.[544] Es stellte nach Meinung des Präsidenten Joop den Uyl ohnehin nur einen „Rahmen für gemeinsame Aussagen" dar, über die Konsens erzielt werden konnte.[545] In der EVP traten die gleichen Konflikte wie 1979 auf, erneut wurde lange über die Erwähnung christlicher Werte bzw. die anti-sozia-listische Stoßrichtung im Wahlkampf diskutiert (so regierte zum Beispiel

---

[541] Die deutschen Medien waren sich außerdem einig, dass die Europawahl keine Veränderung der politischen Landschaft in Deutschland gebracht habe, vgl. hierzu HEUMANN/KARNOFSKY: Der Wahlkampf zum Europa-Parlament, a.a.O., S. 49 und 51.

[542] Die Angaben zur Höhe der Wahlbeteiligung schwanken je nach Quelle. Für die-se Arbeit werden hier und bei den im Folgenden beschriebenen Wahlen die offi-ziellen Zahlen des Europäischen Parlaments herangezogen, abrufbar unter http://www.elections2004.eu.int/ep-election/sites/de/results1306/turnout_ep /turnout_table.html.

[543] Juliet LODGE: Introduction, in: dies. (Hrsg.): Direct Elections to the European Parliament 1984, Houndmills, Basingstoke 1986, S. 1–33 (S. 29).

[544] Vgl. HIX/LESSE: History of the PES 1957–2002, a.a.O., S. 38.

[545] Vgl. Rudolf HRBEK: Direktwahl 84: Nationale Testwahlen oder „europäisches" Referendum?, in: integration 3/1984, S. 158–166 (S. 159).

die italienische DC seit 1981 in einer Koalition mit zwei sozialistischen Parteien). Es gelang zwar eine Einigung auf einen gemeinsamen Wahlslogan („Europa einigen für Frieden und Freiheit in Gerechtigkeit"), doch viele Mitgliedsparteien stellten eigene Slogans im Wahlkampf in den Vordergrund, entsprechend den jeweiligen nationalen und parteipolitischen Gegebenheiten.[546] Die britischen Liberalen betonten ihre von der ELD-Linie divergierenden Auffassungen in den Bereichen der Gemeinsamen Agrarpolitik und der Nachrüstung.[547]

Zwar spielten die Programme für die Öffentlichkeit weiterhin keine große Rolle, weil sie kaum wahrgenommen wurden. „Nevertheless, it would be wrong to castigate the EPP, ELD and CSP programmes as completely irrelevant since they broached issues that were the stuff of daily politics (…)."[548] Das Problem für die Europarteien und ihre Programme lag wohl auch in der Skepsis der Bevölkerung begründet, ob angebotene Lösungen überhaupt realisiert werden könnten – die EG hatte vor den Wahlen weder die Probleme im Bereich der Gemeinsamen Agrarpolitik lösen können, noch hatte sie wirkungsvolle Instrumente zur Bekämpfung der Arbeitslosigkeit vorgeschlagen. Parteiintern jedoch wuchs die Bedeutung der gemeinsamen Manifeste, die zumindest für die nationalen Parteivertreter von Interesse waren. So schrieben erstmals auch die Sozialisten ein ausführliches Manifest, das Programm der Liberalen war doppelt so umfangreich wie das zur Wahl von 1979. In sozialpolitischen Fragen gab es bereits unterschiedliche Akzente: Für alle Parteien war die Wirtschaftskrise Hauptthema, doch während die Sozialisten zur Bekämpfung der Arbeitslosigkeit einen europäischen Beschäftigungspakt und groß-angelegte öffentliche Investitionsprogramme forderten, warnte die ELD vor Interventionismus und legte den Schwerpunkt auf Marktöffnung und Wettbewerbsfähigkeit.[549] Im Wahlkampf zur Europawahl 1984 blieben transnationale Wahlkampf-Veranstaltungen die Ausnahme: Die EVP machte bei einer Schiffstour auf

---

546 Vgl. Rudolf HRBEK: Die europäischen Parteizusammenschlüsse, in: Werner WEIDENFELD/Wolfgang WESSELS (Hrsg.): Jahrbuch der europäischen Integration 1984, Bonn 1985, S. 271–283 (S. 277).

547 Vgl. HRBEK: Direktwahl 84, a.a.O., S. 159.

548 Juliet LODGE: Conclusion, in: dies. (Hrsg.): Direct Elections to the European Parliament 1984, Houndmills, Basingstoke 1986, S. 250–273 (S. 257).

549 Vgl. LODGE: Introduction, a.a.O., S. 24 und 26.

dem Rhein in Deutschland, Frankreich und den Niederlanden gemeinsamen Wahlkampf, ein ELD-Zug fuhr durch mehrere europäische Länder, und beim Brüsseler ELD-Kongress im Mai wurden die beiden belgischen Mitgliedsparteien unterstützt.[550] Insgesamt gab es wenig Zusammenarbeit zwischen den nationalen und den europäischen Parteien, die Wahlmanifeste wurden nur selten in den Wahlkampf einbezogen und europaweite inhaltliche Aussagen mussten gegenüber der nationalen Tagespolitik zurückstehen.[551] Für den Wahlkampf finanzierten die Fraktionen Informationsmaterial, die Fraktionen von Sozialisten und Liberalen ließen sogar kurze Werbefilme drehen, die in den Mitgliedstaaten gezeigt wurden.

Die publizistischen Anstrengungen der Medien, Europa der Bevölkerung näher zu bringen, waren hingegen 1984 noch geringer als 1979. Dies reflektierte das relativ geringe Interesse der Wählerschaft an den Europawahlen.[552] Kurz vor der Wahl wusste zwar rund die Hälfte der europäischen Bevölkerung, dass es das Europäische Parlament gab, doch nur eine Minderheit wusste von den bevorstehenden Wahlen.[553] Während vor der ersten Direktwahl in der Einschätzung der deutschen Wähler die Vorteile der EG-Mitgliedschaft überwogen, gab es vor der Wahl 1984 eine ausgeglichene Einschätzung von Vor- und Nachteilen: Viele Erwartungen, die mit der ersten Direktwahl 1979 verknüpft waren, haben sich nicht erfüllt.[554] Die Europa-Müdigkeit der Wählerschaft war unabhängig von parteipolitischen Bindungen, sondern vielmehr eine allgemeine Kritik am Erscheinungsbild der EG. Statt also durchaus bestehende Unterschiede in den europapolitischen Programmen darzustellen mussten Kandidaten oftmals ganz allge-

---

[550] Vgl. LODGE: Introduction, a.a.O., S. 23.

[551] Vgl. GRABITZ/SCHMUCK/STEPPAT/WESSELS: Direktwahl und Demokratisierung, a.a.O., S. 559.

[552] Vgl. ROTH: Die Europawahl 1989, a.a.O., S. 47.

[553] In Deutschland kannten 47% der Befragten das EP, nur 40% wussten von den bevorstehenden Wahlen. Deutlicher ist der Unterschied beispielsweise in Frankreich, Italien oder den Niederlanden, hier kannten gut 50% der Befragten das EP, doch weniger als ein Drittel wusste von den Wahlen. Vgl. die Zahlen bei LODGE: Introduction, a.a.O., S. 19.

[554] Vgl. dazu Hermann SCHMITT: Was war „europäisch" am Europawahlverhalten der Deutschen? Eine Analyse der Europawahl 1989 in der Bundesrepublik, in:

mein Sympathie-Werbung betreiben: „Manches Podium konkurrierender Kandidaten geriet so zu einer Werbe- und Lehrstunde, an der sich alle gleichermaßen aktiv beteiligten."[555] Diese Anstrengungen waren jedoch kaum von Erfolg gekrönt – die Wahlbeteiligung in Europa sank auf 61%. In Deutschland lag sie (anders als 1979) mit 56,8% unter dem europäischen Durchschnitt. Bei der Bundestagswahl im Jahr zuvor hatten noch 89,1% der Wahlberechtigten ihre Stimme abgegeben.

Ein gemeinsames Merkmal der Wahlergebnisse ist, dass die Stellung der nationalen Regierungsparteien geschwächt wurde: Unabhängig von ihrer linken oder rechten, pro- oder antieuropäischen Position haben vor allem die nationalen Regierungsparteien Stimmen verloren,[556] wobei europäische Themen keine Rolle spielten:

> „Die jeweiligen Oppositionsparteien kritisierten die Regierungspolitik, wobei es nicht um EG-bezogene Aktivitäten ging, und forderten die Wähler auf, der Regierungsmehrheit das Vertrauen zu entziehen, ihr einen Denkzettel zu geben, ihre bröckelnde oder – noch besser – nicht mehr vorhandende Mehrheit zu demonstrieren."[557]

Dies äußerte sich entweder in Wahlerfolgen traditioneller Oppositionsparteien (so in Belgien, Luxemburg und den Niederlanden) oder durch das Auftreten neuer oppositioneller Kräfte (wie die Grünen in Belgien oder der Bundesrepublik, oder die äußerste Rechte in Frankreich, Griechenland und Italien). Dieser Trend bestätitgt die Einschätzung der Europawahlen als nationale „Testwahlen": National-innenpolitische Themen dominierten die Wahl noch stärker als 1979.[558] So wurde in Frankreich die Regierung Mauroy abgestraft, gegen deren Schulgesetze kurz vor der Wahl rund zwei Millionen demonstriert hatten. In Deutschland übernahm der FDP-Vorsitzende

---

NIEDERMAYER/SCHMITT: Wahlen und europäische Einigung, Opladen 1994, S. 63–83 (S. 63).

[555] HRBEK: Direktwahl 84, a.a.O., S. 160.

[556] Vgl. Karlheinz REIF: Die Wahlen zum Europäischen Parlament 1984, in: ZParl 1984, S. 341– 352 (S. 341).

[557] HRBEK: Direktwahl 84, a.a.O., S. 158

[558] Eine Ausnahme machte Dänemark, wo europäische Themen dominierten, allerdings ging es dort in erster Linie um die Mitgliedschaft selbst, nicht um Alternativen in der EG-Politik, vgl. REIF: Die Wahlen zum Europäischen Parlament 1984, a.a.O., S. 345.

Genscher die Verantwortung für das schlechte Abschneiden seiner Partei, nicht der Spitzenkandidat Bangemann – auch hier wird die „Dominanz der nationalen Komponente (...) augenfällig".[559] Auffällig am Wahlergebnis war zudem die Zunahme von Mandaten für ausgesprochene EG-Kritiker: Die Erfolge von deutschen und belgischen Grünen, der französischen Front National und der (zu jener Zeit besonders) europaskeptischen Labour-Partei sind dabei weniger unter europapolitischen Vorzeichen zustandegekommen als vielmehr durch nationale Faktoren zu erklären.[560]

Auch die Europawahl **1989** war europaweit vor allem durch innenpolitische Themen geprägt: In Griechenland, Irland und Luxemburg fanden gleichzeitig nationale Wahlen statt, so dass die nationale Agenda die europäische Dimension völlig überlagerte. Die Regierungskrisen in den Niederlanden (Streit über die Abschaffung der Pendlerpauschale) und in Italien (Rücktritt des Ministerpräsidenten Ciriaco De Mita kurz vor der Europawahl) sorgten auch in diesen Ländern dafür, dass europäische Themen keine Rolle spielten – in Italien boten die Europawahlen „die Gelegenheit, vor den neuen Koalitionsverhandlungen die Kräfteverhältnisse zwischen den Parteien zu testen."[561] Die Labour-Partei wollte die britischen Wähler über zehn Jahre „Thatcherismus" abstimmen lassen. In der Bundesrepublik war die Europawahl nach vorangegangenen Niederlagen der CDU bei Landtagswahlen zur „Schicksalswahl" für Bundeskanzler Helmut Kohl hochstilisiert worden.

Daneben hatten es europäische Themen schwer, zumal 1986/1987 eine „Phase der (...) EG-Ernüchterung"[562] begonnen hatte, in der die Zustimmung zur Gemeinschaft für längere Zeit unterdurchschnittlich war. Dabei hatte sich die EG nach dem Inkrafttreten der Einheitlichen Europäischen Akte reformiert, wichtige Themen wie regionale Strukturpolitik, Umwelt oder Forschung waren aufgegriffen worden, und das Europäische Parlament hatte an politischer Statur gewonnen. Viele Europapolitiker sahen

---

[559] HRBEK: Die europäischen Parteizusammenschlüsse, a.a.O., S. 273.

[560] Hrbek: Direktwahl 84, a.a.O., S. 162.

[561] Oskar Niedermayer: Die Europawahlen 1989: Eine international vergleichende Analyse, in: ZParl 1989, S. 469–487 (S. 474).

[562] So SCHMITT: Was war „europäisch" am Europawahlverhalten der Deutschen? a.a.O., S. 64.

durch die Erfolge bei der EG-Reform und die gestärkte Stellung des Parlaments gute Bedingungen für die dritte Direktwahl.[563] Die politischen Entwicklungen, Fragen und Probleme der EG spielten für die Wähler jedoch eine untergeordnete Rolle, wichtiger waren nationale Probleme wie Arbeitslosigkeit und Rentensicherheit. Dies bedeutet nicht, dass die Politik der EG ohne Einfluss auf das Europawahlverhalten der Wähler war, sondern vielmehr, dass sich die Gemeinschaftspolitik für den durchschnittlich interessierten Wähler nicht überschaubar darstellte: „Für das Gros der Wähler war die Straßburger Versammlung weiterhin ein macht- und einflußloses Gremium."[564] Bei den Wählern, die gut informiert waren über die europäischen Entwicklungen, spielten Ängste und eigene Interessen eine Rolle, so hatten viele Deutsche das Bild Deutschlands als „Zahlmeister" der EG im Kopf, bei der Wahl 1989 hatte die Durchsetzung bundesdeutscher Belange für die Wähler einen klaren Vorrang vor Fortschritten in der Integration. Zudem gab es, wie in anderen europäisschen Ländern auch, Sorgen vor den Konsequenzen des beschlossenen Binnenmarktes (der bis 1992 vollendet werden sollte). Für die europäischen Parteifamilien, die alle den europäischen Binnenmarkt grundsätzlich befürworteten, war diese Situation nicht unproblematisch, da sie oft gegen populistische Negativ-Szenarien der Europa-Skeptiker argumentieren mussten.[565] Ein großer Teil der politisch interessierten Wähler (je nach Land zwischen 30 und 50%) sah 1989 im Hinblick auf die Problemlösungskompetenz zwischen den Parteien keine Unterschiede.[566] All dies führte dazu, dass die Wahlbeteiligung erneut sank, 1989 lag sie bei 58,5%, trotz der gleichzeitig abgehaltenen nationalen

---

[563] Vgl. Rudolf HRBEK: Das Europäische Parlament nach der Direktwahl 1989 – Reduzierte Handlungsfähigkeit durch größere Vielfalt? In: Otto SCHMUCK/Wolfgang WESSELS (Hrsg.): Das Europäische Parlament im dynamischen Integrationsprozess: Auf der Suche nach einem zeitgemäßen Leitbild, Bonn 1989, S. 263–280 (S. 265).

[564] HRBEK: Das EP nach der Direktwahl 1989, a.a.O., S. 265, ähnlich die Einschätzung von SCHMITT: Was war „europäisch" am Europawahlverhalten der Deutschen? a.a.O., S. 73.

[565] Dies mag auch erklären, warum 1989 sechs Abgeordnete der deutschen „Republikaner" ins Europäische Parlament einzogen.

[566] Vgl. Manfred KÜCHLER: Problemlösungskompetenz der Parteien und Wahlverhalten bei den Wahlen zum Europäischen Parlament 1989, in: NIEDERMAYER/SCHMITT: Wahlen und europäische Einigung, a.a.O., S. 135–159 (S. 155).

Parlamentswahlen in Griechenland, Irland und Luxemburg. In der Bundes-republik gingen 62,4% der Wahlberechtigten zur Wahl. Diese Remobilisie-rung (1984 hatte die deutsche Wahlbeteiligung bei 56,8% gelegen) ging zu einem großen Teil auf das Konto der Republikaner, die vor allem in Süd-deutschland viele Wähler zur Stimmabgabe brachten und insgesamt 7,1% der Stimmen erzielten.[567] Der Anstieg der deutschen Wahlbeteiligung hing also in erster Linie mit der – erstmals von vielen als aussichtsreich wahrge-nommenen – Kandidatur einer dezidiert EG-kritischen Partei zusammen und bedeutete keinen Legitimitätszuwachs der Gemeinschaft.[568]

Auch die Ergebnisse der Wahl wurden in erster Linie innenpolitisch inter-pretiert: Da das Ergebnis für die CDU trotz Einbußen besser war als pro-gnostiziert, wurde nach den angedeuteten Landtagswahl-Niederlagen der CDU eine aufkommende Kanzlerdiskussion erstickt. Der Denkzettel-Cha-rakter der Wahl wurde in Deutschland durch das gute Abschneiden der Republikaner deutlich, in Frankreich und Belgien konnten europaskepti-sche Rechtsparteien zulegen, auch linke Europaskeptiker aus grünen und Regionalparteien konnten Sitze hinzugewinnen. Lediglich in Spanien wur-de die Regierung entgegen den Erwartungen gestärkt, auch dieses Ergebnis wurde innenpolitisch interpretiert, indem die Regierung die Gunst der Stunde für nationale Neuwahlen nutzen wollte. Nur gelegentlich wurden auch europäische Implikationen des Wahlergebnisses beleuchtet, so wurde analysiert dass erstmals die Parteien links von der Mitte eine rechnerische Mehrheit errungen hätten.[569]

In den Programmen der Europarteien zeigte sich 1989 eine im Vergleich zu den vorangegangenen Wahlen größere Übereinstimmung der jeweiligen Mitgliedsparteien, doch diese Übereinstimmung bezog sich vorwiegend auf generelle Aussagen, die genug Platz für national unterschiedliche Akzente

---

[567] Vgl. Peter GLUCHOWSKI/Wolfgang STAUDT/Ulrich VON WILAMOWITZ-MOELLEN-DORFF: Die dritten Direktwahlen zum Europäischen Parlament in der Bundesre-publik Deutschland, in: APuZ B43/1989, S. 15–24 (S. 21).

[568] Vgl. SCHMITT: Was war „europäisch" am Europawahlverhalten der Deutschen? a.a.O., S. 80.

[569] Vgl. Niedermayer: Die Europawahlen 1989, a.a.O., S. 482. Weder die Grünen noch die Vertreter der Regenbogenfraktion sind jedoch, so Niedermayer, voll-ständig dem linken Spektrum zuzuordnen.

ließen.[570] Dabei gab es Unterschiede zwischen den beiden großen Parteien und den Liberalen: „(...) whereas EPP and CSP cohesion partially increased in the build up to the (...) third EP elections, divisions in the ELD widened, particularly over the questions of economic policy and nuclear disarmement."[571]

Seit **1994** haben EU-Bürger, die in einem Mitgliedsland der Union leben ohne dessen Staatsangehörigkeit zu besitzen, dort aktives und passives Wahlrecht. Der Verlauf der Wahlkampagnen und das Ergebnis der Wahl bestätigten jedoch erneut, dass die Europawahl in allen Mitgliedstaaten im Sinne der aktuellen Bedürfnisse der nationalen Parteiführungen instrumentalisiert wurde, somit blieb kaum Spielraum für eine Selbstdarstellung der Europarteien.[572] Die Programme der europäischen Parteien waren allerdings in vielen Punkten so ähnlich, dass man sie inhaltlich kaum auseinanderhalten konnte: „(...) without identification it is virtually impossible to know which points belong to which party."[573] Die nationalen Parteien thematisierten auch wieder innenpolitische Themen, immerhin jedoch wurden die gemeinsam erarbeiteten Programme der europäischen Parteien von den nationalen Parteien relativ loyal vertreten:[574] Sie standen zwar nicht immer im Mittelpunkt der jeweiligen Wahlkampagnen, doch gab es (anders als bei vorangegangenen Wahlen) keine Partei, die einer Aussage der jeweiligen europäisschen „Mutterpartei" explizit widersprach. Dies kann man am Beispiel der SPE belegen: Alle Mitgliedsparteien unterstützten das gemeinsame Manifest, doch da sich viele sozialdemokratische Parteien 1994 in der Opposition befanden, waren „most of the PES members (...) more eager to fight the European elections on the performance of the national government

---

[570]   Vgl. HRBEK: Das EP nach der Direktwahl 1989, a.a.O., S. 268.

[571]   HIX: Transnational Party Federations, a.a.O., S. 317.

[572]   Vgl. Thomas JANSEN: Die europäischen Parteien, in: Werner WEIDENFELD/Wolfgang WESSELS (Hrsg.): Jahrbuch der Europäischen Integration 1994/1995, Bonn 1995, S. 255–260 (S. 256).

[573]   Galen IRWIN: Second-order or Third-rate? Issues in the Campaign for the Elections for the European Parliament 1994, in: Electoral Studies, Volume 14, Heft 2, Juni 1995, S. 183–198 (S. 192).

[574]   So JANSEN: Die europäischen Parteien, in: WEIDENFELD/WESSELS: Jahrbuch der Europäischen Integration 1994/1995, a.a.O., S. 256.

than on the issue of Europe."[575] Auch in Deutschland übernahmen SPD, CDU[576] und FDP grundsätzlich die Positionen ihrer jeweiligen europäischen Partei und ergänzten sie um spezifische Wahlaufrufe, die bestimmte nationale Aspekte beinhalteten (insbesondere im Hinblick auf die Bundestagswahl, die wenige Monate später stattfinden sollte, so lautete ein Motto der CDU für die Europawahl „Deutschland zuliebe"). Bündnis90/Die Grünen hatten ihr Wahlprogramm schon vor dem gemeinsamen EFGP-Programm verabschiedet, beide Programme stimmten aber inhaltlich größtenteils überein. Die SPE beispielsweise hatte in einer Arbeitsgruppe die Koordination der Wahlkämpfe und europaweite Auftritte von populären Sozialdemokraten organisiert.

Für zwei von drei Wählern in Deutschland war die Bundespolitik das entscheidende Kriterium ihrer Wahlentscheidung, in den Medien wurde die Wahl als Stimmungsbarometer für die kommende Bundestagswahl interpretiert. „The consequence (...) was to impose upon the European election campaign even more of a domestic agenda than is normally the case in European elections in all member states."[577] Möglicherweise ist das der Grund, warum der Protestwahl-Charakter im deutschen Wahlergebnis von 1994 weniger deutlich festzustellen ist: die CDU wurde stärkste Partei, während die Republikaner den Wiedereinzug ins Europaparlament mit 3,9% verpassten. Die „Gefahr, dass (...) einer Protestpartei mit einem anti-europäischen Wahlkampf wieder ein derartiger Coup gelingen könnte"[578] wie den Republikanern 1989, hat sich 1994 nicht realisiert. Im Vergleich zur Bundestagswahl 1990 verschlechterten sich allerdings die Regierungsparteien CDU/CSU und FDP um 5,0 bzw. 6,9 Prozentpunkte. Die Wahlbeteiligung lag in Deutschland bei 60,1%, dies bedeutete einen Rückgang gegenüber der Wahl von 1989, obwohl parallel in sieben Bundesländern Kom-

---

[575] HIX/LESSE: History of the PES 1957–2002, a.a.O., S. 68.

[576] Die CSU hingegen hat eine eigene Wahlkampagne durchgeführt und verschwieg in ihrem Wahlmanifest ihre Mitgliedschaft in der EVP, vgl. JASMUT: Parteien und Integration, a.a.O., S. 244.

[577] William E. PATERSON/Charles LEES/Simon GREEN: The Federal Republic of Germany, in: Juliet LODGE (Hrsg.): The 1994 Elections of the European Parliament, London 1996, S. 63–83 (S. 67.)

[578] Andreas KIEßLING: Die CSU: Machterhalt und Machterneuerung, Wiesbaden 2004, S. 256.

munalwahlen durchgeführt worden waren. Als ein Grund für diesen Rückgang wurde das besonders niedrige Interesse für Europapolitik in den neu-
en Bundesländern hervorgehoben. Bei der Bundestagswahl wenige Monate
später lag die Wahlbeteiligung bei knapp 80%. Die europaweite Wahlbeteiligung sank ebenfalls erneut, 1994 lag sie bei 56,8%. In vielen Ländern wurde der Protestwahl-Charakter deutlicher als in Deutschland, so verloren die
britischen Konservativen mehr als ein Drittel ihrer Sitze, weil die Wählerschaft mit der Regierung Major unzufrieden war. Die Tatsache, dass Labour
63 der 87 britischen Abgeordneten stellte, bedeutete in den Augen einiger
Kommentatoren den Anfang vom Ende der Tory-Regierungszeit in Großbritannien.[579] In Frankreich, wo ein Jahr nach der erfolgreichen Volksab-
stimmung über den Vertrag von Maastricht eine europaskeptischere Haltung als im Vorjahr herrschte, gewann die Front National 10,5% der Stimmen, während die Regierungsparteien im Vergleich zur Parlamentswahl
1993 Stimmen verloren. Europaweit erzielten die europakritischen bis –
feindlichen rechtsextremen Parteien gewaltige Stimmengewinne – abgesehen wie angedeutet von den deutschen Republikanern, die sich vor allem
durch interne Streitigkeiten diskreditiert hatten.[580]

Auch bei der Europawahl **1999** konnte die Bevölkerung nicht für europäische Themen mobilisiert werden. Auch wenn mit dem Amsterdamer Vertrag (der im Mai 1999 in Kraft trat) und der künftigen Erweiterung wichtige
europapolitische Fragen auf der Agenda standen, ging es wieder in erster
Linie um national orientierte Interessen. Die Wahlprogramme der europäischen Parteien blieben weiterhin vage und unbestimmt, so enthielt das
Programm der SPE „not a single concrete promise (...) All of the questions
that could raise objections (... were) either evaded or, more frequently,
trated in extremely vague terms."[581] Bei der EVP bekannten sich alle
Mitgliedsparteien zum Wahlprogramm, doch diese Prägnanz dieses Pro-

---

[579]   Vgl. VON GEHLEN: Europäische Parteiendemokratie? a.a.O., S. 200.

[580]   Vgl. Britta SCHELLENBERG: Kaum Visionen für eine gemeinsame Zukunft, in: Das
         Parlament 45/7. November 2005, abrufbar unter www.bundestag.de/dasparla
         ment/2005/45/Thema/002.html.

[581]   Gérard GRUNBERG/Gerassimos MOSCHONAS: The Disillusionment of European
         Socialists, in: Pascal PERRINEAU/Gérard GRUNBERG/Colette YSMAL: Europe at the
         Polls: The European Elections of 1999, Houndmills, Basingstoke 2002, S. 93–115
         (S. 94).

gramms hatte (nach dem Beitritt von neuen Parteien aus Italien, Skandinavien und Österreich in die Partei und der Aufnahme der Forza-Italia-Abgeordneten in die Fraktion) unter der neuen Heterogenität und den Gewichts-Verschiebungen innerhalb der Partei zu leiden.[582] Bei den Wahlprogrammen der kleineren Parteien gab es ein ähnliches Bild, sie waren relativ unbestimmt, wurden jedoch von allen Mitgliedsparteien vertreten.

Der Wahlkampf wurde in den meisten europäischen Ländern äußerst zurückhaltend geführt, in Deutschland war die Bereitschaft der Parteien, nach der Bundestagswahl 1998 und dem aufwändig geführten Wahlkampf erneut viel Kraft (und Geld) in einen Wahlkampf zu stecken, erkennbar gering. Die Europarteien konnten einige gemeinsame Veranstaltungen organisieren, so gab es in Frankreich einige Treffen von sozialdemokratischen Regierungschefs und Parteivorsitzenden mit dem Ziel, den Menschen zu zeigen, wie gut koordiniert die Sozialdemokraten auf europäischer Ebene zusammenarbeiten können. Auch die EVP und die Europäischen Grünen veranstalteten ähnliche gemeinsame Auftritte, so dass man 1999 von durchaus ernsthaften Versuchen zur Europäisierung der Kampagnen sprechen kann.[583] Die europaweite Wahlbeteiligung sank jedoch noch stärker als bei den vorangegangenen Wahlen und lag 1999 bei nur noch 49,8%. Auch hier wurde die niedrige Wahlbeteiligung an zwei Ursachen festgemacht: Sowohl an der Unkenntnis der Bevölkerung über die Aufgaben des Parlaments als auch am Misstrauen und Desinteresse an der EU.[584] Die Tatsache, dass die Macht des Parlaments durch den Amsterdamer Vertrag deutlich gestärkt worden war (beispielsweise durch die Ausweitung der Mitentscheidung oder die Mitwirkungsrechte bei der Bestellung der Kommission), war nicht bei den Menschen angekommen. Nur diejenigen, denen diese Machtstellung bewusst war, hatten eine gesteigerte Motivation zu wählen, doch das Informationsniveau über das Funktionieren der EU lag

---

582   Vgl. VON GEHLEN: Europäische Parteiendemokratie? a.a.O., S. 125.

583   Vgl. Jaques GERSTLÉ et al.: The Faltering Europeanization of National Campaigns, in: PERRINEAU/GRUNBERG/YSMAL: Europe at the Polls: The European Elections of 1999, a.a.O., S. 59–77 (S. 65).

584   Vgl. zum Beispiel KIEßLING: Europäische Parteien, in: Werner WEIDENFELD/ Wolfgang WESSELS (Hrsg.): Jahrbuch der Europäischen Integration 1999/2000, Bonn 2000, S. 281–286 (S. 285).

auch 1999 äußerst niedrig.[585] Als weitere Erklärung für die deutlich gesunkene Wahlbeteiligung wird auf einige nationale Besonderheiten verwiesen: Die besonders drastisch gesunkenen Wahlbeteiligungen in Großbritannien (um rund zehn Prozentpunkte) und Finnland (um rund 30 Prozentpunkte im Vergleich zur ersten finnischen Europawahl 1996) wurden mit der Umstellung auf das für die Engländer ungewohnte Verhältniswahlrecht bzw. mit einer gewissen Wahlmüdigkeit in Finnland nach den einige Wochen zuvor stattgefundenen Parlamentswahlen begründet.

In Deutschland war die Wahlbeteiligung ebenfalls deutlich rückläufig, sie sank um rund 15 Prozentpunkte auf 45,2 %. Bei der Bundestagswahl im Jahr zuvor hatte sie noch bei über 82 % gelegen. Auch für das deutsche Ergebnis werden in der Literatur neben dem grundsätzlichen Desinteresse der Wähler spezielle nationale Gründe genannt: Viele von der neuen Bundesregierung enttäuschte SPD- und Grünen-Wähler sind zu Hause geblieben. Die „Unzufriedenheit über die Regierungsarbeit (…) in der Bundesrepublik steht 1999 für viele Wähler im Vordergrund", für nur 26 % der Deutschen spielt die Europapolitik eine wichtige Rolle bei ihrer Wahlentscheidung.[586] Bei der Bundestagswahl hatten rund 20 Millionen Wähler für die SPD gestimmt, bei der Europawahl waren es noch 8,3 Millionen.[587] Die Wähler straften die Bundesregierung also vor allem durch Wahlenthaltung ab, CDU/CSU erhielten 49 % der Stimmen. Der Protestwahl-Charakter wurde auch in England deutlich, wo Labour die Europawahl als Plebiszit über Tony Blairs Politik bestreiten wollte und von 44 % auf 29 % abrutschte. In Belgien, wo parallel zu den Europawahlen nationale Wahlen stattfanden, musste die regierende Koalition aus Christdemokraten und Sozialdemokraten hohe Verluste hinnehmen, während die Opposition (im flämischen Landesteil insbesondere der rechtsextreme Vlaams Block) Stimmen hinzugewannen. Auch in den Niederlanden verloren die Regierungsparteien, ebenso wie in Spanien und Italien. Aus europäischer Sicht bedeuteten die Niederlagen vieler linker Regierungsparteien, dass zwar der Europäische Rat weiterhin sozialdemokratisch dominiert war, dass aber nach der EP-

---

[585] Vgl. hierzu Rudolf HRBEK: Europawahl ´99: Ein stärker politisiertes EP, in: integration, Heft 3/1999, S. 157–166 (S. 157).

[586] Döhner: Die Europawahlen 1994 und 1999 in Deutschland, Gießen 2005, S. 85.

[587] Vgl. zu den Zahlen Peter SCHWARZ: EP-Wahl 1999, abrufbar unter www.wsws. org/de/1999/jun1999/euro-j15.shtml.

Wahl die EVP-ED (233 Sitze) die SPE (180 Sitze) als stärkste Fraktion ablöste.

ii. Wahl 2004

Bei der Europawahl **2004** „bestätigten sich erneut drei Charakteristika: eine gesunkene Beteiligung (45,6%), (...) die Dominanz nationaler Themen und die von der Bevölkerung wahrgenommene nur begrenzte Bedeutung des Urnengangs."[588] Bei der Wahlbeteiligung gab es besonders in den neuen Mitgliedstaaten sehr niedrige Ergebnisse, insgesamt gaben in den zehn Beitrittsländern weniger als 30% der Wähler ihre Stimme ab. In Polen lag die Beteiligung bei knapp 21%, in der Slowakei sogar nur bei 17%. Eine Erklärung für dieses extrem niedrige Interesse an den Europawahlen in den beigetretenen Ländern liegt vermutlich darin, dass den dortigen Bürgern nur schwer zu vermitteln war, so kurz nach den Beitrittsreferenden im Jahr zuvor schon wieder abstimmen zu müssen.[589] Dagegen lag die Wahlbeteiligung in den alten Mitgliedsländern bei gut 49% und damit ungefähr auf dem Niveau von 1999. In zehn der 15 alten Mitgliedsländer ist die Wahlbeteiligung sogar angestiegen (die Ausnahmen sind Dänemark, Deutschland, Frankreich, Griechenland und Österreich).

Auch 2004 dominierten wieder nationale Themen die Wahl, Europa selbst wurde erneut zur Nebensache. So stellte auch die Wahl 2004 eine „willkommene Möglichkeit dar, der Regierung (...) einen Denkzettel zu geben und Kritik oder gar Protest über den Wahlzettel zu artikulieren."[590] Als Beispiel kann die deutsche Politik dienen:[591] Für Edmund Stoiber (CSU) war die Europawahl die „einzige Möglichkeit, der rot-grünen Bundesregierung

---

[588] KIEßLING: Europäische Parteien, in: WEIDENFELD/WESSELS (Hrsg.): Jahrbuch der Europäischen Integration 2005, a.a.O., S. 285. Die folgenden Zahlen stammen ebenfalls aus dem Artikel von KIEßLING.

[589] Vgl. Thomas FISCHER: Europeans voted, but Europe was missing, Artikel für euractiv.com vom 16. Juni 2004, abrufbar unter www.euractiv.com/en/election s/europeans-voted-europe-missing/article-128444.

[590] Rudolf HRBEK: Europawahl 2004: neue Rahmenbedingungen – alte Probleme, in: integration 3/2004, S. 211–222 (S. 212).

[591] Die folgenden Zitate sind zitiert in Oskar NIEDERMAYER: Die Europawahl als nationale Testwahl? In: Andreas MAURER/Dietmar NICKEL (Hrsg.): Das Europäische Parlament: Supranationalität, Repräsentation und Legitimation, Baden-Baden 2005, S. 11–22 (S. 12).

bundesweit die rote Karte zu zeigen", der CDU-Generalsekretär Laurenz Meyer sah das Ziel seiner Partei darin, „eine politische Stärkung der Union als Gegengewicht zur rot-grünen Chaospolitik in Deutschland" zu errei-chen. Die SPD versuchte in ihrer Kampagne vor allem die internationale Politik (insbesondere in Gestalt des Irak-Krieges) zu betonen und verwies darauf, Deutschland zur „Friedensmacht" gemacht zu haben. Die europäi-sche Politikebene wurde von den großen deutschen Parteien zwar nicht ausgeklammert, spielte jedoch nur eine Nebenrolle. FDP und Grüne hinge-gen führten einen relativ stark europabezogenen Wahlkampf.

In einigen Ländern fanden parallel Wahlen auf nationaler oder regionaler Ebene statt, wodurch sich die teilweise gestiegene Wahlbeteiligung erklären lässt, dies bedeutet andererseits, dass die europäische Dimension der Wahl dort noch weiter in den Hintergrund trat. Die Bevölkerung war nicht nur wenig interessiert, sie fühlte sich zudem auch bei dieser Wahl zu wenig über Europa und die Arbeit des Europäischen Parlaments informiert: Zwei Drittel der Deutschen meinte, nicht genug darüber zu wissen, ein Wert der seit 1994 praktisch unverändert geblieben ist.[592] Die Beschäftigung der Me-dien mit dem Thema „Europa" konzentrierte sich in erster Linie auf die (am Wahlsonntag beginnende) Fußball-Europameisterschaft. Obwohl die Euro-päer ihr gemeinsames Parlament gewählt haben, wurden Europathemen im Wahlkampf kaum diskutiert, und wenn dann meist mit negativer Konno-tation. Beim Wahlergebnis ist die große Anzahl von europa-kritischen Par-teien und Politikern, die gewählt wurden, auffallend: Insgesamt sitzen im aktuellen Parlament knapp 100 Euroskeptiker. Ob die EU-feindliche „Uni-ted Kingdom Independence Party" (UKIP) in Großbritannien, die nationali-stische „Liga der polnischen Familien" oder das „Bündnis Selbstverteidi-gung" des Populisten Lepper in Polen, die ODS von Präsident Vaclav Klaus und die kommunistische KSCM in Tschechien, die erst kurz vor der Wahl gegründete „Juni-Liste" in Schweden oder der fremdenfeindliche „Vlaams Blok" in Belgien – in vielen Mitgliedstaaten haben die Gegner eines verein-ten Europas und Bewegungen am äußersten rechten oder linken Rand des Parteienspektrums stark zugelegt.[593] Die FPÖ hingegen verlor drei ihrer

---

[592] Vgl. Dieter ROTH/Bernhard KORNELIUS: Europa und die Deutschen: Die untypi-sche Wahl am 13. Juni 2004, in: APuZ B17/2004, S. 46–54 (S. 47).

[593] Vgl. FISCHER: Europeans voted, but Europe was missing, Artikel für euractiv.com vom 16. Juni 2004, a.a.O. im Internet.

vier Sitze im EP, auch die deutschen Rechtsaußen-Parteien spielten beim Wahlergebnis keine Rolle. Erstmals seit 1994 gab es jedoch kurzzeitig wieder eine rechtsextreme Fraktion im EP: Die nach dem Beitritt von Bulgarien und Rumänien im Januar 2007 gegründete Fraktion „Identität, Tradition und Souveränität (ITS)" (mit Abgeordneten von Vlaams Belang, Front National und der FPÖ, sowie neun ultra-rechten Parlamentariern aus Rumänien und Bulgarien) löste sich nach internen Streitigkeiten und dem Rückzug der rumänischen Abgeordneten im November 2007 wieder auf.[594]

Die Europarteien und ihre Programme sind auch 2004 nur am Rande wahrgenommen worden: Die SPE brachte statt eines Wahlmanifestes nur einen kurzen, aus fünf Punkten bestehenden Wahlaufruf heraus, auf den die deutsche SPD komplett verzichtete.[595] Im Wahlkampf standen nur gelegentlich Europapolitiker im Vordergrund, obwohl zur Steigerung der Wahlbeteiligung immer wieder für eine stärkere Personalisierung europäischer Politik plädiert wird. Während der deutsche EVP-Spitzenkandidat Hans-Gert Pöttering feststellen musste, dass sich „das Augenmerk bei Veranstaltungen (…) meist auf seine Parteichefin Angela Merkel und weniger auf ihn" richtete[596] und auch die SPD ihren Spitzenkandidaten Martin Schulz nicht sonderlich hervorhob, setzte die FDP immerhin auf ihre Spitzenkandidatin Silvana Koch-Mehrin und vornehmlich auf europapolitische Themen. Ganz neue Maßstäbe setzten die europäischen Grünen mit einem gemeinsamen Wahlmanifest, dem einheitlichen Slogan „Du entscheidest" und einem Set von europaweit verwendeten Plakaten (die jedoch nicht von allen grünen Parteien verwendet wurden bzw. teilweise durch nationale Plakate ergänzt wurden). Darüber hinaus enthielten die Werbemittel der Grünen das Logo der Europäischen Grünen und einen Verweis auf die gemeinsame Website. Personell gab es das sogenannte „Dream-Team" mit elf Kandidaten aus elf verschiedenen Ländern, das europaweit Wahlkampf

---

[594] Ausführlicher zu dieser Fraktion und ihrer Bedeutung unten, Kapitel VI. 1. d).

[595] Vgl. Oskar NIEDERMAYER: Europa als Randthema: Der Wahlkampf und die Wahlkampfstrategien der Parteien, in: Oskar NIEDERMAYER/Hermann SCHMITT (Hrsg.): Europawahl 2004, Wiesbaden 2005, S. 39–75 (S. 46).

[596] NIEDERMAYER: Europa als Randthema, a.a.O., S. 59.

führte.[597] Trotz der erwähnten Hervorhebung nationaler Politiker anstelle von Europawahl-Kandidaten ist 2004 eine Wende in der deutschen Berichterstattung zu beobachten:[598] Erstmals war die Präsenz der Europawahl-Kandidaten in den deutschen Medien etwas höher als die Präsenz der nationalen Spitzenpolitiker. Außerdem veröffentlichten die deutschen Zeitungen 2004 auch deutlich mehr Fotos von den Kandidaten als bei vorangegangenen Wahlen. Die Personalisierung der Kampagnen (insbesondere bei den Grünen und den Liberalen) scheint also das Medieninteresse vergrößert zu haben.

iii. Fazit und Ausblick auf die Wahl 2009

„European elections are almost exclusively heralded as a disappointment by both the media and political scientists."[599] Die Direktwahlen erbringen nicht automatisch das erhoffte Ziel einer stärkeren demokratischen, über ein Parlament vermittelten Verankerung der EU in der Bevölkerung.[600] Die stetig sinkende Wahlbeteiligung scheint sogar eher für eine gewisse Gleichgültigkeit oder gar eine Entfremdung der Menschen gegenüber der europäischen Einigung zu sprechen. In der Grafik kann man den Abwärtstrend bei der Wahlbeteiligung auf einen Blick ablesen:

---

597 Sprecher des Teams waren der Deutsche Daniel COHN-BENDIT und die Italienerin Monica FRASSONI. Beide wurden nach der Wahl Sprecher der Fraktion der Europäischen Grünen im EP.

598 Vgl. zu den folgenden Angaben Jürgen WILKE/Carsten REINEMANN: Zwischen Defiziten und Fortschritten: Die Berichterstattung deutscher Tageszeitungen zu den Europawahlen 1979–2004, in: Jens TENSCHER (Hrsg.): Wahl-Kampf um Europa, Wiesbaden 2005, S. 157–176 (S. 168f.).

599 RAUNIO: Party-Electoral Linkage, a.a.O., S. 163.

600 Vgl. auch MAURER/WESSELS: Akteur, Arena oder Alibi? a.a.O., S. 179.

07/07/2004 11:50

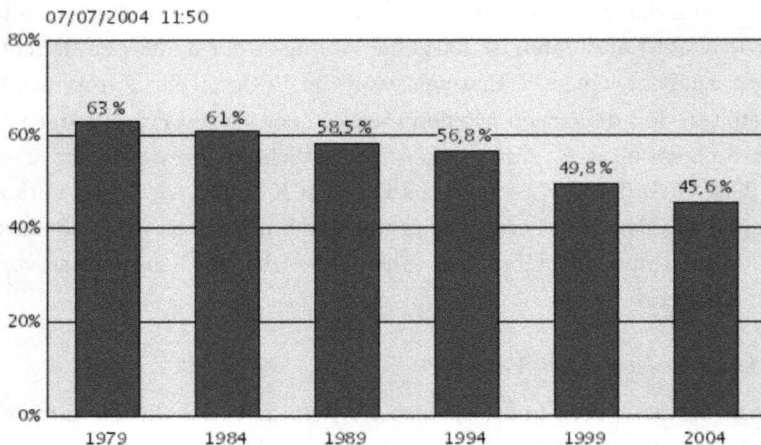

Entwicklung der Wahlbeteiligung in Europa,
Quelle: Homepage des Europäischen Parlaments[601]

Die Europawahlen bleiben in der öffentlichen Wahrnehmung eine Abstimmung über die nationale Politik der Regierungen. Themen und Bedeutung der Wahl leiten sich aus dem Kontext der nationalen Politik ab –
die Wähler nutzen die Wahl weniger zur Auswahl von europäischen Man-
datsträgern, sondern eher zur Sanktionierung nationaler Politiker.[602] Der
„Denkzettel"-Charakter der Wahl zeigte sich 2004 besonders deutlich: Bei
dieser Wahl gewannen in 19 der 25 Mitgliedstaaten nationale Oppositionsparteien.[603] Deswegen werden die Europawahlen in der Literatur oft als
„second-order-elections" bezeichnet. Dieser Begriff enthält gleich mehrere
Feststellungen: Er erklärt sowohl die oftmals von nationalen Parlamentswahlen abweichenden Ergebnisse – Stichwort Sanktionierung der nationalen Regierung – als auch die niedrige Wahlbeteiligung, weil es scheinbar
„um nichts geht" und der Einfluss der eigenen Stimme auf die europäische
Politik als gering eingeschätzt wird. Außerdem erklärt der Terminus die
Beobachtung, dass die Europawahlen keine wirklichen europäischen Wah-

---

[601] www.europarl.europa.eu/elections2004/epelection/sites/de/results1306/turn
out_ep/graphical.html.

[602] Vgl. MAURER/WESSELS: Akteur, Arena oder Alibi? a.a.O., S. 180.

[603] Vgl. die Grafik bei www.europa-digital.de/aktuell/dossier/wahl04/antiwahl.
shtml.

len zu europäischen Themen sind, sondern vielmehr nationale Wahlen zu oftmals nationalen Themen.[604] Diese Haltung wird von den nationalen Parteien (insbesondere den Oppositionsparteien) oftmals gefördert: So lautete ein Haupt-Slogan der FDP bei der Europawahl 1999 „Gelbe Karte für Rot-Grün", bei der Wahl 2004 warb die CDU für eine „Stärkung der Union als Gegengewicht zur rot-grünen Chaospolitik"[605] und plakatierte Angela Merkel, obwohl man sie gar nicht wählen konnte. Auch bei der Betrachtung der Ergebnisse stehen die Auswirkungen für die nächsten nationalen Wahlen und (bei einer Abstrafung der Regierung) mögliche Änderungen der Regierungspolitik im Vordergrund, die Sitzverteilung im EP und entsprechende Folgen für die Entscheidungen in der EU werden kaum diskutiert. In erster Linie dafür verantwortlich ist die immer noch intransparente Machtstellung des Europäischen Parlaments. Obwohl das Parlament in den letzten Jahren immer mehr Macht bekommen hat, bleibt die Legitimationskette „Europawahl – EP – europäische Entscheidungen" für die Bevölkerung weiterhin unklar. Die Hoffnung, dass man nur die Macht des EP stärken müsse, um so quasi automatisch eine höhere Wahlbeteiligung zu erreichen,[606] kann sich nicht bestätigen, solange viele Wähler diese Legitimationskette nicht erkennen. Die Bürger haben zunehmend weniger das Gefühl, dass ihre Stimme wirklich „zählt":

---

[604] Der Begriff stammt ursprünglich aus dem Artikel von Karlheinz REIF und Hermann SCHMITT: Nine Second-Order National Elections – A Conceptual Framework for the Analysis of European Election Results, in: European Journal of Political Research, Heft 8/1980, S. 3–44.

[605] So das Zitat des damaligen CDU-Generalsekretärs Laurenz MEYER in der Service-Broschüre der CDU, zitiert nach NIEDERMAYER: Europa als Randthema, a.a.O., S. 56.

[606] So noch die Hoffnung von Karlheinz REIF: National Electoral Cycles and European Elections 1979 and 1984, in: Electoral Studies Nr. 3, 3/1984, S. 244–255 (S. 253).

Meine Stimme zählt in der Europäischen Union - % EU

☐ EB62 Aut 2004   ☑ EB63 Sp 2005   ■ EB 64 Aut 2005

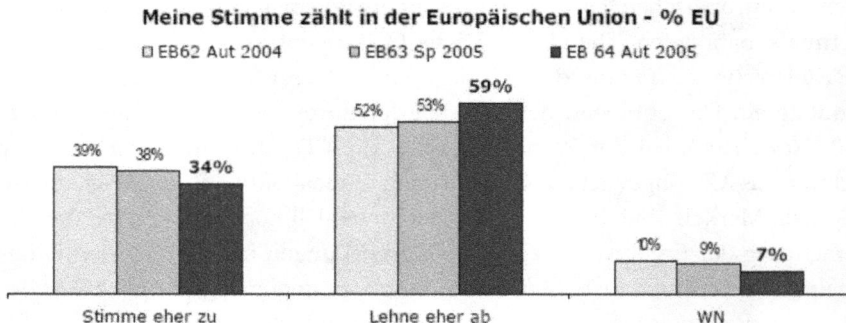

Quelle: Eurobarometer 64 vom Juni 2006, a.a.O., S. 32.

Unkenntnis über das Parlament und seine Befugnisse, Wahlmüdigkeit und – trotz europäischer Programme der Parteien – nicht zuletzt fehlende Auswahlkriterien und damit fehlende Motivation zur „Auswahl" einer Partei verstärken diese Entwicklung.[607] Das Projekt der politischen Integration Europas ist jedoch ohne das tragfähige Fundament einer breiten Zustimmung durch die EU-Bürger gefährdet. In Europa müssen Voraussetzungen für „europäische" Wahlen im eigentlichen Sinne des Wortes geschaffen werden, weil sonst die Gefahr besteht, dass der „europäische Zug" ohne seine Bürger abfährt:

> „Die Mehrheit der Wahlberechtigten ist (...) erst gar nicht zugestiegen, weil das Gefühl vorherrscht, ohnehin nicht zu wissen oder keinen Einfluss darauf zu haben, wohin die Reise gehen soll. Dagegen finden sich unter jenen Bürgern, die ein Ticket gelöst und an den Wahlen teilgenommen haben, viele, die gar nicht über Europas Reisegeschwindigkeit und -richtung entscheiden wollten. Eine zweite Gruppe von Wählern, die deutlich an Gewicht gewonnen hat, will den Zug der europäischen Einigung deutlich abbremsen oder ihn sogar auf die Gegenspur setzen." [608]

Die stetig sinkende Wahlbeteiligung ist, so die Meinung vieler Europaforscher, problematisch für die Legitimation des Europäischen Parlaments und somit indirekt für die Legitimation des gesamten politischen Systems

---

[607] Vgl. MAURER/WESSELS: Akteur, Arena oder Alibi? a.a.O., S. 178.

[608] Vgl. FISCHER: Europeans voted, but Europe was missing, Artikel für euractiv.com vom 16. Juni 2004, a.a.O. im Internet.

der EU.[609] Allerdings sollte man hier nicht zu pessimistisch sein, schließlich sinken auch die Wahlbeteiligungen bei deutschen Kommunal- oder Landtagswahlen immer weiter – bei der Kommunalwahl in Niedersachsen im September 2006 lag sie bei 51,8 Prozent, bei der Landtagswahl in Sachsen-Anhalt im März 2006 sogar nur bei 44,4 Prozent. Auch diese Werte stimmen nachdenklich, doch käme wohl niemand auf die Idee an der Legitimität der politischen Systeme von Niedersachsen oder Sachsen-Anhalt zu zweifeln. Darüber hinaus ist ein Grund für die niedrige Wahlbeteiligung der unglückliche Termin: Die Europawahlen finden in der Regel im Juni statt, einem vor allem in Nordeuropa klassischen Ferienmonat.[610] Die sinkende Wahlbeteiligung in Europa ist gewiss ein Indiz für Indifferenz (vor allem da es sich nicht um eine klassische Wahl handelt, aus der eine Regierung hervorgeht) und für eine gewisse Enttäuschung, doch stand das Parlament weder in den Wahlkämpfen noch bei der Stimmentscheidung der Wähler im Vordergrund: Der Rückgang der Wahlbeteiligung hat also „nur wenig mit Unterstützung für oder Abneigung gegen das EP zu tun."[611] Da vielmehr nationale Fragen und Kritik am generellen Erscheinungsbild der Gemeinschaft ausschlaggebend sind, kann man die schlechten Werte bei der Wahlbeteiligung sogar als Ermunterung für das Parlament interpretieren, sich weiterhin um die Stärkung seiner Stellung zu bemühen, und zwar „zu Lasten des Rates, dem die Hauptverantwortung für den desolaten Zustand der Gemeinschaft zukommt".[612] Eine Hauptrolle spielen hier die Europarteien: Die größte Herausforderung für die Zukunft der Europawahlen ist es, die parteipolitische Komponente zu stärken.[613]

---

[609] Vgl. beispielsweise Pascal DELWIT: Electoral Participation and the European Poll: A Limited Legitimacy, in: PERRINEAU/GRUNBERG/YSMAL: Europe at the Polls: The European Elections of 1999, a.a.O., S. 207–222.

[610] Diese Tatsache kann zwar nicht das Absinken der Wahlbeteiligung erklären, dennoch relativiert sie allzu pessimistische Einschätzungen mancher Europaforscher, die die niedrige Wahlbeteiligung allein mit dem Desinteresse der Wahlberechtigten zu erklären versuchen.

[611] Simon HIX: Parteien, Wahlen und Demokratie in der EU, in: JACHTENFUCHS/KOHLER-KOCH: Europäische Integration, a.a.O., S. 151–180 (S. 171).

[612] So HRBEK: Direktwahl 84, a.a.O., S. 160f.

[613] Vgl. Tapio RAUNIO: Party-Electoral Linkage, in: JOHANSSON/ZERVAKIS (a.a.O.), S. 163–189 (S. 174).

Die Europarteien legen seit 1979 gemeinsame Programme vor. Diese Programme werden von den jeweiligen Mitgliedsparteien zwar nicht immer „eins zu eins" übernommen, doch steigt ihre Bedeutung zusehends. Dies wird schon daran sichtbar, dass die nationalen Parteien immer hochkarätigere Parteimitglieder zu den Verhandlungen über die Programme entsenden. So schickte die britische Labour-Party den damaligen Außenminister Robin Cook zu der gemeinsamen Arbeit am SPE-Programm für die Europawahl 1999.[614] Keine Partei möchte riskieren, von den Medien auf größere Unterschiede zwischen ihrem nationalen und dem gemeinsamen europäischen Programm hingewiesen zu werden. Eine Auswertung der Parteiprogramme der vier hier untersuchten Europarteien zeigt, dass die Programme sich auf der Rechts-Links-Skala im Laufe der Jahre immer deutlicher voneinander unterscheiden.[615] In sozialen und wirtschaftlichen Fragen vertreten die Grünen am deutlichsten linke Positionen, die SPE hat sich – nach einer leichten Rechts-Bewegung in den 80er-Jahren – auf eine Mitte-Links-Position eingependelt, die EVP hat sich im Laufe der Zeit von der Mitte hin etwas nach rechts entwickelt zu der wirtschafts- und freihandelsfreundlichen Haltung der ELDR. Die Haltung zur europäischen Integration hat sich interessanterweise gewandelt: Die SPE hat sich von einer relativ integrationsskeptischen Position bei der Wahl 1979 zur integrationsfreundlichsten Partei entwickelt, während die EVP ihre anfängliche Integrationsbegeisterung über die Jahre relativiert hat. Insgesamt bleiben die Wahlprogramme jedoch sehr vage und ungenau.

Hier liegt künftig ein großes Potenzial für die Europarteien: Während sie – ebenso wie ihre Fraktionen – bislang für den Wahlprozess kaum relevant sind und die Kandidatenauswahl, große Teile der Kampagnen und letztlich auch der Wahlerfolg oder -misserfolg von den nationalen Parteien abhängig sind[616], beginnt sich dieses klassische Muster langsam zu ändern. Während beispielsweise 1999 noch alle Parteien (trotz der erwähnten Unterschiede vor allem bei sozialen und wirtschaftspolitischen Fragen) relativ

---

[614] Vgl. Matthew GABEL/Simon HIX: Defining the EU Political Space, in: Comparative Political Studies, Volume 35 Nr. 8, 2002, S. 934–964 (S. 937).

[615] Die folgenden Entwicklungen und Zahlen sind der Untersuchung von GABEL/ HIX: Defining the EU Political Space, a.a.O. entnommen, insbesondere S. 949ff.

[616] Vgl. David JUDGE/David EARNSHAW: The European Parliament, Houndmills, Basingstoke 2003, S. 69.

ähnliche Positionen vertraten (für den Euro, für mehr europäischen Einfluss in Außen- und Verteidigungspolitik, für mehr Rechte bei Innen- und
Justizfragen) könnten sich in Zukunft deutlichere Gegensätze abzeichnen.
Beispiele sind die Frage eines Türkeibeitritts, die Dienstleistungsrichtlinie
und andere umstrittene Themen. Auch wenn es bei diesen Themen parteiintern nicht immer geschlossene Positionen gibt, kann man bei der EVP
grundsätzlich eine deutlich größere Skepsis gegenüber einem Türkei-Bei-
tritt feststellen als bei der SPE, die den Beitritt generell befürwortet.[617] Bei
der Dienstleistungs-Richtlinie haben EVP und ALDE-Fraktion für deutlich
mehr Liberalisierung plädiert als SPE, Grüne und Linke, die die Kommissi-
ons-Vorschläge abschwächen wollten.[618]

Die Art und Weise, wie die vier größten Europarteien ihre Programme
formulieren und ihre Positionen organisieren, ist der nationalen Vorgehensweise sehr ähnlich. Die vertretenen Positionen sind den Wählern also
grundsätzlich vertraut, ebenso wie die Formulierungen. Dies hat für die
Europarteien große Vorteile: Sollten sie in Zukunft die nationalen Parteien
bei den Europawahlen ersetzen (sei es vollständig oder, wenn nur eine gewisse Anzahl von Sitzen über europaweite Listen vergeben werden, teilweise), hätten sie bereits eine „gemeinsame Sprache" mit den Wählern und

---

[617] Vgl. zur SPE-Position in der Türkei-Frage die Äußerungen des SPE-Präsidenten
Poul Nyrup RASMUSSEN im Online-Chat vom 11. Juli 2006, abrufbar unter
www.pes.org/content/ view/591/19/lang,en: „Turkey belongs to Europe (…)
we still don´t know whether the outcome will be de facto membership (…) but it
is our goal." Der damalige EVP-ED-Fraktionsvorsitzende Hans-Gert PÖTTERING
sagt hingegen: „Wir als Christdemokraten sind ja nicht für den Beitritt der Türkei, sondern wir sagen es soll eine andere Form der Partnerschaft geben." Vgl.
das Interview mit dem Deutschlandfunk, 23.3. 2006, online abrufbar unter
www.dradio.de/dlf/sendungen/ interview_dlf/482488.

[618] So kritisierte der SPE-Abgeordnete Harald ETTL im September 2005 die Abstimmung im Wirtschaftsausschuss des Parlaments: „Somit haben sich die Hardliner
(gemeint sind die Abgeordneten von EVP und ALDE, Anmerkung CzH) auf
keinerlei übergreifende Kompromissverhandlungen eingelassen und im Wirtschaftsausschuss den neoliberalen Kurs (…) durchgesetzt." Nachzulesen unter
www.socialistgroup.org/gpes/press.do? lg=de&id=3467. Zum Ergebnis dieser
Abstimmung meint die Abgeordnete der Linkspartei, Sahra WAGENKNECHT: „In
Brüssel ist die schwarz-gelbe Koalition des Neoliberalismus bereits Realität", vgl.
die Pressemitteilung unter www.sozialisten.de/politik/ep_linksfraktion/view
_html/zid30000/bs1/n6.

müssten ihre Programme weder sprachlich noch inhaltlich den potentiellen neuen Bedingungen anpassen.[619]

Wichtig für künftige Wahlen sind demnach klare, allgemein verständliche und voneinander unterscheidbare Parteiprogramme. Die Parteien müssen deutlich machen, dass die Bevölkerung von europäischen Fragen direkt betroffen ist und dass das Europäische Parlament mehr Macht und Einfluss hat als vielfach angenommen. Außerdem müssen die Europarteien unterscheidbare Positionen vertreten sowie politische Streitfragen und ihre jeweiligen Lösungsvorschläge in der Öffentlichkeit diskutieren. Um das Interesse der Wählerschaft zu steigern, ist außerdem eine gewisse Personalisierung der Wahl unerlässlich. Europa hat bisher für die Wähler kein „Gesicht", es stehen keine Spitzenkandidaten zur Wahl, auch dies ist ein Grund für die kontinuierlich gesunkene Wahlbeteiligung.[620] Europäische Themen können im Medienzeitalter insbesondere durch Gesichter transportiert und kommuniziert werden, die Menschen sind es gewohnt, dass bekannte Politiker zur Wahl stehen. Die Europäische Grüne Partei hat bei der Wahl 2004 einen ersten Schritt in diese Richtung gemacht, indem sie mit ihrem elfköpfigen Kandidaten-Team auf Wahlkampftour gegangen ist. Auch wenn diese transnationale Liste nicht offiziell zur Wahl stand, haben die Grünen durch die Wahl der beiden Spitzenkandidaten (Daniel Cohn-Bendit und Monica Frassoni) zu Fraktionssprechern deutlich gemacht, dass sie ihren Spitzenkandidaten nach der Wahl einflussreiche Ämter zugestehen. Um den europäischen Charakter der Wahl deutlicher zu machen, könnten die Europarteien bereits 2009 mit europaweiten Listen und Spitzenkandidaten auftreten.[621] Dies würde die Wahl für die Wahlbevölkerung deutlich attraktiver machen: Wenn „jede der großen europäischen Parteien einen Spitzenkandidaten aufstellt, mit dem Ziel, ihn oder sie zum Kommissionspräsidenten zu machen (...) würden wir die Wahlbeteiligung erheblich erhöhen."[622]

---

[619] So auch GABEL/HIX: Defining the EU Political Space, a.a.O., S. 953.

[620] Vgl. Melanie PIEPENSCHNEIDER: Die Rolle der europäischen Parteien, in: Claudio FRANZIUS/Ulrich K. PREUß (Hrsg.): Europäische Öffentlichkeit, Baden-Baden 2004, S. 237–247 (S. 243).

[621] Vgl. die Vorschläge zu einer Änderung des Wahlrechts oben in Kapitel IV. 2. a).

[622] Klaus-Heiner LEHNE, MdEP, zitiert nach Daniela WEINGÄRTNER: Vielstimmiger Parteienchor, in: Das Parlament vom 27. 3. 2006, www.bundestag.eu/das parlament/2006/13/Europa/001.html.

Diese Entwicklung ist durchaus realistisch, so planen die Europäischen Grünen für die Wahl 2009 explizit eine gemischte Liste.[623] Die Liberalen haben, wie oben in Kapitel IV.3.a) gesehen, beschlossen, mit einem Spitzenkandidaten zur Europawahl 2009 anzutreten. Einige Europa-Abgeordnete sind sich „sicher, dass alle europäischen Parteien einen Kandidaten für das Amt des Kommissions-Präsidenten aufstellen werden."[624]

Nicht nur die etablierten Europarteien haben das Ziel, möglichst bald mit europaweiten Listen und Spitzenkandidaten anzutreten. So werden zur Wahl 2009 auch andere transeuropäische Bewegungen antreten, wie beispielsweise die „EUDemocrats" oder die „Newropeans". Die „EUDemocrats" (EUD) sind formell bereits eine europäische Partei, deren Ziel in der „Demokratisierung der Union" und in der Rückübertragung von Macht auf die Nationalstaaten liegt. Sie versammelt einige Europa-Skeptiker wie den Dänen Jens-Peter Bonde und will 2009 voraussichtlich noch nicht mit einer eigenen Liste antreten, sondern zunächst gleichgesinnte unabhängige Abgeordnete unterstützen.[625] Hier zeigt sich, dass nicht nur integrationsfreundliche Parteien und Programme zur Wahl stehen, sondern dass die Wähler künftig bei einer Europawahl auch ganz bewusst eine europäische Partei wählen können, die der Integration skeptisch bis ablehnend gegenübersteht. Die „Newropeans" verstehen sich als Bewegung mit dem primären Ziel, die EU zu demokratisieren. Sie will 2009 eine einheitliche Liste mit einem gemeinsamen Programm und unter dem gleichen Namen vorlegen und hat das ehrgeizige Ziel, 5–10% der Wählerstimmen zu erobern. In der Selbstbeschreibung wirbt die Gruppierung: „Bei den nächsten Europawahlen 2009 wird Newropeans Millionen von Europäern das erste Mal in ihrem Leben die Möglichkeit geben, wirklich europäisch zu handeln. Sie können gemeinsam mit Wählerinnen und Wählern in der gesamten EU stimmen, die eine demokratische Vision von Europas Zukunft teilen. Dies ist einer der Punkte, an dem Demokratisierung beginnt."[626] Sollte dieses

---

[623] Vgl. Ulrike LUNACEK, schriftliches Interview vom 22. März 2007.

[624] So Wolf KILZ, schriftliches Interview im Dezember 2007.

[625] Vgl. die Homepage der Partei, www.eudemocrats.org, sowie den Artikel bei zdf.online, abrufbar unter http://www.zdf.de/ZDFde/inhalt/20/0,1872,39436 04,00.html.

[626] Vgl. den Text „Newropeans in Kürze" auf der Homepage der Gruppierung: www.newropeans.eu.

Konzept einer wirklich europäischen „Partei" Erfolg haben, wird der Druck auf die etablierten Europarteien wachsen, ebenfalls mit gemeinsamen Listen anzutreten. Womöglich werden zu den nächsten Wahlen auch weitere neue Parteien und Gruppierungen antreten. Dabei ist es irrelevant, ob die Parteien integrationsfreundliche oder integrationsfeindliche Programme haben – solange sie ihre politischen Ziele im europäischen Rahmen verfolgen. Eine Verpflichtung der Europarteien auf das „allgemeine Wohl der Gemeinschaft" kann nicht verlangt werden.[627]

b) Weitere Beiträge der Europarteien zur Willensbildung

Neben ihren Wahlprogrammen bringen die Europarteien auch andere Dokumente in die öffentliche Diskussion ein. Ein Beispiel hierfür sind die Vorschläge der Parteien im Rahmen der Verfassungsdiskussion. Im Vorfeld der Konvents-Arbeiten hatten alle großen Europarteien ihre Vorstellungen unterbreitet: Die EVP hatte bereits im November 2002 einen detaillierten Verfassungstext vorgelegt[628]. Außerdem war die EVP die erste europäische Partei, deren Konventsmitglieder sich in einer informellen Fraktion, der „EVP-Convention-Group" zusammengefunden hatten. Die SPE hatte zwar keinen detaillierten Verfassungsvorschlag vorgelegt, doch die sozialdemokratischen Mitglieder des Konvents, die sich einmal monatlich trafen und ihre Vorgehensweise abstimmten, präsentierten im Oktober 2002 ein Dokument, das „Priorities for Europe" heißt, das auf wenigen Seiten die grundsätzlichen Ziele und Forderungen der europäischen Sozialdemokraten beschreibt.[629] Aus der SPE-Fraktion im Europäischen Parlament kam ein Papier „The Europe we need", das von 15 Abgeordneten im April 2003

---

[627] Vgl. dazu auch die Überlegungen zu einem künftigen Europäischen Parteienstatut in Kapitel VI.1. d), außerdem DAMM: Hoffnungsträger, a.a.O., S. 418; STENTZEL: Integrationsziel Parteiendemokratie, a.a.O., S. 352. Auch die Verordnung über Europäische Parteien sieht ein solches Bekenntnis zu den Zielen der Integration nicht vor, verlangt wird hier lediglich die Beachtung der Grundlagen der EU (Freiheit, Demokratie, Menschenrechte, Grundfreiheiten und die Rechtstaatlichkeit).

[628] Das Dokument mit dem Titel „Eine Verfassung für ein starkes Europa" wurde 2002 vom EVP-Kongress in Estoril beschlossen. Online unter www.epped.eu/Press/peve02/eve30/ congressdoc_de.asp.

[629] Dieses Dokument ist mittlerweile von der SPE-Homepage gelöscht, abrufbar ist es noch unter http://register.consilium.eu.int/pdf/en/02/cv00/00392en2.pdf.

geschrieben wurde.[630] Auch die ELDR-Partei hatte keinen Verfassungsentwurf unter ihrem Namen vorgelegt, es gab jedoch einen Entwurf des Lei-
ters der ELDR-Delegation beim Konvent, Andrew Duff. Außerdem hatte
die ELDR-Führung bei ihrem Kongress 2002 einige Anmerkungen und
Vorstellungen für die Arbeit des Konvents entwickelt.[631] Die Europäischen
Grünen hatten in Person von Johannes Voggenhuber im September 2002 in
einem kurzen Papier Elemente einer Verfassung aus grüner Sicht dargelegt.[632] Außerdem beschlossen grüne Abgeordnete aus den Parlamenten
der Mitgliedstaaten und aus dem Europäischen Parlament eine „grüne Vision für ein integriertes Europa", in dem sie ihre Forderungen an den Konvent formulieren.[633] Auch wenn sich die Positionen nicht diametral gegenüberstehen, kann man bei einem Vergleich der jeweiligen Positionen[634]
doch feststellen, dass die Ideen Unterschiede in der politischen Stoßrichtung erkennen lassen. In inhaltlich-ideologischer Hinsicht unterscheiden
sich die Positionen der europäischen Parteien zu einer künftigen europäischen Verfassung durchaus voneinander, was auf eine stärkere Rechts-
Links-Ausrichtung in Zukunft schließen lässt.

Die Europarteien versuchten (ebenso wie die anderen Akteure des Konvents) während der Konventsarbeit, eine öffentliche Verfassungsdebatte zu
initiieren und die Anregungen aus der Zivilgesellschaft aufzunehmen.
Nach Einschätzung eines Konventsmitglieds machte sich der Einfluss der
Parteien im Konvent

> „von Anfang an bemerkbar. Sie (…) hießen die Repräsentanten der Kandi-
> datenländer willkommen und ermutigten sie, ihre Rolle in den Beratungen
> im Konvent stärker wahrzunehmen als sie es andernfalls vermutlich getan
> hätten. Die Treffen der parteipolitischen Familien geben inhaltlichen Aus-
> einandersetzungen mehr Raum als dies in den Plenarsitzungen des Konvents

---

630 Abrufbar unter http://europa.eu.int/constitution/futurum/documents/other/
     oth140403_en.pdf.

631 Abrufbar unter http://www.eldr.org/congress02/en/index.html, im Bereich
     Congress-Papers – Resolutions.

632 Abrufbar unter www.heide-ruehle.de/heide/artikel/99/doc/grundzuege_ver
     fassung.pdf.

633 Abrufbar beispielsweise unter www.heide-ruehle.de/heide//fe/doc/107.

634 Vgl. dazu Clemens ZUR HAUSEN: Die „europäischen Parteien" und ihre Rolle
     beim EU-Verfassungskonvent, unveröffentlichte Magisterarbeit, Bonn 2004.

möglich ist. Damit wirken sie als Katalysator für die Förderung guter und die Zurückweisung schlechter Ideen. Zum Ende des Konvents, wenn es darum geht, Abmachungen zu treffen und Krisen zu bewältigen, wird Parteipolitik mit Sicherheit von hoher Relevanz sein."[635]

Auch die Parteiprogramme der Europarteien und die Agenden der Parteien und der Fraktionen für das jeweilige Jahr (oder die jeweilige Legislaturperiode) sind Beiträge zur europäischen Willensbildung, allerdings haben beide den Nachteil, dass sie auf vorangegangenen innerparteilichen Diskussionen beruhen und daher oft selbst schon einen kleinsten gemeinsamen Nenner darstellen. Auch wenn die Parteiprogramme formal mit Mehrheit beschlossen werden können, wird in der Praxis doch darauf geachtet, möglichst keine wichtige Mitgliedspartei mit bestimmten Forderungen zu verprellen: „Wie in nationalen Parteien wahrscheinlich auch versuchen wir schon, die großen Partner mit im Boot zu haben, wenn es um Entscheidungen geht."[636] Aufgrund der begrenzten Zugangs- und Mitwirkungsmöglichkeiten von Individuen und Interessengruppen[637] sind die Voraussetzungen für die Aufnahme von Themen aus der Zivilgesellschaft nicht optimal.[638] Dennoch gibt es einige Beispiele, wie europäische Parteien Beiträge zur Willensbildung liefern: Die SPE hat 2005 die Initiative „A New Social Europe" gestartet mit dem Ziel, gemeinsame Antworten auf die Frage nach der Zukunft der sozialen Sicherungssysteme zu finden. Seither werden Broschüren und Reden zu dem Thema publiziert. Die Europäischen Grünen führten 2005 eine europaweite Kampagne zum Klimawandel durch, mit gemeinsamen Plakaten und Slogans. Auf ihren Homepages präsentieren sowohl die Fraktionen als auch die Parteien Stellungnahmen und Positionspapiere zu unterschiedlichsten Themen – viele wenig umstrittene wie Menschenrechte, die Zukunft Europas und der Verfassung oder die Stellung der Frau in der Gesellschaft, aber auch kontroverse Fragen wie den Türkeibeitritt, die Chemikalienrichtlinie REACH, die Zukunft der Gemeinsamen Außen- und Sicherheitspolitik oder die wirtschaftliche Zukunft und das europäische Sozialmodell. Die Europarteien können durch ihre Partei-

---

[635] Andrew DUFF: Der Beitrag des Europäischen Parlaments zum Konvent: Treibende Kraft für einen Konsens, in: integration, Heft 1/2003, S. 3–9 (S. 5).

[636] So Christian KREMER, Interview vom 25. November 2005.

[637] Vgl. dazu Kapitel IV. 5b).

[638] Vgl. AYIRTMAN/PÜTZ: Europarteien als transnationale Netzwerke, a.a.O., S. 402.

programme (und durch deren Vielfalt und Unterscheidbarkeit) einen Integrationseffekt erreichen, wenn diese möglichst weit (beispielsweise im Internet oder über die nationalen Parteivertreter) verbreitet und in der Öffentlichkeit diskutiert werden – dadurch lenken sie die europäische politische Willensbildung in konkrete Bahnen.

> „Die Überzeugung der Bürger, eine gemeinsame, über die nationalen Unterschiede hinaus formulierte Politik, so wie sie in den supranationalen Parteiprogrammen zum Ausdruck kommt, sei möglich und realistisch, wirkt integrationsfördernd. Dies dürfte die Integrationsbereitschaft und die Identifikation der Bürger mit der EU im Laufe der Zeit immer mehr fördern."[639]

Relativ spät haben die Europarteien und die Fraktionen die Relevanz des Internets entdeckt und ihre Homepages benutzerfreundlich gestaltet. Noch vor kurzem war es schwierig, die Seiten überhaupt zu finden, sie waren nicht eigenständig, sondern nur von den Parlamentsseiten aus zu erreichen.[640] Mittlerweile sind die Homepages der Parteien relativ übersichtlich gestaltet, allerdings zumeist nur auf englisch (EVP, Grüne) oder englisch und französisch (SPE, ELDR). Die Fraktionsseiten aller vier Parteien sind meist in drei bis vier Sprachen verfügbar, bei der EVP-ED sind immerhin Teile des Inhalts in allen EU-Sprachen abrufbar. Um europaweite Beachtung zu finden, sollten die Parteien zumindest die wichtigsten Informationen und Dokumente auf ihren Homepages in möglichst vielen europäischen Sprachen verfügbar machen.

---

[639] PAPADOPOULOU: Politische Parteien auf europäischer Ebene, a.a.O., S. 194.

[640] Vgl. die Kritik von Michael KAMBECK: Politikvermittlung auf EU- und Bundesebene – ein Vergleich in Theorie und Praxis, online publizierte Dissertation, Bonn 2004, abrufbar auf dem Hochschulschriftenserver der ULB Bonn unter http://hss.ulb.uni-bonn.de/diss_online. Heute sind die Europarteien und die Fraktionen zumeist unter ihrem (englischen) Kürzel und der Endung „.eu" bzw. „.org" zu finden, die Grünen-Homepage lautet europeangreens.org.

5. Rolle der Europarteien bei der Herstellung einer europäischen Öffentlichkeit

> *Die meisten Menschen kennen die EU nur aus dem Fernsehen:*
> *Dort stehen Reporter vor riesigen Glasbauten, interviewen*
> *unbekannte Politiker und erklären hochkomplexe Gesetze.*
> *Kann es sein, dass die EU ein unverkäufliches Produkt ist?* [641]

Eine qualifizierte öffentliche Meinung setzt Informiertheit und einen Kommunikationsraum voraus. Politische Kommunikation ist Voraussetzung und Grundbedingung jeder repräsentativen Demokratie.[642] Die politische Kommunikation auf europäischer Ebene weist jedoch Defizite auf, die Bürger haben keine aussichtsreichen Möglichkeiten, europäische Entscheidungen zu thematisieren und zu beeinflussen.[643] Wie bereits in Kapitel II.3.e) gesehen, muss es für die Entstehung einer europäischen Öffentlichkeit europaweite intermediäre Vermittlungsstrukturen wie Medien oder Parteien geben, die europäische Themen aufgreifen und auch politische Entscheidungsalternativen aufzeigen. Es gibt jedoch, wie bereits angesprochen, noch keine europäischen Medien, und in den nationalen Medien werden europäische Themen in der Regel aus nationaler Perspektive beleuchtet. Die mangelnde Europäisierung der Berichterstattung steht in einer Wechselwirkung mit dem Desinteresse der Bevölkerung an europäischen Themen.[644]

a) Die News-Values-Theorie

Die oft gegen die Medien erhobene Klage, sie würden europäischen Themen zu wenig Aufmerksamkeit schenken, trifft das Problem nur zum Teil: Medien entscheiden nach bestimmten Kriterien, nach dem sogenannten „Nachrichtenwert" bzw. den „news values", ob sie neue Informationen aufbereiten oder nicht. Diese Kriterien sind gemäß der „news-values"-

---

[641] So lautete eine Frage von Carsten VOLKERY im Spiegel-Online-Interview mit EU-Kommissarin Margot WALLSTRÖM vom 17. Januar 2007, abrufbar unter www.spiegel.de/politik/ ausland/0,1518,459792,00.html.

[642] BVerfGE 89, 155 (S. 185).

[643] Vgl. DAMM: Hoffnungsträger, a.a.O., S. 421.

[644] Vgl. PETERS: Europäische Öffentlichkeit im europäischen Verfassungsprozess, a.a.O., S. 378.

Theorie *Ungewöhnlichkeit, Konflikt, Einfachheit, Beteiligung von prominenten Personen, Konsequenzen* (persönliche Betroffenheit), *geographische Nähe,* und *Etablierung* (der Bezug zu bereits bekannten Themen).[645] Wenn man dieses Kriterienraster auf europapolitische Ereignisse anlegt, so stellt man fest, dass diese kaum ein Kriterium erfüllen – sie sind oft nicht einfach zu verstehen (wieviele Bürger wissen, dass es sich beim Rat der Europäischen Union, beim Europarat und beim Europäischem Rat um drei verschiedene Institutionen handelt?), beinhalten in der Regel keinen Konflikt (außer demjenigen zwischen den Mitgliedstaaten sowie dem Konflikt zwischen „denen in Brüssel" und den jeweiligen Interessenvertretern, die das EU-Handeln kritisieren), es handeln selten prominente Personen (kaum ein Bürger kennt den Namen eines oder gar mehrerer EU-Kommissionsmitglieder). Darüber hinaus wissen die wenigsten Menschen, dass die EU-Gesetzgebung ihr Leben in großem Maße beeinflusst, sie fühlen sich also nicht persönlich betroffen. Die Mobilisierung der Öffentlichkeit setzt jedoch voraus, dass auch die im „Wissens- und Einstellungsbereich liegenden Voraussetzungen für eine erfolgreiche Mobilisierung"[646] vorhanden sind – hierfür wird nach der Rezeption von Informationen über das EP und die Fraktionen sowie nach Einstellungen zu Zielen von EP und Fraktionen gefragt. Diese Kriterien wurden auch im Kapitel über die Europawahlen angesprochen, wo bereits deutlich wurde, wie wichtig Konflikte und die Beteiligung prominenter Personen für den Wahlkampf sind.

---

[645] Das Konzept des Nachrichtenwertes wird seit langem in der Kommunikationstheorie diskutiert. Walter LIPPMANN listete bereits 1922 die oben geschilderten sieben Merkmale auf, die den Nachrichtenwert einer Meldung bestimmen. Alle späteren Modifizierungen oder Erweiterungen dieses Kriterienrasters brachten im Großen und Ganzen lediglich Variationen der Lippmannschen Kategorisierung. Vgl. ausführlicher hierzu Joachim Friedrich STAAB: Nachrichtenwert-Theorie, Freiburg/München 1990 (vor allem S. 41ff); Jürgen WILKE: Nachrichtenauswahl und Medienrealität in vier Jahrhunderten, Berlin/New York 1984.

[646] Oskar NIEDERMAYER und Karlheinz REIF: Das Europäische Parlament und die Bürger: Schwierigkeiten der Mobilisierung, in: Otto SCHMUCK/Wolfgang WESSELS (Hrsg.): Das Europäische Parlament im dynamischen Integrationsprozess: Auf der Suche nach einem zeitgemäßen Leitbild, Bonn 1989, S. 199–212 (S. 200).

b) Der Bekanntheitsgrad von EP, Parlamentariern und Europarteien

Wenn die Rolle der Europarteien bei der Herstellung von europäischer Öffentlichkeit jenseits von Wahlprogrammen und sonstigen programmatischen Aussagen untersucht wird, muss zunächst gefragt werden, in wie weit diese Parteien (beziehungsweise das Europäische Parlament) in der Öffentlichkeit bekannt sind und welches Image sie dort besitzen. In der Theorie des Nachrichtenwerts gesprochen gilt es also zu beleuchten, wie etabliert EP und Europarteien bei der Bevölkerung sind. Nur wenn die Menschen den parlamentarischen Raum als wirkungsvolle Möglichkeit zur Einflussnahme ansehen, kann sich auf dieser Ebene eine Kommunikation zwischen Bevölkerung und Parlament, vermittelt durch Medien und Parteien, entwickeln.

Die öffentliche Unterstützung für die Arbeit des Parlaments und der Fraktionen ist eine wichtige Messlatte – ein Parlament, das die Bevölkerung repräsentieren soll, muss Respekt und Unterstützung für seine Arbeit erwarten können. Darüber hinaus hat das Maß der Unterstützung Auswirkungen auf das Verhalten der Parlamentarier und ganz grundsätzlich auf die Entwicklungen des politischen Systems.[647]

Die Unterstützung für das Parlament kann an verschiedenen Faktoren abgelesen werden. Die stetig sinkende Wahlbeteiligung spricht grundsätzlich gegen ein hohes Maß an Unterstützung durch die Wählerschaft. Darüber hinaus ist bis heute der Bekanntheitsgrad des Europäischen Parlaments und der Fraktionen relativ gering. So weiß beispielsweise nur die Hälfte der vom Eurobarometer Befragten, dass die Abgeordneten des EP direkt gewählt werden. Im Herbst 2005 erinnerten sich weniger als ein Viertel daran, dass die letzte Europawahl 2004 und nicht 2002 stattgefunden hatte.[648] Etwa

---

[647] So wird argumentiert, dass bei einem geringen Ansehen des Parlaments in der Öffentlichkeit Parlamentarier geneigt seien, nicht lange in dieser Position zu bleiben und die Stellung als Abgeordneter weniger attraktiv sei. Darüber hinaus spricht (vor allem aus Sicht der EP-Skeptiker) wenig für eine Stärkung des Europäischen Parlaments, wenn die Bevölkerung keinen positiven Eindruck von der Parlamentsarbeit hat: „Certainly, public opposition would be an obstacle to expanding the scope or degree of legislative authority." Vgl. hierzu Matthew GABEL: Public Support for the European Parliament, in: JCMS Nr. 2/2003, S. 289–308 (obige Argumente und das Zitat sind von Seite 290).

[648] Vgl. Eurobarometer 64 vom Juni 2006, S. 86.

ein Drittel der Befragten wünschen sich mehr Informationen über die Arbeitsweise der europäischen Institutionen, in Deutschland fast jeder Zweite.[649] Das Europäische Parlament ist immerhin die einzige europäische Institution, der mehr als 50% der Menschen Vertrauen schenken (auch wenn das Vertrauen der Bevölkerung in das Parlament leicht zurückgegangen ist):

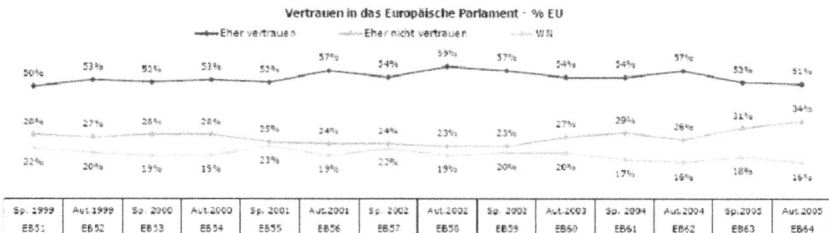

Vertrauen in das Europäische Parlament - % EU

Quelle: Eurobarometer 64 vom Juni 2006, S. 73.[650]

Nur wenige Bürger fühlen sich in europäische Angelegenheiten gut eingebunden, fast die Hälfte der Befragten wäre gern besser eingebunden. In diesem Zusammenhang fordern acht von zehn Europäern, dass nicht nur die nationalen Regierungen, sondern auch die europäischen Institutionen größere Anstrengungen unternehmen sollten, um die Menschen in europäische Angelegenheiten einzubeziehen.[651]

Die direkte Kommunikation zwischen Abgeordneten und Bürgern ist vergleichsweise schwach ausgeprägt. Während die Wählerinnen und Wähler zu ihren jeweiligen nationalen Abgeordneten relativ häufig Kontakt haben, ist dieser Kontakt zu Europaabgeordneten seltener. Gründe hierfür sind zum einen die Arbeitsorganisation des EP, die für die Abgeordneten Plenar-, Ausschuss- und Fraktionsarbeit an unterschiedlichen Tagungsorten bedeutet. Durch den grundsätzlich erwünschten Zuwachs an Einfluss und Macht haben die Mitglieder des EP noch weniger Zeit für Wahlkreisar-

---

[649] Vgl. Eurobarometer 64 vom Juni 2006, S. 92f.

[650] Abrufbar unter http://ec.europa.eu/public_opinion/archives/eb/eb64/eb64
       _de.pdf.

[651] Vgl. zu diesen Angaben Eurobarometer 64 vom Juni 2006, S. 35ff.

beit.[652] Zum anderen liegt der seltene Kontakt an der geringen Zahl der Europaabgeordneten: Nationale Abgeordnete haben kleinere Wahlkreise und vertreten weniger Menschen als Europaabgeordnete. In Deutschland vertritt ein Bundestagsabgeordneter knapp 250.000 Bürger, während ein deutscher Europaabgeordneter auf etwa 830.000 Menschen kommt. Für die mangelnde Wahrnehmung des Parlaments und der Fraktionen ist auch das „Kommunikationsdefizit" des Europäischen Parlaments verantwortlich, und damit verbunden der Mangel an Konflikten. In der Öffentlichkeit erscheint das EP in der Regel als weitgehend geschlossener Akteur (Stichwort Große Koalition), der im Gesetzgebungsprozess nur selten konkurrierende Wählerinteressen durchsetzen kann.[653] Diesem Erscheinungsbild des EP als geschlossener Akteur steht die Erkenntnis gegenüber, dass der Mangel an breiten politischen Debatten zwischen den Bürgern eines der größten Probleme der EU darstellt.

c) Möglichkeiten der Europarteien gemäß der News-Values-Theorie

Es bedarf im europäischen Mehrebenensystem Institutionen, die „in der Lage sind, komplexe politische Themen so zu transformieren, dass für die europäische Bürgerschaft unterscheidbare politische Entscheidungsalternativen entlang klar definierter Konfliktlinien sichtbar wären"[654]. Je mehr Debatten und offene Konfliktlinien es innerhalb des Parlaments gibt, desto größer ist auch der Nachrichtenwert der Ereignisse, und desto größer ist dementsprechend die Bereitschaft der Medien, über Sitzungen und Entscheidungen des Parlaments zu berichten. Die Vorliebe der Medien zur Darstellung von Konflikten und nicht etwa von Konsens ist in der Kommunikationsforschung unbestritten und wird durch zahlreiche Untersuchungen belegt.[655] Die Konsensdemokratie hingegen, so bemerken auch

---

[652]　Vgl. NIEDERMAYER/REIF: Das Europäische Parlament und die Bürger, a.a.O., S. 201; Andreas MAURER: Das Europäische Parlament der Sechsten Wahlperiode im Institutionengefüge der EU, in: Oskar NIEDERMAYER/Hermann SCHMITT (Hrsg.): Europawahl 2004, Wiesbaden 2005, S. 7–38 (S. 33).

[653]　Vgl. hierzu MAURER: Das EP der Sechsten Wahlperiode, a.a.O., S. 35.

[654]　So HÖRETH: Legitimationstrilemma, a.a.O., S. 62, der jedoch die Existenz solcher Institutionen verneint.

[655]　Hans-Jörg TRENZ: Europäische Öffentlichkeit und die verspätete Politisierung der EU, in: Internationale Politik und Gesellschaft, Heft 1/2006, S. 117–133 (S. 128).

Europaparlamentarier, „fällt durchs Medienraster. Europapolitik braucht den Streit ganz besonders, sonst ist sie langweilig."[656] Eine bessere Rückkopplung des Parlaments an die Bevölkerung könnte also erreicht werden durch die häufigere und offensivere Betonung der „längst vorhandenen, aber nur selten aktivierten"[657] Interessenkonflikte zwischen den Parteien bzw. Fraktionen. Dies gilt nicht nur für die Wahlkämpfe zum Europaparlament. Das Parlament kann als öffentlicher Raum fungieren, in dem die verschiedenen Interessen artikuliert werden. Die Kommunikationsstrukturen für transeuropäische Dialoge, die das Parlament und die Fraktionen bieten, müssen intensiver als bisher genutzt werden. Dies kann auf mehreren Wegen geschehen: So könnte man häufiger als bisher parlamentarische Anhörungen durchführen und damit das Verständnis der parlamentarischen Sacharbeit bei Verbänden, Interessengruppen und Bürgervereinigungen vergrößern. Auch bei den parlamentarischen Beratungen über die Gesetzgebungsplanung von Kommission und Rat könnten die Zivilgesellschaft und ihre Interessenvertreter frühzeitig einbezogen werden. Schließlich ist eine mediengerechte Darstellung und Vermittlung der Kontroversen zwischen den Parteien bzw. Fraktionen wichtig.[658] „Mediengerecht" kann gegebenenfalls auch „vereinfachend" heißen, Informationen müssen jedenfalls verständlich aufbereitet werden.[659] Somit wäre ein weiteres Kriterium der Nachrichtenwert-Theorie, die Einfachheit, sichergestellt. Zur Herstellung eines Raumes für öffentliche Debatten über policy-issues, über aktuelle und strittige Themen und über wichtige Fragen der europäischen Zukunft, die dem politischen System der EU mehr Legitimität vermitteln würde, sind politische Parteien grundsätzlich prädestiniert. Auch die Bündelung und mediengerechte, verständliche Aufbereitung von Interessen ist eine typische Aufgabe für Parteien. Die Demonstrationen gegen den Irak-Krieg, von Jürgen Habermas und Jaques Derrida als Geburtsstunde einer

---

656 Gespräch mit Jo LEINEN vom 28. November 2005, vgl. auch ders.: „Streiten mit, über und für Europa", abrufbar auf www.joleinen.de unter „Pressespiegel".

657 MAURER: Das EP der Sechsten Wahlperiode, a.a.O., S. 35.

658 Vgl. zu diesen Vorschlägen MAURER: Das EP in der Sechsten Wahlperiode, a.a.O., S. 36.

659 Insbesondere das Medium Fernsehen benötigt einfache, kurze Informationen, die in der Dauer eines normalen Nachrichtenbeitrags von 1–2 Minuten präsentiert werden können.

europäischen Öffentlichkeit proklamiert[660], sind ein Beispiel dafür, dass bei strittigen Fragen durchaus europaweit und öffentlichkeitswirksam diskutiert werden kann. Europarteien können dabei helfen, dass Probleme, die in den Nationalstaaten bereits diskutiert werden, als *europäische* Probleme erkannt werden:

> „Es würde einen wichtigen Schritt aus dem kafkaesken EU-Labyrinth darstellen, definierte man die vielen heutigen Probleme als eine europäische Herausforderung – den Bevölkerungsrückgang, die überalterte Gesellschaft, die Reformen sozialer Sicherungssysteme, die Zuwanderung, den Export von Arbeitsplätzen, die Durchsetzung von Mindestlöhnen, die Besteuerung von Unternehmensgewinnen, Zinsen und Konsum, die Finanzspekulationen, die Liste ließe sich fortsetzen. Das heißt: Der Ausbau zwischenstaatlicher Kooperation, die in ihrer gebündelten Souveränität ja auch die Nationen mächtiger macht, könnte die Bürger für Europa begeistern. So würde die EU zum Modell des Regierens im Zeitalter der Globalisierung. Motto: Europäische Lösungen bringen den Bürgern mehr als nationale Alleingänge."[661]

Je mehr strittige Fragen im Parlament zwischen den Fraktionen und Parteien diskutiert werden, desto größer wird der Nachrichtenwert dieser Ereignisse: Konflikte sind für die Beobachter immer interessant, sofern sie verständlich aufbereitet sind. Dies bedeutet, dass die Konflikte letztlich heruntergebrochen werden müssen auf die einfache Ebene „ja" oder „nein", „dafür" oder „dagegen". Dieses Herunterbrechen ist im Nationalstaat Aufgabe von Parteien: „It is this form of political binarisation, which makes a controversy simple and comprehensible and which has led (…) to the well-known dualism of most western parliamentary systems, where government

---

[660] Vgl. Jürgen HABERMAS und Jacques DERRIDA: Nach dem Krieg: Die Wiedergeburt Europas, Essay (unter anderem erschienen in der FAZ vom 31. Mai 2003): „Zwei Daten sollten wir nicht vergessen: nicht den Tag, an dem die Zeitungen ihren verblüfften Lesern von jener Loyalitätsbekundung gegenüber Bush Mitteilung machten, zu der der spanische Ministerpräsident die kriegswilligen europäischen Regierungen hinter dem Rücken der anderen EU-Kollegen eingeladen hatte; aber ebensowenig den 15. Februar 2003, als die demonstrierenden Massen in London und Rom, Madrid und Barcelona, Berlin und Paris auf diesen Handstreich reagierten. Die Gleichzeitigkeit dieser überwältigenden Demonstrationen (…) könnte rückblickend als Signal für die Geburt einer europäischen Öffentlichkeit in die Geschichtsbücher eingehen."

[661] Ulrich BECK: Ausweg aus dem EU-Labyrinth, in Das Parlament Nr. 13 vom 27.3.2006.

and opposition as two solid blocks sit facing each other."[662] Auf europäischer Ebene gibt es zwar hinter den Kulissen verschiedenste Konfliktlinien, doch kaum leicht verständliche Debatten. Auch innerhalb des Parlaments verhindern die gegenwärtigen Regelungen eine klare Gegenüberstellung von Alternativen. Das Berichterstatter-Prinzip, wonach ein einzelner Berichterstatter (rapporteur) eine schriftliche Stellungnahme erarbeitet, die dann vom EP beschlossen werden soll, ist in dieser Hinsicht nicht produktiv: Der Berichterstatter muss den kleinsten gemeinsamen Nenner finden und auf polarisierende, kontroverse Äußerungen verzichten, um möglichst das gesamte Parlament hinter sich zu bringen. Das Parlament wiederum hat nur die Möglichkeit, dem vorgelegten Bericht zuzustimmen oder ihn zu verwerfen (und somit ganz ohne offizielle Parlaments-Meinung dazustehen).[663] Als Beispiel sei der Initiativbericht des Parlaments zum europäischen Sozialmodell genannt. Der Bericht wurde Anfang September 2006 mit großer Mehrheit (507 zu 113 Stimmen bei 42 Enthaltungen) angenommen. In einem Artikel zur Annahme des Berichts heißt es: „The rapporteurs chose something of a 'lowest common denominator' approach, stressing what the main political camps can agree to, without touching on any of the hot issues."[664] Gleichzeitig äußerten Vertreter der verschiedenen Fraktionen unterschiedliche Reaktionen: Zufriedenheit beim Co-Berichterstatter von der SPE, Skepsis bei den Liberalen (denen der Beschluss zu weit geht) und bei den Grünen (denen die Beschlüsse nicht weit genug gehen).[665] Ziel der Europarteien sollte es sein, nicht nur durch Wahlprogramme zu den Europawahlen, sondern ganz generell zu strittigen Themen ihre Positionen zu formulieren und Gegensätze zu anderen Parteien bzw. Fraktionen deutlich zu machen, um in der Öffentlichkeit stärker wahrgenommen zu werden. Nur durch die Betonung der Konfliktlinien zwischen den Fraktionen (die

---

[662] Maximilian FREIER/Florian NEUHANN: Boring Europe: Why the EU needs more political Drama, unveröffentlichtes Manuskript, präsentiert auf der 9. Graduiertenkonferenz des Center for German and European Studies im Februar 2005, S. 19.

[663] Vgl. Ben CRUM: Staging European Union Democracy. Working Paper Nr. 10 des European Policy Institutes Network (EPIN), Brüssel 2003, S. 5.

[664] Vgl. den Artikel von euractiv vom 7. September 2006, abrufbar unter www.euractiv.com/de/soziales-europa/europaeisches-parlament-keine-alternative-reform-sozialmodells/article-157613.

[665] Widergegeben nach dem zitierten euractiv-Artikel.

durchaus vorhanden sind, siehe oben, Kapitel VI. 2. b) ii) kann das Parlament stärker im Bewusstsein der nationalen Öffentlichkeiten verankert werden. Die Europarteien können durch diese Darstellung konträrer Positionen das Interesse der Medien verstärken und dem Parlament in der Öffentlichkeit zu einem klareren Profil verhelfen.

Neben dem Kriterium „Konflikt" ist für das Interesse der Medienöffentlichkeit das Kriterium „Beteiligung von prominenten Personen" bedeutsam. Politische Inhalte sind weiterhin wichtig, fast genauso wichtig ist heute aber eine charismatische Führungsperson, die diese Inhalte vertritt. „Similar to a theatre play, a political drama needs actors: faces that personify certain standpoints and with whom the audience may identfy or whom they may reject."[666] Vor allem im Fernsehen können komplexe Programme und Inhalte nur schwer dargestellt werden, deshalb konzentriert man sich auf medienwirksame Spitzenpolitiker, auf die die politische Programmatik fokussiert wird. Diese Politiker sollten die Fähigkeit haben, mit Journalisten umzugehen und sich bei der Anwesenheit von Kameras telegen in Szene zu setzen. Rededuelle von Spitzenkandidaten, Beliebtheitsrankings von Politikern, Debatten über das Äußere von Politikern (gefärbte Haare? neues Kleid?) und Inszenierungen von Politikern bei Parteiveranstaltungen (oft vereinfachend unter dem Stichwort „Amerikanisierung der Politik" zusammengefasst) spiegeln die Bedeutung von charismatischen Personen in der Politik, nicht nur in Wahlkampfzeiten. Auf europäischer Ebene gibt es kaum bekannte Gesichter, und noch weniger können die Menschen mit bestimmten Gesichtern konkrete Programme verbinden. Auch wenn also im Laufe der Zeit der Bekanntheitsgrad des jeweiligen Kommissionspräsidenten steigt und aufgrund des zunehmenden außenpolitischen Gewichts der EU auch der Hohe Repräsentant für die gemeinsame Außen- und Sicherheitspolitik öfter in den Medien auftaucht, fehlten doch Politiker, die für unterscheidbare Positionen stehen; parteipolitische Akteure waren lange Zeit unbekannt. Dies ändert sich zögerlich, die Fraktionsvorsitzenden der großen europäischen Fraktionen (zur Zeit Martin Schulz/SPE und bis Mitte Januar 2007 Hans-Gert Pöttering/EVP) spielen eine prominentere Rolle in der europäischen Politik (und der Berichterstattung darüber) als ihre jeweiligen Vorgänger, und auch der Grüne Daniel Cohn-Bendit und Silvana

---

[666] FREIER/NEUHANN: Boring Europe, a.a.O., S. 21.

Koch-Mehrin von der FDP sind vergleichsweise oft in den Medien präsent. Stärkere Europarteien könnten den Bekanntheitsgrad der Spitzenvertreter deutlich vergrößern und ihr Profil schärfen. Hierzu zählt die bereits oben analysierte Forderung, dass die Europarteien mit europäischen Spitzenkandidaten in die Europawahlen gehen sollten, die dann das jeweilige Programm vertreten und sich womöglich in einer europaweit ausgestrahlten (und jeweils in die Landessprache übersetzten) Fernsehdebatte gegenüberstehen könnten. Diese Spitzenkandidaten würden später Fraktionsvorsitzende oder – weiter gedacht – Kommissionspräsidenten[667] werden. Sie würden womöglich durch ein Wahlkampfteam mit Kandidaten aus verschiedenen Ländern unterstützt und müssten um das Interesse der europäischen Öffentlichkeit kämpfen, Unterschiede zu anderen Kandidaten und deren Programmen herausarbeiten und sich als Personen gut „verkaufen" können. Bereits im Vorfeld des Wahlkampfes kann das Interesse von Medien und Bevölkerung geweckt werden: Durch öffentliche Debatten und Abstimmungen in den Europarteien über Personen und Ziele. „Auf diese Weise können die Europäischen Parteien das Bindeglied von den Bürgern zu den Institutionen werden und als Katalysatoren zur politischen Willensbildung in der Europa-Politik dienen."[668]

Auch jenseits der Wahlkampfzeiten könnten sich Spitzenvertreter der Parteien und Fraktionen häufiger an die europäische Öffentlichkeit wenden. Ein Beispiel für solche Veranstaltungen ist die erste öffentliche Debatte zwischen den Vorsitzenden von SPE und EVP, Poul Nyrup Rasmussen und Wilfried Martens, zum Thema „Who can best deliver prosperity and social justice in Europe?".[669] Streitgespräche dieser Art sollten regelmäßig und in größerem Rahmen wiederholt werden. Auch auf etwas niedrigerer Ebene könnten solche Streitgespräche zwischen Parteipolitikern stattfinden, so beispielsweise zwischen den jeweiligen Leitern der nationalen Gruppen in den Fraktionen. Dieser Vorschlag würde die von der Kommission vorge-

---

667 Vgl. hierzu unten, Kapitel V. 1., 3. und 4.

668 Jo LEINEN: Öffentlichkeit in Europa: Europäische Öffentlichkeit als neuer Antrieb für europäische Politik? In: Claudio FRANZIUS/Ulrich K. PREUß: Europäische Öffentlichkeit, Baden-Baden 2004, S. 31–37 (S. 33f.).

669 Die Veranstaltung fand am 20. Januar 2005 in Brüssel statt und wurde organisiert vom dortigen European Policy Centre. Eine Zusammenfassung der Debatte findet sich unter www.epp.eu.org/dbimages/pdf/_copy_2.

legten „Plan D" vom September 2005 gut ergänzen: Dieser Plan ist „eine langfristige Initiative zur Wiederbelebung der europäischen Demokratie. Ziel ist es, wie in der Einleitung erläutert, eine europäische Öffentlichkeit zu schaffen und das Vertrauen in die EU wiederherzustellen."[670] So hätte es sich angeboten, bei einer (im Rahmen des Plan D stattfindenden) Diskussionsveranstaltung zum Thema „Gehört die Türkei in die EU?" im Januar 2007 in Köln beispielsweise einen Beitritts-Befürworter und einen Gegner aus dem Parlament einzuladen, statt nur einen einzigen Abgeordneten des EP (Klaus Hänsch, SPE) – der zweite Podiumsgast war ein Professor der Universität Bonn (Ludger Kühnhardt). Hier hätte es nahegelegen, statt einfach „jemanden aus Brüssel"[671] einzuladen, die jeweiligen Positionen der europäischen Parteien in einer Podiumsdiskussion darzustellen – und quasi „nebenbei" dafür zu sorgen, dass den Zuhörern die unterschiedlichen Standpunkte der Parteien im Parlament und die dazugehörigen Köpfe bekannter werden.

6. Organisatorische Voraussetzungen

Im Folgenden geht es um die Frage, ob die Europarteien die organisatorischen Voraussetzungen mitbringen, um Beiträge zum Abbau des institutionellen und des strukturellen Demokratie-Defizits beizusteuern. Bei dem Ziel, Beiträge zum Abbau des institutionellen Demokratiedefizits und zur Willensbildung der Bevölkerung und somit zur Entstehung einer europäischen Öffentlichkeit leisten zu können, haben die Europarteien einige organisatorische Probleme – im Anschluss gilt es, diese aufzuführen und zu analysieren, was sich gegebenenfalls ändern muss. Hierzu zählt in erster Linie die Tatsache, dass die nationalen Parteien streng darauf achten, ihren Einfluss auf die Europarteien auch weiterhin ausüben zu können. Dies bedeutet unter anderem, dass es nur eingeschränkte Rechte für individuelle Mitglieder gibt, dass die Kandidatenaufstellung weiter in den Händen der

---

[670]   So die Beschreibung auf der deutschen Homepage der EU-Kommission: www.eukommission.de/ html/presse/im_detail.asp#initiativen.

[671]   Dies ist keine Kritik an Klaus HÄNSCH, doch ist zu befürchten, dass bei vielen Zuhörern und Medien der Eindruck bleiben wird, dass „einer von der EU" mit „einem Professor" diskutiert hat.

nationalen Parteien bleibt, und dass sich stets alle Mitgliedsparteien auf eine gemeinsame Linie verständigen müssen.

a) Problemfelder

Wie bereits oben dargelegt, sind die Europarteien „Parteien von Parteien" und kannten bis vor kurzem keine **individuelle Mitgliedschaft**. In der EVP werden die wenigen individuellen Mitglieder wie beschrieben eher als „Unterstützer" denn als wirkliche (und vor allem: stimmberechtigte) Mitglieder verstanden. Gemäß der neuen Satzung von 2006 (Artikel 5) können nur noch Europaabgeordnete individuelle Mitglieder der EVP werden. In eine andere Richtung geht seit kurzem die SPE – Mitglieder der nationalen Mitgliedsparteien können seit Mai 2006 immerhin „SPE-Aktivisten" werden mit dem Ziel, „besser am Leben der SPE teilzuhaben. Sie sollten die Gelegenheit erhalten, Kontakte untereinander und mit der SPE auf europäischer Ebene zu pflegen. (...) Es geht nicht um eine zusätzliche SPE-Mitgliedschaft."[672] Bei der ELDR gibt es seit 2004 eine individuelle Mitgliedschaft, die unabhängig von der Mitgliedschaft in einer nationalen Partei ist. Die Mitglieder können gemäß Artikel 5 der Parteistatuten an Sitzungen des Rats und des Kongresses teilnehmen und dort unter Umständen ihre Meinung äußern, sie haben aber kein Stimmrecht. Auch bei der EGP gibt es eine eingeschränkte Form der individuellen Mitgliedschaft: Artikel 6 der EGP-Satzung unterscheidet zwischen Ehrenmitgliedern, grünen EU-Parlamentariern, Spendern und Unterstützern. Die beiden letztgenannten Gruppen sollen regelmäßige Informationen über die Entwicklungen der Partei und über die Politikinhalte bekommen, außerdem können sie „attend the meetings of the Federation (...) with a limited possibility to participate in discussions and without voting rights."

Ohne individuelle Mitgliedschaft und Mitbestimmungsrechte haben interessierte Bürger praktisch keine Partizipationsmöglichkeiten. Die Parteien können dann nur schwer die Sorgen, Ideen und Argumente der politisch interessierten Bürger aufnehmen und in die europäischen Entscheidungs-

---

672   So der Entschließungsentwurf des SPE-Parteirats vom 24./25. Juni 2005 in Wien mit dem Titel „SPE-Reform: Vorschläge für eine stärkere SPE", abrufbar unter www.pes.org/downloads/PES%20Reform%20DE%20FINAL_Vienna_24_06_200 5.pdf (Vorschlag Nummer 8).

prozesse einbringen.[673] Die Aufnahme von gleichberechtigten individuellen Mitgliedern würde sowohl eine stärkere Verwurzelung der Parteien in der Gesellschaft bedeuten als auch automatisch den Bekanntheitsgrad der Parteien erhöhen. Europainteressierte Menschen könnten Einfluss auf die parteiinterne Willensbildung nehmen, ohne automatisch einer nationalen Mitgliedspartei angehören (und somit deren jeweiliges nationales Programm unterstützen) zu müssen.

> „Die individuelle Mitgliedschaft eröffnet die Möglichkeit, zunächst den Informationsbedarf der Parteimitglieder unmittelbar zu befriedigen und innerparteilich die Diskussion über europäische Themen anzuregen und zu vertiefen. Somit könnte das Parteimitglied aus seiner passiven Rolle heraustreten und zum aktiven Mitgestalter der europäischen Politik werden. Gleichzeitig erfüllt die EPP [die Europäische Politische Partei, Anmerkung CzH] dadurch ihre Integrationsfunktion und ihre das europäische Bewusstsein fördernde Funktion. Dieses Verfahren könnte eine multiplikatorische Wirkung außerhalb der Partei entwickeln und die Diskussion über europapolitische Themen in der Öffentlichkeit stärker anregen, Anregungen für weitere Debatten bieten und dadurch eine aktivere Stellungnahme der Bürger bezüglich der europäischen Integration hervorrufen."[674]

Die Einführung der individuellen Parteimitgliedschaft kann im konkreten Politikalltag allerdings schnell in eine Zwickmühle führen: Es erscheint einerseits wenig sinnvoll, die bestehenden Europarteien mit einem Schlag zu klassischen Mitgliederparteien umformen zu wollen. Dies wäre schon organisatorisch kaum möglich.[675] Vielmehr sollten sich die *Parteien von Parteien* schrittweise als *Parteien von Parteien und Bürgern* für individuelle Mitglieder öffnen. Dieses Vorgehen kann andererseits für die Neumitglieder frustrierend sein, weil sie es schwer hätten, ihre Ideen und Standpunkte gegen die etablierten Mitglieder (also die nationalen Parteien) durchzusetzen.[676] Die Option, dass grundsätzlich nur natürliche Personen Mitglieder

---

[673] Vgl. PIEPENSCHNEIDER: Die Rolle der europäischen Parteien, a.a.O., S. 241.

[674] PAPADOPOULOU: Politische Parteien auf europäischer Ebene, a.a.O., S. 213.

[675] Jedenfalls bei den existierenden Europarteien, die in dieser Arbeit vorrangig behandelt werden. Anders sieht es natürlich bei Neugründungen von europäischen Parteien aus. Nach Artikel 2 der Parteienverordnung sind europäische Parteien, die sich nur aus individuellen Mitgliedern (und nicht aus Parteien) zusammensetzen, möglich.

[676] Ähnlich STENTZEL: Integrationsziel Parteiendemokratie, a.a.O., S. 361.

einer europäischen Partei sein können, ist zwar langfristig durchaus denkbar, kurzfristig erscheint es aber kaum realistisch, dass sich eine hinreichend große Anzahl von Europäern innerhalb kürzester Zeit zu einer solchen Partei zusammenschließt.[677] Schließlich müsste man für eine wirkliche
europäische Massenpartei „die Mitglieder in Millionen, zumindest in Hunderttausenden zählen können, ansonsten führt das nur zu Verzerrungen,
das bildet die Meinungsbildung in den Mitgliedstaaten nicht korrekt ab."[678]
Gegen weitergehende Mitbestimmungsrechte wenden sich insbesondere
die nationalen Parteien. Lange Zeit hatten sie ihren Einfluss in den Europarteien abgesichert, indem sie – aus mehreren Gründen – jede Form von
individueller Mitgliedschaft ablehnten.[679] Ein offizieller Grund war die
Sorge vor der Verlagerung von innerparteilicher Konkurrenz auf die europäische Ebene, wodurch die Europarteien womöglich noch heterogener als
ohnehin werden würden. Darüber hinaus fürchteten die nationalen Partei-
en eine Konkurrenz zwischen nationaler und europäischer Ebene sowie
eine zu großen Selbständigkeit der Europarteien, die sich dann womöglich
auch in die nationale Politik eingeschaltet hätten.[680] Der Wunsch der nationalen Parteien ist unverkennbar, dass die Willensbildung in den Europarteien von ihnen dominiert werden soll. Trotz der eingeschränkten Mitwirkungsrechte ist die grundsätzliche Bereitschaft der Europarteien, individuelle Mitglieder aufzunehmen, ein erster Schritt zu mehr Bürgernähe und
Öffentlichkeit. Das Recht der Parteimitglieder auf Information, Beobachtung und (wie bei Grünen und Liberalen) Teilnahme an Gremiensitzungen

---

[677] Anderer Ansicht STENTZEL: Integrationsziel Parteiendemokratie, a.a.O., S. 361.
Hier sei auf das Beispiel der oben erwähnten Bewegung der „Newropeans"
verwiesen: Mitte 2005 gegründet, haben sie Mitte 2006 etwa 150 Mitglieder, vgl.
den taz-Artikel, abrufbar auf der Homepage www.newropeans.eu/spip.php?
article121.

[678] WELLE, Interview vom 24. November 2005.

[679] Bis vor wenigen Jahren war Individualmitgliedschaft nur in der EVP vorgesehen, und hier auch nur für ausgewählte Persönlichkeiten. In der SPE scheiterte
die britische Labour-Party mit ihrem Vorschlag, auch individuelle Mitglieder
aufzunehmen, vgl. JASMUT: Parteien und Integration, a.a.O., Fußnote 691 auf
S. 230.

[680] Vgl. BUHR: Europäische Parteien, a.a.O., S. 44; JASMUT: Parteien und Integration,
a.a.O., S. 233.

kann wie gezeigt dazu beitragen, Kommunikationsstrukturen zu schaffen, die der Herstellung einer europäischen Öffentlichkeit dienen.[681]

Ebenfalls problematisch für die Europarteien ist das Beharren der nationalen Parteien auf ihrem Privileg der **Kandidatenaufstellung**. Wie im Kapitel über mögliche Änderungen des Wahlverfahrens[682] gesehen, wäre es aus demokratischen Erwägungen wünschenswert, wenn zumindest ein Teil der Kandidaten für das Europaparlament von den Europarteien aufgestellt würde. Die Tatsache, dass immer noch die nationalen Parteien über die Aufstellung bestimmen, schwächt die weitere Ausbildung eines Parteiensystems auf europäischer Ebene. Ein weiteres Hindernis für die Herstellung von europäischer Öffentlichkeit durch die Europarteien ist die Tatsache, dass ihre Programme, wie gesehen, letztlich nur den **kleinsten gemeinsamen Nenner** ihrer Mitglieder widerspiegeln. Europarteien und ihre Programme zeigen noch zu oft die „inability to (…) put forth something other than a catalogue of proposals from which any potentially conflictual aspect is eliminated."[683] Um möglichst keine Mitgliedspartei zu verärgern, gibt es gibt starken Druck zu Konsens, und in allen Parteien eine Spannung zwischen der Autonomie der nationalen Parteien und Mehrheitsbeschlüssen, die ungelöst ist.[684] Wie bereits im Kapitel über das Verhältnis von nationalen Parteien zu Europarteien (IV.1.e) gezeigt, ist nicht zuletzt die mangelhafte Kommunikation zwischen nationaler und europäischer Ebene Auslöser für diese Probleme. Schließlich stellt die **fehlende Ausstattung mit finanziellen und personellen Mitteln** ein großes Problem für die Europarteien dar: Sie

> „tragen (…) heute nur zu einem sehr kleinen Teil zum Meinungsbildungsprozess auf europäischer Ebene bei. Das hat verschiedene Gründe: Es liegt daran, dass (…) wir als eine Art Dachorganisation natürlich keinen so unmittelbaren Bezug zur Bevölkerung haben und haben können wie das die nationalen Parteien haben, dazu fehlen uns hier auch die Ressourcen und die Manpower."

---

[681] Vgl. AYIRTMAN/PÜTZ: Die Europarteien als transnationale Netzwerke, a.a.O., S. 399.

[682] Kapitel IV. 2. a).

[683] Pascal PERRINEAU/Gérard GRUNBERG/Colette YSMAL: Introduction, in: dies.: The European Elections of 1999, a.a.O., S. XV.

[684] Vgl. BEUMER, Interview vom 23. November 2005.

Nicht zuletzt wegen der mangelhaften personellen Situation (selbst die großen Parteien EVP und SPE haben nicht mehr als zehn hauptamtliche Mitarbeiter) fällt es den Europarteien schwer, sich als eigenständige Akteure zu profilieren. Sie sind oftmals abhängig vom Interesse und der Mitarbeit der nationalen Parteivertreter.

b) Vorschläge zum Abbau der Probleme

Diese Hindernisse können nur abgebaut werden, wenn der Einfluss der Mitgliedsparteien auf die Europarteien nach und nach reduziert wird. Die nationalen Parteien wachen nicht nur bei der Frage der Mitgliedschaft und bei der Programm-Erstellung darüber, dass ihre starke Position nicht gefährdet wird: „(...) national political parties, consciously operating within the terms of reference of their national party systems, serve as the principal gatekeepers within the European electoral arena, and hence seek to monopolise access and to dominate the agenda."[685] Auch aus Sorge vor zuviel Einfluss der Europarteien auf die Politik der nationalen Parteien, also aus einem gewissen Selbsterhaltungsinteresse, wollen die Mitgliedsparteien die Parteizusammenschlüsse dominieren. Nationale Parteien sind „nicht sonderlich daran interessiert, die Idee der europäischen Partei und deren Aktivitäten zu promoten."[686] In allen europäischen Parteien haben sie sich einen großen Einfluss auf die Entscheidungen, die die Entwicklung und Rolle der Europarteien betreffen, gesichert und können selbst kontrollieren, ob und wie viel Autonomie sie der europäischen Ebene abtreten.[687] Pointiert ausgedrückt: „Eine europäische Partei kann nicht mehr und nicht besser sein als das, was die Mitglieder daraus machen."[688] Die Europarteien müssen eine gewisse Unabhängigkeit von den nationalen Parteien erlangen und sich als eigenständige politische Akteure profilieren können. Als Lösung kann man sich das Beispiel der deutschen Parteien vorstellen: Hier gibt es Landesverbände, die bei Parteitagen und Personalentscheidungen ihren

---

685 Peter MAIR: The Limited Impact of Europe on National Party Systems, in: West European Politics 4/2000, S. 27–51 (S. 38).

686 BEUMER, Interview vom 23. November 2005.

687 Vgl. JASMUT: Parteien und Integration, a.a.O., S. 231.

688 JANSEN: Entstehung, a.a.O., S. 241.

Einfluss geltend machen können.[689] Außerdem gehört beispielsweise den Präsidien von CDU und SPD traditionell ein Vertreter aus Nordrhein-Westfalen an, um die Interessen des jeweils größten Landesverbandes zu repräsentieren. Auch ein ostdeutscher Vertreter sitzt regelmäßig im Präsidium – eine starke Repräsentation der Landesverbände in der Bundespartei bleibt also gewährleistet. Eine ähnliche Einfluss-Sicherung der nationalen Mitgliedsparteien ließe sich auch auf europäischer Ebene denken.

Eine große Schwierigkeit beim Wunsch nach einer Verringerung des Einflusses der nationalen Mitgliedsparteien liegt in der mangelhaften Kommunikation zwischen nationaler und europäischer Ebene.[690] Für viele nationale Politiker ist die europäische Ebene zweitrangig, und nur ganz allmählich befassen sie sich auch mit der europäischen Dimension der Probleme, mit denen sie beschäftigt sind. Umgekehrt fühlen sich die Parteivertreter in den Gremien der europäischen Parteien von den Mitgliedsparteien oft im Stich gelassen, weil „die Relevanz des Beitrages der ‚Europäer' im nationalen Kontext oft nicht erkannt, also auch nicht anerkannt wird."[691] Durch die Teilnahme von nationalen Delegierten an Kongressen wird nicht automatisch eine Rückkopplung zu den nationalen Parteien hergestellt: Da in der Praxis die Arbeit des Kongresses und anderer Gremien nicht zuletzt von den EP-Abgeordneten geleistet wird (und diese auch einen großen Teil der Delegierten stellen), wird eine Beteiligung der Mitglieder aus den nationalen Parteien erschwert.[692]

Wenn aber die Europarteien bei den nationalen Parteimitgliedern bekannter wären, und wenn den nationalen Politikern klar wäre, dass sich die europäischen Parteien auf die europäische Handlungsebene beschränken (und nicht in die Einflussbereiche der nationalen Parteien eingreifen wol-

---

[689]   So sorgte die nordrhein-westfälische CDU nach der Bundestagswahl 2005 für Aufsehen, als sie mindestens einen Ministerposten im neuen Bundeskabinett beanspruchte. Letztlich wurde zwar keine Persönlichkeit aus NRW ins Kabinett berufen, doch die CDU des mitgliederstärksten Landesverbandes wurde mit dem Posten des Generalsekretärs sowie gleich 5 der insgesamt 15 parlamentarischen Staatssekretärs-Posten „belohnt", vgl. www.wdr.de/themen/politik/deutsch land/ regierungsbildung_2005/wahl_merkel/051122.jhtml.

[690]   Vgl. JANSEN: Europäische Parteien, a.a.O., S. 401, vgl. auch oben, Kapitel IV.1.e).

[691]   JANSEN: Europäische Parteien, a.a.O., S. 402.

[692]   Vgl. JASMUT: Parteien und Integration, a.a.O., S. 235.

len), wären die nationalen Parteien womöglich eher bereit, den Europartei-
en mehr Autonomie zu gewähren. Die Europarteien könnten, um ihren Bekanntheitsgrad in den nationalen Parteien zu erhöhen, Informationsmaterial verbreiten und ihre Partei bei nationalen Parteiveranstaltungen präsentieren. So hatte beispielsweise die EVP einen Newsletter, der alle nationalen
Abgeordneten und auch die nationalen Parteien erreichte, um das Informationsdefizit abzubauen. Die Nominierungen zu EVP-Kongressen erfolgen
bei der CDU auch durch den Bundesparteitag, Delegierte für den EVP-
Kongress oder den EVP-Vorstand werden in Abstimmungen gewählt. So ist
„zumindest diesen tausend Parteitagsdelegierten bewusst, dass es so etwas
gibt wie eine Europäische Volkspartei."[693] Viele nationale Parteien, die aufgrund der zunehmenden Integration ohnehin einen gewissen Bedeutungs-
verlust erleben müssen, haben eine diffuse Angst, dass die zunehmende
mediale Präsenz der Europarteien ihnen Konkurrenz machen würde.
Durch eine möglichst klare Trennung der jeweiligen Handlungsebenen und
genauere Einblicke in das Handeln der Europarteien könnte diese Sorge
abgebaut werden.

7. Fazit

The democracy deficit will clearly only be overcome where Europe
develops a public sphere within which the democratic process is embedded.[694]

Die Demokratisierung der europäischen Institutionen und der Entscheidungsverfahren kann zur Förderung einer europäischen Identitätsbildung
beitragen.[695] Im Institutionengefüge der EU spielen Europarteien bereits
heute eine nicht zu unterschätzende Rolle. Das **institutionelle Demokratie-
Defizit**, das vor allem ein Parlamentsdefizit ist, kann durch Europarteien
zumindest verringert werden: Das „demokratische Potenzial" eines Parteiensystems im Parlament hängt mit der Fraktionsdisziplin und dem Vor-

---

[693] WELLE, Interview vom 24. November 2005.

[694] Jürgen HABERMAS: So, Why does Europe need a Constitution? Robert Schuman
Centre of Advanced Studies, Florenz, 2001, S. 19.

[695] Vgl. THALMAIER: Europäische Identitätspolitik, a.a.O., im Internet, S. 10.

handensein ideologischer Gegensätze zusammen.[696] Im Parlament hat sich mittlerweile ein Parteiensystem herausgebildet, das noch zu oft unterschätzt wird. „Contrary to what many believe, the Strasbourg Assembly is not entirely de-politicized by an informal grand coalition of (...) the EPP Group and the (...) PES Group harmonizing and neutralizing any political controversy."[697] Vielmehr gibt es deutliche Unterschiede in vielen Politikbereichen: „It seems that ‚grand coalition' strategies that were pursued in the past by the two major players of the system, the EPP and the PES, in order to increase the powers of the parliament vis à vis the council have become less popular."[698] Auch die Fraktionsdisziplin ist recht hoch, sie liegt immerhin höher als in den USA. Die Politikgestaltung im EP wird also immer stärker von den Parteien geprägt und wird zunehmend demokratischer. Es bleibt daher festzuhalten, dass das europäische Parteiensystem erstaunlich „normal" funktioniert.

Durch eine Änderung des Wahlverfahrens und die Einführung europaweiter Listen, durch Änderungen der inner-parlamentarischen Abläufe und der Einführung des parlamentarischen Initiativrechts könnten die Europarteien im Parlament eine stärkere Rolle ausüben und für mehr Demokratie sorgen. Die Europarteien können auch die anderen Institutionen demokratisieren, insbesondere die Kommission, in geringerem Maße aber auch den Ministerrat und den Europäischen Rat. Wenn eine Kommission ihre Einsetzung in besonderem Maße einer Europartei zu verdanken hat, kann eine stärkere parteipolitisch gepräge Arbeit der Kommission die Folge sein. Die Transparenz und Legitimität der Kommission könnte so gestärkt werden. Durch eine Auswahl der Kommissare nach parteipolitischen Aspekten oder durch die Einführung des konstruktiven Mißtrauensvotums können die Einflussmöglichkeiten der Europarteien auf die Kommission noch weiter wachsen. Beim Ministerrat und beim Europäischen Rat sind die Einflussmöglichkeiten hingegen eher indirekter Natur – sollte jedoch im Euro-

[696] Hermann SCHMITT/Jacques THOMASSEN: The EU Party System after Eastern Enlargement, Heft 105 der „Reihe Politikwissenschaft" des Instituts für Höhere Studien, Wien 2005, S. 3.

[697] BENDER: Competing for Power: Challenges to Political Parties in the European Union, a.a.O. im Internet.

[698] SCHMITT/THOMASSEN: The EU Party System after Eastern Enlargement, a.a.O., S. 4.

päischen Rat künftig regelmäßig mit qualifizierter Mehrheit entschieden werden können, ist die Orientierung an parteipolitischen Positionen ein mögliches Ordnungsmuster zur Strukturierung von Entscheidungsalternativen. Damit die Europarteien ihre theoretisch vorhandenen Möglichkeiten einsetzen können, müssen aber zuvor einige institutionelle Reformen erfolgen. Nur, wenn der institutionelle Rahmen der EU es zulässt, können Europarteien einen großen Beitrag zum Abbau des institutionellen Demokratie-Defizits leisten.

Artikel 191 EGV sieht vor, dass politische Parteien auf europäischer Ebene zur Herausbildung eines europäischen Bewusstseins im Sinne eines gewissen Grades politischer Integration und kollektiver Identität beitragen. Die Entstehung von kollektiver Identität und Homogenität setzt voraus, dass eine europäische Öffentlichkeit existiert.[699] Europäische Parteien sollen – wie in den Mitgliedstaaten – an der Herausbildung einer öffentlichen Meinung mitwirken, indem sie als Transmissionsriemen zwischen den EU-Institutionen und der Bevölkerung dienen. Damit würden sie einen Beitrag zum Abbau des sogenannten **strukturellen Demokratie-Defizits** leisten. Die Möglichkeiten der Europarteien, zum Abbau dieses Demokratiedefizits beizutragen, sind beschränkt, aber innerhalb dieser Schranken durchaus vorhanden. Die Europarteien können insbesondere bei den Europawahlen, wo sie seit der ersten Direktwahl mit gemeinsamen Programmen antreten, sichtbar werden. Öffentlich diskutierte Wahlprogramme entwickeln (ebenso wie Parteiprogramme, vgl. Kapitel IV. 4. b) einen Integrationseffekt, weil sie die europäische Willensbildung in konkrete Bahnen lenken. Hierfür müssten sich die Europarteien allerdings stärker als bisher in konkreten Fragen klar positionieren und Unterschiede zu anderen Parteien deutlich herausstellen. Hier sind die Parteien auf einem guten Wege: Die Bedeutung der Programme und ihre Unterscheidbarkeit sind in den letzten Jahren gewachsen. Nationale Parteien nutzen die Wahlmanifeste in ihren nationalen Wahlkämpfen, auch wenn immer noch viele Parteien nationale Aspekte und nationale Themen hinzufügen. Die stetig sinkende Wahlbeteiligung ist ein Problem, dem sich die Europarteien stellen müssen: Gemeinsame europaweite Wahlkampf-Auftritte und die Auswahl von Spitzenkandidaten

---

[699]   Vgl. oben Kapitel II. 3. e); ebenso MONATH: Politische Parteien auf europäischer Ebene, a.a.O., S. 142.

(die nach der Wahl den Fraktionsvorsitz übernehmen könnten) wären hierbei hilfreich. Die Parteien müssen auch jenseits der Wahlkämpfe versuchen, ihre jeweiligen Positionen deutlicher voneinander abzugrenzen und ihre Standpunkte offensiver zu vertreten. Die vorhandenen Konfliktlinien müssen sowohl in den Wahlkämpfen zur Europawahl als auch während der Legislaturperiode, bei konkreten politischen Streitfragen, deutlich gemacht werden. Europarteien können zudem einen höheren Bekanntheitsgrad und eine höhere Akzeptanz des mit zunehmender Macht ausgestatteten Parlaments herbeiführen, indem sie dessen Rolle im EU-System deutlich machen und aktuelle Themen in die politische Diskussion einführen.[700] Das Parlament allgemein und die einzelnen Europa-Abgeordneten können vor allem bekannter werden, „wenn im Parlament stärker als bisher politische Streitfragen und mit ihnen einzelne Personen sichtbar würden".[701] Europäische Spitzenkandidaten zur Europawahl und charismatische, medienwirksame Abgeordnete[702] müssten als Gesichter für ihre jeweiligen Programme stehen. Bei ihrer Mitarbeit zur europäischen Willensbildung sind die Europarteien jedoch in ihrer Handlungsfreiheit eingeschränkt. Hinderlich für eine stärkere Rolle sind vor allem die nationalen Mitgliedsparteien und ihr Wunsch, die Entwicklung beeinflussen und kontrollieren zu können. Dies wird bei den Wahlkämpfen zum Europaparlament deutlich, wo nationale Parteien noch häufig nationale Themen und Personen in den Vordergrund stellen. Die zögerliche und sehr eingeschränkte Einführung von individueller Mitgliedschaft und die Weigerung, die Kandidaten zur Europawahl von den Europarteien aufstellen zu lassen, hemmen die Entwicklung der europäischen Parteien zu eigenständigen Akteuren. Solange die Willensbildung in den Europarteien aber in erster Linie in den nationalen Mit-

---

[700] Vgl. DAMM: Hoffnungsträger, a.a.O., S. 422.

[701] Oskar NIEDERMAYER im Interview mit europa-digital vom 7. Juni 2004, abrufbar unter www.europa-digital.de/aktuell/dossier/wahlkampf04/niedermayer.shtml.

[702] Ein Beispiel ist der ehemalige irische Fernsehmoderator Pat COX, der Fraktionsvorsitzender der Liberalen und Parlamentspräsident wurde. Seine Reden zum Misstrauensvotum der Liberalen gegen die Kommission Santer oder zu den Ereignissen vom 11. September 2001 fanden weithin mediale Beachtung, vgl. die Einschätzungen des FAZ-Korrespondenten in Brüssel, Michael STABENOW: Zwischen europäischem Rock und nationalem Hemd – EU-Berichterstattung aus Brüsseler Sicht, in: FRANZIUS/PREUß (Hrsg.): Europäische Öffentlichkeit, a.a.O., S. 230–236 (S. 235).

gliedsparteien erfolgt und es keine breite Mitgliederbasis gibt, können die Europarteien sich nur bedingt an der Herausbildung einer europäischen öffentlichen Meinung beteiligen. Die Selbstverpflichtung, immer alle (oder zumindest möglichst viele) nationale Mitgliedsparteien auf eine gemeinsame Position vereinen zu müssen, verhindert zudem oftmals klare, unterscheidbare Stellungnahmen in kontroversen Sachfragen. In den Punkten, in denen es jedoch einheitliche Positionen gibt, sollten die Europarteien die Gegensätze zu anderen Parteien durchaus deutlicher herausarbeiten. Damit könnten sie

> „europäische Politik nach europaweiten politischen Konfliktlinien identifizierbar, für die Medien darstellbar und vor allem für die Unionsbürger wählbar machen. Sie würden einen wesentlichen Beitrag zur Herstellung einer europäischen Öffentlichkeit leisten und könnten auf diese Weise möglicherweise auch die bisher schwache europäische Identität stärken."[703]

---

[703] STENTZEL: Integrationsziel Parteiendemokratie, a.a.O., S. 347.

V. Europäische Parteien und langfristige Strategien zur Demokratisierung der EU

Das Demokratieproblem der EU ist im Grunde dadurch verursacht, dass ihr politisches System nicht so strukturiert ist, wie das eines demokratischen Nationalstaats. Um es zu lösen, wäre es also nicht hinreichend, den existierenden Parteien mehr Rechte (...) zu geben: Eine solche Änderung müsste ohne flankierende grundsätzliche institutionelle Reformen ins Leere gehen (...).[704]

Im vorangegangenen Kapitel wurde untersucht, welche Rolle die europäischen Parteien bei einer Demokratisierung der EU spielen können. Dabei ging es um kurz- bis mittelfristige Strategien und Vorschläge, die, wenn nicht unbedingt „schnell und einfach", so doch zumindest in naher bis mittlerer Zukunft realisiert werden könnten. Änderungen dieser Art würden also – anders als in dem Eingangszitat behauptet – nicht ins Leere gehen, hätten allerdings auch nur begrenzte Wirkung beim Abbau der Demokratie-Defizite. In diesem Kapitel sollen nun langfristige Strategien zur Demokratisierung der Europäischen Union vorgestellt werden und im Hinblick auf die mögliche Beteiligung von europäischen Parteien untersucht werden.

Um die künftige Gestalt der Europäischen Union wurde beim Verfassungskonvent heftig gerungen. Momentan gleicht die EU weder einem parlamentarischen noch einem präsidentiellen Regierungssystem. Durch die in Artikel I-21 vorgesehene Einführung eines EU-Präsidenten im Europäischen Rat, der für zweieinhalb Jahre gewählt werden soll (mit der Möglichkeit der einmaligen Wiederwahl), würde die EU am ehesten einem semi-präsidentiellen System ähneln, dessen Hauptmerkmal die doppelköpfige Exekutive mit großen Kompetenzen für beide Köpfe darstellt.[705] Da der Präsident aber von den Staats- und Regierungschefs ausgewählt würde, hätte dieser Posten, anders als in „normalen" semi-präsidentiellen Syste-

---

[704] BUHR: Europäische Parteien, a.a.O., S. 75.

[705] Der „zweite Kopf" ist der Kommissionspräsident. Vgl. DECKER: Parlamentarisch, präsidentiell oder semi-präsidentiell?, a.a.O., S. 17.

men, praktisch keine demokratische Legitimität vorzuweisen.[706] Aus demokratischen Gesichtspunkten könnten andere Modelle für eine stärkere Legitimation der Institutionen sorgen. Im Folgenden sollen verschiedene Modelle kurz vorgestellt und verglichen werden: Zunächst die Entwicklung in Richtung eines parlamentarischen Regierungssystems, im Anschluss Vorschläge für ein „post-parlamentarisches" Regieren und schließlich die Möglichkeit der Einführung präsidentieller Elemente. Der Schwerpunkt der Analyse liegt dabei auf der möglichen Rolle von europäischen Parteien: Welche Aufgaben könnten sie in den jeweiligen Modellen übernehmen, und welche Varianten wären für sie einfacher zu realisieren?

1. Parlamentarisches Modell

Die Beschreibung des europäischen Demokratieproblems war lange Zeit identisch mit der Kritik, dass die europäischen Institutionen nicht dem Vorbild eines parlamentarischen Systems entsprächen. Die Parlamentarisierung der Union durch eine Aufwertung des Europäischen Parlaments ist daher „das älteste Konzept zur Demokratisierung der Union."[707] Die Regierung (also die Kommission) wäre dann vom Parlament bestellt und könnte vom Parlament auch (mit absoluter Mehrheit anstelle der bisherigen 2/3-Mehrheit) abberufen werden – wie es für parlamentarische Regierungssysteme charakteristisch ist. Der Rat würde dann nur noch das Recht der Bestätigung innehaben.[708] Artikel 10 Absatz 4 EUV nach Lissabon sieht vor, der Rat solle einen Kandidaten „unter Berücksichtigung der Wahlen zum Europäischen Parlament" vorschlagen – damit gäbe es also eine direkte Verbindung zwischen den Europawahlen und der Regierungsbildung. Diese Bindung begann schon mit dem Vertrag von Maastricht: Darin „öffneten die Regierungen (…) die Tür einen Spalt weit zu einem europäischen parlamentarischen Regierungssystem, indem das EP an der Ernennung der

---

[706] Vgl. DECKER: Parlamentarisch, präsidentiell oder semi-präsidentiell?, a.a.O., S. 18. Dort werden auch andere Argumente gegen die Entwicklung zu einem semi-präsidentiellen Systems aufgeführt.

[707] JANOWSKI: Demokratie in der EU gemäß der Europäischen Verfassung, a.a.O., S. 797.

[708] Dieses Bestätigungsrecht ist für klassische parlamentarische Systeme allerdings unüblich und stellt eine Anleihe beim US-Präsidentialismus dar, vgl. DECKER: Parlamentarisch, präsidentiell oder semi-präsidentiell?, a.a.O., S. 20.

Kommission beteiligt wurde."[709] In einem wirklichen parlamentarischen System würde diese Verbindung jedoch deutlich stärker sein, weil der Einfluss des Rates minimiert wäre und das Parlament die entscheidende Institution für die (Aus-)Wahl der Kommission wäre. Erst damit wäre die politische „Schicksalsgemeinschaft" zwischen Parlamentsmehrheit und Regierung – Wesensmerkmal jeder parlamentarischen Demokratie – gegeben.[710] Oft wird im Sinne dieser Schicksalsgemeinschaft auch vorgeschlagen, dass nicht nur das Europäische Parlament die Regierung abberufen können muss, sondern dass im Gegenzug auch der Regierungschef das Recht zur Auflösung des Parlaments erhalten solle, wie es in den meisten parlamentarischen Systemen vorgesehen ist.[711] Als europapolitisches Leitbild dient hier der Föderalismus – so, wie der Begriff oben beschrieben wurde.

Voraussetzung für ein parlamentarisches Regierungssystem auf europäischer Ebene ist, dass die Parteien ein Programm vorlegen, das europaweit wichtige Fragen behandelt, und dass dieses Programm dann von einem Spitzenkandidaten vertreten wird, auf den man sich vorher verständigt hat.[712] Ein parlamentarisches Regierungssystem würde darüber hinaus verlangen, dass das Parlament in allen Fragen der Gesetzgebung und der Haushaltsfeststellung die gleichen Rechte wie die nationalen Parlamente besäße (hierzu zählt zum Beispiel auch das Recht der Gesetzesinitiative). Vorschläge zur Parlamentarisierung beinhalten in der Regel auch die Schaffung eines Zweikammer-Systems, die Ideen zu dessen Ausgestaltung sind allerdings unterschiedlich. So gibt es Vorschläge für ein Zweikammer-System, in dem neben einer ersten (Staaten-)Kammer statt des bisherigen EP eine zweite Kammer aus nationalen Parlamentariern gebildet werden

---

[709] MISCH: Legitimation durch Parlamentarisierung?, a.a.O., S. 985.

[710] Vgl. Yves MÉNY/Andrew KNAPP: Government and Politics in Western Europe – Britain, France, Italy, Germany. Oxford 1998, S. 207f.

[711] So zum Beispiel PASQUINO: The Democratic Legitimation of European Institutions, a.a.O., S. 43. Zu den Ausnahmen von diesem Merkmal parlamentarischer Systeme gehören Norwegen und Israel.

[712] Vgl. DECKER: Parlamentarisch, präsidentiell oder semi-präsidentiell?, a.a.O., S. 19; RAUNIO: Party-Electoral Linkage, a.a.O., S. 175.

soll,[713] oder aber die zweite Kammer soll paritätisch mit Abgeordneten der nationalen Parlamente und des Europäischen Parlaments besetzt sein.[714] Andere Konzeptionen fordern ein Zweikammer-System, in dem der Ministerrat die Staaatenkammer und das EP die gleichberechtigte Bürgerkammer im Gesetzgebungsprozess bilden.[715] Diese Staatenkammer soll dann entweder senats-ähnlich aufgebaut werden (dies sähe eine Gleich-Vertretung aller Mitgliedstaaten vor) oder bundesrats-ähnlich, was wohl eher die Zustimmung der Regierungen finden würde.[716]

2. Post-parlamentarisches Modell

In der neueren Europaforschung wird gelegentlich postuliert, bei der momentanen Form des EU-Systems handele es sich um eine neuartige Form legitimen Regierens, um das sogenannte „post-parlamentarische" Regieren. Grundgedanke ist, dass Demokratie heute nur noch als ein Netz von verschiedenen Entscheidungsprozessen in verschiedenen Institutionen und Arenen angesehen werden kann, und dass die Entscheidungsfindung in loser Kopplung zwischen den Ebenen bzw. Arenen erfolgt.[717] Die Entscheidungsfindung nach diesem Modell liegt vor allem bei zivilgesellschaftlichen Akteuren und Interessenvertretern. Nicht das Europäische Parlament oder nationale Parlamente dominieren die Entscheidungsprozesse, sondern

---

[713] In diese Richtung gehen die Vorstellungen von Joschka FISCHER in seiner berühmt gewordenen Rede: Vom Staatenbund zur Föderation – Gedanken über die Finalität der europäischen Integration, abgedruckt in: integration Heft 3/2000, S. 149–156, zur Ausgestaltung der ersten Kammer macht FISCHER keine konkreten Angaben. Ähnlich äußerte sich Tony BLAIR in einer Rede an der Polnischen Börse in Warschau am 6. Oktober 2000 mit dem Titel „Europas Politische Zukunft".

[714] So ein Vorschlag von Jacques DELORS: Die Europäische Avantgarde – Für eine neue Dynamik im Integrationsprozess, 29. Juni 2000.

[715] Vgl. die Vorschläge von Johannes RAU: Pladoyer für eine europäische Verfassung, Rede am 4. Mai 2001 in Straßburg; ähnlich das Memorandum der Benelux-Staaten zur Zukunft Europas vom 20. Juni 2001; ebenso der Verfassungsentwurf von Jo LEINEN, www.joleinen.de/www/html/content/pressespiegel/artikel/pdfs/AT02-Verfassung.pdf, Artikel 77.

[716] So ABROMEIT: Wozu braucht man Demokratie?, a.a.O., S. 24.

[717] Vgl. hierzu grundlegend Arthur BENZ: Ansatzpunkte für ein europafähiges Demokratiekonzept, in: Beate KOHLER-KOCH (Hrsg.): Regieren in entgrenzten Räumen, Politische Vierteljahresschrift – Sonderheft 29, 1998, S. 345–368.

ein Netzwerk öffentlicher und privater Akteure, die bereits heute vor allem die EU-Kommission beraten. Auch eine Stärkung des EP könne nicht darüber hinwegtäuschen, dass Parlamente generell mit der zunehmenden Komplexität von Entscheidungen überfordert seien: „Within European democracy, Parliament will play a different and a minor role than the traditional ideal of parliamentarism supposes. This foreseeable evolution is no specifically supranational one, but corresponds to the general decline of parliaments."[718] Die europäische Rechtssetzung sei heute das Ergebnis vielschichtiger Prozesse, in die organisierte Interessen eingeflossen seien.[719] Hinter diesem Modell steht die Konzeption der deliberativen Demokratie-Theorie.[720] Deren Hauptgedanke besagt, dass der demokratische Prozess nicht in erster Linie legitimiert ist durch die konkrete Partizipation der Bevölkerung, sondern vielmehr durch die generelle Zugänglichkeit (accessibility) zum Entscheidungsprozess. Entscheidungsfindung und demokratische Kontrolle werden weniger durch Parlamente gewährleistet als durch deliberative Netzwerke – den Anstoß zur Gesetzgebung geben statt den Parlamenten NGOs und Think-Tanks, die demokratische Kontrolle üben gewählte Expertengruppen und (mit Einschränkungen) NGOs aus.[721] Entscheidungsverfahren sind demnach bereits demokratisch, wenn die verschiedenen Experten- und Interessengruppen ihre Standpunkte einbringen konnten, die Bürgerbeteiligung ist nicht mehr entscheidend.[722] Hier wird die Nähe zur oben beschriebenen These der output-Legitimierung erkennbar, auch wenn bei der deliberativen Demokratie-Theorie nicht nur Effizienz für Legitimität sorgt: die Entscheidung muss zudem „convincingly be justified by reasonable arguments, and therefore accepted by its addressees."[723] Diese Akzeptanz in der Bevölkerung wird aber nicht weiter spezi-

---

[718] PETERS: A Plea for a European Semi-Parliamentary and Semi-Consociational Democracy, a.a.O., S. 13.

[719] Vgl. JANOWSKI: Demokratie in der EU gemäß der Europäischen Verfassung, a.a.O., S. 801.

[720] Vgl. ABROMEIT: Wozu braucht man Demokratie?, a.a.O., S. 33.

[721] Vgl. PETERS: A Plea for a European Semi-Parliamentary and Semi-Consociational Democracy, a.a.O., S. 13.

[722] Vgl. HABERMAS: Die postnationale Konstellation und die Zukunft der Demokratie, a.a.O., S. 161.

[723] Jürgen NEYER: Justifying Comitology, in: Karlheinz NEUNREITHER/Antje WIENER (Hrsg.): European Integration after Amsterdam, Oxford 2000, S. 112–128 (S. 121).

fiziert, sie bleibt für die Post-Parlamentaristen nebensächlich. Parlamentswahlen werden also weniger wichtig, stattdessen steht ein funktionierender öffentlicher Diskurs und qualitativ hochwertige Beratung im Vordergrund. Dem Parlament bleibt dann die Rolle als Mediator und Vermittler. Der Status-Quo mit dem wenig transparenten Einfluss der zivilgesellschaftlichen Lobbyisten wird in diesem Modell nicht als problematisch angesehen, sondern als Zwischenschritt eines Entwicklungsprozesses, bei dem die Rolle der Experten und Interessengruppen sogar noch gestärkt werden müsse.[724]

Europapolitisches Leitbild ist hier nicht der Föderalismus, sondern die Vorstellung der EU als deliberatives Entscheidungsnetzwerk, wo es mehr um „government by people through organizations" als um „government by the people" geht.

3. Präsidentielles Modell

Die Vorschläge zur Einführung präsidentieller Elemente setzen je nach Konzeption meistens beim Kommissionspräsidenten, gelegentlich aber auch bei der gesamten Kommission oder beim Ministerrat an.

Der Kommissionspräsident könnte statt vom Parlament auch direkt vom Volk gewählt werden. Statt der Benennung durch den Europäischen Rat und der Bestätigung durch das EP würde der Kommissionspräsident, ähnlich wie in Frankreich oder den USA, direkt von den Unionsbürgern gewählt und müsste dann sein „Kabinett" selbständig zusammenstellen. Die EU würde so wesentliche Elemente eines präsidentiellen Regierungssystems übernehmen. Die Vorstellungen einer Direktwahl beinhalten meistens zwei Wahlgänge, da oftmals kein Kandidat in der ersten Runde eine absolute Mehrheit erhält. Wie in Frankreich blieben in der Regel ein eher linker und ein eher rechter Kandidat für die zweite Runde übrig. Teilweise wird auch postuliert, den Kommissionspräsidenten (ähnlich wie in den USA) durch ein Wahlmänner-Gremium zu wählen, das sich aus nationalen Parlamentariern und EP-Abgeordneten zusammensetzen könnte und in dem die Stimmen gewichtet würden nach der Zahl der Wahlberechtigten in je-

---

[724] Vgl. JANOWSKI: Demokratie in der EU gemäß der Europäischen Verfassung, a.a.O., S. 802.

dem Land.[725] Der direkt gewählte Kommissionspräsident hätte in jedem Fall eine eigene, vom Parlament unabhängige Legitimation und wäre in erster Linie der Bevölkerung verantwortlich.[726] Die Kommission hätte also eine Rechenschaftspflicht gegenüber den Wählern. Teilweise wird behauptet, „a direct election of the Commission President (...) may be the only way to allow Europe´s citizens to actually ‚choose' between rival agendas for European action."[727] Der Kommissionspräsident wäre verpflichtet, politische Initiativen zu starten und wäre gleichzeitig „an institutional embodiment of the unity of the EU and would represent its political goals within and outside the Community."[728] Dies würde, so die Hoffnung, legitime und effektive „political leadership" hervorbringen.[729] Der Kandidat könnte aus der Reihe der Staats- und Regierungschefs oder aus den europäischen Parteien kommen.

In einem solchen präsidentiellen Modell müsste sich am institutionellen Gefüge der EU nicht viel ändern. Die EU bliebe eine Konsensdemokratie, in der der Ministerrat und das Parlament weiterhin Kommissionsvorschläge ablehnen könnten.[730] Doch es gäbe eine deutlichere Gewaltenteilung zwischen den Institutionen, und die Führungsrolle der Kommission würde ausgebaut: „To be meaningful, the presidential model would require investing the executive with sufficient powers to genuinely shape the course of the European Union."[731] Auch dieses Modell, das in verschiedenen Variationen seit den 1970er-Jahren diskutiert wird, würde zu einer Politisierung der Europawahlen insgesamt führen und die demokratische Legitimation der EU stärken.

Als alternative Strategie zur Demokratisierung durch die Einführung von präsidentiellen Elementen wird eine Direktwahl der gesamten Kommission

---

[725] So der Vorschlag von Simon HIX: Parteien, Wahlen und Demokratie in der EU, a.a.O., S. 175.

[726] Vgl. RAUNIO: Party-Electoral Linkage, a.a.O., S. 176.

[727] HIX: Elections, Parties and Institutional Design, a.a.O., S. 45.

[728] DECKER: Governance beyond the nation-state, a.a.O., S. 267.

[729] So bereits 1986 Vernon BOGDANOR: The future of the European Community: Two models of democracy, in: Government and Opposition, Volume 21, S. 161–176 (S. 175).

[730] Vgl. DECKER: Governance beyond the nation-state, a.a.O., S. 267.

[731] RAUNIO: Party-Electoral Linkage, a.a.O., S. 176.

vorgeschlagen. Danach würden die Wähler nicht für einen einzelnen Kandidaten stimmen, der dann nach der Wahl seine Mannschaft zusammenstellt, sondern für ein Team aus Kandidaten für Kommissars-Posten, wobei ein Kandidat aus jedem Land kommen soll.[732]

Gelegentlich wird für eine direkte Legitimierung der Exekutive nicht an der Kommission, sondern am Ministerrat angesetzt: So wird, wie bereits in Kapitel IV. 3b) kurz erläutert, vorgeschlagen, dass die nationalen Vertreter im Rat von den nationalen Wählern direkt und getrennt von der Bestellung der nationalen Regierungen bestimmt werden könnten, hierdurch wäre der Rat als kollektives Organ legitimiert.[733]

Grundsätzlich glauben Befürworter von präsidentiellen Elementen, dass sich das Demokratiedefizit durch die direkte Legitimierung der europäischen Exekutive vermindern lässt. Ebenso wie bei den Vorschlägen, die EU zu einem parlamentarischen Regierungssystem umzuwandeln, steht auch hinter diesem Konzept das europapolitische Leitbild der EU als föderale Einheit.

4. Bewertung der Modelle aus Sicht der Europarteien

a) Parlamentarisches System

In der Vorstellung des Parlamentarismus würde die Kommission hervorgehen aus einer Koalition von Parteien, die sich auf ein gemeinsames politisches Programm verständigt haben und die diese Kommission dann ins Amt wählen. Parteien spielen also eine wichtige Rolle im parlamentarischen Modell, weil die EU demnach in drei Schritten demokratischer wird: Zunächst müssen europäische Parteien mit unterscheidbaren Wahlprogrammen zu den Wahlen antreten, dann bilden die gewählten Parteien (die Mehrheitsfraktion oder eine Koalition) eine Exekutive, die dem Parlament verantwortlich ist und von der Parlamentsmehrheit getragen wird, und schließlich bemüht sich die „Regierung" um die Durchsetzung ihres Wahl-

---

[732] So der Vorschlag von Vernon BOGDANOR und Geoffrey WOODCOCK: The European Community and Sovereignty, in: Parliamentary Affairs Volume 44, 1991, S. 481–492.

[733] So der Vorschlag von Michael ZÜRN: Regieren jenseits des Nationalstaates. Globalisierung und Denationalisierung als Chance, Frankfurt am Main, 1998, S. 353.

programms.[734] Dadurch würde die Kommission die wahre Regierung Europas, zwischen ihr und der Mehrheit im Parlament bestünde eine enge Bindung. Wenn die Parteien oder Fraktionen sich auf Spitzenkandidaten für den Posten des Kommissionspräsidenten einigen können, würde dies zu einer Verdichtung der politischen Infrastruktur der EU und zu einer stärkeren Mobilisierung der Wähler für die Europawahl führen.[735] Es muss klar sein, welche Personen für welche Handlungen verantwortlich zu machen sind und es muss – wie in den nationalen Parlamenten auch – die Möglichkeit gegeben sein, beim nächsten Mal jemand anderen zu wählen, wenn man nicht zufrieden ist. Prominente EU-Parlamentarier befürworten diese Möglichkeit, weil sie für eine zusätzliche Personalisierung und Demokratisierung der EU sorgen könnte:

> „Nehmen wir das Beispiel Chemikalienpolitik. Selbst wenn wir den Leuten erklären würden, wie die Chemie-Richtlinie funktioniert: Beim Arbeiter in der Chemiefabrik kommt nur an, dass es die Kosten hochtreibt und Arbeitsplätze gefährdet. Irgendeine anonyme Institution in Brüssel hat das entschieden. Wäre da eine Gesundheitsministerin, die mit dem Parlament eine Vorschrift ausgehandelt hat, könnte der Wähler bei der nächsten Wahl daraus seine Konsequenzen ziehen. Uns fehlt hier in Brüssel die Personalisierung von Politik."[736]

Dadurch würde, wie oben gesehen, die Bedeutung der Europawahl zunehmen, da diese dann zu einer wirklichen Regierungswahl würde. Durch den europaweiten Wahlkampf und die Diskussion um europaweit relevante Fragen würde die Entstehung einer europäischen Öffentlichkeit befördert.

Das Modell des parlamentarischen Regierungssystems auf EU-Ebene hat jedoch mehrere Nachteile, insbesondere hinsichtlich des zu schwachen Parteiensystems. In einer Untersuchung, bei der die Rolle der europäischen Parteien im Vordergrund steht, können von weiteren Kritikpunkten nur die wichtigsten kurz angedeutet werden:

---

[734] Vgl. Tapio RAUNIO: Party-Electoral Linkage, a.a.O., S. 175.

[735] Vgl. MISCH: Legitimation durch Parlamentarisierung?, a.a.O., S. 986.

[736] So Martin SCHULZ, Vorsitzender der SPE-Fraktion, im taz-Interview, 7. November 2003, S. 12.

- So würden beispielsweise die bisherige Unabhängigkeit der Kommission und ihre Fähigkeit, als „Makler" zwischen verschiedenen nationalen Interessen zu vermitteln, verloren gehen.[737] Durch die oft – auch vom Europäischen Parlament – geforderte Möglichkeit des Misstrauensvotums auch gegen einzelne Mitglieder der Kommission würde zwar das Parlament gestärkt, doch würde dadurch das Kollegialprinzip innerhalb der Kommission, das auch der Unabhängigkeit des einzelnen Kommissars gegenüber der eigenen Regierung dient, tangiert.[738]

- Die sehr starke Stellung des Europäischen Parlaments birgt zudem die Gefahr, dass das EP immer mehr legislative Kompetenzen beansprucht und so „die nationalen Volksvertretungen und deren Spielraum für Gesetzesvorhaben verkümmern"[739] könnten. Die Rückbindung der Union an die Mitgliedstaaten würde so gelockert. Vorschläge, zur stärkeren Rückbindung an die Mitgliedstaaten eine dritte Kammer einzuführen (bestehend aus nationalen Parlamentariern), erscheinen hier wenig hilfreich, da sich die Frage stellt, wofür diese dritte Kammer zuständig sein soll. Zudem entsprechen sie nicht dem klassischen Verständnis von Parlamentarismus: überspitzt gesagt „verraten die Advokaten des Multikameralismus letztlich ihr eigenes – parlamentarisches – Projekt."[740]

Wichtigster Kritikpunkt hinsichtlich der praktischen Umsetzung des Modells ist jedoch die bisher zu schwache Stellung der europäischen Parteien und Fraktionen. Ein parlamentarisches Modell verlangt starke und schlagkräftige Parteien und Fraktionen. Ohne zentral geführte Parteien ist ein parlamentarisches System schlicht nicht denkbar. Eine Kommission/Regierung, die stabil und dauerhaft sein soll, müsste sich auf gut organisierte,

---

[737] Vgl. RAUNIO: Party-Electoral Linkage, a.a.O., S. 175.

[738] Vgl. MISCH: Legitimation durch Parlamentarisierung?, a.a.O., S. 986.

[739] Marcus HÖRETH: Das Demokratiedefizit lässt sich nicht wegreformieren. Über Sinn und Unsinn der europäischen Verfassungsdebatte, in: Internationale Politik und Gesellschaft, 4/2002, S. 11–38 (S. 24).

[740] Heidrun ABROMEIT: Institutionelle Herausforderungen einer Demokratisierung der EU, Beitrag zur Tagung „Bürgerschaft, Öffentlichkeit und Demokratie in Europa am 6. und 7. Juli 2001 in Berlin, abrufbar unter www.unileipzig.de/~roose/ak/tagung/abromeit.pdf.

starke und ideologisch homogene Parteien stützen können.[741] Parteien in parlamentarischen Regierungssystemen sind hoch zentralisierte Organisationen, in denen die Partei- und Fraktionsführer vielfältige Kontrollmöglichkeiten gegenüber den Abgeordneten besitzen.[742] Die europäischen Parteien sind zwar auf einem guten Wege, diese Voraussetzungen zu erfüllen, sie sind jedoch noch nicht am Ziel dieses Weges angelangt. Die nationalen Parteien würden, so lautet die Kritik, in einem solchen Szenario die Europawahl vermutlich weiterhin nutzen, um innenpolitische Themen zu behandeln, die europäischen Parteien würden somit nicht wie gehofft gestärkt, sondern vielmehr in den Hintergrund gedrängt.[743] Solange außerdem die Auswahl der EP-Kandidaten durch die nationalen Parteien vorgenommen wird, haben diese einen größeren Einfluss auf die Abgeordneten als die europäischen Parteien. Wenn das Europäische Parlament das Recht bekäme, den Kommissionspräsidenten zu wählen, würden die nationalen Parteien ihren Einfluss auf „ihre" Abgeordneten gewiss geltend machen. Die Entstehung eines europäischen Parteiensystems mit ideologischen Gegensätzen zwischen wirklichen europäischen Parteien würde, so die Kritiker eines europäischen Parlamentarismus, eher erschwert als erleichtert. Manche Befürworter dieses Modells sehen hingegen die Parlamentarisierung als einzige Möglichkeit, die Rolle der Parteien zu stärken: „Unless the institutions are reformed, European Parties (…) have no possibility of exerting influence on the Union´s direction comparable to that which they enjoy on a national level."[744]

Damit stehen sich zwei Positionen diametral gegenüber: Gegner der Parlamentarisierung argumentieren, dass die Schwäche der Europarteien ein Grund dafür sei, dass dieses Modell für die EU nicht realisierbar sei, weil eine parlamentarische EU die Anforderungen an eine Parteiendemokratie nicht erfüllen könne. Befürworter der Parlamentarisierung glauben hingegen, dass gerade durch eine Parlamentarisierung die europäischen Parteien an Macht und Einfluss gewinnen können. Bei diesen widersprüchlichen

---

[741] Vgl. DECKER: Parlamentarisch, präsidentiell oder semi-präsidentiell?, a.a.O., S. 20; RAUNIO: Party-Electoral Linkage, a.a.O., S. 175.

[742] Vgl. HIX: Supranational Party System and EU Legitimacy, a.a.O., S. 56.

[743] Vgl. HIX: Elections, Parties and Institutional Design, a.a.O., S. 44.

[744] Jo LEINEN: Stronger European Parties for a Social Europe, in: Social Europe, Volume 2 Heft 1, Juli 2006 (abrufbar unter www.social-europe.com), S. 47–52 (S. 50).

Überlegungen wird jedoch meist an eine Parlamentarisierung ohne vorherige Reformen gedacht: Man legt die Schablone des nationalstaatlichen parlamentarischen Systems an die europäische polity an und betrachtet davon ausgehend die Vor- und Nachteile einer solchermaßen reformierten EU. Dabei wird vom momentanen Entwicklungsstand der Europarteien ausgegangen. Zur Zeit wären die europäischen Parteien wohl tatsächlich noch nicht stark genug für eine solche Parlamentarisierung. Um die typische Verbindung von Regierung und Parlamentsmehrheit (mit einer Opposition als Gegenpart) zu gewährleisten, bedarf es, wie eben gezeigt, des Vorhandenseins europäischer Parteien, die homogen und eigenständig sein müssen. Anders sähe es jedoch aus, wenn die Reformierung schrittweise erfolgen würde und die Parlamentarisierung erst der letzte Schritt einer Reformkette wäre. Demnach müssten *erst* die Europarteien gemäß den oben beschriebenen Maßstäben gestärkt werden – also weitere Übertragung von Autonomie auf die Europarteien durch ihre Mitgliedsparteien, das Antreten mit europäischen Listen und Spitzenkandidaten bei der nächsten Europawahl (nicht als Bewerber für das Amt des Kommissionspräsidenten, sondern zunächst für Fraktionsvorsitz oder Präsidium) und eine stärkere Betonung der bereits vorhandenen ideologischen Gegensätze. Derartig gestärkte Parteien in einem stabilen Parteiensystem würden den Anforderungen an Parteien in einem parlamentarischen System eher entsprechen. *Danach* würde der Einführung eines solches Modells aus Parteien- und Parlamentssicht nichts im Wege stehen. Die einzelnen Europarteien und das Parteiensystem allgemein wären dann stark genug, eine Parlamentarisierung zu tragen. So muss man die Frage, „ob ein europäisches Parteiensystem zwingend notwendig ist, also bereits bestehen muss, damit es Fortschritte bei der institutionellen Demokratisierung geben kann"[745], bejahen, sofern man diese Fortschritte durch eine Parlamentarisierung zu erreichen versucht.

Es bleibt also festzuhalten, dass nach einer Stärkung der Europarteien ein parlamentarisches Regierungssystem für die EU durchaus realisierbar wäre, seine Einführung wegen der zuvor genannten Probleme (Beschneidung der Rolle der Kommission als ehrlicher Makler, schwächere Rückbindung der Union an die Mitgliedstaaten) allerdings nicht in jedem Fall wün-

---

[745] Vgl. die Fragestellung bei DECKER: Entwicklungspfade, a.a.O., S. 628.

schenswert wäre. Reine Parlamentarisierungs-Vorschläge sind daher heute nur noch selten zu finden, bei den meisten Konzeptionen geht es dann „quasi im Kleingedruckten (...) zumeist mit Einschränkungen oder Modifikationen weiter."[746]

b) Post-Parlamentarismus

Aus Sicht der deliberativen Demokratietheorie sind Parteien sinnvoll und wichtig zur Kommunikation und Kanalisation der verschiedenen Meinungen. Da bei dieser Theorie die Möglichkeit der Interessengruppen, ihre Positionen zu artikulieren und in den Entscheidungsprozess einzubringen, im Vordergrund steht, können Parteien als Vermittler dieser Positionen eine gewisse Rolle spielen. Postparlamentarische Modelle sind aus Sicht der europäischen Parteien dennoch keine erstrebenswerte Form legitimen Regierens – in letzter Konsequenz wird hier die politische Entscheidungsfindung der parlamentarischen Kontrolle entzogen. Parlamente (und damit auch Parteien) verlieren an Macht und Einfluss, weil die direkte Legitimationskette zwischen den Bürgern und der EU ersetzt wird durch ein System von Akteuren, deren Legitimation kaum nachzuvollziehen ist.[747] Ein wichtiger Teil dieser Legitimationskette zwischen der Bevölkerung und den Regierungsinstitutionen sind in allen politischen Systemen Parteien: In Wahlen, die von Parteien organisiert werden und zu denen Parteien antreten, können Bürger das Handeln der Regierungsmacht sanktionieren.

Auch aus allgemein demokratie-theoretischer Hinsicht kann das post-parlamentarische Modell nicht überzeugen: Mit dem sinkenden Einfluss von Parteien und Parlament sinkt nämlich auch der Einfluss der Unionsbürger. Im post-parlamentarischen Modell müssen sich die Vertreter organisierter Interessen nicht durch Wahlen legitimieren lassen, sie können auch nicht abgewählt und so zur Verantwortung gezogen werden. Auch wenn die Einbeziehung der Zivilgesellschaft in Entscheidungsprozesse bis zu einem gewissen Grad positiv zu bewerten ist, erscheint diese Einbeziehung spätestens dann problematisch, wenn dadurch das Regieren durch demokratisch

---

[746] ABROMEIT: Institutionelle Herausforderungen einer Demokratisierung der EU, a.a.O. im Internet.

[747] Vgl. JANOWSKI: Demokratie in der EU gemäß der Europäischen Verfassung, a.a.O., S. 802.

gewählte Akteure abgelöst werden soll. Die Rückkopplung der technokratischen Eliten mit den Bürgern ist im post-parlamentarischen Modell nicht gewährleistet. Ohne dieses Modell also in dieser Arbeit in allen Einzelheiten darzustellen, kann man zusammenfassen, dass die post-parlamentarische Variante zwar viel mit „good governance", aber nur eingeschränkt mit Demokratie zu tun hat: Das Konzept ist „bestechend und überraschend, insofern es Kernelemente dessen, was gemeinhin als Demokratiedefizit identifiziert wird – namentlich der exekutivische Charakter europäischer Politik, ihr Versickern in so informellen wie intransparenten Netzwerken und die fehlende Verantwortlichkeit – zu Ansatzpunkten post-parlamentarischer Demokratie um-erklärt. Nicht jedem (…) Demokraten wird dies einleuchten."[748] Anders gesagt: „Die Versuche der deliberativen Demokratietheoretiker, dem Problem des europäischen Demokratiedefizits zu Leibe zu rücken, lassen den Zeitgenossen am Ende doch recht ratlos zurück."[749]

c) Präsidentielles System

Bei der Einführung präsidentieller Momente gibt es wie gesehen mehrere Optionen. Die Direktwahl der nationalen Vertreter im Rat in nationalen Wahlen stellt hier eine Möglichkeit dar, doch als europäisches Organ sollte der Ministerrat auch in einer europäischen Wahl (und eben nicht in nationalen Wahlen) legitimiert werden.[750] In den jeweiligen Wahlkämpfen würden zwar – wegen der Trennung von der Wahl der nationalen Parlamente und Regierungen – EU-Themen im Vordergrund stehen, ob hierdurch jedoch „europarelevante Diskussionen, die Bildung von echten Europarteien und die Entwicklung einer europäischen Identität (…) erheblich gefördert"[751] würden, ist zumindest fraglich. Vielmehr besteht – wie bereits in Kapitel IV. 3.b) kurz angedeutet – die Gefahr, dass die gewählten Vertreter (die ja auch wiedergewählt werden wollen) in erster Linie nationale Interessen vertreten und sich vor den nationalen Wählern auf Kosten Euro-

---

[748] ABROMEIT: Institutionelle Herausforderungen einer Demokratisierung der EU, a.a.O. im Internet.

[749] ABROMEIT: Wozu braucht man Demokratie?, a.a.O., S. 38.

[750] Ebenso ABROMEIT: Wozu braucht man Demokratie?, a.a.O., S. 28.Vgl. zum Folgenden auch die Aussagen in Kapitel IV. 3.b).

[751] So die Hoffnung von VON ARNIM: Das Europa-Komplott, a.a.O., S. 90.

pas zu profilieren versuchen.[752] Auch praktische Gründe sprechen gegen diese Variante: Es ist schwierig, Europapolitik sinnvoll und einheitlich zu gestalten, wenn Kandidaten der jeweiligen nationalen Oppositionsparteien gewählt werden und dann für das Mitgliedsland Politik betreiben sollen.

Vielversprechender sind die Vorschläge zur Direktwahl des Kommissionspräsidenten durch die Bevölkerung. Durch eine solche Direktwahl erhielte die Kommission eine eigenständige demokratische Legitimation: „Die Direktwahl des Kommissionspräsidenten könnte so das europäische Demokratiedefizit bis zu einem gewissen Grad ausgleichen und die EU den Bürgern näher bringen, die mit ihrer Stimme endlich etwas Wichtiges entscheiden könnten."[753] Durch die Direktwahl würde dem Präsidenten eine herausgehobene Stellung zugesprochen. Hier liegt jedoch auch ein mögliches Problem begründet: Der mächtige, direkt gewählte Kommissionspräsident darf nicht nur die Interessen seiner Wählerschaft vertreten, sondern muss sein Handeln vielmehr am Gemeinwohl aller ausrichten, er muss sogar die Interessen der Minderheiten vertreten.[754] Wie kann verhindert werden, dass der Präsident nur die Belange der bevölkerungsreichsten Staaten vertritt (um so beispielsweise seine Wiederwahl zu erleichtern)? Diese Frage verliert bei näherer Betrachtung ihre Brisanz, nicht zuletzt dank der Europarteien. Grundsätzlich kann von einem Präsidenten, der vom Volk direkt gewählt wird, erwartet werden, dass er eine Politik anstrebt, die auch die Interessen der Minderheiten hinreichend berücksichtigt. Im politischen System der USA ist der Präsident, sobald er gewählt ist, nicht mehr nur Vertreter einer Partei bzw. eines politischen Lagers, sondern „Präsident aller Amerikaner".[755] Die Gefahr, dass der Kommissionspräsident nur die Interessen der bevölkerungsreichen Staaten vertritt, ist auch deswegen gering, weil diese Staaten ja keineswegs immer identische Interessen haben.

---

[752] Diese Profilierung würde vermutlich dem klassischen Muster folgen: Bei allen populären Beschlüssen betonen die nationalen Vertreter ihre Einflussnahme, bei unpopulären Entscheidungen verweisen sie auf ihre Ohnmacht und erklären entweder, dass „Europa" gegen die Interessen ihres Landes entschieden habe oder dass dieses Thema gar keiner europäischen Regelung bedurft hätte – wodurch die Europa-Skepsis angestachelt wird.

[753] VON ARNIM: Das Europa-Komplott, a.a.O., S. 89.

[754] Vgl. HÖRETH: Demokratiedefizit, a.a.O., S. 30.

[755] Vgl. Kurt L. SHELL: Kongress und Präsident, in: Willi Paul ADAMS/Peter LÖSCHE (Hrsg.): Länderbericht USA, Bonn 1998, S. 207–248 (S. 232).

Außerdem bleiben mit dem Parlament und dem Ministerrat starke Gegenspieler erhalten, die notfalls durch ihr Veto einwirken können. Als Gegengewicht zu der gestärkten Kommission können sie die Interessen aller Staaten vertreten. Wenn die Wahl des Kommissionspräsidenten zeitgleich mit der Parlamentswahl stattfindet, können die Wähler entscheiden, ob sie ein „unified" oder ein „divided government" bevorzugen: „If voters want unified government, they can support the same political majority in both institutions. But if they want divided government, they can split their votes and support different political majorities for each institution."[756] Im letzteren Fall wählen sie beispielsweise einen populären Mitte-Links-Präsidenten und als Gegengewicht dazu Parteien, die eher im Mitte-Rechts-Spektrum anzusiedeln sind – somit wäre die Gefahr einer zu starken, nur auf die Interessen der großen Mitgliedstaaten schielenden Kommission gebannt.

Europäische Parteien können aber auch eine aktive Rolle spielen, um die Gefahr eines zu sehr auf die Interessen bevölkerungsreicher Staaten achtenden Kommissionspräsidenten zu verringern: Ein Präsident, der sein Programm nur an den Wünschen einiger großer Mitgliedstaaten ausrichtet, riskiert, von seiner europäischen Partei zur nächsten Wahl nicht wieder aufgestellt zu werden. Das bedeutet, dass der Kommissionspräsident stärker nach parteipolitischen Gesichtspunkten handeln müsste und weniger nach den Interessen der bevölkerungsreichen Staaten. Die Sorge, dass ein Präsident gezwungen sei, je nach seiner Parteizugehörigkeit sozial- oder christdemokratische Politik „auf kleinstem europäischen Nenner" zu betreiben, und dass somit der „problemlösungsorientierte, zuweilen innovative und sachgerechte Entscheidungsstil der Kommission" durch parteipolitisch eingefärbte Kompromissformeln ersetzt würde, erscheint in diesem Zusammenhang unbegründet:[757] Gerade die parteipolitische Ausrichtung des Kommissionspräsidenten (und der von ihm ausgewählten Mannschaft) bedeutet nämlich, dass die Menschen anhand der Parteiprogramme klar wissen, welche Politik sie wählen können, und dass die Entscheidungen sich an dieser Richtlinie orientieren. So ist auch gewährleistet, dass die

---

[756] Simon HIX: Why the EU should have a single President, and how she should be elected, Paper for the Working Group on Democracy in the EU for the UK Cabinet Office, 2002, verlinkt unter http://personal.lse.ac.uk/hix/WorkingPapers. htm.

[757] Diese Sorge äußert HÖRETH: Legitimationstrilemma, a.a.O., S. 273f.

Bevölkerung – sollte sie mit den Entscheidungen nicht einverstanden sein – von der Opposition klare Alternativen aufgezeigt bekommt und bei der nächsten Wahl entsprechend handeln kann.

In einem optimistischen Szenario könnte durch die Bindung der Kommission an parteipolitische Überzeugungen sogar der gelegentlich kritisierten „Herrschaft des Apparats über die Politik" und dem daraus resultierenden Kontroll-Verlust der Kommissare Einhalt geboten werden.[758] Der „ständige Machtkampf zwischen Kommissaren und hohen Beamten" könnte eingedämmt werden, wenn der Kommissionspräsident, die Kommissare und zumindest einige hohe Beamte sich ideologisch nahestehen (dafür müsste es dann den Kommissaren erlaubt sein, einige Posten mit ideologisch nahestehenden Personen besetzen zu können).

Häufig wird behauptet, dass die EU-Mitgliedstaaten mit dem präsidentiellen System nicht vertraut seien und dass es nicht den eigenen verfassungspolitischen Traditionen entspräche. Ein parlamentarisches System hingegen sei vertrauter für die Menschen in den EU-Ländern, nur die Entwicklung zu einem solchen parlamentarischen System sei demnach eine natürliche Pfadentwicklung der europäischen Einigung.[759] Auch diese Kritik kann jedoch nicht überzeugen, da präsidentielle Elemente auch in einigen EU-Staaten vorhanden sind: Momentan wird in vier westeuropäischen Mitgliedstaaten das Staatsoberhaupt direkt gewählt,[760] und in mehreren neuen Mitgliedstaaten ist eine Form des Semipräsidentialismus anzutreffen. Hier kann auch deswegen wohl kaum von einer „parlamentarischen Verfassungstradition" gesprochen werden. Auch in Deutschland gibt es beispielsweise mit der Direktwahl von Bürgermeistern Elemente aus dem präsidentiellen System. Das Argument, dass die Bevölkerung der übrigen eu-

---

[758] So kritisiert der deutsche Kommissar Günter VERHEUGEN im Interview mit der Süddeutschen Zeitung vom 5. Oktober 2006: „Die Entwicklung der letzten Jahrzehnte hat den Beamten eine solche Machtfülle eingebracht, dass es inzwischen die wichtigste politische Aufgabe der 25 Kommissare ist, den Apparat zu kontrollieren." Auch die anderen Zitate stammen aus diesem Interview.

[759] So zum Beispiel Katharina HOLZINGER/ Christoph KNILL: Institutionelle Entwicklungspfade im Europäischen Integrationsprozess: Eine konstruktive Kritik an Joschka FISCHERs Reformvorschlägen, in: ZPol 3/01, S. 987-1010 (S. 1007); HÖRETH: Demokratiedefizit, a.a.O., S. 27.

[760] Näher dazu (mit Auflistung) DECKER: Entwicklungspfade, a.a.O., S. 627.

ropäischen Staaten ein parlamentarisches System gewohnt sei und dieses bevorzuge, wird nicht zuletzt dadurch entkräftet, dass „dessen Funktionslogik von der Mehrzahl der Bürger bis heute nicht durchschaut wird"[761], und dass sich zum Beispiel in Deutschland viele Menschen ein präsidentielles System herbeiwünschen:

Die meisten Deutschen wissen zwar, *dass* bei uns die Regierung aus dem Parlament hervorgeht und dass dem aus Regierung und regierungstragenden Fraktionen bestehenden Führungszentrum des politischen Systems die parlamentarische Minderheit als Opposition gegenübersteht. Dass ein Regierungssystem so, nämlich als *parlamentarisches*, auch konstruiert sein *sollte*, glaubt aber nur eine Minderheit der Bürger. Viel populärer ist unter ihnen das Konstruktionsprinzip des *präsidentiellen* Regierungssystems, bei welchem das Volk einerseits den tatsächlichen Führer der Regierung, andererseits ein der Regierung als Ganzes gegenüberstehendes Parlament wählt.[762]

Ein populäres, verständliches Regierungssystem trägt zugleich zu einer wachsenden europäischen Identität bei, da politische Identität – wie oben im Abschnitt über Identität gesehen[763] – nicht in erster Linie durch kulturelle oder historische Gemeinsamkeiten entsteht, sondern vor allem durch einen hohen Grad an Zustimmung der Menschen zum jeweiligen Regierungssystem. Das Argument der mangelnden Vertrautheit mag höchstens für den oben geschilderten Vorschlag zutreffen, nach dem der Kommissionspräsident über ein Wahlmänner-Gremium gewählt werden solle. Diese Variante (wenig überzeugend damit begründet, es gebe noch kein europäisches Wahlvolk, das an einer Direktwahl interessiert sei) berücksichtigt nicht, dass ein solches Prozedere für die Europäer kompliziert und undurchsichtig wäre. Ein gesteigertes Interesse und höhere Legitimation kann durch ein solch ungewohntes Verfahren nur schwer erreicht werden.

Ein weiterer Kritikpunkt liegt in der Frage nach der Auswahl der Kandidaten begründet. So wird befürchtet, dass mögliche Präsidentschaftskandi-

---

[761] DECKER: Entwicklungspfade, a.a.O., S. 627.

[762] Werner J. PATZELT: Reformwünsche in Deutschlands latentem Verfassungskonflikt, in: Aus Politik und Zeitgeschichte B28/2000, S. 3–4 (S. 3, Hervorhebungen im Original).

[763] Vgl. Kapitel II. 3. a) bis c).

daten vermutlich nach wie vor zwischen den nationalstaatlichen Politikern ausgehandelte Kompromisskandidaten seien, die aus diesem Grund kaum in der Lage wären, eine eigenständige Agenda zu entwickeln.[764] Dabei wird die Rolle der europäischen Parteien unterschätzt, die für die Kandidaten-auswahl geradezu prädestiniert erscheinen. Die Legitimität europäischen Handelns wird durch eine Direktwahl nur dann erhöht, wenn gerade *nicht* nationale Staats- und Regierungschefs hinter verschlossenen Türen zwei oder drei Kandidaten küren, sondern wenn diese Kandidaten durch euro-päische Parteien vorgeschlagen werden und deren Programmatik vertreten. Ein erfreulicher „Nebeneffekt" wäre die Tatsache, dass ein solches Modell in der Realpolitik größere Chancen auf Zustimmung *aller* Regierungen hätte: Wenn die Kandidaten von den europäischen Parteien ausgesucht werden, sinkt die Gefahr, dass sich wenige große Mitgliedstaaten abstim-men und einen Kandidaten „durchboxen".

Auch hier wird von manchen Autoren behauptet, eine solche grundsätzli-che Reform sei nicht realisierbar, weil es noch kein stabiles europäisches Parteiensystem gebe.[765] Man kann auch in diesem Zusammenhang wieder umgekehrt argumentieren und die Reihenfolge „umdrehen", also zunächst die Entwicklung der Europarteien befördern und dann präsidentielle Ele-mente einführen. Im Gegensatz zum parlamentarischen Modell, wo starke Parteien zwingend vor jeder Reform existieren müssen, können präsidenti-elle Momente jedoch bereits eingeführt werden, *bevor* die Europarteien sich zu autonomen, starken Akteuren entwickelt haben: „... this would give European citizens someone to throw out, without having to rely on cohe-sive EP parties to translate voters´ preferences into executive selection."[766] Wie oben gezeigt, ist ein Parteiensystem auf europäischer Ebene im Entste-hen begriffen, hat sich jedoch noch nicht vollständig entwickelt. Durch die Einführung der Direktwahl des Kommissionspräsidenten wären die Euro-parteien gezwungen, Bündnisse einzugehen, konkrete und verständliche Programme zu präsentieren und in einen Wettbewerb um hohe Ämter ein-

---

[764] So die Sorge von ABROMEIT: Wozu braucht man Demokratie?, a.a.O., S. 27.

[765] In diesem Sinne zum Beispiel HOLZINGER/KNILL: Institutionelle Entwicklungs-pfade, a.a.O., S. 1006.

[766] Simon HIX: The study of the European Union II: The „new governance" agenda and its rival, in: Journal of European Public Policy, Heft 5 Nr. 1, 1998, S. 38–65 (S. 53).

zutreten. Die Direktwahl kann somit einzusätzlicher Anschub für die Entwicklung der Parteien sein, einerseits weil sie die interne Zusammenarbeit weiter intensivieren müssten, und andererseits, weil es zur Ausbildung von ideologischen Gegensätzen käme. Zumindest die großen Europarteien müssten sich, ähnlich wie beim parlamentarischen Modell auch, auf einen Spitzenkandidaten für die Wahl und ein gemeinsames Programm verständigen. Der Wahlkampf würde über europäische Themen geführt, statt ein second-order-contest über vorwiegend nationale Themen zu sein, dies würde die Bekanntheit und die Bedeutung der europäischen Parteien stärken.[767] Die Direktwahl des Kommissionspräsidenten könnte also eine wirklich transnationale Wahl werden – und sie kann ein Vehikel sein, um die Europäisierung des Parteiensystems und darüber hinaus die Unabhängigkeit der Europarteien von ihren Mitgliedsparteien voranzutreiben. Die Europäisierung der Parteienlandschaft könnte so gefördert werden.[768]

Insgesamt hätte das präsidentielle Modell für die europäischen Parteien weniger starke Auswirkungen als die Einführung eines parlamentarischen Systems: „A presidential model would be less demanding for the Europarties." Bereits jetzt ähneln wie gesehen (Kapitel VI. 2. b) ii und iii) die Europaparlamentarier eher ihren Kollegen aus dem US-Kongress als den europäischen nationalen Abgeordneten. Das Parlament wäre weiterhin von der exekutiven Macht getrennt, dadurch blieben seine Aufgaben nahezu unverändert, die Fraktionen müssten keine Regierung im Amt halten und hätten daher auch keine verstärkte Pflicht zu großer Abstimmungsgeschlossenheit. Zudem müssten keine dauerhaften Koalitionen im EP gebildet werden, die ideologischen Trennlinien zwischen den Fraktionen müssten sich nicht weiter verschärfen, vielmehr könnte das oftmals konsensuale Abstimmungsverhalten im Parlament beibehalten werden. Diese Einschätzung teilen auch Vertreter der Europarteien:

> „Nationale Abgeordnete haben dadurch nicht unbedingt an Einfluss gewonnen, dass sie sich jederzeit in die Pflicht nehmen lassen müssen, eine Regierung zu stützen. Im Gegenteil: sie haben seit dem 19. Jahrhundert we-

---

[767] Vgl. Kapitel IV. 4. und 5.; ebenso HIX: Elections, Parties and Institutional Design, a.a.O., S. 35; vgl. auch JANOWSKI: Demokratie in der EU gemäß der Europäischen Verfassung, a.a.O., S. 806.

[768] Ähnlich DECKER: Entwicklungspfade, a.a.O., S. 628; vgl. auch HÖRETH: Legitimationstrilemma, a.a.O., S. 273.

sentlichen Einfluss verloren an die Exekutive, deswegen glaube ich ist für das EP das Entwicklungsmodell oder das vergleichende Modell eher der US-Kongress, der ja auch in seiner Zusammensetzung nicht davon abhängig ist, wer gerade Präsident ist. Das ermöglicht auch Freiräume für individuelle Abgeordnete, die es ansonsten nicht gäbe, und auch Möglichkeiten der Kooperation über Parteigrenzen hinweg, die es in nationalen oder regionalen Systemen in Deutschland nicht gibt."[769]

Allerdings könnte eine solche Reform hin zu einem präsidentiellen System dazu führen, dass sich das EP zu einem Zwei-Parteien-Parlament entwickelt. Insbesondere bei der Kandidatenaufstellung für das Amt des Kommissionspräsidenten hätten kleinere Parteien wohl kaum Chancen auf Erfolg. Im legislativen Prozess könnten sie jedoch weiterhin eine wichtige Rolle spielen, insbesondere wenn sie konkrete Anliegen vertreten, die von den großen Parteien nur unzureichend abgedeckt werden. Durch die Direktwahl des Kommissionspräsidenten oder der gesamten Kommission könnte das EU-System also demokratisiert werden, ohne dass bereits vorher ein entwickeltes europäisches Parteiensystem existieren muss.

5. Fazit

Diese Arbeit geht von der Prämisse aus, dass die EU demokratisiert werden kann und muss. Vorschläge zum sogenannten post-parlamentarischen Regieren, nach denen a) die aktuellen Demokratieprobleme der EU „nichts anderes als die Entwicklung einer neuartigen Form legitimen Regierens in Europa"[770] darstellen, nach denen b) das Europäische Parlament keine wichtige Rolle bei den Entscheidungsprozessen innehat, und nach denen schließlich c) die Unionsbürger als Quelle von Legitimation praktisch ausgeblendet werden, erscheinen daher nicht zielführend und lassen, wie oben gesehen, den Betrachter tatsächlich relativ ratlos zurück.[771] Vielversprechender sind hingegen die Vorschläge zur Einführung von parlamentarischen oder präsidentiellen Momenten. Die These, dass die Entwicklung der EU zu einem parlamentarischen oder präsidentiellen System aus Mangel an

---

[769] Klaus WELLE im Interview vom 24. November 2005.

[770] JANOWSKI: Demokratie in der EU gemäß der Europäischen Verfassung, a.a.O., S. 802.

[771] Vgl. den Schlusssatz von Unterkapitel b).

starken europäischen Parteien grundsätzlich nicht realisierbar sei und daher keine Zukunftsoption darstelle, kann bei näherer Betrachtung nicht aufrecht erhalten werden. Unstrittig ist, dass mit dem *aktuellen* Zustand der Europarteien eine solche Demokratisierung schwer möglich wäre, da diese Parteien trotz der positiven Entwicklungen der letzten Jahre noch nicht autonom genug sind, um sich gegen zu große Einflussnahme ihrer Mitgliedsparteien zu stemmen, und dass sie noch nicht bekannt genug sind, um für die Wähler attraktiv zu sein. Für ein parlamentarisches System sind sie zur Zeit darüber hinaus auch noch nicht homogen genug (weder organisatorisch noch ideologisch), um in einem wirklichen Parteiensystem eine Regierung im Amt halten zu können. Anders sähe dies bei der Einführung präsidentieller Elemente aus, ein solches System würde auch ohne fest gefügte Parteienstrukturen auskommen.[772] Die Schlussfolgerung, dass die Entwicklung zu einem parlamentarischen oder präsidentiellen Modell daher unmöglich sei, ist aber zu kurz gegriffen – die rasche Weiterentwicklung der europäischen Parteien in den letzten Jahren (von losen Zweckverbünden in den 70ern bis hin zur aktuellen Parteienverordnung, dazu im nächsten Kapitel unter VI.2. b und c) gibt Anlass zur Hoffnung, dass diese Parteien auf mittlere Sicht, trotz der beschriebenen Schwierigkeiten, hinreichend starke Akteure werden können, und dass damit die Weiterentwicklung der EU zu einem parlamentarischen oder präsidentiellen System zumindest erleichtert würde. Es ist absehbar, dass sich die Europarteien auch in den nächsten Jahren weiterentwickeln. Beispielhaft dafür ist, dass die Europarteien vermutlich bereits 2009 mit europaweiten Spitzenkandidaten zur Wahl antreten werden, dass bei den Kongressen immer häufiger nach Mehrheiten abgestimmt wird, und dass sich die Parteien (wenn auch noch in sehr eingeschränktem Maße) für individuelle Mitglieder öffnen. Auch das angestrebte Parteienstatut (dazu unter VI.2. d) kann dazu führen, dass die Europarteien mittelfristig den ideologischen und organisatorischen Zusammenhalt erreichen, der für eine solche Entwicklung notwenig erscheint.

Das oft gehörte Argument, eine demokratische Weiterentwicklung der EU hin zu einem parlamentarischen oder präsidentiellen System müsse bereits an dem Fehlen einer europäischen Identität scheitern, verliert nach den Überlegungen zur Entstehung von Identität im zweiten Kapitel dieser Ar-

---

[772] DECKER: Parlamentarisch, präsidentiell oder semi-präsidentiell?, a.a.O., S. 20.

beit (II. 3. a) bis c)) und zur Entstehung von öffentlicher Aufmerksamkeit an Überzeugungskraft. Öffentlichkeit und Identität entstehen nach den Ausführungen in dieser Arbeit durch drei Faktoren:

- durch die Zustimmung zu einem Regierungssystem

- durch politische Entscheidungen, die alle Menschen betreffen (wie beispielsweise im Bereich der sozialen Gerechtigkeit, des Umweltschutzes oder in Sachen Krieg und Frieden) und deren verständliche Vermittlung sowie

- durch klar abgrenzbare politische Alternativen, die für alle Menschen verständlich und nachvollziehbar dargestellt werden.

Die Zustimmung zu einem Regierungssystem hängt nicht zuletzt mit dem Kenntnisstand über dieses System zusammen. Eine Umwandlung des komplexen, schwer verständlichen europäischen Institutionen- und Entscheidungssystem zu einem parlamentarischen oder präsidentiellen System, das den Menschen vertraut ist, würde die EU der Bevölkerung näherbringen und damit identitätssteigernd wirken. Da in vielen europäischen Ländern der Präsident direkt gewählt wird und auch in parlamentarischen Ländern wie Deutschland viele Menschen ein präsidentielles System bevorzugen würden, erscheint eine solche Lösung für Europa auch aus Identitätsbildungs-Gründen sinnvoller. Politische Entscheidungen, die sowohl in der parlamentarischen als auch der präsidentiellen Variante direkter legitimiert wären als im bisherigen Entscheidungsverfahren, würden durch die Regierung klarer vermittelt – um wiedergewählt zu werden, muss jede Regierung einfach und verständlich erklären, welche Ziele sie verfolgt. Gestärkte politische Parteien würden vor allem in einem parlamentarischen, aber auch in einem präsidentiellen Europa in der Lage sein, die Entscheidungen zu erklären bzw. Alternativen anzubieten. Ihre Rolle als Transmissionsriemen zwischen Bevölkerung und Entscheidungsträgern würde gestärkt. Wenn die Kandidaten für das Amt des Kommissionspräsidenten aus den Reihen der europäischen Parteien kämen, würde deren Bekanntheitsgrad bei der Bevölkerung steigen, ebenso wie ihr Einfluss sowohl im institutionellen Gefüge der EU als auch im Hinblick auf die Einwirkungsrechte der Mitgliedsparteien. Schließlich würde die Entstehung einer europäischen Öffentlichkeit nicht nur durch die größere Bekanntheit der Parteien in der Bevölkerung gefördert, sondern auch durch das Vorhandensein von klar unterscheidbaren Programmen, weil die Europarteien in einem parlamentarischen oder präsidentiellen System europaweit über Fragen wie soziale Gerechtigkeit oder Umweltschutz diskutieren könnten und ihre jeweiligen Positionen zur Wahl stellen müssten. Somit muss man die Argumentation „herumdrehen": Die Demokratisierung der EU durch parlamentarische oder präsidentielle Elemente scheitert nicht an der fehlenden europäischen Identität, vielmehr kann die Einführung solcher Elemente zu einer zunehmenden europäischen Identität führen: Wenn die Europarteien Kandidaten aufstellen und einen europaweiten Wahlkampf führen müssen, würde dies die „Bildung echter Europaparteien fördern, einer europäischen öffentlichen Meinung den Weg bereiten und wäre ein wirkungsvoller Beitrag für die allmähliche Schaffung einer europäischen Identität."[773]

Zur Zeit ähnelt die EU in vielen Aspekten dem politischen System der USA: „In many ways, the EU resembles the pluralist political system of the U.S., with multiple veto players, power-sharing, strong positions of interest groups, and policy coordination between state and federal levels."[774] Auch die europäischen Parteien ähneln hinsichtlich ihres organisatorischen und ideologischen Zusammenhalts stärker den amerikanischen Parteien als den Parteien der EU-Mitgliedstaaten. Die Aufgaben der Europaparlamentarier sind, wie beschrieben, denjenigen der amerikanischen Abgeordneten näher als denen der nationalen Parlamentarier in Europa.

Diese Ähnlichkeiten sprechen (ebenso wie die zuvor ausgeführten Gründe) für die Übernahme einiger präsidentieller Momente in Europa und gegen eine klassische Parlamentarisierung, die wesentlich komplizierter umzusetzen wäre. Insgesamt ist daher die präsidentielle Demokratisierungs-Strategie ein gangbarer Weg, der „viele Probleme umgehen könnte, die sich heute als fast unüberwindbares Hindernis für andere Demokratisierungsmodelle darstellen."[775]

---

[773] VON ARNIM: Das Europa-Komplott, a.a.O., S. 89.

[774] RAUNIO: Party-Electoral Linkage, a.a.O., S. 178.

[775] JANOWSKI: Demokratie in der EU gemäß der Europäischen Verfassung, a.a.O., S. 808.

VI. Neue Herausforderungen für die Europarteien

> *Two developments (...), EU enlargement and the*
> *entry into force of the statute of European political parties,*
> *may be able to lead to a strengthening of federations.*[776]

Die Europäischen Parteien haben in den letzten Jahren eine beeindruckende Weiterentwicklung erlebt. Neue Entwicklungen wie die Osterweiterung und das Inkrafttreten der Parteienverordnung können in naher Zukunft zu einer weiteren Stärkung der Europarteien beitragen. Diese beiden Einflussfaktoren bergen allerdings auch Risiken für die europäischen Parteien: Die Integration der osteuropäischen Mitgliedsparteien (mit ihren teilweise sehr verschiedenen ideologischen Überzeugungen) ist für alle Europarteien eine große Herausforderung. Auch die Parteienverordnung ist – wenngleich von der Öffentlichkeit bisher nicht in großem Ausmaße wahrgenommen – ein Projekt, dass aufgrund seiner finanziellen Auswirkungen schon jetzt Kritiker auf den Plan ruft. Beide Herausforderungen werden daher in diesem Kapitel näher analysiert.

1. Integration der neuen *Mitgliedsparteien*

Die sogenannte Osterweiterung hat den europäischen Parteien viele neue Mitglieder „beschert". Nie zuvor hat es in der europäischen Integrationsgeschichte eine dermaßen große Erweiterung (um gleich zehn neue Mitglieder) gegeben, und zudem sind die Parteiensysteme der acht postkommunistischen Beitrittsländer (auf Zypern und Malta wird im Folgenden nur indirekt eingegangen) nicht mit den gewachsenen Systemen der bisherigen EU-Länder zu vergleichen. Es ist daher zu fragen, welche Probleme diese Erweiterung den Europarteien bereitet, insbesondere ob die Handlungsfähigkeit und die Homogenität der Europarteien durch die vielen neuen (bzw. erst seit der Erweiterung stimmberechtigten) Mitglieder eher zu- oder abgenommen hat und welche Auswirkungen die Erweiterung für die praktische Politik im Parlament hat.

---

[776] Luciano BARDI: European Political Parties: A (Timidly) Rising Actor in the EU Political System, in: The International Spectator, Heft 2/2004, S. 17–30 (S. 27).

a) Probleme bei der Ost-Erweiterung der Europarteien

Die Erweiterung der europäischen Parteien begann schon bald nach der Wende von 1989. EVP, SPE, ELDR und EFGP strebten schon zu Beginn der 90er-Jahre eine Präsenz in Mittel- und Osteuropa an. Die Offenheit für neue Mitglieder (zunächst meist als Beobachter, später als assoziierte und dann vollwertige Mitglieder) war auch als Zeichen zu verstehen, dass nicht zuletzt die Parteifamilien dazu beitragen wollten, die „Europäische Familie" wieder zu vereinen und damit einen Schlussstrich unter die vorangegangene Ära zu ziehen.[777]

Die Ost-Erweiterung der Europarteien verlief rückblickend betrachtet in drei Stadien: Potenzielle neue Partner wurden zunächst identifiziert, dann anerkannt und schließlich in die Parteifamilie aufgenommen. Während der Identifizierung wurden Informationen über die jeweiligen neu-entstandenen Parteiensysteme in den Beitrittsländern gesammelt und erste Kontakte geknüpft, die dann in der zweiten Phase intensiviert wurden, so dass die neuen Parteien ein Auswahlverfahren durchlaufen und auf einen Beitritt vorbereitet werden konnten. Im dritten Schritt wurden die ausgewählten Parteien dann offiziell als Mitglieder der jeweiligen Europarteien aufgenommen.[778] Diese Reihenfolge beinhaltet allerdings keinen Automatismus, die Europarteien stellten einige Hürden auf dem Weg zur Mitgliedschaft auf. So kann man für die ersten Jahre konstatieren, dass die Abhängigkeit der osteuropäischen Parteien von den Europarteien groß war. Die Europarteien konnten in dieser Zeit Einfluss auf die Programmatik und die Organisation der interessierten Parteien nehmen und dafür sorgen, dass zumindest ein gewisses Maß an inhaltlicher Übereinstimmung mit den Normen und Werten der jeweiligen Europartei gewährleistet wurde. Die osteuropäischen Parteien sollten nicht nur ganz allgemein europäische Werte übernehmen, sondern auch ganz speziell die Werte ihrer jeweiligen europäischen Partei.[779] Die europäischen Parteifamilien hatten also einen nicht

---

[777] Vgl. Stephen DAY: Die Osterweiterung der Europarteien, in: Osteuropa, Heft 5–6/2004, S. 223–235 (S. 223).

[778] Vgl. zu dieser Aufteilung Giorgia DELSOLDATO: Eastward Enlargement by the European Union and Transnational Parties, in: International Political Science Review (23) Heft 3/2002, S. 269–289 (S. 275f).

[779] Nach der Auffassung von DAY handelt es sich wegen des großen Einflusses der Europarteien auf die künftigen Neumitglieder weniger um eine „Europäisie-

zu unterschätzenden Einfluss auf die Entstehung und Entwicklung von Parteien in den Beitrittsländern: „(…) transnational party cooperation propelled by European political families clearly had an impact on the developing political parties of EU candidate countries."[780] Für die osteuropäischen Parteien bedeutete das Beitrittsgesuch hingegen in der Heimat quasi ein „externes Gütesiegel" und gelegentlich auch „Munition im Kampf um die Durchsetzung ihrer innerparteilichen Reformprogramme".[781] Die Aussicht auf neue Netzwerke und Anerkennung (und damit auch auf die Erhöhung der Legitimität) war für diese Parteien, die oftmals erst kurz zuvor gegründet worden waren oder aber ihre Vergangenheit hinter sich lassen wollten, starker Anreiz, den Wünschen der Parteifamilien nachzukommen. Darüber hinaus verbanden Politiker der mittel- und osteuropäischen Länder mit der Aufnahme ihrer Parteien in die europäischen Parteifamilien die Hoffnung, dass sich dadurch ihre Länder schneller in Europa würden etablieren können.[782]

Die Aufnahme der mittel- und osteuropäischen Parteien in die Parteifamilien in den 90er-Jahren hat damals aber auch zu Kritik geführt: Durch diese Öffnung, so wurde gewarnt, würden die europäischen Parteien darauf verzichten, als Mittler zwischen der EU-Bevölkerung und den EU-Organen zu agieren, da sie Parteien von außerhalb der EU Einflussmöglichkeiten auch in Fragen einräumten, die allein die EU beträfen. Auch der Anspruch der europäischen Parteien, ihren Fraktionen im Europaparlament politische Richtlinien vorzugeben, würde durch diese Einflussmöglichkeit von EU-externen Parteien konterkariert.[783] Diese Diskussion hat sich spätestens mit dem Beitritt der zehn neuen Mitglieder erübrigt.

---

rung" der aufzunehmenden Parteien, sondern noch stärker und eine „Euro-Parteiisierung", vgl. DAY: Die Osterweiterung der Europarteien, a.a.O., S. 226.

[780] DELSOLDATO: Eastward Enlargement by the European Union and Transnational Parties, a.a.O., S. 275.

[781] DAY: Die Osterweiterung der Europarteien, a.a.O., S. 224.

[782] So meinte der Vorsitzende der estnischen Sozialdemokraten im November 1990, „dass engere Kontakte mit den Europäischen Sozialistischen Parteien dazu beitragen würden, die Rückkehr der Estnischen Republik in die Familie der demokratischen Staaten zu beschleunigen." Zitiert nach DAY: Die Osterweiterung der Europarteien, a.a.O., S. 228.

[783] Vgl. die Kritik bei PÖHLE: Europäische Parteien – für wen und für was eigentlich? A.a.O., S. 616.

Problematisch bei der Osterweiterung der Parteien war insbesondere die wenig stabile Parteienlandschaft in den meisten Beitrittsländern. Unter dem gesellschaftlichen Anpassungsdruck veränderten sich die Parteiensysteme in einigen Ländern dramatisch. Vielen neuen, oftmals spontan gegründeten Parteien fehlte die Fähigkeit, Parteidisziplin zu wahren, konsistente politische Programme zu entwickeln bzw. diese durchzuhalten, und zu ihren Ideen die notwendige wahltaugliche „Verpackung" zu liefern.[784] Fast jede Regierung wurde nach spätestens einer Legislaturperiode abgewählt, Parteien spalteten sich oder wechselten ihre Programmatik.[785] Viele neue Parteien bzw. Bewegungen waren von prominenten Dissidenten gegründet worden und basierten mehr auf persönlichen Kontakten als auf ideologischen Politik-Überzeugungen. Die Gründung von Parteien war also oft eher ein ‚top-down'-Prozess statt eines ‚bottom-up'-Prozesses von ideologisch Gleichgesinnten.[786] Als Beispiel für die Wechselhaftigkeit der Parteisysteme kann die Wahl in Ungarn von 1998 dienen: Die früher kommunistische, nun sozialdemokratisierte MSZP verlor die Wahl vor allem wegen ihrer neo-liberalen wirtschaftlichen Schocktherapie. Von der Unzufriedenheit profitierte die Partei FIDESZ, die sich aus dem anti-kommunistischen, liberal denkenden Widerstand gegründet hatte und die im Laufe der 90er-Jahre ein konservatives Profil annahm. Die FIDESZ führte eine erfolgreiche Wahlkampagne, indem sie links(!)-populistische Slogans aufgriff und gleichzeitig mit der ebenfalls populistischen, jedoch politisch weit rechts-stehenden Bauernpartei FKgP paktierte.[787]

---

[784] Viele „Parteien" (insbesondere aus dem Mitte-Rechts-Spektrum) wollten sich nicht einmal als solche bezeichnen, um sich von der kommunistischen Vergangenheit abzugrenzen: Sie nannten sich „Bürgerforum" (Tschechoslowakei), „Demokratisches Forum" (Ungarn) oder einfach „Bewegung" (Litauen), vgl. Roland FEUERSTEIN: Volkspartei oder Völkerparteien?, in: Osteuropa, Heft 5–6/2004, S. 251–261 (S. 251).

[785] Vgl. dazu Michael DAUDERSTÄDT: Brüder, zur Sonne, zur Freiheit, in: Osteuropa, Heft 5–6/2004, S. 236–250 (S. 239 m.w.N.).

[786] Vgl. ausführlicher zu den Parteisystemen in den Beitrittsländern Amie KREPPEL/ Gaye GUNGOR: The Institutional Integration of an Expanded EU, Heft 108 der „Reihe Politikwissenschaft" des Instituts für Höhere Studien, Wien 2006, insbesondere die Abschnitte III und IV, mit vielen Nachweisen.

[787] Vgl. die Schilderung bei DELSOLDATO: Eastward Enlargement by the European Union and Transnational Parties, a.a.O., S. 283.

Die Unklarheit, welche Partei aufgenommen werden sollte, erschwerte allen Europarteien die Suche und Aufnahme neuer Mitglieder. Es bestand die Gefahr, dass eine Bewerberpartei (auch finanziell) unterstützt wurde, die nach Parlamentswahlen in die Bedeutungslosigkeit versinken oder sich womöglich auflösen würde. Um solche Fälle zu vermeiden, beschloss die EVP 1996, dass Bewerberparteien bei zwei aufeinanderfolgenden Wahlen jeweils mindestens 10% der Stimmen erreicht haben mussten und keine größeren internen Spaltungen erlebt haben durften.

Ende der 90er-Jahre vertieften sich die Kontakte, das Abhängigkeitsverhältnis zwischen Europartei und Bewerberparteien wandelte sich: „Einiges deutet darauf hin, dass die Fügsamkeit der osteuropäischen Parteien stärker akzentuiertem Widerstand weichen wird."[788] Je näher die Erweiterung rückte, desto stärker versuchten die Europarteien trotz aller gebotenen Vorsicht, viele neue Mitglieder zu gewinnen, um nach den Europawahlen eine möglichst große Fraktion bilden zu können. Insgesamt stellten die zehn beigetretenen Staaten (einschließlich Zypern und Malta) bis 2006 162 der 732 Abgeordneten, nach dem Beitritt von Rumänien und Bulgarien im Januar 2007 kommen 216 von 785 Parlamentariern aus den Beitrittsländern, also mehr als ein Viertel. Von diesem Einflusspotenzial woll(t)en alle Europarteien möglichst stark profitieren. Dies führte teilweise dazu, dass die Europarteien insbesondere große nationale Parteien weniger streng darauf überprüften, ob sie wirklich in das Profil der Parteifamilie passten: „Superficial affinity turned out to be more important than in-depth knowledge".[789] Sowohl die Fraktionen als auch die europäischen Parteien erleben durch die zahlreichen neuen Mitglieder eine Verlagerung der Gewichte und auch eine Neuordnung der jeweiligen Prioritäten. Nicht nur die reine Größenveränderung durch die Aufnahme von Parteien aus gleich zehn neuen Mitgliedstaaten ist eine Herausforderung für die Europarteien und Fraktionen. Innerhalb der Parteifamilien müssen sich große Parteien aus Westeuropa oftmals mit vielen kleinen osteuropäischen Parteien einigen. Durch die wachsende Zahl der Mitglieder besteht zudem die Gefahr, den organisatorischen Zusammenhalt und die programmatische Kohärenz zu verlieren.

---

788 DAY: Die Osterweiterung der Europarteien, a.a.O., S. 234.
789 DELSOLDATO: Eastward Enlargement by the European Union and Transnational Parties, a.a.O., S. 281.

Trotz der organisatorischen Einbindung und des Dialogs lassen sich Konflikte nicht verhindern. Die zunehmende Heterogenität, insbesondere in den großen „Volksparteien", wird an den unterschiedlichen Politikstilen sowie insbesondere an den unterschiedlichen Vorstellungen von der Zukunft Europas deutlich.

b) Inhaltliche Problemfelder

Das eben erwähnte Beispiel der ungarischen Parteienlandschaft zeigt, wie schwierig und missverständlich die Begriffe „links" und „rechts" auch in Ostmitteleuropa sind, und dass zwischen ökonomischen und sozio-kulturellen Überzeugungen unterschieden werden muss. Eine Partei aus den Beitrittsländern kann durchaus zum Beispiel staatszentrierte, „linke" Vorstellungen von Wirtschaftspolitik haben und gleichzeitig stramm konservative, „rechte" Auffassungen in kulturellen und sozialen Bereichen vertreten.

Die Probleme für die **EVP** zeigten sich bereits früh, da es in den 90er-Jahren nur wenige bürgerliche Parteien in Ostmitteleuropa geschafft haben, dauerhaft als Organisation und Machtfaktor zu überleben.[790] Manchen bürgerlichen Kräften ging die Einführung westlicher Modelle in Staat und Wirtschaft zu schnell – vor allem nationalkonservative und anti-moderne Stimmungen führten „zumindest zur dauerhaften Spaltung in mehrere Organisationen, wenn nicht gar zur Schwächung der Kräfte rechts der Mitte, bis zur Selbstzerfleischung (...)."[791] Insbesondere bürgerliche Parteien in Ostmitteleuropa sind nach der jahrzehntelangen Abhängigkeit von Moskau skeptisch gegenüber allem, was nach Bevormundung aussieht, und stehen allem Supranationalen sehr reserviert gegenüber.

Überhaupt ist der Umgang mit der Vergangenheit ein schwieriges Feld innerhalb der EVP: Eine vom EVP-Kongress 2004 verabschiedete Resolution mit dem Titel *Condemning Totalitarian Communism*[792] führte zu Streit, weil darin Kommunismus und Nationalsozialismus als „two equally inhumane

---

[790] Vgl. hierzu und zum Folgenden FREUDENSTEIN: Volkspartei oder Völkerparteien?, a.a.O., S. 252.

[791] FREUDENSTEIN: Volkspartei oder Völkerparteien?, a.a.O., S. 254.

[792] Abrufbar auf der Homepage der EVP-ED-Fraktion: http://epp-ed.europarl.eu.int/Press/peve04/ eve01/res-communism_en.asp.

totalitarian regimes" bezeichnet werden – für viele westeuropäische EVP-Mitglieder ist aber alles, was nach einer Relativierung der NS-Diktatur aussieht, kaum hinnehmbar. Auch das Verhältnis zu Deutschland ist für manche bürgerliche Parteien aus Ostmitteleuropa problematisch: Die tschechische ODS (seit dem Beitritt Mitglied in der EVP-ED-Fraktion) führte 2002 einen antideutschen Wahlkampf mit Warnungen, Deutschland wolle die Tschechen unterjochen. Gleichzeitig traten die Sudetendeutschen mit Unterstützung der deutschen CSU dafür ein, den Beitritt Tschechiens zur EU an die Aufhebung der Benes-Dekrete zu knüpfen. Bei der Debatte um ein Zentrum gegen Vertreibungen, das insbesondere der deutsche Bundesverband der Vertriebenen befürwortet, kam es in der EVP-ED-Fraktion sogar zu einem Eklat: Die Tatsache, dass die deutsche CDU/CSU-Fraktion den Vorschlag zur Errichtung eines solchen Zentrums befürwortete, veranlasste die polnische Partei „Recht und Gerechtigkeit" (PiS) dazu, ihren schon gestellten Beitrittsantrag zur EVP-ED-Fraktion zurückzuziehen und sich stattdessen der Fraktion *Union für ein Europa der Nationen* (UEN) im Europaparlament anzuschließen. Auch eine deutsch-französische Führungsrolle ohne Einbeziehung von ostmitteleuropäischen Ländern ist für viele bürgerliche Parteien in den Beitrittsländern nicht akzeptabel. Gesellschaftliche Themen wie die Gleichstellung Homosexueller, die Geschlechterdemokratie (Stichwort Frauenquote) oder Behindertenpolitik sind Themen, die in den politischen Diskursen Ostmitteleuropas entweder nicht in demselben Maße existieren oder der Linken zugerechnet werden. Insbesondere streng katholische Parteien in Polen oder der Slowakei haben hier Probleme. Diese Parteien vertraten auf der anderen Seite die Auffassung, dass ein Gottesbezug in die Präambel einer europäischen Verfassung gehöre – hier gab es Widerstand von bürgerlich-konservativen Parteien in Frankreich und Belgien, weil dies ihrem streng laizistischen Staatsverständnis widersprach.

Neben diesen historisch-gesellschaftlichen Konflikten gibt es auch Probleme in aktuellen Politikbereichen wie der Wirtschafts- oder Außenpolitik. Viele bürgerliche Parteien im Osten sind der Meinung, dass die Wirtschaft ihrer Länder nur mit Niedriglöhnen und niedrigen Steuersätzen konkurrenzfähig werden kann. Diese aggressive, deregulative Wirtschaftspolitik steht im Widerspruch zu den Überzeugungen einiger christlich-sozialer Parteien in der EVP. Auch in der Agrar- und Strukturpolitik sind Verteilungskämpfe zu erwarten, die innerhalb der EVP für Spannungen sorgen könnten. In der Außenpolitik stehen viele ehemals kommunistisch regierte Länder eng an der Seite der USA, auch weil sie in Russland oder Weißrussland nach wie vor eine Bedrohung sehen. Das Vertrauen in die militärischen Fähigkeiten und die Glaubwürdigkeit einer gemeinsamen Außen- und Sicherheitspolitik ist begrenzt, während die NATO (und damit in erster Linie die militärische Kompetenz der USA) ein hohes Ansehen genießt. Die berühmt gewordene Unterteilung in das „alte", amerikakritische, und das „neue", amerikatreue Europa steht exemplarisch für diese Spannung innerhalb Europas (und auch innerhalb der Europarteien), ebenso wie der proamerikanische „Brief der Acht" vom 30. Januar 2003 und die „Erklärung der Zehn" vom 5. Februar 2003.[793]

Für die **SPE** gilt ebenfalls, dass die Aufnahme neuer Parteien die Heterogenität innerhalb der Parteifamilie vergrößert hat. Schon die Tatsache, dass die SPE sozialdemokratische Parteien, sozialistische Parteien und Arbeiterparteien beherbergt, macht die Schwierigkeiten deutlich. Die kommunistischen Nachfolgeparteien in den Beitrittsländern hatten eine andere Vorstellung von Sozialismus bzw. Sozialdemokratie als westeuropäische Sozialdemokraten. Für polnische, litauische und estnische Sozialdemokraten hat der Sicherheitsaspekt höchste Priorität, die Zugehörigkeit zu Europas Wertegemeinschaft oder eine Vertiefung der europäischen Integration spielen nur eine untergeordnete Rolle.[794] Stellvertretend für diesen Standpunkt ist die Aussage des früheren estnischen Außenministers Toomas Hendrik Ilves, wonach Estland an der Mitgliedschaft in NATO und EU vor allem deshalb interessiert sei, um seine Sicherheit zu stärken.[795] Hier gibt es

---

[793] Der Brief der Acht (mit dem Titel „Europa und Amerika müssen zusammenstehen") wurde in der Presse als „Dokument der Spaltung" und „politisches Debakel" bezeichnet, vgl. den Leitartikel der Frankfurter Rundschau von Martin Winter vom 31. Januar 2003. Den Brief haben neben Spanien, Großbritannien, Italien, Portugal und Dänemark auch Polen, Tschechien und Ungarn unterzeichnet. In der Erklärung der Zehn bekunden die Außenminister von Albanien, Bulgarien, Kroatien, Estland, Lettland, Litauen, Mazedonien, Rumänien, Slowenien und der Slowakei ihre Überzeugung, ihre Überzeugung von der Richtigkeit militärischer Maßnahmen gegen den Irak und erklären ihre Bereitschaft, sich an einer Koalition zur Entwaffnung des Irak zu beteiligen.

[794] Vgl. DAUDERSTÄDT: Brüder, zur Sonne, zur Freiheit, a.a.O., S. 250.

[795] Zitiert nach Nick CROOK/Michael DAUDERSTÄDT/André GERRITS: Social Democracy in Central and Eastern Europe, Amsterdam 2002, S. 75.

also eine starke Zentrierung auf die NATO und die USA und somit eine starke Trennlinie zwischen „Atlantikern" und „Europäern". Auch ganz allgemein ist das Verhältnis zu Russland innerhalb der SPE nicht unumstritten, polnische und baltische Sozialdemokraten sind hier deutlich zurückhaltender als andere, die wie die deutsche SPD (insbesondere unter Gerhard Schröder) für eine russland-freundlichere Politik werben. In wirtschaftspolitischen Fragen wurden durch die Osterweiterung die Spannungen innerhalb der SPE zwischen Befürwortern von stark staatlicherseits regulierten Ökonomien (insbesondere in Schweden und Dänemark) und Befürwortern von marktregulierten Ökonomien (Großbritannien, Irland) noch verstärkt. Diejenigen linken Parteien in Ostmitteleuropa, die aus ehemaligen Staatsparteien hervorgegangen sind, haben teilweise sehr deutlich mit allen vorherigen Überzeugungen gebrochen – einige von ihnen mussten auch versuchen „to reject social democratic positions due to a pervasive need to distance themselves from anything reminiscent of the communist period."[796] So haben einige dieser Parteien bei der Einführung des Kapitalismus in ihren Ländern deutlich liberalere Ideen vertreten als klassische westeuropäische Sozialdemokraten. Beispielsweise vertritt die ungarische sozialistische Partei MSZP relativ marktliberale Thesen, die teilweise im Widerspruch zu sozialistischen Thesen anderer SPE-Mitglieder stehen.

Auch die Homogenität der **ELDR-Partei** wird durch die Erweiterung auf eine harte Probe gestellt. Die Liberalen waren damit konfrontiert, dass sich fast alle neuen Parteien in Ostmitteleuropa im weiteren Sinne für liberal hielten, so dass der Begriff „liberal" letztlich jede Bedeutung verlor. Viele dieser Parteien sind der ELDR beigetreten, so hat die Partei momentan zum Beispiel drei Mitgliedsparteien aus Litauen (davon ist eine in der aktuellen Regierung, zwei in der Opposition) und je zwei aus Estland und Bulgarien, was für die innere Homogenität durchaus Probleme bereiten könnte.[797] Einige der „liberalen" Parteien haben bereits feststellen müssen, dass sie der Programmatik der ELDR nicht folgen können: Die ungarische FIDESZ beispielsweise war zunächst Mitglied der ELDR, wechselte dann aber zur

---

[796] DELSOLDATO: Eastward Enlargement by the European Union and Transnational Parties, a.a.O., S. 277.

[797] Allerdings hat die ELDR auch in einigen alten Mitgliedsländern mehrere Mitgliedsparteien, was bislang offenbar der internen Homogenität nicht geschadet hat. Die Daten stammen von der ELDR-Homepage.

EVP. Auch die rumänischen Liberalen liebäugelten angeblich vor einigen Jahren mit einem Übertritt zur EVP.[798]

Die **Europäischen Grünen** hatten zunächst Probleme, überhaupt ökologische Parteien in den Beitrittsländern zu finden, da Fragen des Umweltschutzes nach der Wende bei den Wählern zunächst keine große Rolle spielten. Zwar hat die EGP mittlerweile Mitgliedsparteien aus allen Beitrittsländern außer Litauen, doch teilweise sind diese Parteien sehr schwach (so erhielten die polnischen Grünen bei der Parlamentswahl 2005 nur 0,17%, bei der Europawahl 0,27% der Stimmen).[799] Inhaltlich hatten die Europäischen Grünen schon vor der politischen Wende Probleme, ihr Verhältnis zur EU-Integration zu klären, diese Probleme sind durch die Aufnahme einiger neuer Mitglieder nicht geringer geworden. Zudem haben sie es mit Parteien zu tun, die zwar ökologische Ziele vertreten, im politischen Spektrum aber dennoch weiter rechts anzusiedeln sind und zum Teil sehr nationalistische Töne anschlugen. So sind insbesondere die lettischen und die slowakischen Grünen eher im (Mitte-)Rechts-Spektrum angesiedelt.[800] Zudem ist es „kein Geheimnis, dass einige wenige der osteuropäischen Parteien ihren Schwerpunkt auf dem Umweltthema haben, und sich etwa mit der rechtlichen Gleichstellung von Lesben und Schwulen etwas schwer tun."[801]

Befragt man Vertreter der Europarteien, wie sie die Homogenität ihrer jeweiligen Partei einschätzen, erfährt man interessanterweise, dass jeweils die eigene Partei für vergleichsweise homogener gehalten wird als die anderen Parteien. So schätzt ein SPE-Vertreter die SPE als „eine politische Familie" ein, die EVP hingegen als „Konglomerat", bestehend aus „zwei

---

[798] Vgl. den Artikel „Sonderfall Rumänien" in den KAS-Auslandsinformationen 09/2003, online verfügbar unter http://www.kas.de/db_files/dokumente/7_dokument_dok_pdf_3153_1.pdf.

[799] Gemäß den Angaben auf der EFG-Homepage.

[800] Vgl. Yvonne NASSHOVEN: Die europäische Parteikooperation und die europäischen Parteien nach Maastricht – Die Europäische Grüne Partei, Beitrag bei der Tagung „Entwicklung und Perspektiven transnationaler Parteienkooperation und europäischer Parteien in der EU„ des Instituts für soziale Bewegungen der Universität Bochum, 9./10. November 2005, abrufbar unter www.ruhr-uni-bochum.de/iga/isb/isb-hauptframe/forschung/Tagungspapiere/Nasshoven.pdf.

[801] Ulrike LUNACEK, schriftliches Interview vom 22. März 2007.

Familien, zwei Alternativen in dem Sinne, dass, wenn man vom Wähler ausgeht, eine Stimme für die EVP sowohl für die Mitte und eine Pro-Europäische Partei stehen kann als auch für weiter rechts, bis hin zu einer anti-europäischen Stimmung (...)."[802] Die befragten EVP-Vertreter meinen hingegen, ihre Partei sei politisch kohärenter als andere, und haben den Eindruck, dass innerhalb der SPE „die Unterschiede nicht geringer sind, eher größer"[803] und dass die gemeinsame Entscheidungsfindung bei den Sozialdemokraten „ein Stück weit schwieriger" sei als in der EVP.[804] Und der Grüne Daniel Cohn-Bendit meint, die Grünen seien „die einzige Partei, die Europa ernst nimmt. Um voll am Europäischen Projekt teilzunehmen, können wir nicht länger wie die Sozialisten, die Liberaldemokraten und die Konservativen als ad-hoc-Koalition nationaler Delegationen auftreten."

c) Auswirkungen

Wie wirkt sich die Osterweiterung der Parteien auf die Homogenität der Europarteien und ihrer Fraktionen tatsächlich aus? Hier sind insbesondere die Auswirkungen auf die parlamentarische Arbeit interessant: Ist das europäische Parteiensystem, wie oft vermutet wurde, tatsächlich fragmentierter geworden, mit zentrifugalen Tendenzen und abnehmender Fraktionsdisziplin?[805] Schon vor der Aufnahme der mittel- und osteuropäischen Parteien in die europäischen Parteifamilien wurde vermutet, dass neben Wahlergebnissen insbesondere Erweiterungen potenziell gefährliche Faktoren für das Funktionieren des Parteiensystems und für den Zusammenhalt der Europarteien bzw. ihrer Fraktionen darstellen.[806] Ähnliche Erwartungen gab es auch vor der Süderweiterung, als Griechenland (1981) sowie Spanien und Portugal (1986) beitraten – diese Befürchtungen erwiesen sich als unbegründet, mindestens aber als zu weitgehend: „During its first five

---

[802] Antony BEUMER, Interview vom 23. November 2005.

[803] Klaus WELLE, Interview vom 24. November 2005.

[804] Christian KREMER, Interview vom 25. November 2005.

[805] So die Erwartungen beispielsweise von Philippe C. SCHMITTER: Just what might an eventual Euro-Party System look like, Beitrag zu einer Online-Konferenz der Friedrich-Ebert-Stiftung mit dem Titel Changing Party Systems in a Deepening and Widening Europe, 2004, abrufbar unter www.fes.de/europolity.

[806] Vgl. dazu Luciano BARDI: Transnational Trends in European Parties and the 1994 Elections of the European Parliament, in: Party Politics 2 (1), 1996, S. 99–114.

decades, the EU party system was a remarkably efficient device for integrating a host of new entrants (...).“[807] Die Osterweiterung könnte jedoch weitreichendere Folgen haben als die damalige Süderweiterung:

> „It is to be expected that this potential for disruption is likely to intensify when the number of actors grows and the rules of the game become more complicated. (...) For the first time, (...) new actors are about to be included who will bring with them a quite different legacy. These new representatives will defend positions of countries whose institutions, politics, mentalities, and needs are radically different to those of Western Europe.“[808]

Wenn man die Auswirkungen der Europawahl von 2004 auf das Europäische Parteiensystem untersucht, stellt man Überraschendes fest: Zunächst kann man festhalten, dass durch die Wahl von 2004 etwa 40 neue Parteien aus Ostmitteleuropa auf die europäische Ebene gelangten, so dass insgesamt rund 170 nationale Parteien Abgeordnete ins Europaparlament entsenden. Dabei hat die EVP-ED-Fraktion in den acht Beitrittsländern (ohne Zypern und Malta) besonders gut abgeschnitten, während die SPE hier schlechter abschneidet als in den alten Mitgliedsländern. Die Liberalen sind in neuen wie alten Mitgliedstaaten etwa gleich stark, die Grünen hingegen haben in den Beitrittsländern dramatisch schlechter abgeschnitten als im Westen:

Europawahl 2004	EVP-ED	SPE	ELDR-Partei	Europäische Grüne
Alte Mitglieder +Malta/Zypern	36,3%	27,5%	8,7%	7,4%
8 post-kommunistische Beitrittsländer	40,4%	20,1%	8,2%	0,7%
EU-25	36,8%	26,8%	8,7%	6,8%

Eigene Darstellung, Zahlen nach SCHMITT/THOMASSEN:
The EU Party System after Eastern Enlargement S. 13.

Insgesamt fällt (neben der bereits oben in Kapitel IV. 4. a) ii.) analysierten niedrigen Wahlbeteiligung) auf, dass in den acht postkommunistischen

---

[807] SCHMITT/THOMASSEN: The EU Party System after Eastern Enlargement, a.a.O., S. 3; ähnlich BUHR: Europäische Parteien, a.a.O., S. 70, Fußnote 259.

[808] DELSOLDATO: Eastward Enlargement by the European Union and Transnational Parties, a.a.O., S. 272.

Beitrittsländern viele Stimmen für unabhängige Kandidaten abgegeben wurden, die keiner der größeren Fraktionen angehören. Es gibt in Ostmitteleuropa eine ganze Reihe von Parteien, die es auch ohne Anbindung an eine klassische Parteifamilie geschafft haben, Abgeordnete ins Europaparlament zu entsenden: 118 der 162 Parlamentarier gehören zu einer der vier großen Fraktionen, 42 MdEPs sind fraktionslos oder in Fraktionen wie der „Union für das Europa der Nationen" oder der „Fraktion Unabhängigkeit und Demokratie", die außer ihrer Europa-Skepsis keine gemeinsamen politischen Überzeugungen teilen. Diese relativ große Zahl stärkt zwar womöglich die Europa-Skeptiker im Parlament, hat aber sonst bislang keine Auswirkungen auf das europäische Parteiensystem. Da sich die große Mehrheit der neuen Parlamentarier auf die vier klassischen Europarteien verteilt hat, ist es auch unwahrscheinlich, dass sich eine neue, explizit ostmitteleuropäische Parteiföderation bildet, die in ihrer Verbreitung auf die Beitrittsländer beschränkt bleiben und besondere Interessen der neuen EU-Bürger vertreten würde.[809]

In anderen Bereichen hatte die Wahl von 2004 und die Aufnahme vieler neuer Abgeordneter ins Parlament ebenfalls praktisch keine relevanten Auswirkungen auf die Europarteien und ihre Fraktionen: „Phenomena of below-average electoral participation and unsuccessful integration of elected members in established EP groups aside, the integration of the parties from the new countries worked out comparatively smoothly."[810] Beispiel Fraktionsdisziplin: Der Zusammenhalt der Fraktionen im Europaparlament hat durch die Aufnahme neuer Mitgliedsparteien bislang nicht abgenommen. Die neuen Abgeordneten haben sich dem bisherigen Parteiensystem und der Abstimmungsdisziplin problemlos angepasst: Der *Index of Agreement* hat sich seit Juni 2004 im Vergleich zu der Zeit vor der Erweiterung kaum verändert.[811] Nur bei außenpolitischen Fragestellungen variieren die Kohäsionswerte zum Teil, hier scheinen die oben angeführten Meinungs-

---

[809] So die Erwartung bei BUHR: Europäische Parteien, a.a.O., S. 70f.

[810] SCHMITT/THOMASSEN: The EU Party System after Eastern Enlargement, a.a.O., S. 21.

[811] Vgl. Jane OISPUU: Die Europäischen Parteien: Zwischen Erweiterung und Selbstbehauptung (Tagungsbericht), in: integration 1/2006, S. 69–75 (S. 70). Der „Index of Agreement" wird anhand der Relation der abgegebenen „Ja"- und „Nein"-Stimmen sowie der Enthaltungen bei den roll-call-votes ermittelt.

verschiedenheiten zum Tragen zu kommen. Die innere Kohäsion der Fraktionen hat also unter der Erweiterung insgesamt bislang – anders als befürchtet – kaum gelitten. Ein möglicher Erklärungsansatz für diese überraschende Tatsache ist die große Anzahl von polnischen und tschechischen Abgeordneten (sie stellen mit 78 von 151 mehr als die Hälfte der MdEPs aus den acht Beitrittsländern von 2004), die von ihren nationalen Parlamenten hohe Kohäsionswerte gewohnt sind. Außerdem haben die Fraktionen ihre Arbeit für die sechste Legislaturperiode teilweise anders strukturiert und eine höhere Institutionalisierung durchgesetzt, die ebenfalls zu erhöhter Kohäsion beigetragen haben könnte.[812] Die relativ geringen Auswirkungen lassen sich möglicherweise auch dadurch erklären, dass in den meisten postkommunistischen Beitrittsländern die Arbeit der Parlamentsausschüsse relativ wichtig ist, die Parteien selbst jedoch nur eine untergeordnete Rolle spielen. Durch diese Ähnlichkeit mit dem Europaparlament (große Bedeutung der Ausschüsse, vergleichsweise geringe Bedeutung der jeweiligen Parteifamilien) haben die neuen Parlamentarier womöglich weniger Anpassungsprobleme als dies bei früheren Erweiterungen der Fall war.[813] Es bleibt abzuwarten, ob sich diese Beobachtungen, die aus der ersten Hälfte der sechsten Legislaturperiode stammen, auch längerfristig aufrecht erhalten lassen. Die bisherigen Beobachtungen lassen jedoch die Erwartung zu, dass sich auch durch den Beitritt von Rumänien und Bulgarien und die zusätzlichen 53 Abgeordneten aus diesen beiden Ländern wenig an der konstant hohen Fraktionsdisziplin ändern wird.

Auch im Hinblick auf die Rechts-Links-Ausrichtung im Parlament hat sich durch die Osterweiterung wenig geändert: „Eastern Enlargement did not affect the positioning of the EP groups along the left-right (...) dimension".[814] Die eigene ideologische Positionierung der Parteien und Fraktionen ist konstant geblieben, ebenso wie Abgrenzung zu den jeweils anderen Parteien. Die Struktur des zunehmenden Parteien-Wettbewerbs im Europäischen Parlament hat unter der Erweiterung also ebensowenig gelitten wie die Unterscheidbarkeit der Parteien.

---

[812] Vgl. OISPUU: Zwischen Erweiterung und Selbstbehauptung, a.a.O., S. 70.
[813] So jedenfalls KREPPEL/GUNGOR: The Institutional Integration of an Expanded EU, a.a.O., S. 24/25.
[814] SCHMITT/THOMASSEN: The EU Party System after Eastern Enlargement, a.a.O., S. 18, auch zu den folgenden Erkenntnissen.

d) Fazit

Die Osterweiterung der Europarteien und ihrer Fraktionen ist nach ersten Erkenntnissen trotz inhaltlicher Problemfelder vergleichsweise problemlos verlaufen. Insbesondere wenn man die Größe der Erweiterung um gleich zehn neue Länder und die Komplexität der Erweiterung um viele post-kommunistische Staaten ohne stabiles Parteiensystem berücksichtigt, kann man konstatieren, dass die Auswirkungen auf Parteien und Fraktionen re-lativ gering sind und die Integration der neuen Mitgliedsparteien gelungen ist. Einige der Gefahren, die noch kurz vor der Wahl 2004 beschrieben wurden, haben sich – zumindest bislang – nicht bestätigt: Ein Verlust an Zusammenhalt oder gar eine Auflösung der Parteiidentitäten ist nicht ein-getreten. Die bisherige Ordnung im Parteiensystem im EP hat sich (abgese-hen von einem gewissen Machtzuwachs der Europaskeptiker) nicht we-sentlich verändert. Die Europaskeptiker wurden zwar gestärkt, arbeiten aber bislang kaum zusammen und sind damit kein geschlossener Akteur. Vielmehr kann man feststellen, dass auch durch die Attraktivität der Mit-gliedschaft in einer europäischen Parteifamilie der Einfluss von postkom-munistischen, nationalistischen und anti-liberalen Parteien in Ostmittel-europa und somit auch im Europäischen Parlament bislang relativ gering geblieben ist und dass vielmehr moderate, demokratische Kräfte Auftrieb erhalten haben. Dennoch wird es spannend bleiben, ob die scheinbar pro-blemlose Integration weiterhin so geräuschlos vonstatten gehen wird oder ob sich im Laufe der Zeit doch ein Absinken der Homogenität innerhalb der Parteien und Fraktionen oder eine Stärkung der Europaskeptiker be-merkbar machen wird. So könnte die langjährige Führungsrolle (verbunden mit einer sehr konsens-orientierten Haltung) der deutschen SPD in der SPE-Fraktion unter dem schwachen Abschneiden der SPD leiden – mittlerweile stellen die französischen Sozialisten die größte Delegation. Auch die EVP-ED-Fraktion wird mit 50 Mitgliedsparteien vermutlich schwerer zu steuern sein als bisher, innerhalb der Fraktion haben sich die Gewichte in Richtung konservativer, teilweise auch europaskeptischer Parteien verschoben, wäh-rend die traditionelle Christdemokratie schwächer wird.[815] Austritte von

---

[815] Vgl. die Bewertung der Konrad-Adenauer-Stiftung: „Europawahlen Juni 2004", Seite 3, abrufbar unter http://www.kas.de/db_files/dokumente/7_dokument_dok_pdf_4841_1.pdf.

Parteien aus ihren Parteifamilien oder Übertritte zu konkurrierenden Europarteien sind weiterhin möglich, wie das Beispiel der polnischen Partei UW („Freiheitsunion", mittlerweile umbenannt in „PD – Demokratische Partei", sie stellt vier MdEPs) zeigt, die 2003 von der EVP zur ELDR übertrat. Darüber hinaus gibt es Spekulationen, nach denen die tschechische ODS, bisher Mitglied in der EVP-ED-Fraktion, spätestens nach der nächsten Wahl 2009 gemeinsam mit den britischen Konservativen aus der Fraktion austreten und eine eigene, europaskeptische Fraktion (womöglich mit der polnischen Partei „Recht und Gerechtigkeit" PiS) gründen wolle. Während der ODS-Vorsitzende Mirek Topolanek diese Pläne dementierte, bestätigte ein ODS-Europaparlamentarier, dass „die ODS-Gruppe im EP bereit ist, ernsthaft einen Austritt aus der EVP-Fraktion in Erwägung zu ziehen."[816] Zusammen stellen die drei Kräfte im aktuellen Parlament 43 Abgeordnete, gemeinsam könnten sie also theoretisch die viertstärkste Fraktion bilden und wären aktuell größer als die Grünen-Fraktion. Als größte Auswirkung der Osterweiterung erscheint bislang die Gründung der rechtsextremen Fraktion „Identität, Tradition und Souveränität (ITS)" im Januar 2007. Zu dieser Fraktion gehörten unter anderem die Abgeordneten von Vlaams Belang, Front National und der FPÖ, doch fast die Hälfte der Abgeordneten (neun der 23) waren ultra-rechte Parlamentarier aus den neu beigetretenen Staaten Rumänien und Bulgarien. Erstmals seit 1994 gab es damit wieder eine rechtsextreme Fraktion im EP, möglich wurde die Fraktionsgründung (zu der mindestens 20 Abgeordnete nötig sind) nur durch den Beitritt von Rumänien und Bulgarien. Nach internen Streitigkeiten und dem Rückzug der rumänischen Abgeordneten im November 2007 musste die Fraktion allerdings wieder aufgelöst werden, da sie die Mindestgröße nicht mehr erreichte. Hier zeigt sich, dass eine Demokratisierung der Europäischen Union auch anti-europäische Kräfte stärken kann: Die (demokratisch gewollte) finanzielle Unterstützung von EP-Fraktionen, die mit dem Geld Mitarbeiter und Kampagnen finanzieren und so den europäischen Gedanken in die Öffentlichkeit tragen können, führt im Fall der ITS zu einer Unterstützung von Gegnern des politischen Systems. Nicht nur auf Fraktionsebene, sondern auch auf Parteiebene können anti-europäische Kräfte von

---

[816] So der MdEP Milan CABRNOCH, zitiert nach dem Länderbericht Tschechien der KAS-Außenstelle Prag vom 30. Juni 2006, Seite 5, abrufbar unter http://www.kas.de/proj/home/pub/ 11/1/index.html.

den Entwicklungen der europäischen Integration paradoxerweise profitieren, was im Anschluss im Kapitel über die Parteienverordnung näher erläutert wird.

Da die Europarteien einen vergleichsweise großen Einfluss auf die Entwicklung von politischen Parteien in den postkommunistischen Beitrittsländern hatten und dort einige Hilfestellung geleistet haben, kann man künftig eine indirekte Stärkung der Europarteien erwarten: Für viele ostmitteleuropäische Politiker in Rat, Kommission und Parlament haben die Europarteien vermutlich einen höheren Stellenwert als für westeuropäische Politiker, die teilweise noch die Entstehung ihrer transnationalen Partei als losen Interessenverbund kennen und ihr daher keine so große Bedeutung zumessen. Ob diese Verbundenheit mit der Europartei jedoch konkret zu einem Bedeutungszuwachs und zu mehr Einfluss der Parteien auf die EU-Institutionen führen kann, bleibt abzuwarten.

2. Die Parteienverordnung

> *If we are serious about Europe, then we have to be serious about*
> *the European Parties.That means according them a clear status.*
> *It also means they need a degree of financial autonomy.*[817]

a) Vorgeschichte

Der Wunsch nach einer Klärung der finanziellen und rechtlichen Bedingungen für Parteien auf europäischer Ebene existierte schon sehr lang, war jedoch aufgrund unterschiedlichster Vorstellungen (und manchmal auch aufgrund von mangelndem Interesse der Staats- und Regierungschefs) lange nicht realisierbar. Schon die Einführung des Parteien-Artikels in den Maastrichter Vertrag hatten sich die Führer der drei großen europäischen Parteifamilien dieser Zeit anders vorgestellt: Die Präsidenten von EVP, Sozialisten und Liberalen hatten am 1. Juli 1991 einen gemeinsamen Brief an die Präsidenten der Kommission, des Europaparlaments, des Europäischen Rates und des Ministerrates geschickt, in dem sie Vorschläge für einen

---

[817] Wilfried MARTENS, EVP-Präsident, zitiert nach DAY/SHAW: The Evolution of Europe´s Transnational Political Parties, a.a.O., S. 160.

europäischen Parteienartikel machten.[818] Die Parteifamilien forderten darin, die Rolle der Europäischen Parteien im Prozess der Demokratisierung des politischen Systems der EU anzuerkennen.[819] Die Vorschläge lehnten sich eng an den deutschen Grundgesetz-Artikel 21 an, der vorgeschlagene Artikel lautete: „Europäische Parteien sind als Faktoren der Integration innerhalb der Union unerlässlich. Sie wirken mit bei der Konsensbildung und bei der Formulierung des politischen Willens der Bürger der Union. Als Europäische Parteien sind die föderativen Vereinigungen von nationalen Parteien anzusehen, die in der Mehrzahl der Mitgliedstaaten der EG bestehen und die gleichen Orientierungen und Ziele haben; sie bilden im EP eine einzige Fraktion. Sie müssen über die Herkunft ihrer Mittel öffentlich Rechenschaft ablegen."[820] Die in Maastricht tatsächlich beschlossene Fassung des Artikels 138a war jedoch nur eine politische Grundsatz-Erklärung und stellte keine rechtliche Basis für eine Regelung zu finanziellen und juristischen Rahmenbedingungen dar: „The final formulation of Article 138a fell short of the more substantial and precise wordings proposed (…) by the presidents of the three party federations. The Article specified neither the funding of the Europarties nor their role in European elections and particularly in the nomination procedures."[821] Auch wenn manche Juristen der Meinung waren, der Artikel stelle doch eine verbindliche Rechtsnorm mit unmittelbarer Geltungskraft dar und besäße nicht lediglich symbolischen Wert, bestand jedenfalls ein Konsens darüber, dass der Artikel einer Konkretisierung bedürfe.[822] Allerdings gab es auch bei der Regierungskonferenz von 1996 und im Vertrag von Amsterdam keine Änderungen, die Frage der Finanzierung wurde nicht beantwortet. Trotz der Bemühungen einiger Regierungen und des Berichts des konstitutionellen Ausschusses des EP

---

[818] Zum Teil wird behauptet, die Initiative hierzu sei von den Schatzmeistern der Parteizusammenschlüsse ausgegangen, die an Zuwendungen aus dem EU-Haushalt interessiert gewesen seien, so DAMM: Hoffnungsträger, a.a.O., S. 415; TSATSOS/DEINZER: Europäische Politische Parteien, a.a.O., S. 19.

[819] So die Formulierung in dem Brief, zitiert nach JANSEN: Entstehung, a.a.O., S. 30.

[820] Zitiert nach PAPADOPOULOU: Politische Parteien auf europäischer Ebene, a.a.O., S. 115.

[821] Karl Magnus JOHANSSON/Tapio RAUNIO: Regulation Europarties, in: Party Politics Vol. 11, Heft 5/2005, S. 515–534 (S. 522).

[822] Vgl. zu dieser Diskussion auch PAPADOPOULOU: Politische Parteien auf europäischer Ebene, a.a.O., S. 117, m.w.N. in Fußnoten 20 und 21.

(als „Tsatsos-Bericht" bekannt geworden) blieben Änderungswünsche un-
berücksichtigt – die Regierungen hatten mit den sogenannten „left-overs"
von Maastricht Angelegenheiten von höherer Dringlichkeit zu lösen.

Im Februar 2000 präsentierten die Generalsekretäre von EVP, SPE, ELDR,
EFGP und der EFA einen Vorschlag für ein Parteienstatut, in dem der
rechtliche Status, die Funktionen und die künftige Finanzierung von europäischen Parteien geregelt wurden. Der Wunsch nach der Einführung einer
solchen Regelung wurde im Vertrag von Nizza aufgegriffen und durch die
Einführung von Absatz 2 des Parteien-Artikels 191 EGV präzisiert, der
lautet: „Der Rat legt gemäß dem Verfahren des Art. 251 die Regelungen für
die politischen Parteien auf europäischer Ebene und insbesondere die Vorschriften über ihre Finanzierung fest." Diese Regelung war nötig geworden,
da die bisherigen Finanzierungsmodalitäten immer heftiger angegriffen
wurden. Die Finanzierung der europäischen Parteien erfolgte bislang aus
den Mitteln der Fraktionen des Europäischen Parlaments. Der EuGH und
der Europäische Rechnungshof hatten diese Praxis mehrfach kritisiert und
diese Finanzierungsweise als problematisch eingestuft.[823] Sie akzeptierten
die bisherigen Regelungen lediglich als vorübergehend, bis ein Statut der
europäischen Parteien und Vorschriften für ihre Finanzierung angenommen würden. Die bisherige Praxis war damit zwar nicht illegal, doch sie
bewegte sich in einer rechtlichen Grauzone.[824] Auch im Parlament wurde
die Alimentierung der Parteien durch die jeweiligen Fraktionen skeptisch
bewertet: „Diese Vermischung von Parlamentsarbeit und Parteiarbeit hat
der Rechnungshof zu Recht moniert, und das Parlament hat dann versprochen, bis zur Europawahl 2004 eine Trennung herbeizuführen."[825] Die Parteienverordnung von 2003 regelt daher nicht nur Begrifflichkeiten (siehe
hierzu die Ausführungen in Kapitel III. 1. über die Definition von Europäischen Parteien), sondern in erster Linie finanzielle Aspekte (vgl. Kapitel III.
3. über das Verhältnis der Parteien zu ihren Fraktionen). Bei der Realisie-
rung der Verordnung hat die in Nizza beschlossene Einführung des oben

---

[823] Die Entscheidung des EuGH ist nachzulesen in DVBl 1986, S. 955ff, die Berichte
    des Europäischen Rechnungshofes zum Beispiel im Sonderbericht Nr. 13/2000
    über die Ausgaben der Fraktionen des EP, ABlEG Nr. C 181 vom 28. Juni 2000, 1
    (S. 9).

[824] Vgl. LADRECH: Party of European Socialists, a.a.O., S. 90.

[825] Interview mit Jo LEINEN vom 6. Juni 2006.

erwähnten Absatz 2 des Parteienartikels eine große Rolle gespielt: Vor Einführung dieses Absatzes hätte eine Parteienverordnung nur einstimmig erlassen werden können gemäß Artikel 308 EGV – an der mangelnden Einstimmigkeit war 2001 ein erster Verordnungsentwurf im Ministerrat trotz der Bemühungen der belgischen Ratspräsidentschaft gescheitert.[826] Während auch in Nizza also keine Einigung über eine Parteienverordnung erfolgte, gelang mit dem neuen Absatz 2 des Artikel 191 EGV immerhin die Einigung auf den Vorschlag der Kommission, über eine künftige Verordnung statt mit Einstimmigkeit mit Mehrheit gemäß Artikel 251 abzustimmen – dies sollte sich 2003 auszahlen. Die Kommission hatte am 19. Februar 2003 einen Verordnungsentwurf vorgelegt, im Parlament wurde dieser Entwurf in einigen Punkten abgeändert und die vom Rat gewünschten Änderungen direkt eingebaut. Statt also den Entwurf in erster Lesung zu verabschieden und dann dem Rat vorzulegen, wurden die Wünsche des Rats direkt berücksichtigt, worüber drei Abgeordnete bis kurz vor der Parlamentssitzung mit dem Rat verhandelt hatten. Auch die Entstehung der aktuellen Verordnung war im Rat äußerst umstritten, eine Einigung erschien lange Zeit fraglich und kam nur zustande, weil keine Einstimmigkeit erforderlich war. Schließlich wurde die Verabschiedung durch das Einlenken der griechischen Regierung erleichtert:

„Dank der griechischen Präsidentschaft 2003 ist das (...) gelungen, obwohl die Widerstände im Rat enorm waren von denjenigen, die das gar nicht wollten und denen, die Sonderprobleme hatten. Bei der Frage „was ist eine europäische Partei" – da haben wir ja eine gewisse Repräsentanz angelegt, in einem Viertel der Mitgliedstaaten sollte man vertreten sein – da waren die Österreicher dagegen wegen der FPÖ und Herrn Haider, da war Italien unter Berlusconi dagegen wegen der Lega Nord, da waren die Dänen dagegen wegen der Juni-Bewegung des Herrn Bonde – da hatte man also schon drei,

---

[826] Vgl. Hans Herbert VON ARNIM: Die neue EU-Parteienfinanzierung, in: Neue Juristische Wochenschrift NJW, Heft 5/2005, S. 247–253 (S. 248). Die damalige Berichterstatterin Ursula SCHLEICHER (EVP) kritisierte: „Was aber macht der Ministerrat? Ungeachtet der Kritik und der Drohung (durch den Rechnugshof, Anmerkung CzH) kann man sich dort nicht einigen, da weiterhin Einstimmigkeit erforderlich ist." Zitiert nach Thorsten ZIMMERMANN: „Europäisches Parteienstatut verabschiedet", Artikel für das Europabüro der Konrad-Adenauer-Stiftung vom 30. Juni 2003, abrufbar unter www.kas.de/proj/home/pub/9/1/year-2003/dokument_id-2112/index.html.

die aus diesem Grund dagegen waren. Dann hatten wir die Frage „sind europäische Parteien spendenfähig" – das war noch ein größerer Block: in vier Ländern sind Spenden an Parteien verboten, in Frankreich, Belgien, Portugal und Griechenland. (…) An diesen beiden Fragen – Repräsentativität und Spendenfähigkeit – wäre das beinahe daneben gegangen. Die Regierung Simitis wollte das [die Parteienverordnung, Anmerkung C.z.H.] aber, und hat dann auch geholfen."[827]

Im Rat stimmte am 16. Juni 2003 eine große Mehrheit für die Verordnung, nur Österreich, Italien und Dänemark lehnten die Verordnung ab, weil sie die Mindestanzahl der Länder von einem Viertel der Mitgliedstaaten auf drei Länder senken wollten. Am 19. Juni stimmte dann auch das Parlament allen Änderungsanträgen zu, die Verordnung wurde im EP mit 345 Ja-Stimmen angenommen, bei 102 Gegenstimmen und 34 Enthaltungen (die neben der Verordnung auch das Prozedere der Abstimmung kritisierten[828]). Am 29. September 2003 stimmte der Rat auch formell der Verordnung zu, wobei erneut Österreich, Italien und Dänemark dagegen stimmten.

b) Inhalt und Analyse

Bevor die Verordnung und ihre Auswirkung auf die Europarteien kritisch analysiert werden können, sollen zur besseren Übersichtlichkeit die wesentlichen Regelungen der Verordnung hier nochmals auf einen Blick zusammengefasst werden:

- Politische Parteien auf europäischer Ebene sind definiert als politische Partei (Vereinigung von Bürgern, die politische Ziele verfolgt und nach der Rechtsordnung mindestens eines Mitgliedstaates anerkannt ist) oder als Bündnis politischer Parteien (strukturierte Zusammenarbeit mindestens zweier Parteien)

---

[827] Interview mit Jo LEINEN vom 6. Juni 2006. LEINEN war damals Berichterstatter des EP in dieser Frage.

[828] Kritiker innerhalb des Parlaments monierten, dass die Aussprache im Plenum am 18. Juni erst sehr spät stattfand. So meinte der fraktionslose MdEP DELL´ALBA, es sei „kein Zufall, dass die Aussprache um 22.00 Uhr in aller Heimlichkeit stattfindet. Man ist dabei, unter uns acht Millionen Euro aufzuteilen, und tut dies natürlich ganz diskret." Vgl. die Dokumentation der Debatte unter www.europarl.europa.eu/sides/getDoc.do?pubRef=-//EP//TEXT+CRE+20030 618+ITEM-009+DOC+XML+V0//DE&language=DE.

- Europarteien müssen in dem Mitgliedstaat, in dem sie ihren Sitz haben (in der Regel Belgien), Rechtspersönlichkeit besitzen

- Programme und Aktivitäten der Europarteien müssen die Grundsätze, auf denen die EU beruht, beachten, so beispielsweise die Grundsätze der Freiheit, der Demokratie, der Menschenrechte oder der Rechtsstaatlichkeit

- Europarteien müssen an EP-Wahlen teilgenommen haben oder die Absicht bekunden, dies zu tun

Darüber hinaus gibt es einige Kriterien für die Verteilung von finanziellen Mitteln:

- Die Finanzierung aus den EU-Mitteln darf maximal 75% des Budgets einer EPP ausmachen, mindestens 25% ihres jährlichen Budgets müssen die EPP also selbst aufbringen

- Die Beiträge der Mitgliedsparteien dürfen maximal 40% des Jahresbudgets der jeweiligen EPP ausmachen

- Ein- und Ausgaben sowie Spenden von mehr als 500 Euro müssen veröffentlicht werden, verboten sind anonyme Spenden, Spenden von den Fraktionen, Spenden von öffentlichen Unternehmen sowie allgemein Spenden von über 12000 Euro

- EPP müssen entweder in mindestens einem Viertel der Mitgliedstaaten durch Mitglieder des EP oder in nationalen Parlamenten/regionalen Parlamenten/Regionalversammlungen vertreten sein *oder* in mindestens einem Viertel der Mitgliedstaaten bei der letzten Wahl zum EP mindestens 3% der Stimmen in jedem dieser Mitgliedstaaten erreicht haben, um in den Genuss von finanzieller Förderung zu gelangen

- 85% der bewilligten Gesamtmittel werden unter denjenigen aufgeteilt, die *darüber hinaus* durch gewählte Mitglieder im EP vertreten sind (die Aufteilung erfolgt im Verhältnis zur Zahl der jeweiligen Mitglieder), die restlichen 15% der Mittel kommen allen EPP zugute, deren Antrag auf Gewährung einer Finanzierung stattgegeben wurde.

Die Verordnung ist auf viel Kritik gestoßen. Einige kritische Überlegungen sollen hier näher analysiert werden. Ganz grundsätzlich wird moniert, dass die bisherigen Europarteien gar keine Parteien seien und dass die Verordnung daher nur auf echte europäische Bürgerparteien Anwendung finden könne, nicht jedoch auf die existierenden Parteibündnisse. Nach dem oben gesagten (vgl. Kapitel III., Punkte 1. und 4.) ist der Begriff „Partei" auf europäischer Ebene zwar undeutlich, weil Europarteien in erster Linie „Parteien von Parteien" sind, in der Regel keine stimmberechtigten individuellen Mitglieder haben und zudem teilweise andere Funktionen als klassische Parteien erfüllen. Solange sich aber das System der EU von demjenigen klassischer Nationalstaaten unterscheidet, ist es nur konsequent, dass europäische Parteien nicht nach dem gleichen Maßstab gemessen werden können wie nationale Parteien. Der Vorwurf, durch das Verschiedensein der Europarteien von klassischen Parteien könne man die Parteibündnisse nicht als „Parteien" und unter Artikel 191 EGV subsumieren, ist daher zu eng gedacht, ebenso wie der darausfolgende Schluss, die Parteienverordnung könne nur auf neuzugründende Parteien im klassischen Sinne angewandt werden und nicht auf die bestehenden Parteibündnisse.[829] Richtig ist jedoch der Hinweis auf die enge Verzahnung zwischen den Anforderungen des politischen Systems an die Europarteien auf der einen Seite und den Umfang der Finanzierung auf der anderen Seite: Eine öffentliche Finanzierung von Parteien ist grundsätzlich nur dann rechtmäßig, wenn diese für das Funktionieren der Verfassungsordnung notwendig sind.[830] Die Dynamik des europäischen Integrationsprozesses und die berechtigte Erwartung, dass Europarteien schon bald eine wichtigere Rolle im politischen System der EU wahrnehmen werden (insbesondere bei den Europawahlen), lassen es aber gerechtfertigt erscheinen, die Parteien mit öffentlichen Finanzmitteln dabei zu unterstützen, diese künftigen Funktionen ausüben zu können.

Kritischer ist das Erfordernis zu bewerten, dass eine Europartei in mindestens einem Viertel der Mitgliedstaaten erfolgreich sein muss, um finanziert zu werden. Dies bedeutet nach der Erweiterung immerhin das erfolgreiche Antreten in sieben Ländern. Diese Hürde ist für neu entstehende oder klei-

---

[829] So jedoch Hans Herbert VON ARNIM/Martin SCHURIG: Die EU-Verordnung über die Parteienfinanzierung, Münster 2004, S. 32 und 33. Hier wird beispielsweise argumentiert, dass das Definitionsmerkmal „Teilnahme an Europawahlen" für die existierenden EPP nicht zutreffe, da nicht sie, sondern ihre nationalen Mitgliedsparteien zu den Europawahlen antreten.

[830] Vgl. PAPADOPOULOU: Politische Parteien auf europäischer Ebene, a.a.O., S. 247.

nere europäische Parteien sehr hoch angesetzt. Für sie ist eine Finanzierung ohnehin nur eingeschränkt gewährleistet, wenn sie nicht außerdem Abgeordnete ins EP schicken können – 85% aller Gelder sind für diejenigen Parteien reserviert, die durch gewählte Mitglieder im Europaparlament vertreten sind. Doch auch der Zugang zu dem kleineren Anteil von 15% ist schwierig, da der Einzug in die nationalen Parlamente oft an Hürden geknüpft ist. Es gibt zwar einige nationale und regionale Parlamente, die vergleichsweise groß sind und in denen auch kleinere Parteien mit Abgeordneten vertreten sind. Als Beispiel kann die Partei „True Finns" gelten, die bei der Parlamentswahl 2003 mit 43.791 Stimmen (1,6%) drei Sitze im 200köpfigen finnischen Parlament errang.[831] In anderen Ländern ist das Erreichen bzw. Überspringen dieser Messlatte allerdings deutlich schwerer, so verhindert die deutsche 5%-Hürde bei Wahlen den Einzug kleinerer Parteien in den Bundestag oder die Länderparlamente. Für neue Parteien ist der Einzug in die Parlamente von gleich sieben Mitgliedstaaten daher außerordentlich schwierig.

Allerdings erscheint diese Regelung im Sinne der Gleichbehandlung und der Klarheit nicht so schlecht und unfair wie teilweise behauptet.[832] Es würde beispielsweise wenig Sinn machen, für jedes Land andere Hürden einzuführen oder Ausnahmen für Länder mit hohen Sperrklauseln zu gestatten. Um wirklich als europäische Partei gelten zu können, ist auch eine Messlatte von Mitgliedstaaten, in denen die Partei erfolgreich sein muss, sinnvoll – ein Antreten in nur zwei oder drei Staaten kann – entgegen der Meinung von Österreich, Dänemark und Italien bei der Ratsentscheidung – für eine *europäische* Partei nicht ausreichend sein, da dies eher bilaterale Zusammenarbeit begünstigen würde und nicht zu umfassenden Bündnissen (mit der Notwendigkeit zum Ausgleich verschiederner nationaler Interessen) anregen würde.[833] Im Rahmen der Erweiterung hätte man jedoch überlegen können, ob es zur Qualifizierung als Europartei nicht ausreicht, wenn eine Partei in einem Sechstel der Mitgliedstaaten (im Europa der 27 also in immerhin fünf Ländern) erfolgreich ist, dies hätte insbesondere neu-

---

[831] Vgl. die Zahlen bei VON ARNIM/SCHURIG: Die EU-Verordnung über die Parteienfinanzierung, a.a.O., S. 55.

[832] Kritisch VON ARNIM/SCHURIG: Die EU-Verordnung über die Parteienfinanzierung, a.a.O., S. 56.

[833] Vgl. PAPADOPOULOU: Politische Parteien auf europäischer Ebene, a.a.O., S. 187.

en Gruppierungen die Chance gegeben, an dem „kleinen Topf" der 15% beteiligt zu werden. Die Gefahr einer zu großen Zersplitterung der Parteienlandschaft hätte bei einer Hürde von fünf Ländern wohl nicht bestanden.[834] Immerhin stellt die momentane Quote von einem Viertel eine Verbesserung dar im Vergleich zu dem Vorschlag der Kommission bzw. im Vergleich zu einem früheren Vorschlag des Parlaments, in dem für die Finanzierung als Europartei noch die Existenz in einem Drittel der Mitgliedstaaten verlangt worden war.[835]

Auch die Schwelle von 3% der Stimmen bei der Europawahl in mindestens sieben Ländern (dies stellt die zweite Möglichkeit dar, in den Kreis der berechtigten EPP zu gelangen) ist für neue Parteien recht hoch angesetzt: Auch hier dürfte es für kleine Parteien schwierig werden, diesen Wert in gleich sieben Staaten zu erfüllen. Nach dem Kommissionsvorschlag sollte die Hürde sogar bei 5% liegen. Insbesondere neue Parteien, deren einziges Ziel die Mitwirkung am europäischen Willensbildungsprozess sein dürfte (wie die oben vorgestellten „Newropeans"[836]), werden nicht zu nationalen oder regionalen Wahlen antreten. Für sie bleibt also nur die Möglichkeit, mit 3% der Stimmen bei einer Europawahl als europäische Partei anerkannt und finanziert zu werden. Die 3%-Messlatte ist zu hoch angesetzt, hier wäre ein niedrigerer Wert sinnvoll gewesen. Eine Hürde von einem Prozent hätte vermutlich ausgereicht, um eine Finanzierung allzu kleiner Splitter-

---

[834]   Anderer Ansicht Jo LEINEN in der Plenardebatte am 18. Juni 2003: „Ein Viertel ist allerdings dann auch eine notwendige Schwelle, wenn wir die Zersplitterung der Parteienlandschaft verhindern wollen (…)", abrufbar unter www.europarl. europa.eu/sides/getDoc.do?pubRef=-//EP//TEXT+CRE+20030618+ITEM-009 +DOC+XML+V0//DE&language=DE.

[835]   Vgl. den Vorschlag für eine Verordnung des EP und des Rates über die Satzung und Finanzierung europäischer politischer Parteien, KOM(2003) 77endg. vom 19. Februar 2003. Diese Hürde wurde interessanterweise vom Parlament vorgeschlagen. Im ursprünglichen Kommissionsvorschlag vom Mai 2001 war in Artikel 3 eine Finanzierung bereits vorgesehen, wenn die Partei in fünf Mitgliedstaaten vertreten ist (vgl. KOM(2000)898endg). Dies wurde vom Parlament abgelehnt mit der Begründung: „Ahead of the forthcoming enlargement, it makes more sense to express representativeness through a proportion than a specific figure." Der Parlamentsbericht forderte dann die Quote von einem Drittel der Mitgliedstaaten, vgl. den sog. SCHLEICHER-Bericht vom 3. Mai 2001 (A5-0167-2001endg).

[836]   Vgl. Kapitel IV. 4. a) iii.

parteien zu verhindern (schließlich muss auch diese Hürde in einem Viertel der Mitgliedstaaten überwunden werden, so dass irgendwelche nationalen „Spaßparteien" von vornherein keine Chance hätten). Das Beispiel der Bundesrepublik, die nicht gerade für eine zersplitterte Parteienlandschaft bekannt ist, kann dies verdeutlichen: Nach dem deutschen Parteiengesetz (§18, Absatz 4) wird eine Partei bereits an der Staatsfinanzierung beteiligt, wenn sie 0,5% der Stimmen bei Bundestags- oder Europawahlen oder 1% der Stimmen bei Landtagswahlen erhalten hat.

Problematisch erscheint auch das Erfordernis, zusätzlich mit Abgeordneten im EP vertreten zu sein, um an dem 85%-Topf beteiligt zu werden. Auch hier verzerrt die Existenz von Sperrklauseln das Bild: Eine europäische Partei, die beispielsweise in Belgien, Spanien, Finnland, Italien, Malta, Estland und Lettland antritt (Länder ohne Sperrklauseln), bräuchte insgesamt nur gut 1,1% der Stimmen, eine Partei, die in Deutschland, Frankreich, Österreich, Schweden, Polen, Tschechien und Ungarn antritt, würde hingegen etwa 5,4% der Stimmen benötigen.[837] Nach diesen Regelungen kommt der 85%-Anteil nur den bisher etablierten großen europäischen Parteien zugute.

Vorschläge für eine gerechtere Verteilung der Gelder sehen insbesondere vor, die Beteiligung an den öffentlichen Mitteln nach den Stimmen, die eine Partei bei der Europawahl erlangt, zu bemessen, statt an der Anzahl der Abgeordneten.[838] Dies hätte gleich mehrere Vorteile: Es würde erstens bedeuten, dass das Problem des ungleichen Stimmengewichts und der fehlenden Wahlgleichheit bei der Europawahl nicht auf die Finanzierung der Parteien übertragen würde, und zweitens wäre die Folge, dass neue europäische (Bürger-)Parteien nicht versuchen müssten, bei irgendwelchen na-

---

[837] Vgl. die Berechnungen von VON ARNIM/SCHURIG: Die EU-Verordnung über die Parteienfinanzierung, a.a.O, Anlage 4c. Als Basis der Berechnungen wurde die Wahlbeteiligung bei der EP-Wahl 1999 zu Grunde gelegt, für die neuen Mitglieder haben die Autoren eine fiktive Wahlbeteiligung von 50% unterstellt. Daher mögen diese Berechnungen aus statistischer Sicht etwas ungenau sein, sie verdeutlichen jedoch das grundsätzliche Problem.

[838] Vgl. Heike MERTEN: Verordnung über die Regelungen für die politischen Parteien auf europäischer Ebene und ihre Finanzierung, in: Mitteilungen des Instituts für Deutsches und Europäisches Parteienrecht und Parteienforschung, Heft 12 2004/2005, S. 47–50 (S. 49); VON ARNIM/SCHURIG: Die EU-Verordnung über die Parteienfinanzierung, a.a.O, S. 65f.

tionalen Parlaments- oder Regionalwahlen Erfolge zu erzielen, sondern sich ganz auf ihr genuines Betätigungsfeld Europa konzentrieren könnten. Die etablierten Europarteien müssten stärker als bisher tatsächlich als eine Partei antreten, sei es dadurch, dass die Kandidaten auf einheitlichen Listen antreten oder zumindest dadurch, dass bei den Kandidaten der nationalen Parteien deutlich wird, welcher Europartei sie angehören (vgl. die Vorschläge oben in Kapitel IV. 2. a)). Darüber hinaus hätte eine solche Regelung den Vorteil, dass die hohe Hürde von mindestens sieben Abgeordneten aus verschiedenen Ländern (einem Viertel der Mitgliedstaaten) wegfiele. Um nicht jede Splitterpartei an den Finanzen für die Europarteien zu beteiligen, könnte man die oben genannten Vorschläge aufgreifen und eine Finanzierung ab einem europaweiten Wahlergebnis von einem Prozentpunkt gestatten, sofern die Partei in mindestens einem Fünftel der Mitgliedstaaten antritt.

Die Regelungen zu Spenden sind zum Teil strenger als in Deutschland: Während für Spenden an deutsche Parteien keine Obergrenze existiert, erlaubt die europäische Verordnung in Artikel 6c, Spiegelstrich 4 nur Spenden bis zu einer Höchstgrenze von 12000 Euro. Der ursprüngliche Vorschlag der Kommission hatte in Artikel 5 Absatz 3b Spiegelstrich d) als Obergrenze sogar nur 5000 Euro vorgesehen. Hinsichtlich der nötigen Transparenz ist es jedoch problematisch, dass eine Stückelung größerer Spenden in Beträge unter 500 Euro (die somit nicht publiziert werden müssen) möglich bleibt. Die Obergrenze bezieht sich zwar auf Spenden „pro Jahr und Spender", hinsichtlich der Publikation bleibt hier aber eine Lücke. So bemängelte der Grünen-Abgeordnete Gérard Onesta in der Parlamentsdebatte, es sei „ganz einfach, die Beträge zu splitten, um alle Limits zu überschreiten und jede Transparenz zu umgehen."[839] Zudem sind wirksame Sanktionen kaum vorgesehen. So zieht beispielsweise ein Verstoß gegen das Verbot, Spenden von den EP-Fraktionen anzunehmen, keine konkreten Sanktionen nach sich. Auch bei der Annahme von verbotenen Spenden oder dem Nicht-Deklarieren von Spenden fehlen Sanktionsbestimmungen. Außerdem wird die fehlende Abgrenzung zwischen Spenden und Beiträ-

---

[839]	Dokumentation der Plenardebatte vom 18. Juni 2003, www.europarl.europa.eu/
	sides/getDoc.do?pubRef=-//EP//TEXT+CRE+20030618+ITEM-009+DOC+XM
	L+V0//DE&language=DE.

gen von EP-Fraktionen kritisiert: Da nur Spenden verboten sind, nicht aber Beiträge, kann die vorgesehene Grenze (maximal 75% der Gelder dürfen aus EU-Mitteln kommen) relativ leicht umgangen werden.

Fehlende Transparenz kann man auch in einem anderen Zusammenhang bemängeln: Die Höhe der insgesamt bereitgestellten Finanzmittel ist nicht festgelegt. Es gibt, anders als beispielsweise im deutschen Parteiengesetz, keine Obergrenze für öffentliche Parteienfinanzierung.[840] Die Summe wird vielmehr in einem Haushaltstitel bestimmt, sie wird also „nicht im normalen Gesetzgebungsverfahren behandelt, was die Öffentlichkeit auf anstehende Vorhaben aufmerksam und unangemessene Erhöhungen erschweren würde. Auch im Amtsblatt werden Erhöhungen nicht veröffentlicht. Ebenso wenig bedürfen Erhöhungen der Zustimmung des Ministerrats."[841] Zwar muss der Rat dem Haushaltsplan insgesamt zustimmen, doch existiert zwischen Rat und Parlament eine Art „Gentlemen´s Agreement", wonach beide Institutionen die Haushaltspläne des jeweils anderen als dessen eigene Angelegenheit begreifen und sie ohne nähere Prüfungen oder Beanstandungen akzeptieren. Für das zweite Halbjahr 2004 waren für die Europarteien insgesamt 6,5 Millionen Euro an Mitteln vorgesehen, der jetzige SPE-Fraktionsvorsitzende Martin Schulz meinte schon zuvor: „Da hat der europäische Gesetzgeber und der Haushaltsausschuss vielleicht nicht den richtigen Mut gehabt. (...) Ein erster Schritt ist gemacht, ich glaube nicht, dass das reicht. Auf Dauer wird man mehr Geld brauchen."[842] Auf der einen Seite ist es richtig, die noch im Entstehen begriffenen Europarteien finanziell ausreichend zu fördern, damit sie ihren Aufgaben nachkommen können und sowohl von den nationalen Parteien als auch von ihren Fraktionen unabhängig werden. Die EVP arbeitet zum Beispiel mit 16 Mitarbeitern in Brüssel: „Das ist ohnehin am unteren Ende dessen, was zumutbar ist, wenn man die Dinge einigermaßen wahrnehmen will, die eigentlich für

---

[840] § 18 PartG Absatz 2 lautet: „Das jährliche Gesamtvolumen staatlicher Mittel, das allen Parteien höchstens ausgezahlt werden darf, beträgt 133 Millionen Euro (absolute Obergrenze)."

[841] VON ARNIM/SCHURIG: Die EU-Verordnung über die Parteienfinanzierung, a.a.O, S. 85.

[842] Martin SCHULZ im ARD-Magazin „Report" am 27. Oktober 2003, zitiert nach VON ARNIM/SCHURIG: Die EU-Verordnung über die Parteienfinanzierung, a.a.O., S. 48.

eine Partei wichtig sind."[843] Jedoch müssen die Parlamentarier aufpassen, dass sie ihre Parteien nicht durch übertriebene Erhöhungen diskreditieren und so ihr Ansehen vermindern.[844]

Durch die Tatsache, dass das Parlament selbst über die Anerkennung einer Gruppe von Parteien als Europartei entscheidet (und nicht etwa die Kommission oder ein unabhängiges Gremium) kann leicht der Verdacht entstehen, hier wollten die bestehenden Parteien unliebsame Konkurrenten ausschließen – insbesondere wenn die Entscheidung vom Parlamentspräsidium und nicht vom öffentlich verhandelnden Plenum getroffen wird.[845]

Schließlich wird von den Europarteien selbst kritisiert, dass sie sich nach belgischem Vereinigungsrecht (das nicht für Parteien geschaffen wurde) registrieren lassen müssen. Das belgische Recht ist hier ziemlich unflexibel und für die Organisation der Europarteien unpassend: „Daraufhin mussten wir im Grunde die ganze Partei umstrukturieren, um in den Rechtsstatus einer belgischen Vereinigung zu passen, und das ist schlicht und ergreifend unakzeptabel. Wir haben das natürlich gemacht, weil wir darauf angewiesen waren es zu tun, sonst hätten wir kein Geld bekommen."[846] Zudem hat die Tatsache, dass die Parteien ihren Sitz implizit in Belgien haben müssen (theoretisch könnten sie ihren Sitz überall in Europa haben, doch praktisch können sie nur von Brüssel aus auf europäische Politik einwirken[847]), zu ganz praktischen Verschlechterungen für die Mitarbeiter geführt, da diese durch die belgischen Arbeitsverträge in der Regel schlechter gestellt werden als zuvor.[848]

---

[843] Christian KREMER, Interview vom 25. November 2005.

[844] Ebenso – wenngleich in anderem Zusammenhang – BVerfGE 85, 264 (290): „Gewönne der Bürger den Eindruck, die Parteien ‚bedienten' sich aus der Staatskasse, so führte dies notwendig zu einer Verminderung ihres Ansehens und würde letztlich ihre Fähigkeit beeinträchtigen, die ihnen von der Verfassung zugewiesenen Aufgaben zu erfüllen."

[845] Vgl. MERTEN: Verordnung über die Regelungen für die politischen Parteien; ebenso VON ARNIM: Die neue EU-Parteienfinanzierung, a.a.O., S. 252.

[846] Christian KREMER, Interview vom 25. November 2005.

[847] Zum Zeitpunkt der Fertigstellung dieser Arbeit hat nur eine Europäische Partei ihren Sitz nicht in Brüssel: Die „Allianz für ein Europa der Nationen" hat ihren Sitz in Luxemburg.

[848] Vgl. Christian KREMER, Interview vom 25. November 2005.

Insgesamt ist die Parteienverordnung jedoch – trotz der Kritikpunkte – ein sinnvolles Instrument zur Aufwertung europäischer Parteien. Dadurch, dass die Europarteien zumindest in dem Land ihres Sitzes über eine Rechtspersönlichkeit verfügen, können sie im eigenen Namen Vermögen kaufen und verkaufen, Mitarbeiter beschäftigen oder Spendenquittungen ausstellen. Außerdem ist die Rechtspersönlichkeit eine Voraussetzung, um einen starken institutionellen Zusammenhalt zu demonstrieren, denn die Europarteien signalisieren damit, dass sie mehr sind als die Summe ihrer Mitglieder – sie bleiben bestehen, auch wenn die Mitglieder wechseln.[849] Um die ihnen zugewiesenen Funktionen in einem europaweiten demokratischen Willensbildungsprozess erfüllen zu können, müssen Parteien über eine angemessene Finanzausstattung verfügen.[850] Übersetzungen, Werbe- und Informationskampagnen, die Durchführung von (parteiinternen sowie öffentlichen) Veranstaltungen sind teuer und müssen bezahlt werden. Wenn im deutschen Parteienrecht eine Obergrenze von 133 Millionen Euro für die deutschen Parteien vorgesehen ist, kann man die 8,4 Millionen Euro, die für 2005 im europäischen Haushaltsplan vorgesehen waren, kaum als übertrieben bezeichnen. Die Festsetzung einer Obergrenze erscheint zwar grundsätzlich sinnvoll, ist aber für die gerade im Entstehen begriffenen Europarteien momentan nicht hilfreich: Es ist unklar, wie sich die Parteien und ihre Aufgaben in den nächsten Jahren entwickeln, außerdem ist nicht absehbar, ob und wieviele neue Parteien entstehen.[851] Eine Finanzierung über die Fraktionen oder die Mitgliedsparteien ist problematisch, da sie die angestrebte Unabhängigkeit der Europarteien erschwert. Eine Finanzierung über Spenden ist hingegen unwahrscheinlich, solange die Europarteien nicht ausreichend bekannt sind. Daher können europäische Parteien ohne öffentliche Finanzierung nicht auskommen. Es ist auch sinnvoll, dass zunächst insbesondere die bestehenden Parteien von der Finanzierung profi-

---

[849] Vgl. BUHR: Europäische Parteien, a.a.O., S. 78.

[850] Ebenso STENTZEL: Integrationsziel Parteiendemokratie, a.a.O., S. 411.

[851] Würde man beispielsweise jetzt, entsprechend den Jahren 2004 und 2005, eine Obergrenze von rund 10 Millionen Euro festsetzen, könnte dies sehr schnell zu wenig sein, wenn neue (Bürger-) parteien entstehen und die Europarteien selbst Wahlkämpfe führen müssen. Setzt man die Obergrenze allerdings ähnlich dem deutschem Recht bei rund 100 Millionen an, würde zu Recht eine Welle der Empörung ausgelöst, da die Parteien für ihre momentanen Aufgaben (noch?) nicht so viel Geld benötigen.

tieren, schließlich ist ihnen am ehesten zuzutrauen, europaweite Wahlkämpfe zu führen und europäische Programme zu vertreten. Gemäß Artikel 12 der Verordnung hat das Parlament Anfang 2006 einen Bericht vorgelegt, in dem die Auswirkungen der Verordnung und mögliche Änderungsvorschläge unterbreitet werden sollten. In dieser Entschließung[852] gibt
es einige Empfehlungen, in denen beispielsweise eine Verbesserung der
längerfristigen finanziellen Planungsmöglichkeiten und -sicherheiten sowie
mehr Flexibilität gefordert wird. So müssen die Parteien bisher bereits Mitte
November den jährlichen Antrag auf Finanzierung stellen, eine Entscheidung des Parlaments wird aber erst drei Monate später gefällt. Diese Lücke
bedeutet praktisch, dass die Europarteien in dieser Zeit ohne finanzielle
Mittel dastehen, zumal sie auch nur sehr geringe Reserven zurücklegen
dürfen. „Die starre Bindung der Finanzmittel an das Rechnungsjahr wurde
wohl von irgendwelchen Buchhaltern erfunden. (…) Das jetzige System
führt dazu, dass im Dezember alles hektisch und unüberlegt ausgegeben
werden muss."[853] Außerdem wird das eben geschilderte Problem der Registrierung angesprochen: Der Zwang, sich nach dem nationalen Recht *eines*
Mitgliedstaates registrieren und eintragen zu lassen, sei ein unhaltbarer Zustand und erschwere die Arbeit. Für transnationale Parteien, die konse-
quenterweise in mehreren EU-Ländern arbeiten wollen, ist diese Regelung
kontraproduktiv. Der Bericht fordert für die Europarteien daher eine europäische Rechtspersönlichkeit, die für die Europarteien gleiche Rechte und
gleiche Pflichten in allen 25 Mitgliedstaaten bedeuten würde. Für die Zukunft verlangt die Entschließung außerdem, dass neben den Regelungen
zur Finanzierung künftig ein richtiges europäisches Parteienstatut[854] nötig
sei, das neben den Rechten und Pflichten der Europarteien auch Regelungen zu individueller Mitgliedschaft und zur Kandidatenaufstellung enthalten soll.

---

[852] Entschließung des EP zu Europäischen Politischen Parteien, P6_TA(2006)0114
vom 23. März 2006.

[853] So Jean-Luc DEHAENE, MdEP, ehemaliger belgischer Premierminister und Vize-
Präsident des Konvents, zitiert nach WEINGÄRTNER: Vielstimmiger Parteienchor,
a.a.O. im Internet.

[854] Gelegentlich gibt es hier begriffliche Ungenauigkeiten, weil die Verordnung in
der Literatur teilweise als Statut bezeichnet wurde. Die Parteiverordnung ist
aber nur ein erster Schritt auf dem Weg zu einem künftigen Parteienstatut. Zu
letzterem vgl. Unterpunkt d).

c) Auswirkungen der Verordnung auf die Europarteien

Da sich politische Parteien an Änderungen ihrer Umgebung anpassen, ist es wichtig zu analysieren, wie die Europarteien auf die Verordnung reagiert haben und welche Auswirkungen sie für die künftige Entwicklung der Parteien haben könnte.[855]

Aus Sicht der Europarteien ist die Verordnung ein wichtiger Schritt zu mehr (finanzieller) Selbständigkeit. Darüber hinaus ist man zufrieden, dass es bei der Finanzierung mehr Transparenz als zuvor gibt. Die Finanzierung der Parteien sei damit insgesamt seriöser geworden, auch wenn die Verordnung nicht unbedingt mehr Geld für die Parteien bedeute. Die Mittel durch die Verordnung hätten in erster Linie Mittel ersetzt, die zuvor von den Fraktionen gekommen waren:

> „Die wesentliche Wirkung der europäischen Parteienverordnung ist, dass sie die Parteien aus der Abhängigkeit von den europäischen Fraktionen befreit. (…) die entscheidende Wirkung ist nicht der Zufluss von wesentlichen Mitteln, sondern ein gutes Stück mehr Freiheit von der Fraktion. Das ist ein notwendiger Schritt für die weitere Entwicklung."[856]

Auch die räumliche und personale Trennung von Fraktionen und Parteien (vor der Verordnung hatten die meisten Parteien Räumlichkeiten von den Fraktionen „geliehen", jetzt haben die Parteien eigene Adressen und Büros) führt zu einer stärkeren Unabhängigkeit der Parteien. Die Rechtspersönlichkeit (wenngleich nur im Staate des Sitzes der Partei) ermöglicht es den Europarteien, Immobilien und Arbeitsmaterial zu kaufen, Mitarbeiter einzustellen und vor Gericht aufzutreten – diese Rechte konnten sie zuvor nur über ihre Fraktionen wahrnehmen. Die Mitarbeiter sind somit künftig reine Partei-Angestellte, keine EU-Beamten aus dem Parlamentsapparat. Die Verordnung führt daher dazu, dass „Europarties now have financial independence from their EP Groups, which has allowed Europarties to create their own structures rather than being constrained by the pre-regulation hierarchical system, which saw the Groups above the party."[857]

---

[855] Ebenso BALLANCE/LIGHTFOOT: The Impact of the Party Regulation on the Organisational Development of Europarties, a.a.O. im Internet.

[856] Klaus WELLE, Interview vom 24. November 2005.

[857] BALLANCE/LIGHTFOOT: The Impact of the Party Regulation on the Organisational Development of Europarties, a.a.O. im Internet.

Es gilt jedoch zu unterscheiden zwischen den beiden großen Parteien, bei denen die Trennung von Partei und Fraktion eine wichtige Rolle spielt und wo die relativ starke Partei es sich (dank ihrer Kommissare und der Regierungschefs) „erlauben" kann, ein gewisses Konkurrenz-Dasein zu den Fraktionen zu führen, und den kleineren Parteien, für die die Fraktionen die wichtigste Zugangsmöglichkeit zu den europäischen Institutionen darstellen und bei denen sich daher Partei und Fraktion eher ergänzen.[858] Für diese kleineren Parteien gilt die Befürchtung, dass „limited resources and the legal and physical separation of the transnational parties from the parliamentary groups (and from the European Parliament building) might reduce the capacity for action and limit the politico-institutional scope of European transnational parties (...)."[859] Ein gewisses Maß an Abhängigkeit von den Fraktionen bleibt für alle Parteien bestehen, da die Fraktionen zusammen das Parlament bilden und die Parteien damit indirekt von den Fraktionen abhängig bleiben. Um diese Abhängigkeit zu vermeiden, hätte man die Entscheidung über die jährlichen finanziellen Mittel der Kommission überlassen müssen, wodurch das Geld aus dem Gesamthaushalt der EU aufgebracht worden wäre statt aus dem Einzelposten des Parlaments.[860]

Eine Stärkung der Europarteien durch Gelder aus dem EU-Haushalt bedeutet nicht nur eine Stärkung gegenüber den Fraktionen, sondern verfolgt indirekt auch eine Schwächung des Einflusses nationaler Parteien auf die Politik der EU.[861] Die Europarteien, die voraussichtlich statt ihrer jeweiligen Mitgliedsparteien in Zukunft selbst zu den Europawahlen antreten werden, können sich durch die unabhängige Finanzierung weiter von den nationalen Parteien emanzipieren. Die Finanzierung der Parteien durch Mittel aus dem EU-Haushalt kann also dazu beitragen, die europäischen Parteien zu stärken, da diese dann unabhängiger von den Finanzspritzen der nationalen Parteien werden. Da aber maximal 75% des Budgets einer Europäischen

---

[858] Vgl. Pascal DELWIT, Erol KÜLAHCI, Cedric VAN DE WALLE: The European party federations. A political player in the making? In: Dies. (Hrsg.): The Europarties. Organisation and Influence, Brüssel 2004, S. 5–16 (S. 12).

[859] DELSOLDATO: Eastward Enlargement by the European Union and Transnational Parties, a.a.O., S. 273.

[860] So Antony BEUMER im Interview vom 23. November 2005; vgl. auch BARDI: European Political Parties, a.a.O., S. 29.

[861] Vgl. BUHR: Europäische Parteien, a.a.O., S. 83.

Partei aus dem EU-Haushalt kommen darf, bleibt den nationalen Parteien (die bis zu 40% des Budgets beisteuern dürfen) weiterhin ein gewisses Maß an Einfluss erhalten.

Die Entwicklung der Europarteien ist eng verknüpft mit ihrer Fähigkeit, sich sowohl von ihren Mitgliedsparteien als auch von ihren EP-Fraktionen zu distanzieren.[862] Die zunehmende finanzielle und „physische" Unabhängigkeit sowohl von den Fraktionen als auch von den Mitgliedsparteien ermöglicht es den Europarteien auf lange Sicht, als Vermittler zwischen der EU und den Bürgern zu fungieren, indem sie auch in den Nationalstaaten aktiv werden und der Bevölkerung in einem ersten Schritt die komplizierten EU-Regeln erklären helfen. In einem zweiten Schritt können sie dann den Menschen ihre ideologischen Gegensätze verdeutlichen, so dass die Wähler nach und nach mit den Ideen der Parteien vertraut werden, diese voneinander abgrenzen und sich mit einer bestimmten Europartei identifizieren können.

> „The consequence of a potential party statute (...) is a significant step towards the constitutionalization of European parties, and by extension, bringing competitive partisan dynamics more clearly into an evolving European public space. Thus, for the PES, and EPP, ELDR, and Greens in particular, their present nebulous existence, neither national nor explicitly European, may change (...)."[863]

Eine größere Bekanntheit der Europarteien und eine Identifikation der Wähler mit diesen Parteien könnten dazu beitragen, dass künftige Europawahlen stärker von Europarteien statt von nationalen Parteien bestritten werden (und sich folglich mehr mit europäischen Themen befassen). Die bessere Identifikation der Wähler mit den Europarteien und ihren Programmen kann wiederum zu einer stärkeren Rolle der Parteien im Institutionengefüge und zu einem Bedeutungszuwachs der Parteien führen.[864] Manche sehen daher in der Verordnung sogar einen ersten Schritt in Richtung einer „echten europäischen Kultur", weil die Europawahlen künftig

---

[862] Ebenso BALLANCE/LIGHTFOOT: The Impact of the Party Regulation on the Organisational Development of Europarties, a.a.O. im Internet.

[863] LADRECH: Party of European Socialists, a.a.O., S. 90.

[864] So auch die Hoffnung von DELSOLDATO: Eastward Enlargement by the European Union and Transnational Parties, a.a.O., S. 273.

nicht mehr als Test für die nationalen Wahlen gewertet würden und es besser möglich sei, fundierte und sinnvolle Wahlkämpfe zu führen.[865] Jedenfalls sind die Europarteien seit der Verordnung selbstbewusster und versuchen, sich in der europäischen Gesellschaft zu positionieren. Dieses gestiegene Selbstbewusstsein wird beispielsweise an den verstärkten Bemühungen deutlich, relevante Themen öffentlichkeitswirksam zu besetzen (vgl. Kapitel IV. 4. b)), aber auch an den häufigen Stellungnahmen zu europäischen Entscheidungen und an dem innerhalb der Europarteien oft geäußerten Anspruch, künftig europäische Politik stärker beeinflussen zu wollen.

Die öffentliche Finanzierung kann auch aus anderen Gründen zu einem verstärkten Interesse der Medien an den Parteien (und somit zu einer größeren Bekanntheit bei der Bevölkerung) führen. Die Medien werden vermutlich die Aktivitäten der Europarteien stärker als bisher beobachten und vor allem genau prüfen, wofür das Geld ausgegeben wird. Um nicht in erster Linie für negative Schlagzeilen zu sorgen, müssen die Parteien transparent arbeiten und zugleich verdeutlichen, dass die Gesamtsumme der Mittel vergleichsweise niedrig ausfällt. Die Möglichkeit, über den europäischen Haushalt Finanzmittel zu bekommen (und die von vielen Parteivertretern geäußerte Erwartung, dass in den kommenden Jahren die Mittel relativ schnell steigen werden[866]) wird außerdem zu einigen Neugründungen von Parteien führen. So konstituierte sich beispielsweise im März 2004 die „Europäische Freie Allianz EFA"[867], im April 2004 die „Europäische Demokratische Partei"[868], im Mai 2004 die „Europäische Linke", im Dezember 2004 die „Allianz für ein Europa der Nationen" – Mitte 2006 gab es insgesamt zehn europäische politische Parteien, die Anträge auf Anerkennung und

---

865 So Daniel COHN-BENDIT, zitiert nach Thorsten ZIMMERMANN: Europäisches Parteienstatut verabschiedet, a.a.O., im Internet. N.B.: Auch hier wird sachlich ungenau von einem „Parteienstatut" gesprochen.

866 Vgl. zum Beispiel BEUMER, Interview vom 23. November 2005.

867 Die EFA existiert als Bund von Parteien bereits seit 1981, im März 2004 wurde sie dann als Partei gemäß der Parteienverordnung gegründet.

868 Die EDP bildet im Parlament eine gemeinsame Fraktion mit den Liberalen – die ALDE-Fraktion, in der die EDP etwa ein Viertel der Abgeordneten stellt.

Finanzhilfe gestellt haben.[869] Vor der Europawahl 2009 werden vermutlich weitere neue Parteien folgen, die nicht nur ebenfalls in den Genuss der Finanzmittel kommen wollen, sondern die ganz allgemein von der Stärkung der europäischen Parteien profitieren wollen – die langsam erkennbare Entwicklung zu wirklichen Parteien will kein politisches Lager verpassen. Ein Beispiel ist die erwähnte Gründung der „Europäischen Linken": Lange Zeit hatten kommunistische und sozialistische Parteien gezögert, eine gemeinsame europäische Partei zu gründen – ideologische Unstimmigkeiten über die Zukunft Europas und des Kommunismus hatten die Bildung einer gemeinsamen europäischen Partei verhindert. Inwieweit die nun gegründete Partei ideologisch homogen auftreten wird und sich auf gemeinsame Ziele verständigen kann, bleibt allerdings abzuwarten.[870]

Die Verordnung sorgt also auch für eine größere Vielfalt an europäischen Parteien, und somit für eine größere Auswahl für die Menschen bei künftigen Europawahlen, zu denen nach dem bisher gesagten vielleicht schon 2009, spätestens aber 2014 europäische Parteien anstelle der nationalen Parteien antreten werden. Bei den bereits länger bestehenden Europarteien hat die Verordnung zu einer Konsolidierung geführt: Sie sind durch die Verordnung gezwungen worden, die Phase der lockeren Zusammenarbeit hinter sich zu lassen, und sich zu einer Partei mit Satzung, gemeinsamen Organen und klar definierter Organisationsstruktur zu entwickeln.

Steigende Finanzkraft bedeutet gleichzeitig Kommunikations- und Überzeugungs-macht, Überredungs- und Beeinflussungsmacht, kurz: politische Macht.[871] Es bleibt abzuwarten, wie sich der Finanzrahmen für die Europarteien in den nächsten Jahren entwickelt. Eine Steigerung der Mittel, wie sie auch in dem Parlaments-Bericht vom März 2006 gefordert wird, scheint unumgänglich, damit die Parteien in Zukunft ihre Aufgaben erfüllen und bei den Europawahlen verstärkt in Erscheinung treten können. Wenn die

---

[869] Vgl. Entschließung des EP zu Europäischen Politischen Parteien, P6_TA(2006) 0114, Punkt O.

[870] Einige Parteien wie die kommunistischen Parteien Griechenlands oder Portugals oder die schwedische Linkspartei sind der EL wegen zu großer Differenzen nicht beigetreten. Dies könnte bedeuten, dass allzu große interne Konflikte in der EL vermieden werden können, da die größten Skeptiker gar nicht in der EL vertreten sind.

[871] Vgl. PAPADOPOULOU: Politische Parteien auf europäischer Ebene, a.a.O., S. 235.

Parteien künftig um Wähler konkurrieren, benötigen sie kostenaufwändige Organisationsstrukturen, Räumlichkeiten, und ausreichende finanzielle Mittel für Wahlkampagnen und Werbemaßnahmen. Die öffentliche Finanzierung sollte daher insbesondere in den ersten Jahren, in denen die Europarteien noch relativ unbekannt sind und gleichzeitig vor großen neuen Aufgaben stehen, nicht zu knapp bemessen werden. Mittelfristig sollte die Entwicklung aber dahin gehen, dass die eigenständige Finanzierung der Parteien Vorrang vor der öffentlichen Finanzierung bekommt. Parteien als grundsätzlich gesellschaftliche Gebilde müssen eine gewisse Staatsferne bewahren.[872] Eine zu große Abhängigkeit von öffentlichen Mitteln beinhaltet die Gefahr, dass sich Europarteien zu „Unionsorganen ohne Repräsentations- und Ausdrucksmöglichkeiten, woraus sich ihre Wertstellung ergibt",[873] entwickeln. Hier könnten künftig die Beiträge von individuellen Mitgliedern und von Europaabgeordneten eine stärkere Rolle spielen. Wenn die Europarteien bei der Bevölkerung bekannt und anerkannt sind, wird sich auch das private Spendenaufkommen (das ein Zeichen für die gesellschaftliche Verwurzelung der Partei ist und als Form der politischen Partizipation der Bürger verstanden werden kann) erhöhen.

d) Anmerkungen zu einem Europäischen Parteienstatut

Ein künftiges Parteienstatut, das die Position der Europäischen Parteien entschieden verbessern könnte, muss zwei widerstreitende Interessen berücksichtigen: Einerseits sollte es möglichst konkrete Vorgaben für die Europarteien machen, damit diese rechtliche Sicherheit, aber auch fest zugeschriebene Pflichten erhalten. Je mehr Einfluss Europarteien bekommen, desto wichtiger wird eine klare rechtliche Regelung und ein schärferes Profil. Andererseits muss das Statut die verschiedenen nationalen Formen des Parteienrechts berücksichtigen. Trotz einer in Grundzügen vorhandenen europäischen Parteienrechtskultur gibt es viele nationale Traditionen und Besonderheiten, so dass sich ein europäisches Statut auf einige grundle-

---

[872] Vgl. zum Begriff der Staatsferne BVerfGE 20, 56, S. 101. Eine allzu weitreichende Finanzierung aus öffentlichen Mitteln wäre in Deutschland verfassungswidrig, vgl. BVerfGE 20, 56, S. 102: „Eine völlige oder auch nur überwiegende Deckung des Geldbedarfs der Parteien aus öffentlichen Mitteln ist (...) mit dem Grundgesetz nicht zu vereinbaren."

[873] PAPADOPOULOU: Politische Parteien auf europäischer Ebene, a.a.O., S. 248.

gende Voraussetzungen und Regelungen wird beschränken müssen, denn sonst besteht die Gefahr, dass eine Partei zwar auf europäischer Ebene vom Parteienstatut anerkannt ist, in einem oder mehreren Mitgliedstaaten aber womöglich keine Anerkennung findet.

Insbesondere muss ein Statut Fragen der inneren Organisation von Parteien enthalten. Das Prinzip der innerparteilichen Demokratie gehört zur europäischen Parteienrechtskultur, daher muss in einem künftigen europäischen Parteienrecht die Willensbildung von unten nach oben sichergestellt sein.[874] Auch nach deutschem Parteienrecht sind – neben der offenen Parteifinanzierung – demokratische Strukturen wesentlich (Art. 21 I Satz 3 GG). Ohne solche Vorgaben würde ein Parteienstatut in Deutschland zu verfassungsrechtlichen Konflikten führen.[875] Das künftige Statut sollte daher die Existenz einer Satzung und eine darin festgelegte demokratische innere Struktur vorschreiben.[876] So sollte jede Europartei ganz allgemein periodisch zusammentretende, demokratisch legitimierte Beratungsorgane vorweisen können. Ob es hingegen notwendig ist, den Europarteien konkret bestimmte Organe vorzuschreiben (wie etwa einen Vorstand oder Parteitage), ist fraglich: Solange die innerparteiliche Demokratie gewährleistet ist, sollte es den Europarteien selbst überlassen bleiben, wie sie sich organisieren.[877] In der Satzung sollte jedoch die Stellung von Mitgliedsparteien, die aus Nicht-EU-Ländern (wie Kroatien, Mazedonien, der Schweiz oder der Türkei) kommen, geregelt sein.[878] Auch wenn diese Frage zur Zeit neben-

---

[874] Vgl. Dimitris Tsatsos: Zu einer gemeinsamen europäischen Parteienrechtskultur?, in: Die Öffentliche Verwaltung 1988, S. 1–7 (S. 5); Peter Huber: Die politischen Parteien als Partizipationsinstrument auf Unionsebene, in: Europarecht 1999, S. 579–596 (S. 590).

[875] Vgl. Christian Lange/Charlotte Schütz: Grundstrukturen des Rechts der europäischen politischen Parteien i.S.d. Art. 138a EGV, in: EuGRZ 1996, S. 299–302 (S. 299).

[876] In der Parteienverordnung wird in Artikel 4 Absatz 2c zwar bereits das Vorliegen einer Satzung verlangt, der Absatz bezieht sich jedoch auf die Finanzierung der Parteien und verlangt daher lediglich die Existenz von Organen, die „für die politische und finanzielle Leitung" zuständig sind.

[877] Anderer Ansicht Jansen: Entstehung, a.a.O., S. 39; Lange/Schütz: Grundstrukturen des Rechts der europäischen politischen Parteien, a.a.O., S. 302. Ebenso wie hier Buhr: Europäische Parteien, a.a.O., S. 80.

[878] In der EVP und der SPE sind diese Parteien keine Vollmitglieder, bei der ELDR-Partei und den Europäischen Grünen hingegen schon.

sächlich erscheint, so muss in Zukunft, bei steigendem Einfluss der Europarteien auf die europäische (genauer: die EU-)Politik, gewährleistet sein, dass diese Parteien zumindest bei Beschlüssen, die die EU-Politik betreffen, nicht mitwirken können.

Bei der Gründung einer Europartei muss das Recht der freien Parteigründung gelten. Dieses Recht beinhaltet neben der Freiheit von staatlichen Beschränkungen auch das Recht auf inhaltliche Selbstbestimmung der Partei, außerdem beinhaltet es für die Mitglieder das Recht der Beitritts- und Austrittsfreiheit.[879] Auch die Frage nach Parteigründungen durch EU-Bürger/innen sollte in dem Statut geklärt werden (gemäß Artikel 2 und 3 der Verordnung können Bürger/innen ja nur eine europäische Partei gründen, wenn sie in einer nationalen politischen Partei angehören). Für eine solche Parteigründung sollten hinsichtlich der Existenz in mehreren Mitgliedstaaten die gleichen Regeln gelten wie für die Parteizusammenschlüsse. Somit müsste eine „Bürgerpartei" nach den oben (Kapitel VI. 1. b)) ausgeführten Vorschlägen in mindestens einem Sechstel (statt, wie es die Verordnung verlangt, einem Viertel) der Mitgliedstaaten mit einer gewissen Anzahl von Mitgliedern vertreten sein. Außerdem müsste ein Statut Regelungen zum Verlust der Parteieigenschaft und zu möglichen Parteiverboten beinhalten. Diese Regelungen haben zwar zum jetzigen Zeitpunkt, wo die Europarteien in erster Linie Parteien von Parteien sind, keine große Bedeutung – hier bleibt der nationale Rahmen maßgeblich. Doch je weiter sich die Europarteien in der Zukunft von ihren nationalen Mitgliedern emanzipieren, und je stärker „Bürgerparteien" als europäische Parteien an- und auftreten, desto wichtiger ist es, auch in der sensiblen Frage des Parteiverbots auf europäischer Ebene zumindest einige Kriterien festzulegen.

Darüber hinaus müsste ein europäisches Parteienstatut eine möglichst genaue Aufgabenbeschreibung enthalten. Zu diesen Aufgaben sollte (neben den in Artikel 191 EGV bzw. Artikel I-46 Absatz 4 genannten Aufgaben, ein europäisches Bewusstsein herauszubilden und den Willen der Unionsbürger zum Ausdruck zu bringen) auch die Erstellung eines Programms für die Gestaltung der EU und ihrer Institutionen gehören. Durch solche Programme legitimieren sich Parteien für eine Vermittlertätigkeit zwischen der Bevölkerung und den Institutionen, außerdem stellt die gemeinsame For-

---

[879] Vgl. PAPADOPOULOU: Politische Parteien auf europäischer Ebene, a.a.O., S. 219.

mulierung eines Programms eine Bewährungsprobe für die innere Kohärenz und die inhaltliche Homogenität der Europarteien dar.[880] Dabei darf es keine Rolle spielen, ob die Parteien in ihrem Programm die europäische Einigung grundsätzlich unterstützen oder kritisieren. Um alle Interessen der Bevölkerung widerzuspiegeln, sind integrationsfeindliche Parteien bis zu einem gewissen Maße sogar wünschenswert für die Legitimität der EU. Die oben beschriebene Partei der „EUDemocrats" um den dänischen Europaskeptiker Jens-Peter Bonde ist hier ein Beispiel: Sie plädiert für die Rückübertragung einiger Aufgaben an die Nationalstaaten und will die EU als „freie Kooperation" ohne starke Institutionen.[881] Ähnlich wie bei der Gründung der anti-europäischen ITS-Fraktion im Parlament (sie existierte von Januar bis November 2007, vgl. oben Kapitel VI.1.d) muss dabei in Kauf genommen werden, dass die Demokratisierung der Europäischen Union auch anti-europäische Kräfte in der EU stärken kann. Die (auch materielle) Förderung der Europarteien durch die Parteienverordnung, deren Ziel nicht zuletzt darin besteht, Europa bürgernäher zu machen und die Bevölkerung stärker für das europäische Projekt zu interessieren, kann also auch dazu führen, dass das Gegenteil erreicht wird, indem europa-skeptische Parteien gefördert werden. Die teilweise vorhandene Europa-Skepsis in der Bevölkerung muss jedoch von den Parteien berücksichtigt und aufgefangen werden – wahrscheinlich wären europaskeptische Parteien sogar hilfreich, damit die bestehenden (grundsätzlich integrationsfreundlichen) Europarteien noch stärker gezwungen werden, den Menschen die Vorteile der Integration zu erklären: „Es ist zweifelhaft, ob sich die integrationsfreundlichen Parteien ohne einen derartigen Konkurrenzdruck überhaupt zu ‚Faktoren der Integration' entwickeln könnten."[882]

Grundsätzlich sollte von den Parteien lediglich die Respektierung der europäischen Grundwerte (Demokratie, Menschenrechte) eingefordert werden. Neben dem Vorlegen eines gemeinsamen Programms sollte zu den Aufgaben der Europarteien die Information der Öffentlichkeit über europapolitische Themen und die Koordination der Europawahlkampagnen der Mitgliedsparteien gehören. Auch die programmatische Einflussnahme auf

---

[880]   Vgl. PAPADOPOULOU: Politische Parteien auf europäischer Ebene, a.a.O., S. 192f.

[881]   Vgl. die Homepage der Partei: www.eudemocrats.org.

[882]   STENTZEL: Integrationsziel Parteiendemokratie, a.a.O., S. 352.

die europäischen Institutionen sollte offiziell zur Aufgabe von Europarteien werden.[883] Auch die Frage, ob sich europäische Parteien in nationale Volksabstimmungen (wie beispielsweise den Abstimmungen über die Europäische Verfassung in einigen Ländern) „einmischen" dürfen, könnte Gegenstand eines Parteienstatuts werden. Eine solche Einmischung erscheint jedenfalls bei europapolitischen Themen erstrebenswert, schließlich geben die Bürger ihr politisches Votum bei Wahlen wie bei Referenden ab. Es muss den Europarteien erlaubt sein, in beiden demokratischen Prozessen für ihre Ziele und Interessen zu werben.[884] Teilweise wird auch angeregt, gemeinsame Symbole wie einen einheitlichen Namen, ein gemeinsames Emblem oder eine Symbolfarbe zu verlangen – dies sei zwar „rechtlich sekundär, politisch aber wichtig".[885] Zur Steigerung des (Wieder-)Erkennungswertes der Europarteien ist dies sicher richtig, wobei insbesondere beim Namen auf nationale Unterschiedlichkeiten und Befindlichkeiten zu achten ist.[886] Zumindest ein gemeinsames Symbol sollte bei Wahlkämpfen und gemeinsamen Auftritten verpflichtend sein. „Ein Europäisches Statut wäre ein echter qualitativer Schritt nach vorne. Es würde die Bedeutung der Europäischen Parteien für die Verwirklichung der Demokratie auf EU-Ebene deutlich hervorheben und damit ihre Position entschieden verbessern."[887]

---

[883]   Eine ähnliche Liste hatten die damaligen Generalsekretäre von EVP, SPE und ELDR bereits 1992 vorgelegt, vgl. JANSEN: Entstehung, a.a.O., S. 38/39.

[884]   Vgl. Jo LEINEN: Europa braucht Parteien, Artikel für Frankfurter Rundschau online vom 25. Februar 2006. Der Artikel ist nicht mehr kostenlos auf der Homepage der Zeitung abrufbar, verfügbar allerdings auf www.twincitiesdsa.org/ ic/displayfile.php?file=Europe_needs_political_ parties.html.

[885]   PAPADOPOULOU: Politische Parteien auf europäischer Ebene, a.a.O., S. 195.

[886]   Dieses Problem lässt sich bei den in dieser Arbeit behandelten Europarteien gut ablesen, schon in den drei wichtigsten EU-Sprachen: So heißt die SPE auch PES (englisch) oder PSE (französisch), die EVP heißt auf englisch EPP und auf französisch PPE. Die ELDR versucht auf ihrer Homepage, nur den Namen ELDR zu verwenden (auch in der französischen Version), während die Grünen als Grüne, Greens oder Verts auftreten. Alle vier Parteien haben jedoch einheitliche Symbole und verwenden Farben mit Wiedererkennungswert (EVP blau, SPE rot, ELDR blau-gelb, EGP grün).

[887]   So LEINEN: Europa braucht Parteien, a.a.O. im Internet.

VII. Schlussbetrachtung und Ausblick

The Community´s chances of moving beyond the narrow limits
of the present „Europe des patries" depend crucially on the emergence
of a „Europe des partis", in which the political forces that matter at the national level
are bound together by the need to fight for power at the Community level.[888]

1. Schlussbemerkungen

Diese Unterscheidung zwischen einem „Europa der Vaterländer" und einem „Europa der Parteien" ist für die Entwicklung der Europäischen Union
heute mindestens genauso wichtig wie Ende der 70er-Jahre, als David Marquand diesen Satz schrieb.

In der Konzeption des „Europas der Vaterländer" wird das nationale Interesse der Bürger artikuliert und repräsentiert durch die nationalen Regierungen. Die Regierungen arbeiten auf EU-Ebene zusammen und handeln
dort Kompromisse aus („bargaining"). Diese intergouvernementale Vorstellung geht davon aus, dass die Menschen sich vor allem für ihre nationalen Belange interessieren. In jüngerer Zeit haben sich jedoch einige Konfliktlinien verschoben: Die Einführung des Euro spaltet die Europäer in
Euro-Befürworter und -Gegner, Landwirte streiten grenzüberschreitend für
den Erhalt ihrer Subventionen, Umweltschützer und „Globalisierungsgeg-
ner" treffen sich vor jedem europäischen Gipfeltreffen und diskutieren über
Umweltpolitik oder das sogenannte europäische Sozialmodell, Menschen
aus vielen Ländern demonstrieren für europaweite Maßnahmen zum Klimaschutz und gegen die Politik ihrer Regierungen im Irak-Konflikt. Unternehmen können sich seit Ende 2004 als „Europäische Gesellschaft (SE)"
gründen und dadurch EU-weit als rechtliche Einheit auftreten (so heißt die
deutsche *Allianz AG* seit Oktober 2006 *Allianz SE,* auch BASF sieht die SE
als „zeitgemäße Rechtsform für ein global tätiges Unternehmen mit Hei-
matmarkt Europa"[889]). Dabei müssen sie sich mit dem Europäischen Ge-

---

[888] Zitat von David MARQUAND von 1978, zitiert nach HIX/LORD: Parties in the EU,
a.a.O., S. 198.

[889] Jürgen HAMBRECHT, Vorstandsvorsitzender von BASF, zitiert nach Harald
SCHWARZ: BASF wird Europa- AG, in: Süddeutsche Zeitung vom 28. Februar
2007, S. 23.

werkschaftsbund und Europäischen Betriebsräten auseinandersetzen. Um es mit einem Bild zu formulieren: Statt der nationalen Flaggen werden heute „ATTAC"-Schilder oder die regenbogenbunte „PACE"-Fahne geschwenkt, protestierende Traktorfahrer aus ganz Europa blockieren die Straßen in Brüssel, auch Unternehmen werden zunehmend europäisch. „Nationale Interessen" werden also immer verschwommener, während sich aufgrund gemeinsamer, teilweise neuer Ziele europaweite Interessengruppen formieren.

Sollte sich, wenn sich diese Verschiebung der Konfliktlinien fortsetzt, auch die europäische Entscheidungsgrundlage ändern? Ist das Aushandeln von Kompromissen im Rat der EU, wo Regierungschefs hinter verschlossenen Türen in den „Nächten der langen Messer" Entscheidungen fällen, noch zeitgemäß?

Ein erster Schritt weg von diesem Prinzip stellte der Konvent dar, der in Brüssel den Verfassungsvertrag für die EU ausgearbeitet hat. Er arbeitete sehr transparent, war für Anregungen aus allen Richtungen offen und umfasste Parlamentarier, Regierungsvertreter und Kommissionsmitglieder.

Eine radikalere Konzeption, die eine Alternative zum „Europa der Vaterländer" darstellt und in der die Belange der Bürger nicht nur durch nationale Regierungen, sondern durch Vertreter politischer Interessen artikuliert werden, ist ein „Europa der Parteien". Eine Parteiendemokratie auf europäischer Ebene stellt dabei einen Idealtypus dar, in dem politische Parteien die Hauptakteure sind: Sie artikulieren ihre Anschauungen, treten miteinander in Wettbewerb und bilden Koalitionen, um ihre Interessen politisch durchzusetzen.[890] Ebenso wie in den europäischen Nationalstaaten wird der Wille der Bevölkerung über Parteien auf die exekutive Ebene transferiert, wodurch deren Entscheidungen Anerkennung gewinnen.

In der vorliegenden Arbeit wurde untersucht, ob und in wie weit sich europäische Parteien (Europarteien) in den Prozess der Demokratisierung einbringen können und welche Rolle sie dabei spielen können.

---

[890] Vgl. HIX/LORD: Parties in the EU, S. 204.

2. Zusammenfassung der Ergebnisse

Zunächst wurde auf den Begriff des „Demokratie-Defizits" eingegangen, der sehr unterschiedlich verstanden werden kann (Kapitel II.1.). Demokratie wird in dieser Arbeit als *government of the people, by the people, for the people* verstanden – Herrschaft geht aus dem Volk hervor, sie wird durch das Volk und in seinem Interesse ausgeübt. Dabei leitet das *government for the people* seine Legitimität von der Fähigkeit zur effektiven Problemlösung her – wichtig ist demnach die Erfüllung der Bedürfnisse des Volkes. Das *government by the people* hingegen betont stärker die Möglichkeiten des Volkes, insbesondere durch Wahlen Einfluss auf politische Entscheidungen auszuüben, also indirekt mitzubestimmen, die Handlungen der gewählten Vertreter zu begrüßen oder abzulehnen. Das *government of the people* schließlich setzt die Existenz eines relativ homogenen sozialen Unterbaus voraus. Nur mit einem gewissen Maß an Gemeinschaftsgefühl sind Menschen grundsätzlich bereit, politische Mehrheitsentscheidungen (die ggf. den eigenen Interessen entgegenstehen) anzuerkennen.

Wenn man über Demokratie auf *europäischer* Ebene spricht, kann man verschiedene Aspekte im Blick haben:

- Die Gewährleistung des *government of the people* nur über die Mitgliedstaaten reicht als Legitimationsquelle nicht mehr aus, da sich der Einflussbereich des europäischen Handelns ausdehnt und öfter nach Mehrheiten entschieden wird.

- Das *government for the people* ist in Europa problematisch, weil Experten im Extremfall ohne jegliche Verantwortlichkeit arbeiten, und weil es schwierig ist zu definieren, wann (und: für wen) eine Entscheidung gemeinwohl-dienlich ist.

- Das *government by the people* wird auf europäischer Ebene in erster Linie durch die Europawahlen umgesetzt, das Parlament ist als einzige europäische Institution durch die demokratische Teilhabe der Bevölkerung legitimiert.

Auf diesen Überlegungen aufbauend wurde der schillernde Begriff des europäischen Demokratie-Defizits analysiert. Wenn man von einem solchen Defizit spricht, muss man grundsätzlich der Meinung sein, dass die EU demokratiebedürftig und demokratiefähig ist. Wer die EU ausschließlich über die Mitgliedstaaten oder über den geleisteten Output legitimieren möchte, kann ein Demokratie-Defizit nicht konstatieren.

Die Input-Legitimation setzt eine im weitesten Sinne föderalistische Sichtweise voraus.

Von dieser Grundposition ausgehend, kann man zwei Ebenen des Demokratie-Defizits herausarbeiten: Auf der ersten Ebene wird bemängelt, dass die europäischen Institutionen nur unzureichend demokratisch legitimiert sind. Dieses *institutionelle Demokratie-Defizit* (Kapitel II.2.) entsteht vor allem aus der Erkenntnis, dass

- der Rat nicht mehr einstimmig entscheidet (so können einzelne Staaten überstimmt werden, Entscheidungen sind dann dort nicht ausreichend legitimiert), und dass bei Ratsbeschlüssen oftmals die demokratie-notwendige Transparenz fehlt

- die Kommission als Initiativ-Organ für europäische Gesetzgebung ohne direkte demokratische Grundlage, ohne direkte Verantwortlichkeit, und zudem ebenfalls nicht transparent genug arbeitet

- das Parlament als einziges gewähltes Organ eine zu schwache Stellung im Institutionengefüge einnimmt und zu wenig Kompetenzen hat, dass außerdem die Wahlrechts-Gleichheit fehlt, so dass auch ein aufgewertetes EP nicht automatisch zu einer Demokratisierung der EU führt. In der Schwäche des EP liegt für viele Beobachter der „Kern" des institutionellen Demokratie-Defizits.

Darüber hinaus gibt es jedoch auch auf einer zweiten Ebene Probleme bei der europäischen Demokratie. Das sogenannte *strukturelle Demokratie-Defizit* (Kapitel II.3.) bezieht sich auf den dritten Aspekt des Demokratie-Verständnisses, das *government of the people*. Nur wenn Menschen sich als Gemeinschaft fühlen und ein „Wir-Gefühl" haben, können sie Mehrheitsentscheidungen als demokratisch legitimiert akzeptieren. Auf europäischer Ebene gibt es hier mehrere Probleme:

- Es gibt noch keine ausgeprägte kollektive Identität in Europa – insbesondere wenn man diese Identität auf Sprache, Geschichte und Kultur gründet, kann man nicht von einem starken „Wir-Gefühl" sprechen. Wenn man stärker die politische Identität betont, die vor allem auf einer Zustimmung zum Regierungssystem beruht, erscheint zumindest die Entwicklung einer solchen Identität mittelfristig möglich – Vertrautheit mit dem EU-System begünstigt das Entstehen einer europäischen Identität.

- Europa hat kein gemeinsames Volk. Doch kann die Existenz eines Volkes nicht als Grundvoraussetzung für Identität und Demokratie verlangt werden. Die auf den ersten Blick einleuchtende Behauptung, es gebe keine *Demo*kratie ohne *demos*, kann nicht überzeugen: Demokratie ist nicht an das Vorhandensein eines bereits existierenden Staatsvolkes geknüpft.

- Die für die Entstehung einer europäischen Identität wichtige europäische Öffentlichkeit ist nur in Ansätzen vorhanden. Ohne einen europaweiten öffentlichen Diskurs über die europäische Politik kann jedoch keine gemeinsame Identität entstehen.

Im Anschluss wurde analysiert, welche Möglichkeiten die Europarteien haben, diese Defizite abzubauen. Parteien sind in den Nationalstaaten entscheidende Akteure, wenn es um die praktische Umsetzung von Demokratie geht. Das Zitat von Philippe Schmitter aus der Einleitung unterstreicht die Bedeutung der Parteien, und betont zugleich die (im Verlauf der Arbeit weiter aufrecht erhaltene) Trennung zwischen strukturellen und institutionellen Gesichtspunkten: „There is hardly a serious student of democracy who does not seem to believe that political parties provide by far the most important linkage between the citizens and the political process and that (...) competition between these parties provides the most reliable democratic mechanism for ensuring the democratic accountability of rulers (…)."

Eine einheitliche Definition des Begriffs „Europartei" ist schwierig, da bei jeder Definition auch normative Aspekte eine Rolle spielen (Kapitel III.1.). Ebenso wie der Begriff des „Demokratie-Defizits" wird auch der Begriff der „Europartei" in dieser Arbeit aus föderalistischem (also integrationsbefürwortenden) Blickwinkel betrachtet, nach dem diese Organisationen grundsätzlich mehr sein können als bloße Dachverbände nationaler Parteien. Die Europarteien wurden – ähnlich wie beim klassischen Parteienbegriff – nach ihren Funktionen beschrieben. Nach einem kurzen Überblick über die historische Entwicklung und einer Analyse der Gründe für die europäische Zusammenarbeit von Parteien (III. 2. und 3.) erfolgte daher eine Funktionsbeschreibung der Europarteien (III. 4.). Dabei wurde klar, dass die Europarteien „Parteien von Parteien" sind, die anders funktionieren als nationale Parteien, weil sie auf das europäische System passen müssen und neue Aufgaben übernehmen. Da die bekannten Funktionskataloge auf europäischer Ebene nicht eins zu eins übernommen werden können, wurden hier einige neuartige, rein europäische Parteifunktionen vorgestellt. Dennoch müssen die Europarteien in einer demokratischeren EU auch klassische Parteiaufgaben ausüben, um als ernstzunehmende (und für das demokratische Leben unersätzliche) Akteure eine Rolle zu spielen. Insbesondere müssen sie die Grundfunktion von Parteien, als Vermittler zwischen Bevölkerung und Entscheidungsapparat zu wirken, erfüllen.

Im Anschluss wurden die Chancen und Möglichkeiten der Europarteien untersucht, einen Beitrag zum Abbau des institutionellen (IV.1.-3.) sowie des strukturellen (IV. 4.-5.) Demokratie-Defizits zu leisten, wobei die Europarteien im weiteren Sinne, also mit den Parlaments-Fraktionen, verstanden werden. In diesem Kapitel ging es um Reformen, die relativ problemlos mittelfristig durchzusetzen wären.

Im institutionellen Teil wurde zunächst untersucht, welche Rolle die Europarteien *zur Zeit* in den europäischen Institutionen spielen (IV.1.), im Anschluss lag das Hauptaugenmerk auf den Möglichkeiten der Europarteien zur Demokratisierung des Parlaments[891] (IV.2.). Die Analyse brachte folgende Ergebnisse:

- Zur Demokratisierung der Europawahl ist eine Änderung des Wahlverfahrens nötig, die am besten über die Einführung europaweiter Listen erreicht würde. Wenn zumindest ein gewisser Prozentsatz der Abgeordneten über europaweite Listen gewählt würde, würde ein dezidiert europäischer Wahlkampf stattfinden. Europarteien würden bei einer solchen Reform eine entscheidende Rolle spielen, da ihnen die Aufgabe zukäme, diese Listen zusammenzustellen und möglicherweise auch einen Spitzenkandidaten zu benennen, mit dem sie in den europaweiten Wahlkampf ziehen könnten.

---

[891] Entsprechend der Haltung, dass das institutionelle Demokratie-Defizit vor allem ein Parlaments-Defizit ist.

- Im Europaparlament hat sich ein relativ stabiles Parteiensystem herausgebildet. Ein solches Parteiensystem beinhaltet grundsätzlich zwei Komponenten: erstens Organisation, also hierarchisch aufgebaute Parteiorganisationen – dieses Merkmal lässt sich über den Grad der Fraktionsdisziplin operationalisieren, sowie zweitens Wettbewerb – ablesbar an dem Grad der Auseinandersetzung um ideologische Positionen und um politische Posten.

- Das Merkmal der Organisation ist gegeben: Im Europaparlament herrscht eine relativ stark ausgeprägte Fraktionsdisziplin. Die Abstimmungskohäsion ist zwar etwas geringer als in den meisten nationalen Parlamenten Europas, aber höher als beispielsweise im US-Kongress. Auch die Interviewpartner bestätigen dieses Bild: Trotz geringerer Sanktionsmöglichkeiten von seiten der Fraktionsführung liegt es im Interesse der einzelnen Abgeordneten, die Arbeitsfelder thematisch aufzuteilen und dann bei Abstimmungen der Fraktionslinie zu folgen.

- Auch das Merkmal des Wettbewerbs ist gegeben: Die ideologischen Gegensätze („Rechts-Links-Schema") im EP haben in den letzten Jahren zugenommen, die oft behauptete „Große Koalition" aus EVP und SPE wird seltener. Während das Parlament in Fragen der europäischen Integration relativ geschlossen auftritt (auch um seinen Einfluss als Institution zu stärken) konnte gezeigt werden, dass die Fraktionen bei vielen Sachfragen unterschiedliche Positionen haben. Die zunehmende ideologische Rechts-Links-Ausrichtung deutet darauf hin, dass die Politikgestaltung im EP in zunehmendem Maße von den Parteien und ihren unterschiedlichen Überzeugungen geprägt wird.

Eine Stärkung des Parteiensystems kann erreicht werden, wenn beispielsweise die Ausschussvorsitz- und Berichterstatter-Posten nicht mehr proportional verteilt würden, sondern wenn man der größten Partei (oder einer Koalition von Parteien) die wichtigsten Posten zugesteht – hierdurch würden die Sieger der Europawahl stärker als agenda-setter agieren können. Sollte das Parlament das Gesetzgebungs-Initiativrecht bekommen, könnten die Parteien durch Initiativen ihre Ideen einer größeren Öffentlichkeit präsentieren.

Im Anschluss an das Parlament wurden auch die Kommission, der Ministerrat und der Europäische Rat dahingehend analysiert, wie Europarteien

zu ihrer Demokratisierung beitragen können (IV.3.). Während die Möglichkeiten der Parteien bei der Demokratisierung von Ministerrat und Europäischem Rat gering sind, gibt es für die Kommission mehrere Optionen. Die
wichtigsten Vorschläge:

- Der Kommissionspräsident sollte vom Parlament gewählt werden, mit
  anschließender Bestätigung durch den Europäischen Rat. Außerdem ist
  es wünschenswert, dass der Präsident seine Kommission weniger nach
  nationalen als nach parteipolitischen Aspekten auswählen kann (wobei
  das Ergebnis der Europawahl zu berücksichtigen ist). Zusammen mit
  einer erleichterten Abwahl der Kommission ergäbe sich eine stärkere
  Abhängigkeit der Kommission vom Wohlwollen der Parteien und
  Fraktionen, die die Europawahl gewonnen haben. Dadurch würde die
  Kommission in der Bevölkerung weniger als bürokratischer und in-
  transparenter Beamtenapparat wahrgenommen, sondern stärker als
  Sachwalter der Interessen der europäischen Bürger.

- Der Einfluss der Europarteien auf den Ministerrat kann nur durch größere institutionelle Reformen gesteigert werden. Die Hoffnung, dass
  durch eine Direktwahl der Ratsmitglieder die Europarteien gestärkt
  und eine europäische Identität gebildet würde, erscheint jedoch utopisch: Auch wenn bei der Wahl europäische Themen dominieren würden, wäre jeder Kandidat vermutlich geneigt, nationale Interessen zu
  vertreten. Auch die Vorstellung, dass die Europarteien Entscheidungen
  treffen, an die die nationalen Parteien (und damit auch die jeweiligen
  Minister aus diesen Parteien) gebunden sind, ist zumindest zum gegenwärtigen Zeitpunkt unrealistisch.

- Die Regierungschefs einer Parteifamilie stimmen im Vorfeld von europäischen Gipfeln ihre Positionen ab. Die Europarteien können hier in
  Zukunft immerhin einen indirekten Einfluss ausüben: Wenn die Partei
  oder die Fraktion in einer bestimmten Frage eine klare Position vertritt,
  ist es für die Parteiführer schwierig, diese zu ignorieren.[892] Falls im
  Europäischen Rat in Zukunft nach Mehrheit entschieden werden kann,

---

[892] Vgl. das Zitat eines MdEP in Kapitel IV. 3c): „When the group sticks its neck out
on a particular issue (…), it is difficult for the party leaders to go against this",
zitiert nach DAY: Developing a conceptual understanding of Europe´s transnational political parties, a.a.O., S. 72.

stellt die Orientierung an parteipolitischen Positionen das sinnvollste Ordnungsmuster zur Strukturierung von Entscheidungsalternativen dar.

Die meisten der vorgeschlagenen Reformen sind zwar kurz- bis mittelfristig umsetzbar, können zum größten Teil aber nicht von den Europarteien selbst angestoßen werden. Abgesehen von den inner-parlamentarischen Reformen sind die Parteien auf die Staats- und Regierungschefs (oder einen künftigen Konvent) angewiesen. An dieser Stelle wird deutlich, dass zwar die Europarteien einen Beitrag zum Abbau des institutionellen Demokratie-Defizits der EU leisten können, dass dies allerdings nur dann möglich ist, wenn zuvor einige institutionelle Änderungen beschlossen werden.

In einem zweiten Schritt wurden die Möglichkeiten der Europarteien beim Abbau des strukturellen Demokratie-Defizits analysiert, also ihre Beiträge zur Willensbildung der Bevölkerung (Kapitel IV.4.) und zur Herstellung einer europäischen Öffentlichkeit (Kapitel IV.5.).

• Die Bevölkerung kann ihren Willen insbesondere bei Wahlen ausdrücken. Die Interaktion mit den Bürgern ist eine klassische Aufgabe von Parteien: Indem sie ihr Programm vorlegen und Wahlkampf führen, helfen Parteien bei der Willensbildung. Die Europawahlen sind seit 1979 von einer niedrigen (und ständig abnehmenden) Wahlbeteiligung und von der Dominanz nationaler Themen geprägt, und werden von der Bevölkerung als *second-order-elections* aufgefasst. Dadurch haben die Direktwahlen ihr Ziel einer stärkeren demokratischen Verankerung der EU in der Bevölkerung bislang nicht erreicht.

• Die Bewertung der Europawahlen als *second-order-elections* in der Bevölkerung hat nichts mit grundsätzlicher Ablehnung des Parlaments zu tun. Da vielmehr nationale Fragen sowie Kritik am Erscheinungsbild der EU ausschlaggebend sind, kann man die niedrige Wahlbeteiligung sogar als Ermunterung für das Parlament interpretieren, sich weiterhin um die Stärkung seiner Stellung zu bemühen. Die größte Herausforderung für künftige Europawahlen liegt in der Stärkung der parteipolitischen Komponente, insbesondere einer Stärkung der Rolle der Europarteien.[893]

---

[893]   RAUNIO: Party-Electoral Linkage, a.a.O., S. 174.

- Die Europarteien treten seit 1979 mit gemeinsamen Programmen an. Ihre Wahlmanifeste werden oft als vage und sehr allgemein kritisiert. Diese Kritik ist nur teilweise berechtigt – grundsätzlich sind Wahlmanifeste allgemein gehalten und beschreiben eher grundsätzliche Ziele einer Partei als konkrete inhaltliche Maßnahmen. Die wichtigsten Europarteien haben für die verschiedenen Politikbereiche relativ konkrete Vorstellungen und Vorschläge. Insgesamt sind die Wahlprogramme im Laufe der Jahre deutlich detaillierter geworden.

- Die Programme der Europarteien sind außerdem abgrenzbarer geworden. Die Auswertung der Parteiprogramme der größten Europarteien zeigt, dass die Programme sich auf der Rechts-Links-Skala im Laufe der Zeit immer deutlicher voneinander unterscheiden. Für die weitere Entwicklung liegt hier ein großes Potenzial für Europarteien: Wenn sie ihre Programme noch verständlicher machen und noch klarer voneinander abgrenzen, können sie die Bevölkerung direkter ansprechen als bisher und die Interessen der Menschen besser vertreten.

- Trotz der nationalen Schwerpunkte beim Europawahlkampf führen die Europarteien auch einen gemeinsamen Wahlkampf. Die Möglichkeiten der Europarteien werden von den nationalen Parteien aber nur selten genutzt, meist dominieren nationale Politiker die Wahlkämpfe. Das Beispiel der Europäischen Grünen, die bei der Wahl 2004 mit einem gemeinsamen Programm, gemeinsamen Plakaten und einem europäischen Kandidaten-Team Wahlkampf gemacht haben, könnte aber Schule machen.

- Um den europäischen Charakter der Wahl deutlicher zu machen, sollten die Europarteien bereits 2009 mit europaweiten Spitzenkandidaten antreten. Dies würde auch die Wahlbeteiligung erhöhen: Bei einem europaweiten Wahlkampf zwischen europäischen statt nationalen Parteien würden sich die Wähler „nicht anders als bei nationalen Wahlen verhalten. Die Herausforderung besteht also darin, den Europawahlkampf nach diesen Kriterien zu gestalten und die Einmischung nationaler Parteien und Themen zu verhindern."[894] Dafür müsste sicherge-

---

[894] HIX: Parteien, Wahlen und Demokratie in der EU, a.a.O., S. 173.

stellt sein, dass die Kandidaten von den Europarteien und nicht von den nationalen Parteiorganisationen aufgestellt werden.

Neben den gemeinsamen Wahlprogrammen präsentieren die Europarteien auch ihre Standpunkte zu konkreten Policy-Bereichen. So haben sie bei der Verfassungsdiskussion Anregungen aus der Zivilgesellschaft aufgenommen und zum Teil sehr konkrete (und auch auf der rechts-links-Skala unterscheidbare) Vorschläge unterbreitet. Weitere Beiträge zur europäischen Willensbildung sind Parteiprogramme und eine wachsende Anzahl von Initiativen der Europarteien.

Neben der Hilfe bei der Willensbildung der Bevölkerung können Europarteien auch bei der Entwicklung einer europäischen Öffentlichkeit Beiträge leisten (Kapitel IV.5.). Jede Öffentlichkeit setzt Informiertheit und einen gemeinsamen Kommunikationsraum voraus. Es gibt jedoch keine europäischen Medien, in den nationalen Medien werden europäische Themen meist aus nationaler Perspektive beleuchtet. In diesem Kapitel wurde analysiert, wie die europäische Politik für die Medien (und damit für die Bevölkerung) interessanter werden kann und welche Rolle Europarteien hier spielen können. Nach der *News-Values*-Theorie entscheiden Medien nach den Nachrichtenwert von Informationen, ob sie diese aufbereiten oder nicht. Kriterien dabei sind (neben der Etablierung von Themen) *Konfliktpotenzial, Einfachheit,* und die Beteiligung *prominenter Personen.* Das EP und seine Rolle sind noch nicht hinreichend bekannt (etabliert) bei der Bevölkerung. Zudem fühlen sich viele Europäer nicht ausreichend informiert über (und eingebunden in) europäische Politik. Immerhin ist das Vertrauen in das Parlament relativ groß.

- Das Konfliktpotenzial europäischer Politik ist noch relativ schwach. Da die „Konsensdemokratie aber durchs Medienraster fällt"[895], müssen in Europa komplexe Themen so transformiert werden, dass politische Entscheidungsalternativen entlang klar definierter Konfliktlinien sichtbar werden.[896] Die Europarteien sind für die Herstellung eines Raumes für öffentliche Debatten über strittige Themen der europäischen Zukunft prädestiniert: Durch die häufigere Betonung der „längst vorhandenen,

---

[895] So das Zitat von Jo Leinen im Gespräch am 28. November 2005.

[896] Vgl. Gespräch mit Jo LEINEN vom 28. November 2005; HÖRETH: Legitimationstrilemma, a.a.O., S. 62.

aber nur selten aktivierten"[897] unterschiedlichen Positionen können sie gemeinsam mit ihren Fraktionen das Interesse der Medien verstärken und dem Parlament in der Öffentlichkeit zu einem klareren Profil verhelfen.

- Konflikte sind für Beobachter dann interessant, wenn sie verständlich aufbereitet sind. Die Verständlichkeit bzw. Einfachheit kann vor allem von Parteien gewährleistet werden, die zur Verdeutlichung möglicher Entscheidungsalternativen viele komplexe Themen herunterbrechen können auf die einfache Frage „dafür" oder „dagegen". Diese Form der Vereinfachung ist zwar nicht für alle politischen Fragen anwendbar, doch grundsätzlich erleichtert sie das Verständnis und erhöht das Interesse an europäischer Politik.

- Neben den Inhalten sind heute auch charismatische Persönlichkeiten wichtig, die diese Inhalte vertreten. Auch hier können die Europarteien und ihre Fraktionen eine wichtige Rolle spielen: Bereits jetzt sind einige Fraktionsvorsitzende in den Medien relativ präsent, durch die Aufstellung eines Spitzenkandidaten für die Europawahl und einem auf diesen Kandidaten zugeschnittenen europaweiten Wahlkampf würde die europäische Politik noch interessanter für Medien und Bevölkerung, außerdem würden die Europarteien noch stärker als Bindeglied zwischen Bürgern und EU-Institutionen fungieren können.

Wenn die Europarteien europäische Politik für die Medien darstellbar machen und diese Politik für die Bevölkerung nach europaweiten politischen Konfliktlinien identifizierbar und wählbar machen können, leisten sie zugleich einen großen Beitrag zur Herstellung einer europäischen Öffentlichkeit und können so auch die europäische Identität stärken. Um diese Möglichkeiten zum Abbau des strukturellen und auch des institutionellen Demokratie-Defizits zu bekommen, müssen allerdings zwei Voraussetzungen erfüllt werden:

- Die Europarteien müssen sich stärker als bisher für individuelle Mitglieder öffnen. Auch wenn sie als „Parteien von Parteien" gegründet worden sind, können sie die an sie gestellten Erwartungen hinsichtlich einer Demokratisierung der EU nur erfüllen, wenn sie auch interes-

---

[897] MAURER: Das EP in der Sechsten Wahlperiode, a.a.O., S. 35.

sierten Bürgern die Möglichkeit zur Partizipation einräumen. Für die etablierten Europarteien kann diese Öffnung schon wegen der organisatorischen Schwierigkeiten nur schrittweise erfolgen. In dieser Frage sind erste Ansätze der Europarteien erkennbar. Neue Europarteien (wie die Newropeans oder die EU-Democrats) sind bereits als Mitgliederparteien organisiert.

- Die nationalen Parteien müssen ihr Privileg der Kandidatenauswahl zumindest teilweise an die Europarteien abtreten. Die Tatsache, dass immer noch die nationalen Parteien über die Kandidatenaufstellung bestimmen, schwächt die weitere Ausbildung eines Parteiensystems auf europäischer Ebene und behindert die Entstehung einer europäischen Öffentlichkeit. Neben der Kandidatenauswahl müssen die nationalen Parteien auch bei der Programm-Gestaltung kompromissbereiter werden, damit die Wahlprogramme mehr werden können als der kleinste gemeinsame Nenner aller Mitgliedsparteien.

Diese Voraussetzungen können nur erfüllt werden, wenn der Einfluss der nationalen Parteien auf ihre Europarteien nach und nach reduziert wird. Europarteien müssen sich als eigenständige politische Akteure profilieren können. Damit die Mitgliedsparteien dennoch ein gewisses Maß an Einfluss aufrechterhalten können, wären Anleihen am deutschen Parteienmodell vorstellbar, mit Landesverbänden, die bei Parteitagen und Personalentscheidungen ihren Einfluss geltend machen können.

Nach der Analyse der kurz- und mittelfristigen Optionen für Reformen wurde in Kapitel V. untersucht, welche Rolle die Europarteien bei langfristigen Demokratisierungs-Konzepten spielen können. Solche Konzepte fordern die Entwicklung der EU zu einem parlamentarischen (V.1.), einem post-parlamentarischen (V.2.) oder einem präsidentiellen System (V.3.). In Kapitel V.4. wurden die Modelle aus Sicht der Europarteien bewertet:

- Das parlamentarische Modell würde für eine enge Bindung zwischen der Kommission und der Parlamentsmehrheit sorgen. Dieses Modell erfordert gut organisierte und ideologisch homogene Parteien. Trotz aller Fortschritte sind die Europarteien noch nicht so gefestigt, dass sie diese Aufgabe zum jetzigen Zeitpunkt erfüllen könnten. Diese Argumentation darf allerdings nicht dazu mißbraucht werden, eine Parlamentarisierung der EU wegen der zu schwachen Parteien von vornherein auszuschließen: Vielmehr kann eine Stärkung der Europarteien als erster Schritt auf dem Weg zu einer möglichen Parlamentarisierung verstanden werden. Allerdings würde eine reine Parlamentarisierungs-Strategie andere Probleme aufwerfen, wie die Beschneidung der Rolle der Kommission als „ehrlicher Makler" oder die schwächere Rückbindung der EU an die Mitgliedstaaten.

- Das post-parlamentarische Reformmodell empfindet Entscheidungsverfahren bereits als demokratisch, wenn verschiedene Gruppen ihre Standpunkte einbringen konnten. Parteien sind dabei wichtig zur Kommunikation und Kanalisation dieser Standpunkte, doch letztlich spielen sie – wie das Parlament allgemein – keine entscheidende Rolle. Nicht nur aus Sicht der Parteien ist dieses Modell abzulehnen, da es die Probleme des Demokratie-Defizits zu Ansatzpunkten post-parlamentarischer Demokratie „um-erklärt".

- Bei der Einführung präsidentieller Elemente, wie der Direktwahl des Kommissionspräsidenten, spielen Europarteien eine wichtige Rolle, da sie die Kandidatenauswahl übernehmen. Die Legitimität europäischen Handelns würde durch eine Direktwahl nämlich nur steigen, wenn die Kandidaten nicht von den Staats- und Regierungschefs hinter verschlossenen Türen vorgeschlagen werden, sondern von Parteien, die mit einem Kandidaten und einem dazugehörigen Programm zur Wahl antreten. Gleichzeitig würden die Europarteien dafür sorgen, dass der Präsident nicht nur auf die Interessen der bevölkerungsreichen Staaten achtet, sondern nach parteipolitischen Gesichtspunkten handelt. Dieses Modell hätte den Vorteil, dass es von den Europarteien weniger Geschlossenheit verlangt, da sie keine Regierung im Amt halten müssten.

Neben anderen organisatorischen Gründen ist nicht zuletzt wegen der heutigen Ähnlichkeit der Europarteien mit US-amerikanischen Parteien (hinsichtlich ihres organisatorischen und ideologischen Zusammenhalts) die Einführung präsidentieller Elemente die erstrebenswerteste langfristige Demokratisierungs-Option für die EU.

Zum Schluss der Arbeit wurde auf zwei Herausforderungen für die Europarteien eingegangen, die die Arbeit der Parteien in Zukunft wesentlich beeinflussen werden: Die Integration der Parteien aus den neuen EU-Ländern und die Parteienverordnung.

- Die Ost-Erweiterung der Europarteien verlief rückblickend betrachtet in drei Stadien: Potenzielle neue Partner wurden identifiziert, anerkannt und schließlich in die Parteienfamilie aufgenommen. Insbesondere in den Anfangsjahren hatten die Europarteien großen Einfluss auf die Programmatik und Organisation der beitrittswilligen neuen Parteien. Schwierigkeiten bereiteten die instabile Parteienlandschaft und die ideologische Wankelmütigkeit einiger neuer Parteien.

- Je näher die Erweiterung rückte, desto stärker wandelte sich das Verhältnis zwischen Europarteien und den neuen Mitgliedern. Heute beharren die selbstbewussten Neumitglieder oftmals auf ihren Positionen, was für die Homogenität der Europarteien und ihre Fraktionen Probleme aufwirft, auch da die Parteiensysteme und die parteipolitischen Spannungspunkte in Mittelosteuropa kaum mit denjenigen der alten EU-Mitglieder vergleichbar sind.

- Im Europaparlament bemerkt man von diesen potenziellen Spannungsfeldern noch relativ wenig: Die Fraktionsdisziplin bleibt nach ersten Erkenntnissen auf einem relativ hohen Niveau, und auch die ideologische Rechts-Links-Dimension ist im Wesentlichen konstant geblieben. Es ist also auch ein Verdienst der Europarteien und ihrer Fraktionen, dass die Integration von Abgeordneten aus gleich zehn (seit 2007 zwölf) neuen Mitgliedstaaten im Parlament überraschend reibungslos verlief. Allerdings ist in den mittelosteuropäischen Ländern eine relativ große Anzahl von unabhängigen Kandidaten gewählt worden, wodurch die Europa-Skeptiker insgesamt gestärkt wurden. Es bleibt abzuwarten, ob diese Entwicklung bei der Europawahl 2009 anhält.

Die Parteienverordnung von 2003 regelt erstmals die finanziellen und rechtlichen Voraussetzungen für die Europarteien. Zuvor war die Rolle der Europarteien lediglich in Artikel 191 EGV festgelegt, der eher deklaratorischen Charakter hatte.

- Die Verordnung definiert politische Parteien auf europäischer Ebene und listet auf, unter welchen Voraussetzungen diese Parteien Anspruch auf finanzielle Förderung haben. Außerdem enthält sie Regelungen zu Spenden.

- Die Verordnung umfasst einige Regelungen, die kritisch zu bewerten sind – so sind die Hürden, die eine Partei überwinden muss um in den Genuss von Finanzmitteln zu kommen, zu hoch angesetzt. Insbesondere für kleinere und für neugegründete Parteien sind diese Hürden praktisch unüberwindbar. Zudem fehlen Sanktionsmöglichkeiten, wenn Parteien gegen Spendenregelungen verstoßen, und es ist für Parteien unglücklich, dass sie sich nach belgischem Vereinsrecht registrieren lassen müssen.

- Insgesamt stellt die Verordnung ein sinnvolles Instrument zur Aufwertung der Europarteien dar: Sie werden finanziell und organisatorisch unabhängiger von den Fraktionen und den Mitgliedsparteien. Durch ihre Konstitutionalisierung werden die Parteien zu anerkannten Akteuren, was mittelfristig für die Funktion als Vermittler zwischen der EU und der Bevölkerung hilfreich sein kann.

- Die Verordnung sollte nur als „erster Schritt" verstanden werden. Als zweiter Schritt sollte ein Europäisches Parteienstatut folgen, das den Europarteien noch größere rechtliche Sicherheiten bietet, zugleich aber auch genaue Aufgaben beschreibt. Insbesondere Fragen der inneren demokratischen Organisation sollten hier geklärt werden, aber auch Themen wie Gründung von Europarteien durch Bürger oder mögliche Parteiverbote. Ein solches Statut würde die Bedeutung der Europarteien für die Verwirklichung der Demokratie auf EU-Ebene deutlich hervorheben und damit ihre Position entscheidend verbessern.

3. Ausblick

Demokratie lebt davon, dass es verantwortliche Entscheider und nachvollziehbare Entscheidungen gibt, die Identifikation begründen, umgekehrt Protest auslösen mögen, in jedem Fall aber zu verorten sind. Und dass es zugängliche Kampfplätze gibt, auf denen um Entscheidungen gerungen werden kann.[898]

Um die lebensnotwendigen Voraussetzungen für Demokratie auf europäischer Ebene zu garantieren, sind Europarteien wichtige Akteure. Auch wenn die Rolle der Europarteien für die Demokratisierung der EU in der politischen Debatte relativ selten erwähnt wird, mag ein Gedankenspiel dies demonstrieren: Wenn das obige Zitat mit „Starke Parteien tragen dazu bei, dass…" beginnen würde, ergäbe der Satz eine gute Beschreibung eines funktionierenden Parteiensystems. Parteien stellen verantwortliche Entscheider zur Wahl, machen Entscheidungen nachvollziehbar und verortbar, der Ideenwettbewerb zwischen den Parteien ist der typische Ort, wo um Entscheidungen gerungen wird, und die Positionen der (Regierungs- und Oppositions-)Parteien führen bei den Menschen zu Identifikation oder Protest. Bislang kann die Bevölkerung bei den Europawahlen lediglich grundsätzlich ihre Zustimmung oder Kritik am europäischen Einigungsprojekt zum Ausdruck bringen. Die Partizipation an konkreten inhaltlichen Fragen wird jedoch als unzulänglich bewertet. Dabei werden europäische Fragen wie Immigration und Asylpolitik, Energie- und Umweltprobleme immer drängender, die Menschen wollen auch hier nachvollziehbare Entscheidungen und einen Ort, an dem über den richtigen Weg diskutiert wird. In diesem Prozess wird immer deutlicher, dass nationale Egoismen nicht weiterführen, sondern dass sich transnationale Interessengruppen bilden (beispielsweise Umweltschützer gegen Autoindustrie, Sozialpolitiker gegen Wirtschaftsliberale, Gegner des Irak-Krieges oder eines amerikanischen Raketenschildes gegen Befürworter). „In unserer modernen – oder postmodernen – Welt verlaufen die Grenzen nicht so sehr zwischen Volksgruppen, Nationen (…) als vielmehr zwischen Weltanschauungen, Welt-

---

[898] Hubert KLEINERT: Warum die EU mehr Demokratie wagen muss, Artikel für Spiegel-Online, abrufbar unter www.spiegel.de/politik/ausland/0,1518,473826,00.html.

haltungen (...)."[899] Dies sind die „Kampfplätze" aus dem obigen Zitat, die künftig eine stärkere Rolle spielen werden: Ein starkes Europaparlament, in dem die Parteien auf europäischer Ebene ihre Programme anbieten und für ihre Überzeugungen kämpfen, im Wettbewerb um die Wählerstimmen. Und auch außerhalb des Parlaments, in der Interaktion mit der Bevölkerung über europäische Themen, ist es wichtig, dass Akteure wie die Europarteien ihre Positionen deutlich machen und Handlungsalternativen aufzeigen: „Die größte Herausforderung sehe ich darin, dass man die europäischen Parteien stärker zu Parteien macht, die auch an den öffentlichen Debatten auf europäischer Ebene teilnehmen."[900]

Um diese Herausforderung annehmen zu können, müssen die Europarteien personell und materiell besser als bislang ausgestattet werden. Durch die Erweiterung der EU und die gleichzeitige Zunahme der Mitgliedsparteien sind die Anforderungen an die Europarteien gewachsen: „Die größten Probleme erkenne ich im Immer-Größer-Werden [der Europarteien, CzH] und im relativ langsamen Wachsen der Ressourcen, die wir haben. Die Mitgliedsparteien erwarten gewisse Dinge von uns, von banalen Dingen wie der Teilnahme an Kongressen und Veranstaltungen bis hin zur inhaltlichen Arbeit, und es wird immer schwieriger, mit einem kleinen Team einen immer größeren geographischen Raum abzudecken."[901] Die Parteienverordnung kann dazu führen, dass sich die finanziellen Bedingungen der Europarteien verbessern. Dabei wird es wichtig sein, auf transparente Weise zu erklären, wie dieses Geld eingesetzt wird, damit die (von der Öffentlichkeit oftmals kritisch verfolgte) Parteienfinanzierung nicht als „Selbstbedienungsladen" der Parteien interpretiert wird.

Trotz aller Skepsis wegen der momentan noch zu schwachen Europarteien (die weder im institutionellen Gefüge bislang ausreichend berücksichtigt sind, noch innerlich so weit entwickelt sind wie klassische nationale Parteien) ist eine Parteiendemokratie für Europa kein utopisches Gedankenspiel,

---

[899] Imre KERTÉSZ, Träger des Literatur-Nobelpreises 2002: Der überflüssige Intellektuelle. Vortrag in der Evangelischen Akademie Tutzing im November 1993, abgedruckt in: Neue Sirene – Zeitschrift für Literatur, 1. Jahrgang, Heft 2/1994, S. 86–95 (S. 95)

[900] KREMER, Interview vom 25. November 2005.

[901] KREMER, Interview vom 25. November 2005.

sondern – einige institutionelle Reformen vorausgesetzt – eine realistische Zukunftsoption. Dafür müssten sich allerdings auch die Parteien selbst weiterentwickeln, was insbesondere eine größere Unabhängigkeit von den Mitgliedsparteien bedeutet. Europa wird immer politischer, aber wenn man wissen möchte, „wo jemand steht wenn es um Europa geht, ist die Information, *woher* er kommt, noch immer wichtiger als die Information, welcher Parteifamilie er angehört."[902] Die weitere Entwicklung wird davon also stark davon abhängen, ob die Europarteien es schaffen, sich von den Mitgliedsparteien zu emanzipieren. Voraussetzung dafür ist, dass die nationalen Parteien deutlicher als bisher erkennen, dass eine Übertragung bestimmter Kompetenzen an die Europarteien zwar eine Schwächung des eigenen Einflusses bedeutet, dass eine starke gemeinsame Partei auf europäischer Ebene aber gleichzeitig eine Stärkung der inhaltlichen Positionen in den europäischen Entscheidungsprozessen darstellt – hierdurch werden letztlich alle Mitgliedsparteien indirekt gestärkt. Neben einer größeren Unabhängigkeit von den Mitgliedsparteien muss es den Europarteien darüber hinaus auch gelingen, mehr Einfluss auf „ihre" Fraktionen im Europäischen Parlament auszuüben. Nur dann können sie eine Entwicklung nehmen, die für eine europäische Parteiendemokratie Voraussetzung ist. Mit dem bereits relativ stark ausgeprägten Parteiensystem, mit der neuen Parteienverordnung und dem Wunsch vieler Akteure, bald zu einem europäischen Parteienstatut zu kommen, mit der Möglichkeit zu Mehrheitsentscheidungen bei Parteikongressen und mit ihren gemeinsamen Wahlprogrammen sind die Europarteien aber heute schon weiter, als viele Skeptiker glauben.

Einen großen „Schub" für die Entwicklung der Europarteien können bereits die nächsten Europawahlen 2009 bedeuten: Bei der Wahl werden zumindest einige Europarteien mit Spitzenkandidaten antreten. Im Wahlkampf können die Parteien daher eine deutlich größere Aufmerksamkeit erfahren als bisher, insbesondere wenn die Spitzenkandidaten von allen Mitgliedsparteien unterstützt werden und europaweite Auftritte absolvieren. Wenn es den Kandidaten gelingt, auch ihr jeweiliges europäisches Wahlprogramm zu vermitteln, wird das Programm der siegreichen Partei für die Agenda der folgenden Kommission eine große Rolle spielen.

---

[902] BEUMER, Interview vom 23. November 2005.

Einen weiteren Schub – neben der Einführung eines Spitzenkandidaten – würde auch das Antreten mit gemeinsamen Listen darstellen: Das wäre

> „der Durchbruch, der Quantensprung (…) Parteien sind ja kein Kegelclub, sondern Zusammenschlüsse zum Machterwerb. Die europäischen Parteien können noch nicht um Mandate werben, das machen ja die nationalen Parteien – zwar aus der selben Parteifamilie, aber die europäischen Parteien werden erst richtig erwachsen, wenn sie eigene Mandate erwerben können, und das geht nur mit europäischen Listen."

Es bleibt abzuwarten, ob die Überlegungen beispielsweise der europäischen Grünen, mit gemischten Listen (90% nationale Kandidaten, 10% europaweite Kandidaten) anzutreten, bereits 2009 realisiert werden oder erst später. Doch sollte eine Partei den Anfang machen, erscheint es realistisch, dass andere Parteien dem Beispiel folgen werden, jedenfalls einen Teil der Abgeordneten über europaweite Listen wählen zu lassen. Wenn dieser „Quantensprung" geschafft ist und die Parteien damit gute Erfahrungen machen sollten, kann man davon ausgehen dass sie nach und nach mehr europaweite Kandidaten auf ihren Listen präsentieren werden.

Die momentane Phase der EU, in der Fragen der demokratischen Struktur, der Partizipation und der Unterstützung durch die Bevölkerung große Aufmerksamkeit geschenkt wird, ist für die Europarteien eine Chance, auf ihre eigenen Möglichkeiten zum Abbau des Demokratie-Defizits aufmerksam zu machen. Dabei können sie konstruktiv auf die Kritik und Skepsis der Menschen in Fragen der europäischen Integration eingehen. Gerade als relativ neue, „unverbrauchte" Akteure haben sie die Möglichkeit, praktisch von innen und von außen zugleich auf die aktuellen Missstände aufmerksam zu machen und einen Weg aufzuzeigen, wie die Zukunft der EU aussehen könnte. „Policy makers (…) are scared of that discussion, and rather than addressing these criticisms openly and fulfilling their own proper professional political task – explaining politics and convincing the public – they try to avoid uneasy questions."[903] In diese Lücke können Europarteien stoßen und der Bevölkerung zeigen, dass eine gemeinsame, über die nationalen Unterschiede hinaus formulierte Politik möglich und realistisch ist. Dies wirkt integrationsfördernd und kann die Integrationsbereitschaft und die

---

[903] BENDER: Competing for Power: Challenges to Political Parties in the European Union, a.a.O. im Internet.

Identifikation der Bürger mit der EU stärken. So können Europarteien zu unersetzlichen Akteuren im europäischen Integrationsprozess werden und einen Beitrag zum Abbau des institutionellen und des sozio-strukturellen Demokratie-Defizits leisten.

VIII. Anhang – Interviews

Interviews (in zeitlicher Reihenfolge)

Antony BEUMER (Generalsekretär der SPE von 1999 bis 2004, seitdem Head of Unit „Internal Coordination" im Sekretariat der SPE-Fraktion), am 23. November 2005

Klaus WELLE (Generalsekretär der EVP von 1994 bis 1999, 2004–2007 Generaldirektor für Interne Politik im EP, seit Januar 2007 Kabinettschef des EP-Präsidenten Hans-Gert Pöttering), am 24. November 2005

Christian KREMER (seit 2000 stellvertretender Generalsekretär der EVP), am 25. November 2005

Jo LEINEN (MdEP-SPE, Vorsitzender des Ausschusses für konstitutionelle Fragen), am 6. Juni 2006

Ulrike LUNACEK (seit Mai 2006 Sprecherin der Europäischen Grünen) im März 2007 (schriftliches Interview)

Alexander ALVARO (MdEP-ALDE), im Dezember 2007 (schriftliches Interview)

Dr. Wolf KILZ (MdEP-ALDE), im Dezember 2007 (schriftliches Interview)

Interview mit Antony Beumer

Frage: Wie ist das Selbstverständnis der Europarteien? Fühlen sie sich als richtige „Parteien"?

Beumer: Es handelt sich bei den Europarteien nicht um Parteien im üblichen Sinne, das heißt die Politologie hat sich bisher kaum mit dem Phänomen „transnationale Parteien" beschäftigt, ist nicht weitergekommen als festzustellen, dass die übliche Definition nicht passend ist. Das heißt: Im nationalen Kontext gibt es politische Parteien, doch diese Definition kann man nicht übertragen, wenn es um das Phänomen „transnationale europäische Parteien" geht. Die transnationalen Parteien funktionieren und agieren in einem Umfeld, das von EU und Stand der politischen Integration der EU bestimmt ist, und das ist so wie die EU ein regionale Zusammenarbeit zwischen Mitgliedstaaten ist, die zu einen großen Teil autonom bleiben, aber auch bestimmte Politikbereiche politisch integrieren. So findet man das auch auf europäischer Parteienebene, mit der Beschränkung dass europäische politische Parteien nicht, wenn man das so sagen kann, so weit integriert sind wie die Mitgliedstaaten, das heißt sie stehen zwar unter dem Einfluss dieser Entwicklung, hinken ihr aber hinterher. Nationale Parteien innerhalb der EU haben den ersten Anfang gemacht zur politischen Familie. Dieses Phänomen der EU politisch zu übersetzen indem man sich zusammen organisiert. Das heißt: „Sind das Parteien"? – Nein, im üblichen Sinne, aber man braucht eine eigene Definition was eine europäische Partei sein sollte. Man hat sich dafür entschieden, diese Zusammenschlüsse schon Parteien zu nennen, aber das ist mehr ein Beschluss, einem Ziel schon in einem Namen Ausdruck zu geben als eine Widerspiegelung von Realitäten. Individuelle Mitglieder gibt es nicht, gibt es vielleicht immer noch bei EVP, das war aber kein großer Erfolg, es gab vielleicht 300 Mitglieder, die SPE hat sich entschieden, diesen Schritt nicht zu machen. Die SPE ist eine Partei von Parteien, und keine Partei von Individuen. Es gibt natürlich die Herausforderung, mit individuellen Sozialdemokraten in Kontakt zu kommen, dafür gibt es allerlei Instrumente, aber eine Form individueller Mitgliedschaft gibt es nicht in der SPE, höchstens in den Statuten der EVP. Mehrheitsentscheidungen gibt es, auf Basis der Statuten könnte man die Schlussfolgerung ziehen, dass das ein relativ starkes Phänomen ist, aber das ist nicht der Fall. Bei der EVP wird mehr nach Mehrheit entschieden als bei der SPE, es gibt einen starken Druck zu Konsens und in allen Parteien die Spannung zwischen der Autonomie der nationalen Parteien und Mehrheitsbeschlüssen, die ungelöst ist. Ein einheitliches Programm gibt es, wenn es um Europa geht. Das steht in Verbindung mit der Frage in wie weit die Europarteien eine politische Familie repräsentieren. Bei der SPE, den Liberalen und Grüne ist das relativ klar, bei GUEL habe ich schon Zweifel, die EVP besteht eigentlich aus einem Konglomerat aus traditionell pro-europäischen Christdemokraten und weniger pro-europäischen und mehr im rechten Spektrum befindlichen Kräften. Die EVP hat angefangen als Mitte-Rechts-Familie und hat sich in den 90ern zusammengeschlossen mit mehr national ausgerichteten, weiter rechts stehenden Kräften. Das füht dazu, dass sich im Parlament zum Beispiel britische Konservative und eher pro-europäische Christdemokraten in einer Fraktion befinden. Bei der EVP handelt es sich eigentlich um zwei Familien, zwei Alternativen in dem Sinne, dass, wenn man vom Wähler ausgeht, eine Stimme für die EVP sowohl für Mitte und eine Pro-Europäische Partei stehen kann als auch für weiter rechts, bis hin zu einer anti-europäischen Stimmung, und das ist eigentlich ein Schritt zuviel. Aber auf Parteiebene ist es etwas nuancierter, da die britischen Konservativen zwar in der EVP-Fraktion vertreten sind, aber nicht auf Parteiebene. Es sind Parteien von Parteien, die sich in der Entwicklungsphase befinden. Es ist hilfreich, dass es das Parteistatut gibt das dazu führt, dass die europäischen politischen Parteien sich nicht mehr im Parlament befinden sondern außerhalb, dass sie etwas mehr Mittel haben (aber das ist immer noch bescheiden), dass man das Problem von Partei-Finanzierung gelöst hat. Es gab Kritik vom Rechnungshof, dass die Fraktionen die Parteien unterstützt haben, auch das Sekretariat zur Verfügung gestellt haben. Das hat alles seine Logik gehabt in der Anfangsphase, in einer schwierigen Zeit, das ist jetzt vorbei.

Frage: Inwieweit hat die Parteienverordnung die Parteien finanziell/personell gestärkt? Hat sich dadurch das Verhältnis zu den Fraktionen geändert?

Beumer: Ich würde sagen, dass die Verordnung eine sehr gute Investition in die Zukunft ist. Kurzfristig hat die Verordnung bei der SPE nur zu einem großen organisatorischem Aufwand geführt, aber mittelfristig wird man davon profitieren: Von der Selbstständigkeit, auch von mehr Mitteln, es ist zu erwarten dass in den kommenden Jahren die Mittel relativ schnell steigen werden. Man hat am Anfang einen Vorschlag gemacht auf Basis von der Unterstützung, die im Parlament zur Verfügung stand, und die Parteien haben nicht mehr empfangen, man profitierte auch von der Anwesenheit im Gebäude und den damit verbundenen Möglichkeiten etc, das ist jetzt vorbei, aber die Verordnung war ein sehr notweniger Schritt. Das Verhältnis zu der Fraktion hat sich etwas verändert, ob da eine Anwesenheit im Gebäude oder 800 Meter weiter viel Einfluss hat weiß ich nicht, die Fraktionen sind jedenfalls nicht länger im Stande, die Parteien direkt finanziell zu unterstützen, das macht jetzt das Parlament. Aber die Fraktionen zusammen sind das Parlament, und in diesem Sinne sind die Parteien immer noch abhängig vom Parlament. Die EVP-Fraktion hat darauf bestanden, dass das Parlament die Gelder gibt. Es hätte seine Logik gehabt, wenn die Kommission das gemacht hätte, aber die Kommission wollte sich nicht mit Europarteien beschäftigen, fand das vielleicht ein zu heikles Thema und die größte Fraktion fand das sehr gut weil das heißt dass die Parteien an der richtigen Stelle, nämlich bei den Fraktionen fragen müssen nach Unterstützung und dann gibt es eine kontinuierliches Abhängigkeitsverhältnis, mit dem die größte Fraktion gut auskommt.

Frage: Inwieweit sind die Europarteien bei nationalen Parteimitgliedern bekannt?

Beumer: Kaum. Der Bekanntheitsgrad der Europäischen Parteien ist sehr niedrig, die direkte Zusammenarbeit gibt es mit den Fraktionen und den nationalen Parteispitze und einer Reihe von Vertretern, und dann wird die Europa-Arbeit innerhalb der nationalen Parteien dominiert von den Fraktionen im Europäischen Parlament und den nationalen Abgeordneten, und die sind alle nicht sonderlich daran interessiert, die Idee der europäischen Partei und deren Aktivitäten zu promoten und außerdem handelt es sich um kleine Organisationen mit kleinen Haushalten die nur bei bestimmten Fragen aktiv sind. Während die Fraktion auf allen Ebenen aktiv ist, viel mehr Mittel hat und nationale Abgeordnete gerne Europapolitik machen und den Eindruck vermitteln, dass sie da eine zentrale Rolle spielen. Das heißt es gibt keine große Gruppe von „Botschaftern" dieser Idee in den nationalen Parteien. Der Bekanntheitsgrad ist also sehr niedrig. Das ist der Preis den man zahlt, wenn man sich definiert als Partei von Parteien.

Frage: Zur künftigen Rolle der Europarteien – inwieweit können Parteien künftig als Vermittler zwischen Bevölkerung und „denen in Brüssel" fungieren?

Beumer: Sie sollten es versuchen, und hoffentlich klappt es. Aber ich denke, die beste Weise, um europäische Parteien zu analysieren, ist sehr genau zu sehen, in wie weit ihre Arbeit verknüpft ist mit der Arbeit nationaler Parteien. Das heißt die SPE in Deutschland ist eigentlich auch die SPD und ihre Europaarbeit. Die SPE ist nicht nur die Organisation und die Treffen im Rahmen einer europäischen Partei, es gibt hier auch eine Art Subsidiaritätsprinzip. Die SPD verbindet sich in Brüssel mit anderen Sozialdemokraten in der Fraktion, im Parlament, aber auch auf Parteienebene, und es ist Aufgabe der SPD, das gemeinsame sozialdemokratische Profil in Deutschland zu übersetzen. In dem Moment, in dem man von einer „Vermittler-Rolle" spricht ist das meiner Meinung nach auch eine Analyse, die sich nicht beschränken kann auf die reine europäische Parteistruktur die sehr klein ist und deren Aktivitäten sehr beschränkt sind, da geht es um mehr. Da muss man pro politischer Familie analysieren: wie sind die Kontakte, was ist europäisch, welche Beeinflussungs-Möglichkeiten gibt es. Eine Europartei hat zwar die Rolle, alle zusammenzubringen, aber es passiert auch viel an Kontakten außerhalb. Das heißt die Europartei hat einen großen Symbolwert, andererseits muss man, wenn es um die Frage geht in wie weit in unserem Falle die Sozialdemokraten eine gemeinsame Europapolitik haben und eine gemeinsame Strategie vertreten, berücksichtigen, dass es hier noch mehr Kontakte gibt, die natürlich diffuser zu analysieren sind. Wichtig ist, dass Europarteien eine Art Mittel sind, Europapolitik, die lange relativ technokratisch, bürokratisch und diplomatisch war, zu politisieren, so wie man es auch auf Fraktionsebene macht.

Frage: Können Sie sich vorstellen, dass es für die Europawahlen in Zukunft ein europäisiertes Parteiensystem gibt, im Sinne von europaweiten Listen, vielleicht auch einem europäischen Spitzenkandidaten, der dann – wenn man noch weiter denkt – ggf. Kommissionspräsident werden könnte?

Beumer: Ich denke, dass es eine gute Reihenfolge ist, die Sie erwähnen, weil es zeitlich gesehen so sein könnte, dass eine Listenverbindung am ehesten kommt, das heißt dass z.B. die SPD nicht nur den eigenen Namen erwähnt, sondern auch den Namen SPE, und klarer macht als vorher, dass man einen

Teil einer sozialdemokratischen Fraktion ausmachen wird. Solche Listenverbindungen sind auch im eigenen Interesse, weil das auch ein Vorteil ist
für eine relativ geschlossene Gruppe wie die Sozialdemokraten, die zwar
nicht die größte Fraktion ist, aber eine relativ zusammenhängende Struktur
besitzt und überall vertreten ist. Die Christdemokraten bestehen ja aus zwei
Familien, die Liberalen hängen relativ eng zusammen, sind aber noch relativ klein. Bei den Grünen besteht dasselbe Problem. Das heißt sie sind nicht
sehr stark vertreten. Diese Listenverbindungen halte ich für realistisch. Die
Spitzenkandidaten – das wird sich in der ersten Runde beschränken auf die
Listen die sagen „das ist hilfreich, das ist jemand, mit dem wir uns identifizieren können". Das hätte bei uns mal Willy Brandt sein können, aber bei
Gonzalez war es schon schwieriger, Delors war zu pro-europäisch – es ist
nicht leicht, jemanden zu finden, der für alle akzeptabel ist. Kommissionspräsident – da wird es schwieriger, da wird man merken wie stark auch
nationale Interessen eine Rolle spielen und dass das nicht eine Frage ist, die
sich lösen lässt auf der Basis von Parteizugehörigkeit. Das wird ein Schritt,
der weiter weg liegt und sehr schwierig zu erreichen sein wird. Aber eine
gemeinsame Liste – ich denke das könnte man schon nächstes Mal sehen,
ein Spitzenkandidat – das hängt davon ab ob man jemand charismatisches
findet, der Spitzenkandidat als Kommissionspräsident – ich denke das
führt in der absehbaren Zukunft zu weit.

Frage: Abschließend vielleicht ganz allgemein – wo sehen Sie die größten
Probleme der Euro-Parteien?

Beumer: Das größte Problem der Parteien ist, dass sie noch sehr klein sind
und wenig Mittel haben. Zweitens, dass sie, wo sie aktiv sind, gleich viel
Konkurrenz kriegen von den Fraktionen im EP, von nationalen Abgeordneten die sich mit Europapolitik beschäftigen, vom internationalen Sekretariat. Dann: Das Nationale, die nationalen Interessen, die noch immer über-
wiegen. Europa wird immer politischer, aber wenn ich wissen möchte, wo
jemand steht wenn es um Europa geht, ist die Information, *woher* er kommt,
noch immer wichtiger als die Information, welcher Parteifamilie er angehört. Die nationalen Interessen sind doch ein beschränkender Faktor.

Interview mit Klaus Welle

Frage: Empfinden sich die Euro-Parteien als richtige Parteien? Wie ist ihr Selbstverständnis?

Welle: Was heißt „richtige Parteien"? Das ist aus meiner Sicht der Kardinalfehler bei der Betrachtung der europäischen Parteien, dass man versucht, sie am nationalen Maßstab zu messen. Da holen die Leute dann Duverger raus und seinen Kriterienkatalog und stellen dann fest, dass europäische Parteien anders sind, und ziehen daraus Schlussfolgerungen. Wenn man das als Denkfigur hat, kommt man nirgendwo hin. Das heißt, man muss ganz anders anfangen. Wir haben in der Europäischen Union – wenn es gut läuft – ein nach dem Prinzip der Subsidiarität organisiertes politisches System, wo auch die europäische Ebene ja nicht alles machen soll sondern nur das, was die anderen nicht erledigen können, und deswegen müssen auch europäische Parteien so aufgebaut sein, das heißt sie sollen nur die Funktionen übernehmen, die nationale Parteien nicht schon leisten. Und wenn Sie von daher Funktionen nationaler Parteien verdoppeln würden, würden Sie genau das tun, was Sie nicht tun sollen. Die Frage ist daher: Was können nationale Parteien nicht leisten? Sie können nicht effizient hier am politischen Diskurs auf europäischer Ebene teilnehmen als einzelne nationale Parteien aus 25 Ländern. Bei einer Fraktion wie der EVP aus 55 oder 60 Parteien – da sind einzelne Parteien überfordert. Das heißt, man muss Funktionen europäischer Parteien sui generis bestimmen und sie daran messen, ob sie diese Funktionen erfüllen. Die kann man dann bestimmen, das heißt Zur-Verfügung-Stellen eines gemeinsamen Programms, das auch tragfähig ist, die Überwindung der Fixierung auf den nationalen Kontext und auf die nationale politische Wettbewerbssituation, Zugang zu anderen Spielern sowohl innerhalb des Rats als auch in Parlament und Kommission und eben in diesem Dreieck Parlament-Kommission-Rat politischen Einfluss ausüben, Vertrauensbildung… da kann man eine längere Liste machen. Aber das sind alles Funktionen, die von Herrn Duverger noch nicht vorgesehen sind.

Frage: Trotzdem zum Beispiel die Frage nach einer klassischen Partei-Eigenschaft, der individuellen Mitgliedschaft – die ist bei der EVP ja vorgesehen, anders als beispielsweise bei der SPE?

Welle: Die gibt es bei der EVP, aber ich halte das nicht für ein notwendiges, strukturbildendes Prinzip, denn europäische Parteien, um ihre Aufgabe wahrnehmen zu können, müssen sich auf nationale Parteien stützen können und nicht auf individuelle Mitglieder, die ihre individuelle Meinung vertreten. Man kommt da vielleicht auf 500 oder auf 1000… aus meiner Sicht sollte diese besser „Unterstützer" genannt werden. Das heißt, das wäre dann sinnvoll, wenn man wirklich eine europäische Massenpartei hätte, dann müsste man aber eher die Mitglieder in Millionen, zumindest in Hunderttausenden zählen können, ansonsten führt das nur zu Verzerrungen, das bildet die Meinungsbildung in den Mitgliedstaaten nicht korrekt ab.

Frage: Gemeinsames Programm – wie schwierig ist das in der EVP wegen der großen Heterogenität (Konservative-Christdemokraten)?

Welle: Lassen Sie sich nicht täuschen von Namen – die EVP ist politisch kohärenter als andere. Übrigens: wenn Sie bei der SPE nachschauen werden Sie feststellen, dass es einen Bezug gibt auf sozialdemokratische Parteien, sozialistische Parteien und Arbeiterparteien, das erscheint gering, aber aus interner Sicht in der SPE sind sicher die Unterschiede zwischen französischen Sozialisten und britischer Labour-Partei überhaupt nicht zu unterschätzen. Das heißt in allen europäischen Parteien hat man unterschiedliche Traditionen, aber das ist kein Sonderfall EVP, im Gegenteil, wir haben die Tradition, schon seit 30 Jahren gemeinsame Programme zu machen. Die EVP hat auch schon seit mindestens 20 Jahren die Gewohnheit, solche Programme demokratisch zu erarbeiten, das heißt über ein Jahr Vorlauf, Abstimmungen, Mehrheitsabstimmungen zu akzeptieren, hunderte von Änderungsvorschlägen werden da abgestimmt, und am Ende gibt es dann einen Parteitag, einen Kongress der das alles mit Mehrheit feststellt. Ich weiß nicht, ob die Sozialdemokraten in den letzten Jahren dazu gekommen sind, aber früher ging das bei denen per Akklamation, was ein Hinweis darauf ist, dass die Unterschiede nicht geringer sind, eher größer.

Lassen Sie sich nicht täuschen vom nominativen Ansatz, die Namen kommen fast alle aus dem 19. Jahrhundert, im besten Fall aus dem 20. Jahrhundert. Aber ob eine Partei so heißt oder so heißt, das sagt über die Inhalte noch nicht viel. Selbst bei den Christdemokraten können Sie dann soundsoviele Untergruppen finden. Was viel wichtiger ist, ist sozusagen die Frage, welcher Teil der Gesellschaft wird organisiert, und wie ist die Struktur des politischen Wettbewerbs zu Hause, wie vollständig sind die Parteien. Im EVP-Bereich macht den Unterschied eben nicht, ob eine Partei konservativ heißt oder die andere christdemokratisch, sondern ob sie Volksparteien sind, die den Anspruch zumindest haben können, 40% der Bevölkerung als Wähler zu haben und somit potenziell für 70% der Bevölkerung ansprechbar zu sein. Diese Parteien (zum Beispiel Partido Popular, CDU/ CSU, ÖVP, PSD), haben vieles gemeinsam, weil sie intern diesen Konsens organisieren müssen. Wenn ich aber nur 20% der Wählerschaft erreiche und mich dafür auch nur an 35% der Wählerschaft richten muss, dann schließe ich bestimmte Teile des politischen Spektrums aus und komme zu Verengung. Entweder in dem Bereich oder in dem Bereich, aber man ist sozusagen nicht vollständig als Volkspartei sondern neigt dann dazu, bestimmte Positionen zu überspitzen. Das ist viel ertragreicher, so die Dinge anzuschauen, als sich irreführen zu lassen von Bezeichnungen, die vielleicht schon 100 Jahre alt sind.

Frage: Zur aktuellen Rolle von Parteien und auch zu der neuen Parteienverordnung – inwieweit bedeutet das Änderungen für die Parteien, vor allem im Verhältnis zu den Fraktionen?

Welle: Die wesentliche Wirkung der europäischen Parteienverordnung ist, dass sie die Parteien aus der Abhängigkeit von den europäischen Fraktionen befreit. Das ist auch gut so, das war auch der wesentliche Zweck, wobei diese Abhängigkeit unterschiedlich ausgeprägt war, bei der EVP war die Parteiorganisation immer außerhalb des Parlaments, und im Wesentlichen auch mit eigenen Mitarbeitern, und zu sehr großen Teilen finanziert durch die nationalen Parteien, auch wenn es einen substanziellen Mitgliedsbeitrag der Fraktion gab. Bei den Sozialdemokraten und Grünen und Liberalen war es mehr oder weniger geführt wie eine Abteilung der Fraktion – weshalb auch bei denen der Anpassungsbedarf größer war, was bei der Parteienverordnung damals mit-überlegt wurde, denn das musste so gemacht werden, dass im politischen Wettbewerb für keinen Nachteile entstehen. Das heißt man musste ausreichend Frist haben, damit jeder sich anpassen kann. Aber die entscheidende Wirkung ist nicht der Zufluss von wesentlichen Mitteln, sondern ein gutes Stück mehr Freiheit von der Fraktion. Das ist ein notwendiger Schritt für die weitere Entwicklung. Es wird aber nicht mehr viel Personal eingestellt werden können, Sie müssen sehen: Die Mittel haben Mittel ersetzt, die früher aus der Fraktion kamen. Entweder Pesonal-Zur-Verfügung-Stellung oder Mitgliedsbeitrag, oder Räume. Das heißt, der Effekt war aus meiner Sicht zu 80% oder 85%, dass es eine seriöse und transparente Finanzierung gibt, und vielleicht einen kleinen Zusatz, der das eine oder andere zusätzlich erlaubt, aber nicht sehr viel. Die wesentliche Wirkung ist die Umstellung der Finanzierung auf transparente Finanzierung.

Frage: Inwieweit sind die Euro-Parteien den nationalen Parteimitgliedern bekannt? Wie ist die Beziehung zu den nationalen Parteien?

Welle: Das ist sicherlich verbesserungsfähig, wobei wir in meiner Zeit als Generalsekretär von 1994 bis 1999 wöchentlich einen Newsletter gemacht haben, den wir relativ weit gestreut haben, also alle nationalen Abgeordneten beispielsweise und auch in die Partei hinein um da ein gewisses Informationsdefizit anzugehen. Was wichtig ist, ist dass die Nominierungen zu EVP-Kongressen zum Beispiel bei der CDU auch durch den Bundesparteitag erfolgen, das heißt Delegierte für den EVP-Kongress oder EVP-Vorstand werden da in Abstimmungen gewählt. Das heißt, es ist dann zumindest diesen tausend Parteitagsdelegierten bewusst, dass es so etwas gibt wie eine Europäische Volkspartei, aber es könnte sicher viel mehr geleistet werden, um das in die Breite der Mitgliedschaft hinein zu transportieren. Aber da braucht man die Kooperation der nationalen Parteien.

Frage: Wie sehen Sie die künftige Rolle der Parteien? Glauben Sie dass es in Zukunft gemeinsame Listen geben kann, mit einem Spitzenkandidaten, und was halten Sie von der Idee, dass, noch etwas weiter gedacht, der Spitzenkandidat der stärksten Partei Kommissionspräsident wird?

Welle: Das haben wir schon halb gehabt dieses Mal, denn ohne den Ausgang der Europawahlen wäre Herr Verhofstadt heute Kommissionspräsident. Die EVP hat gesagt „wir haben die Wahl gewonnen, also muss auch einer von uns Kommissionspräsident werden". Das hat zu einer blockierenden Minderheit im Europäischen Rat geführt, und durch die Nominierung von Herrn Barroso ist dann ja auch indirekt anerkannt worden, dass der Ausgang der Europawahlen eine Konsequenz haben muss für die Führung der Kommission.

Nachfrage: Und was halten Sie vom Antreten mit gemeinsamen Listen?

Welle: Ich würde es für hilfreich halten, wenn die Leute die Möglichkeit hätten, andere Bürger aus der Europäischen Union zu wählen, und nicht nur die der eigenen Nationalität, über die Liste die angeboten wird. Wie das dann organisiert wird ist eine andere Frage, ich glaube dass man dann immer die nationale Partei mit der europäischen verknüpfen müsste, damit man die nationale „Trademark" nicht verliert.

Nachfrage: Eine institutionelle Änderung in Richtug parlamentarisches Regierungssystem sehen Sie dann eher skeptisch?

Welle: Nein, ich finde es absolut richtig, dass die Bürger die Möglichkeit haben müssen, über die Teilnahme an der Europawahl Einfluss auszuüben auf die Zusammensetzung der Exekutive, und auch wenn sie unzufrieden sind die Möglichkeit haben müssen, die Exekutive durch eine andere Exekutive zu ersetzen. Das geht natürlich nie in Reinkultur, wir werden immer eine Art Schweizer Koalitionsregierung haben, eine All-Parteien-Regierung, aber Akzente können dann schon unterschiedlich ausfallen. Fürs Europäische Parlament: Nationale Abgeordnete haben dadurch nicht unbedingt an Einfluss gewonnen, dass sie sich jederzeit in die Pflicht nehmen lassen müssen, eine Regierung zu stützen. Im Gegenteil: sie haben seit dem 19. Jahrhundert wesentlichen Einfluss verloren an die Exekutive, deswegen glaube ich ist für das EP das Entwicklungsmodell oder das vergleichende Modell eher der US-Kongress, der ja auch in seiner Zusammensetzung nicht davon abhängig ist, wer gerade Präsident ist. Das ermöglicht auch Freiräume für individuelle Abgeordnete, die es ansonsten nicht gäbe, und auch Möglichkeiten der Kooperation über Parteigrenzen hinweg, die es in nationalen oder regionalen Systemen in Deutschland nicht gibt. Hier gibt es jeweils Sachkoalitionen je nach Dossier, und das finde ich durchaus nicht nachteilig.

Frage: Ein stärkerer Rechts-Links-Gegensatz im EP wäre dann gar nicht unbedingt wünschenswert?

Welle: Doch, die Leute müssen schon klare Optionen haben „wer steht für was", aber das muss dann ja nicht immer in allen Dossiers zur selben Form der Zusammenarbeit mit den selben Fraktionen führen wie in einer nationalen Regierung, sondern das kann nach Thema wechseln. Im Europäischen Parlament gibt es in wirtschaftlichen Fragen häufig Mehrheiten aus EVP und Liberalen, in gesellschaftspolitischen Fragen eher aus Sozialdemokraten, Grünen und Liberalen – für die Liberalen sicherlich nicht so ungünstig.

Frage: Was sehen Sie als größte Herausforderungen und größte Probleme für die Euro-Parteien?

Welle: Ich glaube, die europäischen Parteien müssen den europäischen Prozess effizient organisieren, das heißt den Prozess zwischen Parlament, Rat und Kommission, und das heißt: sich entwickeln von Gruppierungen, die wichtige Grundsatzarbeit machen (was die Basis ist), hin in die praktische Politik und die alltägliche Gesetzgebung. Da ist sicher noch viel Spielraum für Verbesserungen, auch wenn ja nicht zu unterschätzen ist, dass bereits heute durch die regelmäßigen Zusammentreffen der Staats- und Regierungschefs im Parteirahmen vor den Europäischen Gipfeln viel Politik gemacht wird.

Interview mit Christian Kremer

Frage: Inwieweit verstehen sich die Europäischen Parteien als Parteien?

Kremer: Die EVP ist die erste „Partei" gewesen, die sich auch so genannt hat 1976, während alle anderen erst sehr viel später kamen. Wir haben ja auch versucht, mit der ersten Satzung von 1976 schon einer föderalen Struktur Rechnung zu tragen. Das heißt, wenn man den Vergleich mal zieht zwischen der EVP und dem, was es vorher im Mitte-Rechts-Bereich an Parteien-Vereinigungen gab, also EUCD, EDU, dann hatten die ja eine deutlich andere Struktur. Bei der EDU gab es ein Steering Committee, wo jede Partei, ungeachtet ihrer Größe oder der Größe des Landes eine Stimme hatte, und es wurde im Konsens entschieden. Bei der EVP war es von Anfang an so, dass Parteien analog zu ihrer Stärke – in dem Fall im Europäischen Parlament weil das messbar ist – repräsentiert waren in den Gremien, also im Kongress und im Vorstand. Damit war natürlich auch der Weg dafür frei, dass Entscheidungen mit Mehrheit getroffen werden konnten. Das passiert auch – natürlich ist das immer nur die halbe Wahrheit: Wie in nationalen Parteien wahrscheinlich auch versuchen wir schon, die großen Partner mit im Boot zu haben, wenn es um Entscheidungen geht, aber letztendlich wird schon abgestimmt auf dem Kongress, und wenn Kongressdokumente abgestimmt werden gibt es einen Haufen Änderungsanträge und dann heißt es eben: Plus oder minus, über oder unter 50%, das entscheidet dann, ob Dinge akzeptiert oder abgelehnt werden. Von daher sind wir unter dem Gesichtspunkt schon sehr stark eine Partei, wo auch innerparteiliche Entscheidungen auf eine Art und Weise getroffen werden, wie das bei einer Partei üblicherweise stattfindet. Aber es gibt natürlich auch viele Bereiche, wo wir noch keine wirkliche Partei sind. Wenn ich jetzt die grundgesetzliche Definition von Parteien heranziehe, dann tragen wir heute nur zu einem sehr kleinen Teil zum Meinungsbildungsprozess auf europäischer Ebene bei. Das hat verschiedene Gründe: Es liegt daran, dass es keine europäische Öffentlichkeit gibt, daran, dass europäische Themen sehr viel schlechter über die Medien in die Öffentlichkeit vermittelbar sind, daran, dass wir als eine Art Dachorganisation natürlich keinen so unmittelbaren Bezug zur Bevölkerung haben und haben können wie das die nationalen Parteien haben, dazu fehlen uns hier auch die Ressourcen und die Manpower. Von daher ist das sicher der Bereich, in dem es noch am meisten zu tun gibt: Hier Einfluss zu nehmen, zum Einen bei den Entscheidungsträgern, nicht nur im Europäischen Parlament sondern auch, was wir verstärkt tun, bei der Kommission und auch beim Rat. Der Weg über die Öffentlichkeit ist der schwierigste Part für uns, weil wir für die Medien auch nicht die Attraktivität haben, die nationale Parteien aus den verschiedensten Gründen haben. Was die Struktur betrifft: Der wesentliche Unterschied zwischen uns als europäischer Partei und den nationalen Parteien ist natürlich, dass wir uns aus den nationalen Parteien zusammensetzen und nicht aus Mitgliedern. Sie wissen vielleicht, dass es bei der EVP die Möglichkeit für individuelle Mitglieder gibt, bei den Sozialdemokraten gibt es das bis heute nicht. Meine Kollegen bei den Sozialdemokraten erzählen mir immer, dass das auch sehr umstritten ist – aus für mich sehr nachvollziehbaren Gründen: Weil man mit dieser individuellen Mitgliedschaft ein Stück weit eine Mogelpackung verkauft. Man gibt den Leuten den Eindruck, sie könnten Mitglied werden und sich einbringen, aber letztlich können sie sich ja nicht einbringen, weil es einfach zu schwierig ist, neben den Stimmrechten der Mitgliedsparteien sozusagen irgendeine Art von Einflussmöglichkeiten an individuelle Mitglieder zu geben. Das ist das Problem, dass man diese zwei Konzepte sehr schlecht miteinander vermischen kann. Insoweit ist das eher eine symbolische Geschichte, die zwar schön ist aber letzlich wie gesagt auch irgendwo eine Mogelpackung ist.

Frage: Was hat sich geändert durch die Parteienverordnung?

Kremer: Wir sind jetzt in einer besseren finanziellen Situation, wir sind – das ist der Nachteil der ganzen Geschichte – institutionell in einen Rahmen gepresst worden, der eigentlich für uns eine Unverschämtheit ist, weil dieses belgische Vereinigungsrecht natürlich nicht geschaffen worden ist für politische Parteien. Der Entwurf, der damals von der Kommission vorgelegt worden ist und der sich im Hinblick auf den angebotenen Rechtsstatus ganz erheblich unterschieden hat von dem, was die Kommission 2000 oder 2001 schon mal vorgelegt hat und was damals gescheitert war, ist im Grunde extrem schlampig ausgearbeitet worden. Denn wenn man in so einen Text reinschreibt, dass die Parteien in dem Land ihres Sitzes einen Rechtsstatus haben müssen und man sehen muss, dass ja klar war, alle Parteien würden sich in Belgien registrieren, aber in Belgien haben Parteien keinen Rechtsstatus. Sondern in Belgien gibt es eine Doppelstruktur, die hier alle

Parteien haben, das heißt eine „faktische Vereinigung", ohne rechtlichen Status, plus einen Verein daneben, der sich um die Geschäfte kümmert. Der Verein ist aber nicht die Partei, er heißt auch anders, kümmert sich aber um die Rechtsangelegenheiten. Wir haben dann genau diese Konstruktion geschaffen, ebenso wie die Sozialdemokraten, doch dann hat das Europäische Parlament gesagt „wir akzeptieren das nicht". Daraufhin mussten wir im Grunde die ganze Partei umstrukturieren, um in den Rechtsstatus einer belgischen Vereinigung zu passen, und das ist schlicht und ergreifend unakzeptabel. Wir haben das natürlich gemacht, weil wir darauf angewiesen waren es zu tun, sonst hätten wir kein Geld bekommen. Das ist ein sehr großer Nachteil, ich habe das auch schon oft gesagt. Ich gehe auch davon aus, dass das Thema auch nochmal wissenschaftlich aufgearbeitet werden wird. Da ist an die Sache sehr blasiert herangegangen worden, letztendlich mussten wir uns von Beamten im Europäischen Parlament sagen lassen „die Struktur, die Sie uns vorschlagen, funktioniert nicht". Ansonsten: Die Parteienverordnung hat uns eine Reihe von Vorteilen gebracht, insbesondere natürlich im finanziellen Bereich, auch wenn es den Mitarbeitern hier Nachteile gebracht hat, weil alle Mitarbeiter jetzt mit belgischen Arbeitsverträgen beschäftigt sind, was vom Kostengesichtspunkt her gesehen katastrophal ist durch die hohen Lohnnebenkosten in Belgien, da verdient der Staat nochmal kräftig mit. Die Entwicklung ist in diesem Jahr etwas schwierig, es wird im nächsten Jahr vermutlich eine oder zwei neue Europäische Parteien geben, das wird bedeuten dass der Kuchen kleiner wird. Da wird man dann sehen, wie die bisherigen Parteien (und da haben die beiden großen Europäischen Parteien durchaus Problembewusstsein) ihre Fortentwicklung sicherstellen können und verhindern können, dass es von jetzt ab jedes Jahr weniger Geld gibt. Man muss ja sehen: wir arbeiten hier mit 16 Mitarbeitern, das ist ohnehin am unteren Ende dessen, was zumutbar ist, wenn man die Dinge einigermaßen wahrnehmen will, die eigentlich für eine Partei wichtig sind.

Frage: Wie schätzen Sie das Verhältnis zu den nationalen Parteien ein? Wie hoch ist der Bekanntheitsgrad bei Abgeordneten bzw. Parteimitgliedern?

Kremer: Bei den Abgeordneten sind wir schon bekannt, bei den normalen Mitgliedern zum Teil, wir tauchen dann immer mal wieder auf im Europawahlkampf und verteilen Info-Material, aber es ist schwierig für uns. Wir haben beispielsweise im Europawahlkampf 400.000 Broschüren gedruckt, das ist natürlich im Grunde ein Tropfen auf den heißen Stein, aber es ist etwas, das wir zusätzlich leisten können. Wir wissen beide, dass Europawahlkämpfe bis heute nationale Stellvertreterwahlkämpfe sind, und ganz besonders bei Parteien in der Opposition gilt das nochmal verstärkt, das haben wir auch in der letzten Europawahl gesehen. Das ist verständlich, doch das macht es für uns nicht einfacher.

Frage: Können Sie sich vorstellen, dass man bei künftigen Wahlen mit gemeinsamen Listen antritt, möglicherweise auch mit einem Spitzenkandidaten? Und noch weiter gedacht, dass der Spitzenkandidat der stärksten Fraktion dann Kommissionspräsident wird?

Kremer: Grundsätzlich kann ich mir das vorstellen, und grundsätzlich halte ich das auch für eine gute Idee. In der Praxis ist die nicht ganz einfach umzusetzen. Wenn Sie sich vorstellen, wer bisher die Kandidaten waren für den Kommissionspräsidenten: Das war jetzt gerade Barroso, der war ein aktiver Ministerpräsident; in verschiedenen vorhergehenden Fällen war das auch der Fall. Wird es möglich sein, einen aktiven Ministerpräsidenten dafür zu gewinnen, für das Europäische Parlament zu kandidieren, Spitzenkandidat für die EVP zu sein, und im Falle einer gewonnenen Wahl zur Verfügung zu stehen, aber vor allem das Risiko einzugehen, im Falle einer verlorenen Wahl als der Verlierer dazustehen? Ich halte das für sehr schwierig. Ich glaube, wenn man das tun würde – und es spricht viel dafür das zu tun, die Personalisierung spricht dafür – dann würde man auf einen anderen Personenkreis abzielen, der dafür in Frage kommt, das wären in erster Linie Leute aus dem Europäischen Parlament. Das hat auch seine Vor- und Nachteile. Die Frage ist dann: Lassen sich die Staats- und Regierungschefs darauf ein, in Zukunft das Amt des Kommissionspräsidenten sozusagen dem Europäischen Parlament zu überlassen, während bisher eher die Kandidaten aus ihren Reihen kamen? Das ist nicht ganz einfach, es sieht auf den ersten Blick extrem charmant aus und ich wünschte mir, wir könnten dahin kommen, aber ich glaube in der Praxis wird das sehr schwierig sein.

Nachfrage: Es wird vermutlich auch schwierig sein, jemanden zu finden, der europaweit bekannt und respektiert ist?

Kremer: Ja, absolut. Wobei ich glaube, man wäre einen deutlichen Schritt weiter, wenn man sagen könnte: Wir als EVP werben jetzt mit einem Kandidaten. Dieser Kandidat steht für folgende Themen, will das und das mit Europa machen… Das hätte schon seinen Charme und könnte die Europawahlen ein Stück attraktiver machen. Ich denke, die gemeinsamen Listen an sich hätten weniger Effekt in dieser Hinsicht – das ist aber auch ein Vorschlag, über den man mal reden muss.

Frage: Es heißt oft, es gebe eine Große Koalition aus beiden großen Parteien. Wenn man mehr in Richtung eines parlamentarischen Systems denkt müsste man ja auch einen gewissen Gegensatz zwischen den beiden großen Parteien haben. Sehen Sie das, dass es einen stärkeren Rechts-Links-Gegensatz gibt oder geben wird, um damit womöglich auch eine größere Öffentlichkeit anzusprechen?

Kremer: Die große Koalition hat es gegeben bei den Personalentscheidungen nach der Wahl. Inhaltlich wird man – siehe jetzt die Dienstleistsungsrichtlinie, auch REACH – durch die Mehrheitsverhältnisse zum Teil gezwungen, Kompromisse zu finden, weil sowohl Christdemokraten und Liberale als auch Sozialdemokraten und Grüne nicht so einfach eine Mehrheit zusammenbekommen im Parlament. Die inhaltlichen Unterschiede insbesondere im wirtschafts- und sozialpolitischen Bereich gibt es schon. Vielleicht nicht so ausgeprägt wie auf nationaler Ebene, weil die Fraktionsdisziplin hier einfach nicht so groß ist – Sie haben dann immer Leute, die bei sozialpolitischen Themen eher mal links ausscheren, und bei den Sozialdemokraten in der anderen Richtung sicherlich genauso. Von daher kann man nicht sagen „die gesamte Fraktion stimmt gegen die gesamte Fraktion der Sozialdemokraten". Aber es sind schon klare Linien erkennbar. Das Problem sind aber tatsächlich die Mehrheitsverhältnisse im Europäischen Parlament.

Frage: Und auf die Parteien bezogen – wie homogen ist die EVP? Wie schwierig ist es, ein gemeinsames Programm zu erarbeiten?

Kremer: Es ist weniger schwierig, als Sie glauben würden. Schauen Sie einfach mal nach Texten und Beschlüssen, da werden Sie das feststellen. Beispielsweise im Wirtschaftsbereich gibt es bei uns schon eine ganz klare Reformlinie, die sich nicht so sehr unterscheidet von der deutschen Position. Es gibt schon einen klaren Willen zu wirtschaftlichen Reformen. Das liegt auch daran, dass sich die Probleme in unseren Ländern in den letzten 10–15

Jahren sehr ähnlich entwickelt haben. Alle haben die gleichen Probleme mit der Finanzierbarkeit der Sozialsysteme, mit wirtschaftlichem Wachstum und so weiter, insofern hat auch ein Stück weit eine Ent-Ideologisierung stattgefunden. Ich bin teilweise selber überrascht, wie gut man in der EVP zu Kompromissen kommen kann. Wie das bei den Sozialdemokraten ist kann ich nicht so genau beurteilen, ich glaube schon dass es da ein Stück weit schwieriger ist, insbesondere wenn Sie sich da die Spanne zwischen Briten und Franzosen anschauen, da ist es insbesondere im wirtschaftspolitischen Bereich ein ganzes Stück weit schwieriger. Ich meine, natürlich gibt es auch bei uns Themenbereiche, die schwierig sind. Wenn wir beispielsweise über Familienpolitik diskutieren würden zwischen slowakischen Christdemokraten und nordischen Konservativen, dann gibt es auch Krach, da wird es auch sehr schwierig werden da eine Kompromisslinie zu finden, keine Frage. Es gibt schon Themenbereiche, wo es sehr schwierig wird – aber die gibt es selbst in nationalen Parteien. Es ist ja nicht so, als ob die nationalen Parteien alle homogen sind. Es gibt dann immer Leute die sagen „früher, als die EVP noch rein christdemokratisch war, war das alles viel harmonischer". Aber auch das stimmt im Grunde nicht, weil es auch unter den verschiedenen Christdemokraten Unterschiede gibt. Die deutschen Christdemokraten sind nicht dasselbe wie die BeNeLux-Christdemokraten, schon gar nicht wie die christlichen Parteien in den nordischen Ländern. Von daher hat sich durch die Vergrößerung der EVP nicht so wahnsinnig viel geändert.

Frage: Wo sehen Sie die größten Probleme und die größten Herausforderungen für die Europarteien in den nächsten Jahren?

Kremer: Die größten Probleme erkenne ich im Immer-Größer-Werden und im relativ langsamen Wachsen der Ressourcen, die wir haben. Die Mitgliedsparteien erwarten gewisse Dinge von uns, von banalen Dingen wie der Teilnahme an Kongressen und Veranstaltungen bis hin zur inhaltlichen Arbeit, und es wird immer schwieriger, mit einem kleinen Team einen immer größeren geographischen Raum abzudecken. Die größte Herausforderung sehe ich darin, dass man die europäischen Parteien stärker zu Parteien macht, die auch an den öffentlichen Debatten auf europäischer Ebene teilnehmen. Das ist sicherlich die größte Herausforderung.

Interview mit Jo Leinen

Frage: Gibt es in Ihren Augen ein Rechts-Links-Schema im Parlament, oder gibt es noch überwiegend eine Große Koalition?

Leinen: Es gibt beides. Bei den großen Fragen der europäischen Integration gibt es eher eine Große Koalition, gegen die Anti-Europäer. In Fragen der Gesellschaftspolitik, also der Wirtschafts- und Sozialpolitik und auch der Bürgerrechte, gibt es jedoch das Rechts-Links-Schema sehr oft. Man kann auch an den Liberalen schön sehen wie sie abstimmen: Bei Bürgerrechten stimmen sie eher mit Sozialdemokraten und Grünen, während sie bei wirtschafts- und sozialpolitischen Themen eher mit den Konservativen stimmen. Das Muster, das wir von zu Hause kennen, gibt es hier auch.

Frage: Wie ist es mit der Fraktionsdisziplin bestellt?

Leinen: Wir haben keinen Fraktionszwang, das ginge auch gar nicht weil die Heterogenität der Interessen und politischen Kulturen von jetzt 25 Ländern doch zu groß ist.

Frage: Halten Sie eine stärkere parteipolitische Abgrenzung bzw. einen stärkeren Gegensatz zwischen Rechts und Links für wünschenswert?

Leinen: Ich bin im Prinzip für eine stärkere Politisierung der EU, weil wir Bürgeranliegen und Alltagssorgen der Menschen behandeln, Gesellschaftspolitik machen und nicht nur Harmonisierung eines Binnenmarktes, also nicht nur Industrienormen, sondern mittlerweile Verbraucherschutz, Umweltschutz, Sozialschutz, und da wäre es wichtig, wenn die unterschiedlichen Konzepte und auch die unterschiedlichen Interessen deutlich würden. Die werden nur deutlich im Wettbewerb der Ideen – und transportiert durch Parteien. Also sage ich in der Tendenz ja, man sollte zur Normalität des politischen Wettkampfes kommen. Mittlerweile haben wir zehn europäische Parteifamilien, der Bürger hat also eine reichhaltige Auswahl.

Frage: Wie sehen Sie das Verhältnis zwischen Fraktionen und Europäischen Parteien? Wie hat sich das Verhältnis gewandelt?

Leinen: Die Fraktion ist die Mutter, und die Partei ist das Kind. Normalerweise ist es ja umgekehrt: die Partei ist die Mutter und die Fraktion das Kind, aber wenn ich dieses Bild mal nehme war es nun mal so, dass die Fraktion eher existierte und auch intensiver arbeitet – wir sehen uns wö-

chentlich und sind auch mittlerweile eine eingeübte politische Gruppierung. Eine Fraktion ist arbeits- und handlungsfähig, während die Parteien
zum Teil noch in den Kinderschuhen stecken – nicht mehr im embryonalen
Zustand, sie sind schon geboren, aber noch in den Kinderschuhen – und
zum Teil auch mit Prozeduren arbeiten müssen wie Konsens, Einstimmigkeit, was dann doch eher den kleinsten gemeinsamen Nenner produziert
als klare politische Orientierung. Aber durch das erste Gesetz zu Parteien
hat eine Emanzipation stattgefunden. 2004 ist in gewisser Weise eine Zäsur
für die Parteien, bis auf die PPE – die war schon soweit, war schon außerhalb des Parlaments, sie hat in der Nähe ein eigenes Parteihaus, während
die anderen Parteien hier *im* Parlament ihren Sitz, ihre Adresse, ihr Personal und natürlich auch ihre Finanzierung im wesentlichen hatten. Diese
Vermischung von Parlamentsarbeit und Parteiarbeit hat der Rechnugshof
zu Recht moniert, und das Parlament hat dann versprochen, bis zur Europawahl 2004 eine Trennung herbeizuführen. Als Berichterstatter damals
kann ich sagen: Dank der griechischen Präsidentschaft Ende 2003 ist das
auch gelungen, obwohl die Widerstände im Rat enorm waren von denjenigen, die das gar nicht wollten und denen, die Sonderprobleme hatten. Bei
der Frage „was ist eine europäische Partei" – da haben wir ja eine gewisse
Repräsentanz angelegt, in einem Viertel der Mitgliedstaaten sollte man
vertreten sein – da waren die Österreicher dagegen wegen der FPÖ und
Herrn Haider, da war Italien unter Berlusconi dagegen wegen der Lega
Nord, da waren die Dänen dagegen wegen der Juni-Bewegung des Herrn
Bonde – da hatte man also schon drei, die aus diesem Grund dagegen waren. Dann hatten wir die Frage „sind europäische Parteien spendenfähig" –
das war noch ein größerer Block: in vier Ländern sind Spenden an Parteien
verboten, in Frankreich, Belgien, Portugal und Griechenland. Das ist der
springende Punkt: Diese vier hätten eine Sperrminorität gehabt. Die Grie-
chen haben sich dann bei der Endabstimmung enthalten. An diesen beiden
Fragen – Repräsentativität und Spendenfähigkeit – wäre das beinahe daneben gegangen. Die Regierung Simitis wollte das [die Parteienverordnung,
Anmerkung C.z.H.] aber, und hat dann auch geholfen.

Frage: Wie unabhängig sind die Europäischen Parteien von den nationalen
Parteien?

Leinen: Der Herr von Arnim aus Speyer geißelt, dass die Europäischen Parteien in der Tat eine „Holding" sind von den bestehenden nationalen Parteien, und nicht Parteien, die von Bürgern direkt gebildet werden. Das ist
aber ein bißchen naiv oder illusorisch – Europa ist ja der Zusammenschluss
der Staaten und der Bürger, aber eben auch der Staaten: Die EU ist ein Gebilde sui generis wo die Staaten sich zusammenschließen, insofern können
die Parteien nicht vom Himmel fallen, sondern sie bilden sich auf der Basis
der vorhandenen Mitglieder einer politischen Familie in den Mitgliedstaaten. Wobei das Parteiengesetz ja offen lässt, dass auch eine originäre europäische Bürgerpartei entstehen kann.

Frage: Inwieweit ist es in ihren Augen möglich oder sinnvoll, mit gemeinsamen Listen anzutreten, womöglich mit einem Spitzenkandidaten? Wie
realistisch ist das?

Leinen: Meines Erachtens ist das die Zukunft für die EU, die man beschrei-
ten muss: Eine volle parlamentarische Demokratie herzustellen. Ich habe in
dem letzten Bericht vorgeschlagen, dass wir ein europäisches Statut für die
europäischen Parteien kreieren, unabhängig von der Registrierung nach
einem nationalen Recht. Europäisches Statut würde heißen, dass das dann
originäre europäische Einheiten sind – juristisch und politisch. Das würde
die Parteien nochmal stärken, denn sie wären herausgehoben und würden
den Platz einnehmen, den sie konstitutionell in der parlamentarischen Demokratie haben. Man kann nun mal keine parlamentarische Demokratie
ohne Parteien haben, daher ist das so wichtig. Dann gibt es die Idee origi-
när europäischer Kandidaturen auf einer transnationalen Liste zu den Europawahlen. Dafür hat sich das Europäische Parlament zwei Mal, ein bißchen vorsichtig aber immerhin, ausgesprochen. Da sehe ich unheimlich
viele Widerstände, weil das der Durchbruch, der Quantensprung wäre. Das
Dilemma für die europäischen Parteien ist, dass sie eigentlich nicht richtig
arbeiten können, denn Parteien sind ja kein Kegelclub sondern Zusammenschlüsse zum Machterwerb. Die europäischen Parteien können noch nicht
um Mandate werben, das machen ja die nationalen Parteien – zwar aus der
selben Parteifamilie, aber die europäischen Parteien werden erst richtig er-
wachsen, wenn sie eigene Mandate erwerben können, und das geht nur mit
europäischen Listen. Ohne europäische Listen kann man schon – und ich
hoffe dass das 2009 schon passiert – einen Wahlkampf machen mit einem

Spitzenkandidaten der Parteifamilie. Man hört und sieht, dass es da Bemühungen gibt, das würde schon sehr viel helfen, wenn die großen politischen Formationen schon vor der Wahl und nicht erst danach sagen würden, wer Chef der europäischen Regierung, also der Kommission, würde.

Frage: Wo sind dabei die stärksten Widerstände?

Leinen: Die Parteien wären frei: Wenn die Sozialdemokraten ihren Europakongress machen und jemanden benennen würden, das könnte niemand verbieten. Die Widerstände liegen eher in den Parteien, die die Europa nicht als politische Union wollen, die das alles als ein Ratseuropa und nicht als Parlamentseuropa wollen, und dann natürlich bei den Politikern, die zu Hause zuweilen antreten und dort in Kauf nehmen, dass sie verlieren. In Europa sind es dann meistens aktuelle oder ehemalige Staatschefs, die sich zu fein sind und die zu vorsichtig sind, sich da die Finger zu verbrennen, denn man kann natürlich auch verlieren, es kann ja nur einer gewinnen. Über diese Hürde, wenn man da vielleicht 2009 schon drüber wäre, hätte man nochmal einen großen Schritt gemacht zur Erkennbarkeit der europäischen Dimension von Politik.

Gespräch mit Jo Leinen, 28. November 2005

Die Konsensdemokratie fällt durchs Medienraster.

Eine parlamentarische Demokratie auf europäischer Ebene funktioniert nur mit Europarteien. Diese sind auch Voraussetzungen für Öffentlichkeit und Medieninteresse. Öffentlichkeit und Medieninteresse können hergestellt werden durch den Wettbewerb von Programmen und Personen.

Die Europarteien müssen kampagnenfähig werden. Es gibt noch keine permanente Struktur der Debatte mit klar unterschiedlichen Programmen.

Die Heterogenität in den Euro-Parteien macht die Aufgabe schwieriger, aber nicht unmöglich. Mehr und mehr formt sich eine Linie der Programmatik heraus.

Fraktionsdisziplin: Mehr Macht der Europarteien würde disziplinierend wirken.

Machterwerb: Spitzenkandidat der stärksten Partei soll Kommissionspräsident werden, Europawahl mit zwei Stimmen, einer regionalen und einer für die Europäische Partei.

Schriftliches Interview mit Ulrike Lunacek

1) Empfinden sich die Euro-Parteien als richtige „Parteien"? (Gibt es Mehrheits-abstimmungen und inhaltliche Diskussionen beim EGP-Kongress? Spielen indivi-duelle Mitglieder eine Rolle? Welche Auswirkungen hat die neue Parteienverord-nung?)

Ja, zumindest die Europäische Grüne Partei empfindet sich als „richtige Partei", jedoch mit folgenden Unterschieden zu nationalen Parteien: Wir haben keine Individuelle Mitgliedschaft – u.a., da es nach europäischem Parteienstatut auch noch keine europaweiten Listen für Wahlen (die z.B. von individuellen Mitgliedern gewählt werden könnten) gibt. In der EGP gibt es Mitglieds- und Beobachterparteien; und individuelle Unterstütze-rInnen – das sind den Grünen nahestehende Personen, die sich vor allem für Europathemen interessieren.

Ja, es gibt Mehrheitsabstimmungen und inhaltliche Diskussionen bei EGP-Ratssitzungen (finden zweimal pro Jahr statt) und –Kongressen (einmal alle 2 ½ Jahre, d.h. parallel zu EP-Legislaturperiode: einmal in der Mitte, und einmal knapp vor EP-Wahl) sowie beschlossene Resolutionen (s. auch www.europeangreens.org).

Es gibt auch eine Charta (so etwas wie Grundsatzprogramm) und beim Kongress in Genf Mitte Oktober 2006 haben wir unsere Vorstellungen zur Zukunft Europas verabschiedet (s. auch Website).

2) Wie beurteilen Sie das Verhältnis von Partei und EP-Fraktion? (Spielt die EGP als „Überbau" eine Rolle, oder ist sie eher von den Fraktionen abhängig?)

Fraktion und EGP sind unabhängig voneinander, aber es gibt enge Koope-ration. Die EGP ist im Begriff, nicht „Überbau" zu sein, sondern mittel- und langfristig Positionierungen zu inhaltlichen Themen vorzubereiten und zu entscheiden.

3) Wie beurteilen Sie die Arbeits- und die Handlungsfähigkeit der Partei, insbe-sondere nach der Erweiterung? (Ist die EGP homogen oder gibt es oft unterschied-liche Meinungen, hat die Geschlossenheit der Grünen durch die Aufnahme der mit-telosteuropäischen Parteien abgenommen?)

Ein Grundmaß an Homogenität ist durch zahlreiche grundlegende Resolu-tionen in den letzten Jahren gegeben – so etwa die Global Greens Charter aus dem Jahr 2001, die mit großer Mehrheit verabschiedete Positionierung zur Unterstützung des EU-Verfassungsvertrages vom Frühling 2004 sowie durch die European Green Charter und durch die Anerkennung der „Future of Europe"-Resolution vom Oktober 2006. Konsensbildung und Mehrheitsentscheidungen geben genügend Raum, um sich im Vorfeld mit unterschiedlichen Meinungen auseinandersetzen zu können und in Folge eine breite gemeinsame Position zu erreichen. Es ist aber auch kein Geheimnis, dass einige wenige der osteuropäischen Parteien ihren Schwerpunkt auf dem Umweltthema haben, und sich etwa mit der rechtlichen Gleichstellung von Lesben und Schwulen etwas schwer tun. In solchen Fällen gibt es direkte Gespräche und die Klarheit, dass das Grundsatzprogramm (etwa die Charter) einzuhalten ist.

4) Haben Sie den Eindruck, dass bei der Entscheidungsfindung in den EU-Institutionen mittlerweile eher ideologische/parteipolitische Interessen im Vordergrund stehen, oder dominieren nach wie vor nationale Interessen?

Im EP am wenigsten – dort ist es immer noch möglich über Parteigrenzen hinweg Mehrheitsentscheidungen zustande zu bringen. Im Rat herrschen meist nationale Interessen vor, und die Europäische Kommission ist auf Grund ihrer Zusammensetzung aus von nationalen Regierungen nominierten Personen stark ideologisch geprägt – derzeit neoliberal.

5) Wie sehen Sie die künftige Rolle der Euro-Parteien? (Können die Euro-Parteien als Vermittler von Legitimation und europäischer Öffentlichkeit wirken? Institutionell: Halten Sie sich ein europäisiertes Parteiensystem, in dem die Parteien mit einem europäischen Spitzenkandidaten in die Europawahl gehen, für sinnvoll oder für unrealistisch?)

Ja, die Europarteien können als Vermittler von Legitimation und europäischer Öffentlichkeit wirken, unter der Prämisse, dass europäisch gedacht und gehandelt wird.

Ja, ich halte ein europäisiertes Parteiensystem für sinnvoll, obwohl es derzeit in seiner vollen Ausprägung noch unrealistisch ist. Es geht aber auch nicht um „entweder-oder": Realistisch wäre fürs erste ein doppeltes System: etwa 10% europaweite Liste, und die anderen 90% auf nationalen Listen.

Die Grünen hatten schon 1999 SpitzenkandidatInnen, die in anderen Ländern als denen ihrer Staatsbürgerschaft kandidierten: Daniel Cohn-Bendit als Deutscher für die französischen Grünen und Monica Frassoni als Italie-nerin für die belgischen Grünen. Die Idee der gemischten Listen (d.h., dass Personen aus verschiedenen Ländern auf Listen der Grünen kandidieren) überlegen wir auch für 2009.

Schriftliches Interview mit Alexander Alvaro

Für wie homogen oder heterogen halten Sie die liberale Fraktion? Glauben Sie, dass die Fraktionsdisziplin bei ALDE im Vergleich zu den anderen Fraktionen höher/niedriger/vergleichbar ist?

Die ALDE ist eine sehr heterogene Fraktion mit niedrigerer Fraktionsdisziplin als in anderen Gruppen im EP.

Wie würden Sie die „Koalitionsbildung" im EP beschreiben? (Finden sich eher variable Mehrheiten, von Thema zu Thema, oder gibt es dauerhafte Koalitionen von mitte-links gegen mitte-rechts? Oder eine „Große Koalition"?

Mehrheiten, die von Thema zu Thema variieren sind durchaus üblich. Es gibt keine ausschließlichen Koalitionspartner. Als drittgrößte Fraktion ist die Position der ALDE oft ausschlaggebend für den Ausgang einer Abstimmung des Hauses.

Warum halten Sie es für wünschenswert, dass die europäischen Parteien Kandidaten für das Amt des Kommissions-Präsidenten aufstellen? Nach dem ELDR-Beschluss: Wer könnte das bei den Liberalen 2009 sein?

Für die Visibilität einer Person, die europäische Ideale transportieren soll, wäre es gut, wenn ALDE z.B. Pat Cox aufstellen würde.

Welche Rolle können Europarteien in der Zukunft spielen, und wo sehen Sie die größten Hindernisse?

Die Kohärenz zwischen den liberalen Parteien der Mitgliedstaaten und den übergeordneten EU-Allianzen und Parteien ist der Schlüssel zur Rolle der EU-Parteien in der Zukunft. Hier haben sie vor allem mit organisatorischen und logistischen Problemen zu kämpfen, die auch bei der Kommunikation von Inhalten aus Brüssel erfahrungsgemäß hinderlich sein können.

Schriftliches Interview mit Dr. Wolf Kilz

Für wie homogen oder heterogen halten Sie die liberale Fraktion? Glauben Sie, dass die Fraktionsdisziplin bei ALDE im Vergleich zu den anderen Fraktionen höher/niedriger/vergleichbar ist?

Die liberale Fraktion ist sicherlich nicht so homogen wie z. B. die FDP im Bundestag, bei einem relativ geschlossenen Kern was Wirtschaftspolitik und Bürgerrechte betrifft, gibt es abweichende Gruppen in Punkto Umweltschutz und staatliche Fürsorge für den Bürger. Die erste Gruppe ist in vielen Fragen sehr dicht bei den Vertretern der Grünen, die zweite hat deutlich sozialdemokratische Charakteristika.

Wie würden Sie die „Koalitionsbildung" im EP beschreiben? (Finden sich eher variable Mehrheiten, von Thema zu Thema, oder gibt es dauerhafte Koalitionen von mitte-links gegen mitte-rechts? Oder eine „Große Koalition"?

Koalitionsbildungen sind wie in allen Parlamenten auch im EP Grundvoraussetzung dafür, dass sich Mehrheiten entstehen und die Abgeordneten konkret gestalterisch tätig werden können. Im Gegensatz zu nationalen Parlamenten mit der klassischen Einteilung in Regierung und Oppositionsparteien arbeiten die Abgeordneten im EP fast ausschließlich themen-/ problemorientiert, d.h. je nach Projekt gibt es wechselnde Mehrheiten. Zwar lässt sich im Großen und Ganzen feststellen, dass Konservative und Liberale natürliche Koalitionäre sind, wenn es um die Verteidigung von Grundsätzen wie offenen Märkte, Wettbewerb, wenig staatliche Eingriffe in das Wirtschafsgeschehen und ähnliches mehr geht, so wie Sozialdemokraten, Grüne und Liberale häufig zusammen stimmen bei der Verteidigung von Bürgerrechten, teilweise Umwelt, Gleichberechtigung der Geschlechter etc., aber es gibt keine offiziellen oder auch heimlich vereinbarten Koalitionsabsprachen. Darüber hinaus ist festzustellen, dass sich zum Teil auch Koalitionen bilden wie z.B. kleine Länder gegen große oder Mittelmeer-Länder gegen Mittel- und Nordeuropa (z. B. in Fragen der Weinordnung). Aufgrund dieser Situation sind die mit Mehrheit gefassten Entschlüsse immer Kompromisse und entsprechen nie der reinen Lehre. Es gibt eben keine natürliche Mehrheit, die ihre Vorstellungen ohne jeden Einschnitt durchboxen kann.

Glauben Sie, dass nationale Interessen wichtiger sind als ideologische? Gibt es beispielsweise „Koalitionen" von Parlamentariern aus den neuen Mitgliedstaaten, aus Empfängerländern etc, oder doch eher parteipolitisch geprägte Koalitionen?

Es ist schwer zu sagen, ob nationale Interessen wichtiger sind als ideologische. Es ist sicherlich richtig, dass alle politischen Fraktionen eine gewisse ideologische Basis haben, die sie als Ausgangspunkt ihrer Überlegungen wählen. Nationale Interessen kommen dann als zweite, zusätzliche Dimension dazu, in manchen Fällen wo das nationale „Wohl" tatsächlich von einem Sektor besonders abhängt, überwinden die Abgeordneten ihre parteipolitischen ideologische Ausrichtung und vertreten gezielt ihre nationalen Interessen. Z. B. finden die britischen Abgeordneten relativ schnell über Parteigrenzen hinweg einen Konsens, wenn es darum geht den Finanzdienstleistungssektor und damit die Rolle der City in der EU zu stärken, bzw. zu verteidigen.

Warum halten Sie es für wünschenswert, dass die europäischen Parteien Kandidaten für das Amt des Kommissions-Präsidenten aufstellen? Nach dem ELDR-Beschluss: Wer könnte das bei den Liberalen 2009 sein?

Ich bin sicher, dass alle europäischen Parteien einen Kandidaten für das Amt des Kommissions-Präsidenten aufstellen werden. Nach dem Reformvertrag soll es ja so sein, dass der Kommissions-Präsident unter Berücksichtigung der Wahlergebnisse der EP-Wahlen 2009 nominiert werden soll, d.h. wenn in den 27 Mitgliedstaaten eine politische Richtung als größte politische Kraft bestätigt wird, soll der Kommissions-Präsident dieser politischen Richtung angehören. Insofern hat ein liberaler Kandidat wahrscheinlich wenig Chancen, 2009 zum Kommissions-Präsidenten gewählt zu werden. Als Kandidaten könnt ich mir sowohl Herrn Rasmussen (Ministerpräsident Dänemark) als auch Herrn Verhofstadt (voraussichtlich Ministerpräsident Belgien) vorstellen.

Literaturverzeichnis

Abromeit, Heidrun: Wozu braucht man Demokratie? Die postnationale Herausforderung der Demokratietheorie, Opladen 2002.

Abromeit, Heidrun: Jenseits des „sui generis", in: Christine Landfried (Hrsg.): Politik in einer entgrenzten Welt (21. wissenschaftlicher Kongress der DVPW), Köln 2001, S. 91–98.

Abromeit, Heidrun: Institutionelle Herausforderungen einer Demokratisierung der EU, Beitrag zur Tagung „Bürgerschaft, Öffentlichkeit und Demokratie in Europa am 6. und 7. Juli 2001 in Berlin, abrufbar unter www.unileipzig.de/~roose/ ak/tagung/abromeit.pdf.

Abromeit, Heidrun: Mögliche Antworten auf Demokratiedefizite in der Europäischen Union, in: Hans Herbert von Arnim (Hrsg.): Direkte Demokratie, Berlin 2000, S. 187–198.

Anderson, Benedict: Imagined Communities, 2nd edition, London/New York 1991.

Armingeon, Klaus: Direkte Demokratie und Demokratie in Europa, in: Le-Ges – Gesetzgebung und Evaluation, Heft 3/2004, S. 59–72.

Arndt, Holger-Michael/Eißler, Johannes: 25 Jahre Direktwahlakt – Die Wahlrechte zum Europäischen Parlament, Schriftenreihe der European School of Government, Berlin 2004.

von Arnim, Hans Herbert: Das Europa Komplott, München/Wien 2006.

von Arnim, Hans Herbert: Die neue EU-Parteienfinanzierung, in: Neue Juristische Wochenschrift NJW, Heft 5/2005, S. 247–253.

von Arnim, Hans Herbert (Hrsg.): Direkte Demokratie, Berlin 2000.

von Arnim, Hans Herbert/Schurig, Martin: Die EU-Verordnung über die Parteienfinanzierung, Münster 2004.

Ayirtman, Selen/Pütz, Christine: Die Europarteien als transnationale Netzwerke: ihr Beitrag zum Entstehen einer europäischen Öffentlichkeit, in: Michèle Knodt/Barbara Finke (Hrsg.): Europäische Zivilgesellschaft. Konzepte, Akteure, Strategien, Wiesbaden 2005, S. 389–407.

Ballance, John/Lightfoot, Simon: The Impact of the Party Regulation on the Organisational Development of Europarties, 2006, abrufbar unter www.leeds.ac.uk/jmce/p-impact.doc.

Banchoff, Thomas/Smith, Mitchell: Introduction, in: dies. (Hrsg.): Legitimacy and the European Union, London 1999, S. 1–23.

Bangemann, Martin/Bieber, Roland/Klepsch, Egon/Seefeld, Horst: Programme für Europa. Die Programme der europäischen Parteibünde zur Europa-Wahl 1979, Bonn 1978.

Bardi, Luciano: European Political Parties: A (Timidly) Rising Actor in the EU Political System, in: The International Spectator, Heft 2/2004, S. 17–30.

Bardi, Luciano: Transnational Trends in European Parties and the 1994 Elections of the European Parliament, in: Party Politics 2 (1), 1996, S. 99–114.

Bauer, Michael/Metz, Almut/Seeger, Sarah: Der Plan D der Europäischen Kommission und die Reflexionsphase zur Verfassung und Zukunft der Europäischen Union, CAP Aktuell Nr. 3, November 2005, abrufbar unter www.cap.lmu.de/ download/2005/CAP-Aktuell-2005-03.pdf.

Beck, Ulrich: Ausweg aus dem EU-Labyrinth, in: Das Parlament Nr. 13 vom 27.3.2006.

Beetham, David/Lord, Christopher: Legitimacy and the European Union, London/New York 1998.

Beierwaltes, Andreas: Sprachenvielfalt in der EU – Grenze einer Demokratisierung Europas? ZEI-Discussion-Paper 5, Bonn 1998.

Bender, Peter: Competing for Power: Challenges to Political Parties in the European Union. A Comment, Beitrag zu einer Online-Konferenz der Friedrich-Ebert-Stiftung mit dem Titel Changing Party Systems in a Deepening and Widening Europe, 2004, abrufbar unter www.fes.de/europolity.

Benz, Arthur: Ansatzpunkte für ein europafähiges Demokratiekonzept, in: Beate Kohler-Koch (Hrsg.): Regieren in entgrenzten Räumen, Politische Vierteljahresschrift – Sonderheft 29, 1998, S. 345–368.

Bieber, Roland: Föderalismus in Europa, in: Werner Weidenfeld (Hrsg.): Europa-Handbuch (Band 373 der Schriftenreihe der Bundeszentrale für politische Bildung), Bonn 2002, S. 361–373.

Bierhoff, Hans-Werner: Sozialpsychologie – ein Lehrbuch, 5. Auflage, Stuttgart/Berlin/Köln 2000.

von Bogdandy, Orietta Angelucci: Europäische Identitätsbildung aus sozialpsychologischer Sicht, in: Ralf Elm (Hrsg.): Europäische Identität: Paradigmen und Methodenfragen, Schriften des ZEI, Band 43, Baden-Baden 2002, S. 111–134.

Bogdanor, Vernon: The future of the European Community: Two models of democracy, in: Government and Opposition, Volume 21 (1986), S. 161–176.

Bogdanor, Vernon/Woodcock, Geoffrey: The European Community and Sovereignity, in: Parliamentary Affairs Volume 44, 1991, S. 481–492.

Börzel, Tanja A./Cichowski, Rachel A. (Hrsg.): The State of the European Union, Oxford 2003.

Brüll, Cornelia: Eine gemeinsame Öffentlichkeit schafft eine gemeinsame Identität, Artikel für europa-digital vom 20. September 2004, abrufbar unter www.europa-digital.de/aktuell/ dossier/oeffentlichkeit/identitaet.shtml.

Buhr, Carl-Christian: Europäische Parteien. Die rechtliche Regelung ihrer Stellung und Finanzierung, Berlin 2003.

Carrubba, Clifford et al.: A Second Look at Legislative Behaviour in the European Parliament, Reihe Politikwissenschaft des Instituts für Höhere Studien Wien, Band 94, Wien 2004.

Cerruti, Furio: Politische und kulturelle Identität Europas, abrufbar unter www.fes-online-akademie.de/send_file.php/download/pdf/cerutti_identitaet.pdf.

Classen, Claus Dieter: Europäische Integration und demokratische Legitimation, in: AöR 119, 1994, S. 238–260.

Collier, David/Levitsky, Steven: Democracy with adjectives: conceptual innovations in comparative research, in: World Politics 49 (3), 1997, S. 430–451.

Colomer, Josep: How Political Parties, rather than Member States, are building the European Union, online veröffentlichter Artikel für ein Sammelwerk, abrufbar unter http://works.bepress.com/cgi/viewcontent.cgi?article=1011&context=josep_colomer.

Corbett, Richard/Jacobs, Francis/Shackleton, Michael: The European Parliament, 4. Auflage, London 2000.

Crook, Nick/Dauderstädt, Michael/Gerrits, André: Social Democracy in Central and Eastern Europe, Amsterdam 2002.

Crum, Ben: Staging European Union Democracy. Working Paper Nr. 10 des European Policy Institutes Network (EPIN), Brüssel 2003.

Dahl, Robert A.: A Democratic Dilemma: System Effectiveness versus Citizen Participation, in: Political Science Quarterly 109 Nr. 1 (1994), S. 23–34.

Dahrendorf, Ralf: Die Zukunft des Nationalstaates, in: Merkur, 48. Jahrgang (1994), S. 751–761.

Damm, Sven Mirko: Die europäischen politischen Parteien: Hoffnungsträger europäischer Öffentlichkeit zwischen nationalen Parlamenten und europäischen Fraktionsfamilien, in: Zeitschrift für Parlamentsfragen 2/1999, S. 395–423.

Dauderstädt, Michael: Brüder, zur Sonne, zur Freiheit, in: Osteuropa, Heft 5-6/2004, S. 236–250.

Day, Stephen: Developing a conceptual understanding of Europe's transnational political parties (with a specific focus on the Party of European Socialists), in: Journal of Contemporary European Studies, Volume 13, Heft 1/2005, S. 59–77.

Day, Stephen: Die Osterweiterung der Europarteien, in: Osteuropa, Heft 5-6/2004, S. 223–235.

Day, Stephen: Promoting Political Participation? The Party of European Socialists (PES) and Europe's social-democratic parties, November 2002, abrufbar unter www.iccr-international.org/europub/docs/ws1-day.pdf.

Day, Stephen/Shaw, Jo: The Evolution of Europe's Transnational Political Parties in the Era of European Citizenship, in: Tanja A. Börzel/Rachel A. Cichowski (Hrsg.): The State of the European Union, Oxford 2003, S. 149–169.

Decker, Frank: Parlamentarisch, präsidentiell oder semi-präsidentiell? Der Vefassungskonvent ringt um die künftige Gestalt Europas, in: Aus Politik und Zeitgeschichte B1-2/2003, S. 16–23.

Decker, Frank: Institutionelle Entwicklungspfade im europäischen Integrationsprozess, in: ZPol 2/2002, 611–636.

Decker, Frank: Governance beyond the nation state – Reflections on the democratic deficit of the European Union, in: Journal of European Public Policy 9-2/2002, S. 256–272.

Decker, Frank: Demokratie und Demokratisierung jenseits des Nationalstaates. Das Beispiel der Europäischen Union, in: Zeitschrift für Parlamentsfragen 2/2000, S. 585–629.

Delors, Jacques: Entwicklungsperspektiven der Europäischen Gemeinschaft, in: Aus Politik und Zeitgeschichte B1/93, S. 3–9.

Delsoldato, Giorgia: Eastward Enlargement by the European Union and Transnational Parties, in: International Political Science Review (23) Heft 3/2002, S. 269–289.

Delwit, Pascal: Electoral Participation and the European Poll: A Limited Legitimacy, in: Pascal Perrineau/Gérard Grunberg/Colette Ysmal: Europe at the Polls: The European Elections of 1999, Houndmills, Basingstoke 2002, S. 207–222.

Delwit, Pascal/Külahci, Erol/van de Walle, Cedric: The European party federations. A political player in the making? In: dies. (Hrsg.): The Euro-parties. Organisation and Influence, Brüssel 2004, S. 5–16.

Deutsch, Karl W. (Hrsg.): Political Community and the North Atlantic Area, Princeton 1957.

Duff, Andrew: Der Beitrag des Europäischen Parlaments zum Konvent: Treibende Kraft für einen Konsens, in: integration, Heft 1/2003, S. 3–9.

Eder, Klaus: Integration durch Kultur? Das Paradox der Suche nach einer europäischen Identität, in: Reinhold Viehoff/Rien T. Segers (Hrsg.): Kultur, Identität, Europa, Frankfurt am Main 1999, S. 147–179.

Ehmke, Claudia: Die Sozialdemokratische Partei Europas: Legitimationsvermittler für die EU? Aufsatz bei der Tagung „Europäische Parteien als Integrationsmotor", abrufbar unter www.ruhr-uni-bochum.de/iga/isb/ isb-hauptframe/forschung/ Tagungspapiere/Ehmke.pdf.

Elm, Ralf (Hrsg.): Europäische Identität: Paradigmen und Methodenfragen, Schriften des ZEI, Band 43, Baden-Baden 2002.

Elwert, Georg: Nationalismus und Identität. Über die Bildung von Wir-Gruppen, in: Kölner Zeitschrift für Soziologie und Sozialpsychologie 41/1989, S. 247–258.

Faas, Thorsten: Why do MEP´s defect? An Analysis of Party Group Cohesion in the 5th European Parliament, European Integration Online Paper Vol. 6/2002 Nr. 2, abrufbar unter http://eiop.or.at/eiop/texte/2002-002a.htm.

Fach, Wolfgang/Degen, Ulrich: Zum „wissenschaftlichen" Stellenwert der Legitimitätsdiskussion, in: dies. (Hrsg.): Politische Legitimität, Frankfurt am Main 1978.

Featherstone, Kevin: Jean Monnet and the „Democratic Deficit" in the European Union, in: JCMS 32/1994, S. 149–170.

Feuerstein, Roland: Volkspartei oder Völkerparteien?, in: Osteuropa, Heft 5-6/2004, S. 251–261.

Fischer, Joschka: Vom Staatenbund zur Föderation – Gedanken über die Finalität der europäischen Integration, abgedruckt in: integration Heft 3/2000, S. 149–156.

Fischer, Thomas: Europeans voted, but Europe was missing, Artikel für euractiv.com vom 16. Juni 2004, abrufbar unter www.euractiv.com/en/elections/europeans-voted-europe-missing/article-128444.

Freier, Maximilian/Neuhann, Florian: Boring Europe: Why the EU needs more political Drama, unveröffentlichtes Manuskript, präsentiert auf der 9. Graduiertenkonferenz des Center for German and European Studies im Februar 2005.

Gabel, Matthew: Public Support for the European Parliament, in: Journal of Common Market Studies (JCMS) Nr. 2/2003, S. 289–308.

Gabel, Matthew/Hix, Simon: Defining the EU Political Space, in: Comparative Political Studies, Volume 35 Nr. 8, 2002, S. 934–964.

von Gehlen, Andreas: Europäische Parteiendemokratie? Digitale Dissertation, FU Berlin, 2005, abrufbar unter www.diss.fu-berlin.de/2005/313.

Gerstlé, Jaques et al.: The Faltering Europeanization of National Campaigns, in: Pacal Perrineau/Gérard Grunberg/Colette Ysmal: Europe at the Polls: The European Elections of 1999, a.a.O., S. 59–77.

Grabitz, Eberhard/Schmuck, Otto/Steppat, Sabine/Wessels, Wolfgang: Direktwahl und Demokratisierung – Eine Funktionenbilanz des Europäischen Parlaments nach der ersten Wahlperiode, Bonn 1988.

Grimm, Dieter: Mit einer Aufwertung des Europa-Parlaments ist es nicht getan – Das Demokratiedefizit der EG hat strukturelle Ursachen, in: Jahrbuch zur Staats- und Verwaltungswissenschaft, Band 6, Baden-Baden 1993/1994, S. 13–18.

Grunberg, Gérard/Moschonas, Gerassimos: The Disillusionment of European Socialists, in: Pascal Perrineau/Gérard Grunberg/Colette Ysmal: Europe at the Polls: The European Elections of 1999, Houndmills, Basingstoke 2002, S. 93–115.

Guggenberger, Bernd: Demokratie/Demokratietheorie, in: Dieter Nohlen (Hrsg.): Wörterbuch Staat und Politik, 3. Auflage 1995, S. 80–90 (S. 81).

Habermas, Jürgen: So, Why does Europe need a Constitution? Robert Schuman Centre of Advanced Studies, Florenz, 2001.

Habermas, Jürgen: Braucht Europa eine Verfassung? Eine Bemerkung zu Dieter Grimm, in: Ders. (Hrsg.): Die Einbeziehung des Anderen. Studien zur politischen Theorie, Frankfurt am Main 1999, S. 185–203.

Habermas, Jürgen: Die postnationale Konstellation und die Zukunft der Demokratie, in: ders.: Die postnationale Konstellation – politische Essays, Frankfurt am Main 1998, S. 91–169.

Habermas, Jürgen: Faktizität und Geltung: Beiträge zur Diskurstheorie des Rechts und des demokratischen Rechtsstaats, Frankfurt a.M. 1998.

zur Hausen, Clemens: Die „europäischen Parteien" und ihre Rolle beim EU-Verfassungskonvent, unveröffentlichte Magisterarbeit, Bonn 2003.

Heller, Hermann: Gesammelte Schriften, Band 1 (herausgegeben von Christoph Müller und Martin Draht, 3 Bände), Zweite Auflage, Tübingen 1992.

Helms, Ludger: Parteiensysteme als Systemstruktur. Zur methodisch-analytischen Konzeption der funktional vergleichenden Parteiensystemanalyse, in: Zeitschrift für Parlementsfragen 4/1995, S. 642–657.

Hennis, Wilhelm: Legitimität. Zu einer Kategorie der bürgerlichen Gesellschaft, in: Peter Graf Kielmansegg (Hrsg.): Legitimationsprobleme politischer Systeme (PVS-Sonderheft 7), Opladen 1976, S. 9–38.

Heumann, Hans-Dieter/Karnofsky, Eva-Rose: Der Wahlkampf zum Europa-Parlament, Bonn 1980.

Hix, Simon: Why the EU needs (Left-Right) Politics. Policy Reform and Accountability are impossible without it, in: Politics – The right or the wrong sort of medicine for the EU? Notre Europe Policy Paper Nr. 19, 2006, S. 1–26, abrufbar unter www.notre-europe.asso.fr/IMG/pdf/Policypaper19-fr.pdf

Hix, Simon: Parteien, Wahlen und Demokratie in der EU, in: Markus Jachtenfuchs/Beate Kohler-Koch: Europäische Integration, 2. Auflage, Opladen 2003, S. 151–180.

Hix, Simon: A Supranational Party Sytem and EU Legitimacy, in: The International Spectator, No.4/2002, S. 49–59.

Hix, Simon: Why the EU should have a single President, and how she should be elected, Paper für die Working Group on Democracy in the EU for the UK Cabinet Office, 2002, verlinkt unter http://personal.lse.ac.uk/hix/WorkingPapers.htm.

Hix, Simon: The Party of European Socialists, in: Robert Ladrech/Philippe Marlière: Social Democratic Parties in the European Union, Houndmills, Basingstoke 1999, S. 204–217.

Hix, Simon: Elections, Parties and Institutional Design: A Comparative Perspective on European Union Democracy, in: West European Politics 3/1998, S. 19–52.

Hix, Simon: The study of the European Union II: The „new governance" agenda and its rival, in: Journal of European Public Policy, Heft 5 Nr. 1, 1998, S. 38–65.

Hix, Simon: The transnational party federations, in: John Gaffney (Hrsg.): Political Parties and the European Union, London/New York, 1996, S. 308–331.

Hix, Simon: The Study of the European Community: The Challenge to Comparative Politics, in: West European Politics 17/1, 1994, S. 1–30.

Hix, Simon/Noury, Abdul: After Enlargement: Voting Behaviour in the Sixth European Parliament, Working Paper, London 2006.

Hix, Simon/Noury, Abdul/Roland, Gerard: Power to the Parties: Cohesion and Competition in the European Parliament 1979–2001, in: British Journal of Political Science, Vol. 35/2005, S. 209–235.

Hix, Simon/Kreppel, Amie/Noury, Abdul: The Party System in the European Parliament: Collusive or Competitive? In: Journal of Common Market Studies Vol. 41, Heft 2/2003, S. 309–331.

Hix, Simon/Lesse, Urs: Shaping a Vision – A History of the Party of European Socialists 1957–2002, Artikel abrufbar auf der Homepage der SPE unter www.pes.org/downloads/History_PES_EN.pdf.

Hix, Simon/Lord, Christopher: Political Parties in the European Union, Houndmills/London, 1997.

Holzinger, Katharina/Knill, Christoph: Institutionelle Entwicklungspfade im Europäischen Integrationsprozess: Eine konstruktive Kritik an Joschka Fischers Reformvorschlägen, in: ZPol 3/01, S. 987–1010.

Höreth, Marcus: Das Demokratiedefizit lässt sich nicht wegreformieren. Über Sinn und Unsinn der europäischen Verfassungsdebatte, in: Internationale Politik und Gesellschaft 4/2002, S. 11–38.

Höreth, Marcus: Die Europäische Union im Legitimationstrilemma, Baden-Baden 1999.

Höreth, Marcus: The Trilemma of Legitimacy. Multilevel Governance in the EU and the Problem of Democracy, ZEI-Discussion-Paper 11, Bonn 1998.

Hrbek, Rudolf: Europawahl 2004: neue Rahmenbedingungen – alte Probleme, in: integration 3/2004, S. 211–222.

Hrbek, Rudolf: Europawahl '99: Ein stärker politisiertes EP, in: integration Heft 3/1999, S. 157–166.

Hrbek, Rudolf: Das Europäische Parlament nach der Direktwahl 1989 – Reduzierte Handlungsfähigkeit durch größere Vielfalt? In: Otto Schmuck/ Wolfgang Wessels (Hrsg.): Das Europäische Parlament im dynamischen Integrationsprozess: Auf der Suche nach einem zeitgemäßen Leitbild, Bonn 1989, S. 263–280.

Hrbek, Rudolf: Die europäischen Parteizusammenschlüsse, in: Werner Weidenfeld/Wolfgang Wessels (Hrsg.): Jahrbuch der europäischen Integration 1984, Bonn 1985, S. 271–283.

Hrbek, Rudolf: Direktwahl 84: Nationale Testwahlen oder „europäisches" Referendum?, in: integration Heft 3/1984, S. 158–166.

Huber, Peter M.: Die politischen Parteien als Partizipationsinstrument auf Unionsebene, in: Europarecht 1999, S. 579–596.

Huber, Peter M.: Die Rolle des Demokratieprinzips im europäischen Integrationsprozess, in: Jahrbuch zur Staats- und Verwaltungswissenschaft, Band 6, Baden-Baden 1993/1994, S. 179–208.

Ipsen, Hans Peter: Zur Gestalt der Europäischen Gemeinschaft, in: ders.: Europäisches Gemeinschaftsrecht in Einzelstudien, Baden-Baden 1984, S. 79–96.

Irwin, Galen: Second-order or Third-rate? Issues in the Campaign for the Elections for the European Parliament 1994, in: Electoral Studies, Volume 14, Heft 2, Juni 1995, S. 183–198.

Isensee, Josef: Europa – die politische Erfindung eines Erdteils, in: ders. (Hrsg.): Europa als politische Idee und rechtliche Form, 2.Auflage, Berlin 1994, S. 103–138.

Jachtenfuchs, Markus: Verfassung, Parlamentarismus, Deliberation. Legitimation und politischer Konflikt in der Europäischen Union, in: Christine Landfried (Hrsg.): Politik in einer entgrenzten Welt (21. wissenschaftlicher Kongress der DVPW), Köln 2001, S. 71–89.

Jachtenfuchs, Markus: Die Europäische Union – ein Gebilde sui generis? In: Klaus Dieter Wolf (Hrsg.): Projekt Europa im Übergang? Probleme, Modelle und Strategien des Regierens in der Europäischen Union, Baden-Baden 1997, S. 15–35.

Jachtenfuchs, Markus/Kohler-Koch, Beate: Regieren und Institutionenbildung, in: Dies. (Hrsg.): Europäische Integration, 2. Auflage, Opladen 2003, S. 11–46.

Jachtenfuchs, Markus/Kohler-Koch, Beate: Regieren in der Europäischen Union. Fragestellungen für eine interdisziplinäre Europaforschung, in: Politische Vierteljahresschrift 37/1996, S. 537–556.

Jäger, Lorenz: Auf allen Karten abseits, in: Frankfurter Allgemeine Zeitung, 14. August 2002, abrufbar auch auf der Homepage der Bundeszentrale für politische Bildung in dem Dossier „Türkei und EU".

Janowski, Cordula: Demokratie in der EU gemäß der Europäischen Verfassung: parlamentarisch, post-parlamentarisch oder beides?, in: ZPol 15/3, 2005, S. 793–824.

Jansen, Thomas: „Europäische Parteien", in: Werner Weidenfeld (Hrsg.): Europahandbuch (Schriftenreihe der Bundeszentrale für politische Bildung Band 373), Bonn 2002, S. 393–408.

Jansen, Thomas: The European People´s Party: Origins and Developments, 2nd edition, Brüssel 2006.

Jansen, Thomas: The European People´s Party: Origins and Developments, Houndmills 1998.

Jansen, Thomas: Die europäischen Parteien, in: Werner Weidenfeld/Wolfgang Wessels: Jahrbuch der europäischen Integration 1996/1997, Bonn 1997, S. 267–272.

Jansen, Thomas: Die Entstehung einer europäischen Partei, Bonn 1996.

Jasmut, Gunter: Die politischen Parteien und die europäische Integration (Europäische Hochschulschriften, Band 1754), Frankfurt/Berlin/Bern/New York/Paris/Wien 1995.

Johansson, Karl Magnus: European People´s Party, in: Johansson, Karl Magnus/Peter Zervakis (Hrsg.): European Political Parties between Cooperation and Integration (Schriften des Zentrum für Europäische Integrationsforschung der Universität Bonn, Band 33), Baden-Baden 2002, S. 51–80.

Johansson, Karl Magnus/Raunio, Tapio: Regulation Europarties, in: Party Politics Vol. 11, Heft 5/2005, S. 515–534.

Johansson, Karl Magnus/Zervakis, Peter: Preface, in: Johansson, Karl Magnus/Peter Zervakis (Hrsg.): European Political Parties between Cooperation and Integration, Baden-Baden 2002, S. 5–10.

Johansson, Karl Magnus/Zervakis, Peter: Historical-Institutional Framework, in: dies. (Hrsg.): European Political Parties between Cooperation and Integration, a.a.O., S. 11–28.

Judge, David/Earnshaw, David: The European Parliament, Houndmills, Basingstoke 2003.

Kambeck, Michael: Politikvermittlung auf EU- und Bundesebene – ein Vergleich in Theorie und Praxis, online publizierte Dissertation, Bonn 2004, abrufbar auf dem Hochschulschriftenserver der Universitäts- und Landesbibliothek in Bonn unter http://hss.ulb.uni-bonn.de/diss_online.

Karnofsky, Eva-Rose: Parteienbünde vor der Europa-Wahl 1979, Bonn 1982.

Kaufmann, Marcel: Europäische Integration und Demokratieprinzip, Baden-Baden 1997.

Kertész, Imre: Der überflüssige Intellektuelle. Vortrag in der Evangelischen Akademie Tutzing im November 1993, abgedruckt in: Neue Sirene – Zeitschrift für Literatur, 1. Jahrgang, Heft 2/1994, S. 86–95.

Kielmansegg, Peter Graf: Integration und Demokratie, in: Markus Jachtenfuchs/Beate Kohler-Koch (Hrsg.): Europäische Integration, 2. Auflage, Opladen 2003, S. 49–76.

Kießling, Andreas: Europäische Parteien, in: Werner Weidenfeld/Wolfgang Wessels (Hrsg.): Jahrbuch der Europäischen Integration 2005, Baden-Baden 2005, S. 285–288.

Kießling, Andreas: Uneuropäische Europawahlen, Artikel vom 15. März 2004, online abrufbar unter www.cap-lmu.de/aktuell/positionen/2004/europawahlen_ uneuropaeisch.php.

Kießling, Andreas: Europäische Parteien, in: Werner Weidenfeld/Wolfgang Wessels (Hrsg.): Jahrbuch der europäischen Integration 2000/2001, Berlin 2001, S. 289–294.

Kießling, Andreas: Europäische Parteien, in: Werner Weidenfeld/Wolfgang Wessels (Hrsg.): Jahrbuch der europäischen Integration 1999/2000, Berlin 2000, S. 281–286.

Kirchhof, Paul: Der deutsche Staat im Prozess der europäischen Integration, in: Josef Isensee/Paul Kirchhof: Handbuch des Staatsrechts der Bundesrepublik Deutschland, Band VII, Heidelberg 1992, Paragraph 33.

Kleinmann, Hans Otto: Geschichte der CDU 1945–1982, Stuttgart 1993.

Kluth, Winfried: Die demokratische Legitimation der Europäischen Union: Eine Analyse der These vom Demokratiedefizit der Europäischen Union aus gemeineuropäischer Verfassungsperspektive, Berlin 1995.

Kopp, Andreas: Europäische Identität als Kategorie des Europarechts, Tübingen 2002.

Koppmann, Martin: Ein Bürgerpakt für die Europäische Union, DGAP-Analyse 10/2005.

Kreppel, Amie: Rules, Ideology and Coalition Formation in the European Parliament: Past, Present and Future, European Parliament Research Group Working Paper Nr. 4, London 1999, auch im Internet abrufbar unter www.lse.ac.uk/collections/EPRG/pdf/Working% 20Paper%204.pdf.

Kreppel, Amie/Gungor, Gaye: The Institutional Integration of an Expanded EU, Heft 108 der „Reihe Politikwissenschaft" des Instituts für Höhere Studien, Wien 2006.

Küchler, Manfred: Problemlösungskompetenz der Parteien und Wahlverhalten bei den Wahlen zum Europäischen Parlament 1989, in: Oskar Niedermayer/Hermann Schmitt: Wahlen und europäische Einigung, Opladen 1994, S. 135–159.

Kühnhardt, Ludger: Europäische Union und föderale Idee, München 1993.

Ladrech, Robert: Party of European Socialists, in: Johansson/Zervakis: Parties, a.a.O., S. 81–96.

Ladrech, Robert: Political Parties in the European Parliament, in: John Gaffney (Hrsg.): Political Parties and the European Union, London 1996, S. 291–307.

Lange, Christian/Schütz, Charlotte: Grundstrukturen des Rechts der europäischen politischen Parteien i.S.d. Art. 138a EGV, in: EuGRZ 1996, S. 299–302.

Läufer, Thomas (Hrsg.): Verfassung für Europa. Vertragsentwurf des Europäischen Konvents, Band 427 der Schriftenreihe der Bundeszentrale für politische Bildung, Bonn 2004.

Lécureuil, Christophe: Prospects for a European Party System after the 1994 European Elections, in: Juliet Lodge (Hrsg.): The 1994 Elections to the European Parliament, 1996, S. 183–197.

Leinen, Jo: Stronger European Parties for a Social Europe, in: Social Europe. The Journal of the European Left, Volume 2, Issue 1, Juli 2006, S. 47–52 (abrufbar unter www.social-europe.com).

Leinen, Jo: Öffentlichkeit in Europa: Europäische Öffentlichkeit als neuer Antrieb für europäische Politik? In: Claudio Franzius/Ulrich K. Preuß: Europäische Öffentlichkeit, Baden-Baden 2004, S. 31–37.

Leiße, Olaf: Demokratie „auf europäisch", Frankfurt am Main 1998.

Lenz, Christofer: Ein einheitliches Verfahren für die Wahl des Europäischen Parlaments, Baden-Baden 1995.

Lepsius, Reiner: Die Europäische Union. Ökonomisch-politische Integration und kulturelle Pluralität, in: Reinhold Viehoff/Rien T. Segers: Kultur, Identität, Europa, Frankfurt am Main 1999, S. 201–222.

Lesse, Urs: „A fully-fledged political party"? Die Sozialdemokratische Partei Europas, Marburg 2000.

Lodge, Juliet: Introduction, in: dies. (Hrsg.): Direct Elections to the European Parliament 1984, Houndmills, Basingstoke 1986, S. 1–33.

Lodge, Juliet: Conclusion, in: dies. (Hrsg.): Direct Elections to the European Parliament 1984, Houndmills, Basingstoke 1986, S. 250–273.

Loth, Wilfried: Die Mehrschichtigkeit der Identitätsbildung in Europa. Nationale, regionale und europäische Identität im Wandel, in: Ralf Elm (Hrsg.): Europäische Identität: Paradigmen und Methodenfragen, Schriften des ZEI, Band 43, Baden-Baden 2002, S. 93–109.

Mair, Peter: Popular Democracy and the European Union Polity. European Governance Papers C-05-03, 2003, abrufbar unter www.connex-network.org/eurogov/pdf/egp-connex-C-05-03.pdf.

Mair, Peter: The Limited Impact of Europe on National Party Systems, in: West European Politics 4/2000, S. 27–51.

Majone, Giandomenico: The European Community: An „independent fourth branch of government"? In: Gert Brüggemeier (Hrsg.): Verfasungen für ein ziviles Europa, Baden-Baden 1994, S. 23–39.

Mamadouh, Virginie/Tapio Raunio: The Committee System: Powers, Appointments and Report Allocation, in: JCMS 2/2003, S. 333–351.

Manow, Philip: Europas parteipolitisches Gravitationszentrum, in: Max-Planck-Institut für Gesellschaftsforschung (Hrsg.): MPIfG-Jahrbuch 2003/

2004, Köln 2004, S. 69–76, abrufbar unter www.mpi-fg-koeln.mpg.de/pu/ mpifg_jb/MPIfG_2003-2004(11)_EU-Gravitationszentrum.pdf.

Marhold, Hartmut: Die Positionierung des Europäischen Parlaments im EU-System: zwischen gesteigerter Akteursqualität und demokratischem Defizit, in: integration 3/2004, S. 234–240.

Maurer, Andreas: Das Europäische Parlament der Sechsten Wahlperiode im Institutionengefüge der EU, in: Oskar Niedermayer/Hermann Schmitt (Hrsg.): Europawahl 2004, Wiesbaden 2005, S. 7–38.

Maurer, Andreas/Wessels, Wolfgang: Das Europäische Parlament nach Amsterdam und Nizza: Akteur, Arena oder Alibi? Baden-Baden 2003.

McElroy, Gail: Committees and Party Cohesion in the European Parliament, European Parliament Research Group Working Paper No. 8, London 2001, abrufbar unter www.lse.ac.uk/collections/EPRG/pdf/Working%20 Paper%208.pdf.

Mény, Yves/Knapp, Andrew: Government and Politics in Western Europe – Britain, France, Italy, Germany. Oxford 1998.

Merten, Heike: Verordnung über die Regelungen für die politischen Parteien auf europäischer Ebene und ihre Finanzierung, in: Mitteilungen des Instituts für Deutsches und Europäisches Parteienrecht und Parteienforschung, Heft 12 2004/2005, S. 47–50.

Meyer, Thomas: Die Identität Europas, Frankfurt/Main 2004.

Monath, Hagen: Politische Parteien auf europäischer Ebene – Der Inhalt des Art. 138a EGV und seine Bedeutung im Rahmen der europäischen Integration, Bonn 1998.

Moravcsik, Andrew: In Defense of the „Democratic Deficit": Reassessing Legitimacy in the European Union, in: Journal of Common Market Studies 40, 2002, S. 603–624.

Münch, Richard: Europa als Projekt der Identitätsbildung, in: Till Blume/Till Lorenzen/Andreas Warntjen (Hrsg.): Herausforderung Europa – Von Visionen zu Konzepten, Baden-Baden 2003, S. 73–85.

Münkler, Herfried: Europa als politische Idee. Ideengeschichtliche Facetten des Europabegriffs und deren aktuelle Bedeutung, in: Leviathan 4/1991, S. 521–541.

Nasshoven, Yvonne: Die europäische Parteikooperation und die europäischen Parteien nach Maastricht – Die Europäische Grüne Partei (Beitrag bei der Tagung „Entwicklung und Perspektiven transnationaler Parteienkooperation und europäischer Parteien in der EU" des Instituts für soziale Bewegungen der Universität Bochum, 9./10. 11. 2005), abrufbar unter www.ruhr-uni-bochum.de/iga/isb/isb-hauptframe/forschung/Tagungspapiere/Nasshoven.pdf.

Neyer, Jürgen: Justifying Comitology, in: Karlheinz Neunreither/Antje Wiener (Hrsg.): European Integration after Amsterdam, Oxford 2000, S. 112–128.

Neßler, Volker: Europäische Willensbildung: Die Fraktionen im Europaparlament zwischen nationalen Interessen, Parteipolitik und europäischer Integration, Schwalbach 1997.

Neßler, Volker: Deutsche und europäische Parteien in: Europäische Grundrechtezeitschrift (EuGRZ) 1998, S. 191–196.

Niedermayer, Oskar: Europa als Randthema: Der Wahlkampf und die Wahlkampfstrategien der Parteien, in: Oskar Niedermayer/Hermann Schmitt (Hrsg.): Europawahl 2004, Wiesbaden 2005, S. 39–75.

Niedermayer, Oskar: Die Europawahl als nationale Testwahl? In: Andreas Maurer/Dietmar Nickel (Hrsg.): Das Europäische Parlament: Supranationalität, Repräsentation und Legitimation, Baden-Baden 2005, S. 11–22.

Niedermayer, Oskar: Die europäischen Parteienbünde, in: Gabriel, Oscar W./Oskar Niedermayer/Richard Stöss (Hrsg.): Parteiendemokratie in Deutschland (Band 372 der Schriftenreihe der Bundeszentrale für politische Bildung), 2. Auflage, Bonn 2001, S. 428–446.

Niedermayer, Oskar/Reif, Karlheinz: Das Europäische Parlament und die Bürger: Schwierigkeiten der Mobilisierung, in: Otto Schmuck/Wolfgang Wessels (Hrsg.): Das Europäische Parlament im dynamischen Integrationsprozess: Auf der Suche nach einem zeitgemäßen Leitbild, Bonn 1989, S. 199–212.

Nissen, Sylke: Europäische Identität und die Zukunft Europas, in: APuZ B38/2004, S. 21–29.

Nohlen, Dieter: Wie wählt Europa? Das polymorphe Wahlsystem zum Europäischen Parlament (aktualisierte Fassung des gleichnamigen Beitrags in APuZ B17/2004, S. 29–37), abrufbar unter www.ub.uni-heidelberg.de/archiv/4696.

Oispuu, Jane: Die Europäischen Parteien: Zwischen Erweiterung und Selbstbehauptung (Tagungsbericht), in: integration 1/2006, S. 69–75.

Papadopoulou, Triantafyllia: Politische Parteien auf europäischer Ebene: Auslegung und Ausgestaltung von Art. 191 (ex 138a) EGV (Schriften zum Parteienrecht, Band 22), Baden-Baden, 1999.

Pasquino, Gianfranco: The Democratic Legitimation of European Institutions, in: The International Spectator 4/2002, S. 35–48.

Paterson, William/Lees, Charles/Green, Simon: The Federal Republic of Germany, in: Juliet Lodge (Hrsg.): The 1994 Elections of the European Parliament, London 1996, S. 63–83.

Patry, Bernhard: Die Fraktionen des Europäischen Parlaments: Zusammenhalt und Muster der Koalitionsbildung in einer erweiterten Legislativkammer, Online-Dissertation, Tübingen 2007, abrufbar unter http://tobias-lib.ub.uni-tuebingen.de/volltexte/2007/3015/pdf/Bernhard_Patry_Diss_rz.pdf.

Patzelt, Werner J.: Reformwünsche in Deutschlands latentem Verfassungskonflikt, in: Aus Politik und Zeitgeschichte B28/2000, S. 3–4.

Pernice, Ingolf: Welche Institutionen für welches Europa? WHI-Paper 2/1999, online unter www.rewi.hu-berlin.de/WHI/deutsch/papers/proposalseu2000/index.htm.

Perrineau, Pascal/Grunberg, Gérard/Ysmal, Colette: Introduction, in: dies. Europe at the Polls: The European Elections of 1999, Houndmills, Basingstoke 2002.

Peters, Anne: Europäische Öffentlichkeit im europäisschen Verfassungsprozess, in: Europarecht 3/2004, S. 375–392.

Peters, Anne: A Plea for a European Semi-Parliamentary and Semi-Consociational Democracy, European Integration Online Paper (EIoP) 7, 2003.

Piepenschneider, Melanie: Die Rolle der europäischen Parteien, in: Claudio Franzius/Ulrich K. Preuß (Hrsg.): Europäische Öffentlichkeit, Baden-Baden 2004, S. 237–247.

Pöhle, Klaus: Ist europäische Identität unmöglich? In: Politik und Gesellschaft, Heft 3/1998, S. 245–256.

Poguntke, Thomas/Pütz, Christine: Parteien in der Europäischen Union: Zu den Entwicklungschancen der Europarteien, in: ZParl 2/2006, S. 334–353.

Pollak, Johannes/Wachter, Christian: Europäische Identität: Ein Vorwort. Identitätskonzepte in den Sozialwissenschaften, in: Beirat für gesellschafts-, wirtschafts- und umweltpolitische Alternativen BEIGEWUM (Hrsg.): Wege zu einem anderen Europa: Perspektiven der Europäischen Integration, Köln 1997, S. 7–16.

Puntscher Riekmann, Sonja: Demokratie im supranationalen Raum, in: Eugen Antalovsky/Josef Melchior/Sonja Puntscher Riekmann: Integration durch Demokratie, Marburg 1997, S. 69–110.

Raunio, Tapio: Party-Electoral Linkage, in: Karl Magnus Johansson/Peter Zervakis: European Political Parties between Cooperation and Integration, Baden-Baden 2002, S. 163–189.

Reif, Karlheinz: Ein Ende des „Permissive Consensus"? Zum Wandel europapolitischer Einstellungen in der öffentlichen Meinung der EG-Mitgliedstaaten, in: Rudolf Hrbek (Hrsg.): Der Vertrag von Maastricht in der wissenschaftlichen Kontroverse, Baden-Baden 1993, S. 23–40.

Reif Karlheinz: National Electoral Cycles and European Elections 1979 and 1984, in: Electoral Studies Nr. 3, 3/1984, S. 244–255.

Reif, Karlheinz/Schmitt, Hermann: Nine national second-order elections: A systematic framework for the analysis of European elections results, in: European Journal of Political Research, 1980, S. 3–44.

Risse, Thomas: Nationalism and Collective Identities: Europe versus the Nation-State? In: Paul Heywood/Erik Jones/Martin Rhodes (Hrsg.): Developments in West European Politics, 2. Auflage, Baden-Baden 2000, S. 3–15.

Ronge, Frank: Legitimität durch Subsidiarität, Baden-Baden 1998.

Roth, Dieter: Die Europawahl 1989, in: Oskar Niedermayer/Hermann Schmitt (Hrsg.): Wahlen und europäische Einigung, Opladen 1994, S. 47–62.

Roth, Dieter/Kornelius, Bernhard: Europa und die Deutschen: Die untypische Wahl am 13. Juni 2004, in: APuZ B17/2004, S. 46–54.

Sandström, Camilla: European Liberal Democrat and Reform Party, in: Johansson/Zervakis: Parties, a.a.O., S. 97–123.

Sartori, Giovanni: Demokratietheorie, Darmstadt 1992.

Scarrow, Susan: Political Career Paths and the European Parliament, in: Legislative Studies Quarterly 22/1997, S. 253–263.

Scharpf, Fritz W.: Regieren in Europa – Effektiv und demokratisch? Frankfurt am Main 1999.

Scharpf, Fritz W.: Konsequenzen der Globalisierung für die nationale Politik, in: Politik und Gesellschaft 2/1997, S. 184–192.

Scharpf, Fritz W.: Europäisches Demokratiedefizit und deutscher Föderalismus, in: Jahrbuch zur Staats- und Verwaltungswissenschaft, Band 6, Baden-Baden 1993/1994, S. 165–178.

Scheffler, Jan: One man – one vote – one value? Der schwierige Weg zu einem einheitlichen Wahlrecht für das Europäische Parlament, Osnabrück 2005.

Scheuer, Angelika: A Political Community? In: Schmitt, Hermann/Thomassen, Jacques (Hrsg.): Political Representation and Legitimacy in the European Union, New York 1999, S. 25–46.

Schieren, Stefan: Direkte Demokratie auf europäischer Ebene. Eine Chance gegen das Demokratiedefizit? In: Politische Bildung 38 (2005), Heft 1, S. 40–49.

Schmale, Wolfgang: Suche nach europäischer Identität, in: Europäische Rundschau, 33. Jahrgang, Nr. 3/2005, S. 35–45.

Schmidt, Frithjof: Auf dem Weg zur Europäischen Grünen Partei, in: Heinrich-Böll-Stiftung (Hrsg.): Die Grünen in Europa – ein Handbuch, Münster 2004, S. 49–57

Schmidt, Johanna: Europäische Parteien, in: Werner Weidenfeld/Wolfgang Wessels: Jahrbuch der europäischen Integration 2002/2003, Bonn 2003, S. 301–306.

Schmidt, Manfred: Demokratietheorien. Eine Einführung, Opladen 1995.

Schmidt, Manfred: Nationale Politikprofile und Europäische Integration, in: Oskar W. Gabriel/Frank Brettschneider (Hrsg.): Die EU-Staaten im Vergleich. Strukturen, Prozesse, Politikinhalte, 2. Auflage, Bonn 1994, S. 422–439.

Schmitt, Hermann: Was war „europäisch" am Europawahlverhalten der Deutschen? Eine Analyse der Europawahl 1989 in der Bundesrepublik, in: Oskar Niedermayer/Hermann Schmitt: Wahlen und europäische Einigung, Opladen 1994, S. 63–83.

Schmitt, Hermann/Thomassen, Jacques: The EU Party System after Eastern Enlargement, Heft 105 der „Reihe Politikwissenschaft" des Instituts für Höhere Studien, Wien 2005.

Schmitt, Hermann/Thomassen, Jacques (Hrsg.): Political Representation and Legitimacy in the European Union, New York/Oxford 1999.

Schmitter, Philippe C.: Just what might an eventual Euro-Party System look like, Beitrag zu einer Online-Konferenz der Friedrich-Ebert-Stiftung mit dem Titel Changing Party Systems in a Deepening and Widening Europe, 2004, abrufbar unter www.fes.de/europolity.

Schmitter, Philippe C.: How to democratize the European Union... and why bother? Lanham 2000.

Schmitter, Philippe C.: Intermediaries in the Consolidation of neo-Democracies: The Role of Parties, Associations and Movements, European University Institute, Working Paper Nr. 130, Barcelona 1997.

Schmitz, Thomas: Das europäische Volk und seine Rolle bei einer Verfassunggebung in der Europäischen Union, in: Europarecht, Heft 2/2003, S. 217–243.

Schulze, Hagen: Europäische Identität aus historischer Sicht, in: Wilhelm Henrichsmeyer/Klaus Hildebrand/Bernhard May: Auf der Suche nach europäischer Identität, Bonn 1995, S. 17–43.

Shell, Kurt L.: Kongress und Präsident, in: Willi Paul Adams/Peter Lösche (Hrsg.): Länderbericht USA, Bonn 1998, S. 207–248.

von Simson, Werner: Was bedeutet in einer Europäischen Union „das Volk"? in: Europarecht Heft 1/1991, S. 1–18.

Staab, Joachim Friedrich: Nachrichtenwert-Theorie, Freiburg/München 1990.

Stabenow, Michael: Zwischen europäischem Rock und nationalem Hemd – EU-Berichterstattung aus Brüsseler Sicht, in: Claudio Franzius/Ulrich K. Preuß: Europäische Öffentlichkeit, Baden-Baden 2004, S. 230–236.

Starobinski, Jean: Montesquieu, München/Wien 1991.

Steffani, Winfried: Parlamentarische und präsidentielle Demokratie, Strukturelle Aspekte westlicher Demokratien, Opladen 1979.

Steffani, Winfried: Parteien als soziale Organisationen. Zur politischen Parteienanalyse, in: ZParl 19 (1988), S. 549–560.

Steffani, Winfried: Das Demokratie-Dilemma der Europäischen Union, in: Winfried Steffani/Uwe Thaysen (Hrsg.): Demokratie in Europa – Zur Rolle der Parlamente, Sonderband der Zeitschrift für Parlamentsfragen, Opladen 1995, S. 33–49.

Steiert, Rudolf: Auf dem Weg zu einem europäischen Parteiensystem? in: Integration 23, 4/2000, S. 267–273.

Stentzel, Rainer: Integrationsziel Parteiendemokratie, Baden-Baden 2002.

Stöss, Richard: Parteienstaat oder Parteiendemokratie, in: Gabriel, Oscar W./Oskar Niedermayer/Richard Stöss (Hrsg.): Parteiendemokratie in Deutschland (Band 372 der Schriftenreihe der Bundeszentrale für politische Bildung), 2. Auflage, Bonn 2001, S. 13–35.

Thalmaier, Bettina: Möglichkeiten und Grenzen einer europäischen Identitätspolitik, CAP-Analyse Nr. 6/2006. Der Artikel ist online abrufbar unter www.cap.lmu.de/download/2006/CAP-Analyse-2006-06.pdf.

Thiem, Janina: Explaining Roll Call Vote Requests in the European Parliament, Working Paper Nr. 90 des Mannheimer Zentrums für Europäische Sozialforschung, Mannheim 2006.

Trenz, Hans-Jörg: Europäische Öffentlichkeit und die verspätete Politisierung der EU, in: Internationale Politik und Gesellschaft, Heft 1/2006, S. 117–133.

Trunk, Achim: Eine europäische Identität zu Beginn der 1950er Jahre? Die Debatten in den europäischen Versammlungen 1949–1953, in: Wilfried Loth (Hrsg.): Das europäische Projekt zu Beginn des 21. Jahrhunderts, Opladen 2001, S. 49–80.

Tsatsos, Dimitris Th.: Europäische politische Parteien? Erste Überlegungen zur Auslegung des Parteienartikels des Maastrichter Vertrages – Art. 138a EGV, in: EuGRZ 1994, S. 45–53.

Tsatsos, Dimitirs Th.: Zu einer gemeinsamen europäischen Parteienrechtskultur?, in: Die Öffentliche Verwaltung 1988, S. 1–7.

Tsatsos, Dimitris Th./Deinzer, Gerold (Hrsg.): Europäische Politische Parteien: Dokumentation einer Hoffnung, Baden-Baden, 1998.

Veen, Hans-Joachim (Hrsg.): Christlich-demokratische Parteien in Westeuropa 5, Paderborn, München, Wien 2000.

Wallace, Helen: Die Dynamik des EU-Institutionengefüges, in: Markus Jachtenfuchs/Beate Kohler-Koch: Europäische Integration, 2. Auflage, Opladen 2003, S. 255–285.

Weber, Albrecht: Zur föderalen Struktur der Europäischen Union im Entwurf des Europäischen Verfassungsvertrags, in: Europarecht 6/2004, S. 841–856.

Weber, Max: Wirtschaft und Gesellschaft, 5. Auflage, Tübingen 1980.

Weidenfeld, Werner: Europa – aber wo liegt es? In: ders. (Hrsg.): Die Europäische Union: Politisches System und Politikbereiche. Schriftenreihe der bpb, Band 442, Bonn 2004, S. 15–49.

Weidenfeld, Werner/Giering, Claus: Die Europäische Union nach Amsterdam – Bilanz und Perspektive, in: Werner Weidenfeld (Hrsg.): Amsterdam in der Analyse, Gütersloh 1998, S. 19–87.

Weidenfeld, Werner et. al. (Hrsg.): Reform der Europäischen Union, Gütersloh 1995.

Weidinger, Dorothea (Hrsg.): Nation – Nationalismus – Nationale Identität, bpb-Schriftenreihe Band 392, Bonn 2002, S. 87–88.

Weiler, Joseph H.H.: Europäisches Parlament, europäische Integration, Demokratie und Legitimität, in: Otto Schmuck/Wolfgang Wessels (Hrsg.): Das Europäische Parlament im dynamischen Integrationsprozess: Auf der Suche nach einem zeitgemäßen Leitbild, Bonn 1989, S. 73–94.

Weiler, Joseph H.H.: The transformation of Europe, in: The Yale Law Journal 100 (1991), S. 2403–2483.

Weiler, Joseph H.H.: After Maastricht: Community Legitimacy in Post-1992 Europe, in: William Adams (Hrsg.): Singular Europe. Economy and Polity of the European Community after 1992, Michigan 1992, S. 11–41.

Weiler, Joseph H.H.: The State „über alles", in: Ole Due/Marcus Lutter/Jürgen Schwarze: Festschrift für Ulrich Everling, Band 2, Baden-Baden 1995, S. 1651–1688.

Weiler, Joseph H.H.: The Reformation of European Constitutionalism, in: Journal of Common Market Studies 35/1997, S. 97–131.

Weingärtner, Daniela: Vielstimmiger Parteienchor, in: Das Parlament, Nr. 13 vom 27. 3. 2006, auch online unter: www.bundestag.eu/dasparlament/2006/13/Europa/001.html.

Welle, Klaus: Die Reform der Europäischen Volkspartei 1995–1999, in: Hans-Joachim Veen (Hrsg.): Christlich-demokratische Parteien in Westeuropa Band 5, Paderborn/München/Wien 2000, S. 543–566.

Wessels, Wolfgang: Staat und westeuropäische Integration – Die Fusionsthese, in: Michael Kreile (Hrsg.): Die Integration Europas, PVS-Sonderheft 23 (1992), S. 36–61.

Wessels, Wolfgang: Europäische Identität aus politischer Sicht (Modeerscheinung, Mythos oder magische Legitimationsformel?), in: Wilhelm Henrichsmeyer/Klaus Hildebrand/Bernhard May (Hrsg.): Auf der Suche nach europäischer Identität, Bonn 1995, S. 101–122.

Westle, Bettina: Europäische Identifikation im Spannungsfeld regionaler und nationaler Identitäten. Theoretische Überlegungen und empirische Befunde, in: PVS 44/2003, S. 453–482.

Wiesendahl, Elmar: Parteien und Demokratie, Opladen 1980.

Wilke, Jürgen: Nachrichtenauswahl und Medienrealität in vier Jahrhunderten, Berlin/New York 1984.

Wilke, Jürgen/Reinemann, Carsten: Zwischen Defiziten und Fortschritten: Die Berichterstattung deutscher Tageszeitungen zu den Europawahlen 1979–2004, in: Jens Tenscher (Hrsg.): Wahl-Kampf um Europa, Wiesbaden 2005, S. 157–176.

Winkler, Heinrich August: Soll Europa künftig an den Irak grenzen? In: Frankfurter Allgemeine Zeitung vom 11. Dezember 2002, abrufbar auch auf der bpb-Homepage unter dem Dossier „Türkei und EU".

Wolf, Klaus Dieter: Die neue Staatsräson – Zwischenstaatliche Kooperation als Demokratieproblem in der Weltgesellschaft, Baden-Baden 2000.

Wolf, Sebastian: Ein Vorschlag zur Beseitigung von Repräsentations- und Legitimationsdefiziten in Rat und Europäischem Parlament, in: PVS 41, 4/2000, S. 730–741.

Zimmermann, Thorsten: „Europäisches Parteienstatut verabschiedet", Artikel für das Europabüro der Konrad-Adenauer-Stiftung vom 30. Juni 2003, abrufbar unter www.kas.de/proj/home/pub/9/1/year-2003/dokument_id-2112/index.html.

Zuleeg, Manfred: Demokratie in der Europäischen Gemeinschaft, in: JuristenZeitung (JZ) 22/1993, S. 1069–1074.

Zürn, Michael: Regieren jenseits des Nationalstaates. Globalisierung und Denationalisierung als Chance, Frankfurt am Main, 1998.

Zürn, Michael: Über den Staat und die Demokratie im europäischen Mehrebenensystem, in: Politische Vierteljahresschrift 37/1996, S. 27–55.

Zweifel, Thomas D.: Democratic Deficit? Institutions and regulation in the European Union, Switzerland, and the United States, Lanham 2002.

Homepages der Europarteien

www.epp.eu

www.pes.eu

www.eldr.eu

www.europeangreens.org

www.eudemocrats.org

www.newropeans.org

Satzungen der Europarteien

EVP: www.epp.eu/dbimages/pdf/bylaws_inpa_epp_approved_rome_rev ised_final_version_copy_1.pdf

SPE: www.pes.org/downloads/PESStatutes2006DE.pdf

ELDR: www.eldr.org/images/upload2/statutsiasblen.pdf

EGP: www.europeangreens.org/cms/default/dokbin/147/147073.statutes @en.pdf

Internetartikel und Online-Informationen:

Eurobarometer, Ausgabe 64 vom Juni 2006: http://ec.europa.eu/public_ opinion/archives/eb/eb64/eb64_de.pdf

Interview von Frederic Verrycken mit Jo Leinen vom 29. März 2006 in Vorwärts online: www.vorwaerts.de/magazin/artikel.php?artikel=2549&type =&menuid=398&topmenu=359

Interview des Deutschlandfunks mit dem damaligen EVP-ED-Fraktionsvorsitzenden Hans-Gert Pöttering vom 23. März 2006, abrufbar unter www.dradio.de/dlf/sendungen/interview_dlf/482488

Interview von Spiegel-Online mit der EU-Kommissarin für Kommunikation, Margot Wallström vom 17. Januar 2007, abrufbar unter www.spiegel. de/politik/ausland/0,1518,459792,00.html

Interview von Europa-Digital mit dem Politikwissenschaftler Oskar Niedermayer vom 7. Juni 2004, abrufbar unter www.europa-digital.de/ aktuell/dossier/wahlkampf04/niedermayer.shtml

Entschließungsentwurf des SPE-Parteirats vom 24./25. Juni 2005 in Wien mit dem Titel „SPE-Reform: Vorschläge für eine stärkere SPE": www.pes.org/downloads/PES%20Reform%20DE%20FINAL_Vienna_24_0 6_2005.pdf

Warum die EU mehr Demokratie wagen muss, Artikel von Hubert Kleinert für Spiegel-Online, abrufbar unter www.spiegel.de/politik/ausland/ 0,1518,473826,00.html

Olaf Wittrock: Europa wählt schwarz-gelb, Artikel vom 16. Juni 2004, abrufbar unter www.europa-digital.de/aktuell/dossier/wahl04/euanaly se.shtml

Pressemitteilung IP/05/1272 der EU-Kommission zum Plan D: http://euro pa.eu/rapid/pressReleasesAction.do?reference=IP/05/1272&format=HTM L &aged=0&language=DE&guiLanguage=en

Zur Postenvergabe innerhalb der Regierung in Deutschland nach der Bundestagswahl 2005: www.wdr.de/themen/politik/deutschland/regierungs bildung_2005/wahl_merkel/051122.jhtml

www.euractiv.com/de/zukunft-eu/kernelemente-verfassungsvertrags/ar ticle-128218

www.euractiv.com/de/soziales-europa/dienstleistungen-gebhardt-finnen-streiten-um-kompromiss/article-157865

www.euractiv.com/de/soziales-europa/europaeisches-parlament-keine-alternative-reform-sozialmodells/article-157613

www.europa-digital.de/aktuell/dossier/wahl04/myst1.shtml

www.europa-digital.de/aktuell/dossier/oeffentlichkeit/tmeyer.shtml

www.europa-web.de/europa/02wwswww/203chart/chartade.htm

www.epp-eu.org/memberparties.php

www.pes.org/content/view/42/69/lang,en

www.elections2004.eu.int/ep-election/sites/de/results1306/turnout_ep/ turnout_table.html

www.europarl.europa.eu/elections2004/epelection/sites/de/results1306/t
urnout_ep/graphical.html

http://europa.eu.int/constitution/futurum/documents/other/oth140403_
en.pdf

www.europa-digital.de/aktuell/dossier/wahl04/antiwahl.shtml

www.wahlrecht.de/lexikon/kumulieren.html

www.wahlrecht.de/lexikon/panaschieren.html

Zeitungsartikel

Bolesch, Cornelia: Abenteuer europäische Innenpolitik, Süddeutsche Zeitung vom 20. Juli 2006, S. 7.

Habermas, Jürgen/Derrida, Jacques: Nach dem Krieg: Die Wiedergeburt Europas. Essay, (unter anderem) erschienen in der FAZ vom 31. Mai 2003.

Leinen, Jo: Europa braucht Parteien, Artikel für „Frankfurter Rundschau online" vom 25. Februar 2006. Nicht mehr kostenlos auf der Homepage der Zeitung abrufbar, verfügbar auf www.twincitiesdsa.org/ic/displayfile.php ?file=Europe_needs_political_ parties.html.

Jäger, Lorenz: Auf allen Karten abseits, Frankfurter Allgemeine Zeitung vom 14. August 2002.

Schäfer, Ulrich: Die Stabilität des Schweigens, Süddeutsche Zeitung vom 12./13. August 2006, S. 22.

Schulz, Martin (SPE-Fraktionsvorsitzender) im Interview: Tageszeitung vom 7. November 2003, S. 12.

Schwarz, Harald: BASF wird Europa- AG, in: Süddeutsche Zeitung vom 28. Februar 2007, S. 23.

Ulrich, Stefan: Abschied von Europa, Süddeutsche Zeitung vom 26. Oktober 2004, S. 4.

Verheugen, Günther im Interview: Süddeutsche Zeitung vom 5. Oktober 2006, S. 6.

Winkler, Heinrich-August: Soll Europa künftig an den Irak grenzen? Frankfurter Allgemeine Zeitung vom 11. Dezember 2002 (abrufbar auch auf der bpb-Homepage unter dem Dossier „Türkei und EU").

Dokumente

Laeken-Erklärung der Staats- und Regierungschefs vom 15. Januar 2001: http://europa.eu.int/constitution/futurum/documents/offtext/doc15120 1_de.htm.

Anastassopoulos-Bericht des Europäischen Parlaments vom 15. Juli 1998: ABl. EG 1998 C 292 S. 66ff (Dokument A4-0212/1998).

Tsatsos-Bericht des Europäischen Parlaments vom 30. Oktober 1996: A4-0342/96, abgedruckt auch in EuGRZ 24 (1997), S. 78ff.

Direktwahlakt von 2002: ABl. EG 2002, Nr. L283, S. 1.

www.ingramcontent.com/pod-product-compliance
Lightning Source LLC
Chambersburg PA
CBHW020452270326
41926CB00008B/572

* 9 7 8 3 8 2 8 8 9 7 4 6 5 *